KB243909

산학협력의 좌표를 찾아서

미국 대학의 기술이전과 바이-돌 법

지은이

데이비드 마우어리(David C. Mowery) 현 캘리포니아 주립대학교 하스경영대학 교수(Chair in New Enterprise Development), 미국 학술원 국가연구위원회(National Research Council) 위원

리처드 넬슨(Richard R Nelson) 컬럼비아대학교 조지 블루멘썰(George Blumenthal) 명예 석좌 교수, 컬럼비아대학교 세계화와 지속가능개발연구소 소장, 2006년 혼다 상(Honda Award) 수상

브헤이븐 샘팻(Bhaven N. Sampat) 현 컬럼비아대학교 보건정책학과 조교수

아비즈 지도니스(Arvids A. Ziedonis) 현 미시건 주립대학교 경영대학원 조교수

옮긴이

김석호(金錫鎬, Kim, Seok-ho) 한국연구재단 선임연구원

한동성(韓東星, Han, Dong-seong) 한국연구재단 책임연구원

차소영(車素英, Cha, So-young) 한국연구재단 연구원

김소영(金昭英, Kim, So-young) 한국연구재단 연구원

산학협력의 좌표를 찾아서 미국 대학의 기술이전과 바이-돌 법

초판 인쇄 2011년 12월 10일 **초판 발행** 2011년 12월 20일

지은이 데이비드 마우어리·리처드 넬슨·브헤이븐 샘팻·아비즈 지도니스

옮긴이 김석호·한동성·차소영·김소영 **펴낸이** 박성모 **펴낸곳** 소명출판 **출판등록** 제13-522호

주소 서울시 서초구 서초동 1621-18 란빌딩 1층

전화 02-585-7840 **팩스** 02-585-7848 **전자우편** somyong@korea.com **홈페이지** www.somyong.co.kr

값 18,000원

ISBN 978-89-5626-641-1 93320

ⓒ 2011, 소명출판

잘못된 책은 바꾸어드립니다.

이 책은 저작권법의 보호를 받는 저작물이므로 무단전재와 복제를 금하며, 이 책의 전부 또는 일부를 이용하려면 반드시 사전에 소명출판의 동의를 받아야 합니다.

Ivory Tower and Industrial Innovation
University-Industry Technology Transfer Before and After the Bayh-Dole Act in the United States

산학협력의 좌표를 찾아서

미국 대학의 기술이전과 바이-돌 법

데이비드 마우어리 · 리처드 넬슨 · 브헤이븐 샘팻 · 아비즈 지도니스 지음

김석호 · 한동성 · 차소영 · 김소영 옮김

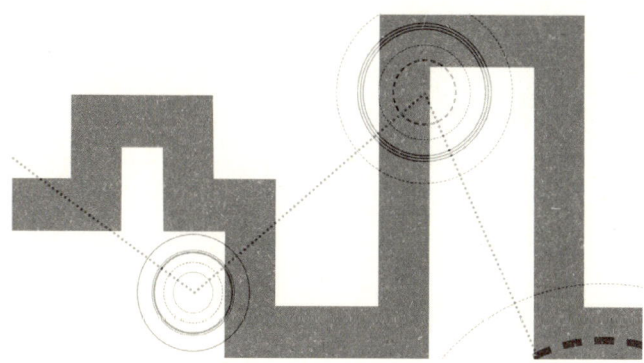

소명출판

Ivory Tower and Industrial Innovation,
University-Technology Transfer Before and After the Bayh-Dole Act by David C. Mowery
Copyright ⓒ 2004 by the Board of Trustees of the Leland Stanford Junior University. All Rights reserved.
Korean translation edition ⓒ 2011 by Somyong Publishing Co.
Translated and published by arrangement with Stanford University Press
through Bestun Korea Agency, Seoul, Korea. All rights reserved.

이 책의 한국어 판권은 베스툰 코리아 에이전시를 통하여
저작권자와 독점 계약한 소명출판에 있습니다.
저작권법에 의해 한국 내에서 보호를 받는 저작물이므로
어떠한 형태로든 무단 전재와 무단 복제를 금합니다.

우리는 왜 기술이전을 하고자 하는가?

대학의 기술은 왜 기업으로 이전되어야 하고, 제품으로 만들어져야 하는가? 어떻게 보면 너무도 당연시 여겨왔던 명제이기에 잠시 책을 놓고 지난 10년 세월을 되돌아보게 한다.

우리나라에 기술이전이란 제도와 문화를 탄생시킨 「기술이전촉진법」이 제정된 지 10년을 넘어서고 있다. 그 사이 기술이전부서는 전국 대학으로 확산·설치되었고, 발명자 개인 명의로 출원되어 사유화되던 특허는 '산학협력단' 명의로 출원되기 시작하여 이제 대학 특허가 매년 일만 건 이상 탄생하고 있으며, 기술이전으로 전체 대학이 벌어들이는 수입금이 연간 300억 원을 넘었다.

혹자는 이러한 대학의 변화에 대해 상업주의에 물든 대학이라고 비판하기도 하고, 혹자는 미국에 비하면 여전히 너무나 저조한 기술이전 실적에 장롱 특허만 양산하고 있다고 야단치기도 하고, 혹자는 10년이라는 짧은 세월에 이만큼의 성장을 이루어 낸 것은 산·학·관 협력의 한국형 성공 모델이라고 칭찬하기도 한다.

우리가 기술이전을 위해 쉼 없이 달려온 것은 사실이다. 정부의 지원은 과감했고, 대학 평가의 각종 지표에 여러 가지 산학협력 지수가 포함되었으며, 특허와 기술이전 실적이 없으면 연구과제에 선정되기가 쉽지 않은 세상이 되었다. 과연 우리는 올바른 방향으로 나아가고 있는 것일까? 특허 건수와 기술이전 건수가 많으면 많을수록 좋은 것일까? 기술료 수입이 높은 대학이 산학협력을 잘하는 대학일까? 이렇게만 나간다면 머지않은 장래에 기술이전으로 큰 이익을 만들어 내는 대학이 나올까? 국민의 세금이 투입된 연구로부터 특정 대학과 기업이 독점이익을 내는 것은 공공의 이익에 부합하는 것일까?

이 책은 그동안 우리가 따르고자 했던 미국 대학의 외형적 성과와 제도를 차분히 분석한다. 1980년 바이-돌 법 제정 이후 미국 대학의 변화와 성공에 집착해 온 우리에게, 이 책은 대학의 사명에 대한 그들의 진지한 고민과 1925년부터 시작된 대학의 특허활동, 리서치코퍼레이션RC의 지원활동, 그리고 바이-돌 법 제정 이전과 이후의 대학 특허의 양적·질적 변화에 대해 찬찬히 들려준다. 특히, 상품화에 성공한 대학 기술에 대한 사례 분석을 통해 대학 기술이 기업으로 이전되는 경로가 매우 다양하다는 점과 더불어 기술이전의 성공을 위한 발명자, 대학, 그리고 기업 사이의 신뢰와 협력이 중요함을 새삼 일깨워 준다. 나아가 이 책의 원저자들과 번역자들은 오늘날 대학과 산업혁신의 성공모델이 된 미국 대학의 산학협력이 어느 날 갑자기 나온 법률 하나 또는 제도 하나 때문에 완성된 것이 아니라, 대학과 기업 그리고 지역 공동체 사이의 오랜 협력의 전통 위에 세워진 금자탑이라는 점을 역설한다.

대한민국의 숨 가쁜 속도전과 정부 주도의 강력한 산학협력 정책 속에서, 기술이전의 대장정을 시작한 우리들이 좌표를 잃지 않고 참된 산학협력을 이루기 위해서는 지난 10년을 되돌아보고 성찰하는 시간이 필요할 듯하다.

이종태
사단법인 한국대학기술이전협회장
동국대학교 산학협력단장

차례

제1장
서론
상아탑과 산업 혁신

    이 책은 미국 대학과 산업 혁신 사이의 관계를 다루고 있으며, 특히 대학과 산업체 사이의 '기술이전'을 활성화하기 위해 대학이 추진한 특허·기술이전 활동의 역할에 초점을 맞추고 있다. 미국 대학은 1980 년대 초반부터 특허·기술이전 활동을 확대해 왔으며, 최근에는 산업 혁신과 경제발전에 기여한 공으로 상당한 찬사를 받고 있다. 여러 전문 가들은 아직까지 확실한 근거가 없음에도 불구하고, 특허·기술이전 활동이 확대된 것은 1980년의 바이–돌 법Bayh-Dole Act[1]의 영향 때문이라

---

1   역주–민주당 상원의원인 버치 바이(Birch Bayh, Indiana)와 공화당 상원의원 로버트 돌 (Robert Dole, Kansas)이 함께 입안한 법안으로 미국 내 소기업과 대학과 같은 비영리단체 에서 연방기금을 사용하여 발명한 발명이나 특허에 대해서 그 기관에서 특허권을 보유하

고 주장하고 있다. 그러나 대학의 기술이 기업으로 이전되고 상업화되기 위해서 대학 발명에 대한 특허·기술이전 활동이 반드시 필요하다는 명백한 증거는 아직까지 없다. 그밖에도, 바이-돌 법으로 인해 촉발된 대학 특허·기술이전 활동이 미국 대학의 '연구 문화'를 변질시켰다는 비판도 나오고 있다. 즉, 비밀주의가 증대되어 연구결과의 공유가 줄어들고, 대학 연구의 초점이 기초 주제에서 응용 주제로 바뀌고 있다는 것이다.

이 책에서 제시된 증거들은 바이-돌 법이 1980년대에서 90년대 사이에 대학 특허·기술이전 활동을 확대시킨 여러 요인들 중 하나라는 것을 보여준다. 바이-돌 법은 연구기관이 연구 성과를 특허화하고 기술을 이전하는 것을 법적으로 지원했고, 대학들이 공공재원으로 도출된 연구결과를 지식재산으로 소유하는데 필요한 행정절차를 간소화시켰다. 그러나 우리는 바이-돌 법이 없었더라도 1980년대부터 90년대에 대학의 특허화 활동은 성장했을 것이라고 믿는다. 뒤에서 언급하겠지만, 미국 대학들은 바이-돌 법이 통과되기 이전에도 적극적으로 특허·기술이전 활동을 추진하고 있었다. 이들은 1970년대부터 80년대 초까지 대두되었던 생물의학 연구의 발전과 생물 특허의 법적 처리절차의 변화에 대응하여 이러한 활동을 확대해가고 있었다. 특허나 기술이전의 경험이 부족한 다른 대학들도 바이-돌 법이 없는 상황에서 이러한 활동을 확대했을 것으로 추측된다. 실제로 미국의 연구대학들은

고 시장에서의 매매, 기술이전이 가능하도록 실시권을 부여하는 것을 보장하기 위해 제정되었다. 우리나라에서도 대학의 산학협력과 기술이전을 활성화하기 위해 2000년 「기술의 이전 및 사업화촉진에 관한 법률」, 2003년 「산업교육진흥 및 산학협력촉진에 관한 법률」을 제정하였으며, 이를 계기로 우수한 기술을 보유하고 있는 대학들은 기술이전 활동을 활발히 전개하고 있다.

바이-돌 법 제정을 지지한 중요한 기반이었다. 그럼에도 불구하고, 현재 미국 대학이 과거 어느 때보다도 직접적이고 활발하게 특허·기술이전 활동을 추진하고 있다는 것은 명백하다.

바이-돌 법은 대학의 특허 활동이 대학의 발명을 기업으로 이전하여 상업적 발전을 촉진할 수 있다는 신념에서 추진되었다. 이 점에 대해 이 책이 제시하는 증거는 단정적이지 않고 암시적일 뿐이지만, 대학으로부터 나온 연구결과와 지식은 출판, 학술대회 발표, 교수들의 자문, 대학과 기업 사이의 인력교류 등을 통해 유통되고 있다 ─ 우리는 이 흐름이 쌍방향이라는 점을 주장한다. 바이-돌 법이 통과되기 전뿐만 아니라 통과된 이후에도 대학과 기업 사이의 상호작용의 대부분은 특허화와 기술이전과는 거의 관련이 없다.

어떤 경우에 있어서는 대학의 특허가 기술이전에 상당한 도움을 줄 수 있다. 그러나 상당수의 사례에서 대학 발명에 기초한 특허는 기술이전과 상업화를 지원하는데 필수적인 것은 아니다. 기술이전 정책으로 인해 많은 대학들이 특허를 통해 수입 ─ 비록 많은 특허들이 미미한 기술이전 수익을 올리고 있지만 ─ 을 얻을 수 있지만, 이는 오히려 발명과 관련된 지식의 확산 및 사용을 줄일 위험이 있다. 실세로 몇몇 연구 분야에서는 특허·기술이전 활동으로 인해 발명이나 지식들 간의 상호작용들이 제한을 받기도 한다.

요약하면 대학의 특허와 기술이전 활동이 야기한 쟁점들은 매우 복잡할 뿐 아니라, 바이-돌 법의 가장 중요한 목표라 할 수 있는 최대의 공익을 창출하는 활동 역시 발명과 기술 분야에 따라 다양하게 나타난다. 그럼에도 불구하고, 머지않아 미래의 미국 대학들, 그리고 더 많은 외국대학들도 훨씬 더 집중적으로 특허를 추진할 것이다. 여기서 주요한 정책 사안은 공공자금으로 도출된 발명들을 특허화하고자 하는 대학들이 최대한의 사회적 이익을 창출할 수 있도록 기술이전 정책을 적절하게 기획하는 것이다.

미국 대학의 특허·기술이전 활동의 성장은 생물의학과 공학 등의 일부 분야에 한정되어 왔다. 즉, 특허·기술이전 활동이 상대적으로 일부 학문분과에만 집중되어 있기 때문에 미국 대학 전체에 걸쳐 '학술연구 문화'를 변화시킨 것 같지는 않다. 비록 여기에 대해 몇몇 증거들이 존재하고 이로 인한 변화들이 관측되고는 있다고 하더라도, 특허·기술이전 활동이 집중되어 있는 학문분야에서조차 학술연구의 핵심이나 그 성과에 있어서 중요한 변화가 일어났다는 증거는 거의 없다.

대학의 특허 활동이 활발해진 또 다른 요인은 '특허가 가능한 물질'에 대한 정의가 과학의 영역으로 확장되었다는 사실이다. 과학적 연구에서는 물질이나 다른 지적 가공물 간의 중요성이 상대적으로 자유롭게 이뤄지기 때문에, 이러한 가공물이나 물질에 대한 사유재산 권리가 더욱 강조되고, 이로 인해 잠재적으로는 과학적 연구에 있어 거래비용이 증가하여 전체적인 발전이 느려질 수도 있다. 그러나 특허 가능한 영역이 확장되었다는 것은 대학의 특허·기술이전 정책 또는 바이-돌법보다 더 넓은 관점에서의 정책과 제도가 — 특히 미국의 특허청에서 — 발전했다는 것을 보여준다.

1. 이 책의 구성

다음 장부터 다루게 될 주요 주제는 바이-돌 법과 그 영향이지만, 이를 살펴보기 위해서는 미국의 대학과 산업계 간의 관계와 기술이전에 대한 더 넓은 역사적 고찰이 필요하기 때문에 2장부터 4장까지는 먼저 이 주제들을 다룬다. 미국 대학들은 100년 이상의 역사에 걸쳐 산업계의 기술혁신에 크게 공헌했다. 1862년 제정된 모릴 법Morril Act[2]은 대학이 민주주의와 시민들에게 봉사해야 한다는 미국적 가치의 상징이었다. 대학의 농업 실험 연구는 1930년대와 전후 시대의 잡종 옥수수 혁명의 과학적 기반을 제공했고 개별 주州의 특성에 적합한 다양한 종자를 개발하는 데 중심적인 역할을 했다. 그러나 미국 대학이 미국 경제의 발전에 기여한 것은 농업분야뿐만 아니라 타 분야에서 더욱 다양하게 이뤄졌다. 컬럼비아대학교Columbia University에서 진행된 에드윈 암스트롱Edwin Armstrong의 연구 활동은 현대 라디오 기술의 발전에 핵심이 된

---

2   역주 – 버몬트 주(州) 하원의원 저스틴 모릴(Justin Smith Morrill)이 발의하여 제정된 법으로 토지공여대학법(Land-Grant Colleges Act)으로도 불린다. 모릴 법은 연방정부가 각 주(州)를 대표하는 연방의회 의원 수 1명 당 3만 에이커의 땅을 각 주에 무상으로 제공하도록 함으로써 각 주들이 주마다의 특성에 부합하는 농학대학과 공학대학을 발전시켜 나가는 전기가 되었다. 당시 토지공여대학(land-grant college)의 발전방향을 두고 우수한 과학자를 양성해야 한다는 '고전주의자(classist)'와 능력 있는 기계공과 노동자를 양성해야 한다는 '대중주의자(populist)' 사이에 논쟁이 벌어졌으나 단일한 해답을 도출하지는 못했고, 각 주는 주의 실정에 부합하는 교육내용, 특히 농업을 중심으로 하는 산업밀착형 교육내용을 추구해 갔다. 이것은 또한 당시의 사회경제적 분위기였던 농업에 대한 과학적 기술을 응용하려는 요구가 수용된 결과였다. 농업기술개발이라는 사회적 필요성으로 인하여 사기업, 정부, 대학 사이의 강력한 협력이 성립할 수 있었다. 모릴 법의 제정 이후로 대학이 주와 연방정부 등 공공기관뿐만 아니라 다양한 민간조직과 협력하여 지식의 전달을 위한 협력망을 구성하여 식량의 생산과 배분에 과학적 기술을 응용하는 여러 가지 구상이 형성되고 시행되었다.

전기 신호의 진공관 증폭기의 기반이 되었다. 인터넷뿐만 아니라 컴퓨터와 레이저의 발달과 관련된 초기의 연구 활동 역시 대학에서 이루어진 것이다. 또한 대학은 수많은 중요한 의약품의 개발에 있어서도 선도적인 역할을 해왔다.

미국 대학은 다양한 통로와 상호작용을 통해 산업 혁신에 공헌해 왔으며, 현재도 미국의 대학은 기업과의 지식교류와 기술이전에 있어 두각을 나타내고 있다. 수많은 미국 대학들이 1980년대 이전에도 특허를 추구해 왔지만 기술진보에 대한 대학의 공헌은 비단 대학의 연구결과를 특허화 하는 데에만 국한된 것은 아니었다. 20세기에 미국 대학과 산업계 사이에서는 연구를 위한 연계가 공고해졌고 양측 모두 지식과 기술을 더욱 활발히 공유했다. 이를 가능하게 했던 특별히 중요한 요인은 바로 다른 나라들과 여러 가지 측면에서 차이를 보였던 미국 대학의 체계였다. 이 요인에 대해서는 2장에서 더 살펴볼 예정이다.

3장에서는 1920년대와 1930년대에 진행되었던 대학의 특허 및 기술이전 활동에 관한 논쟁들을 1970년대 후반 바이-돌 법과 관련된 논쟁과 비교하여 살펴볼 것이다. 20세기에 많은 대학들은 직접적인 특허·기술이전 활동에 대해 모호한 태도를 보여 왔다. 이러한 모호한 태도는 정치적으로 문제가 될 수도 있지만 공공자금으로 수익을 올리는 것에 대한 관심으로 나타나기도 했다. 그 결과 상당수의 연구대학들은 1970년대 이전까지 교수의 특허권 확보를 제한했고 이는 특히 생물의학 분야에서 두드러졌다. 매서추세츠 공과대학교Massachusetts Institute of Technology, 이하 MIT처럼 교수들의 특허를 장려하는 선도적인 연구대학도 정작 해당 특허를 직접 관리하는 것은 꺼려했다.

실제로 대학이 적극적으로 특허관리에 나설 때를 예상하고 캘리포니아 주립대학교University of California의 프레더릭 코트렐Frederick Cottrell 교수는 1912년 연구기관의 특허·기술이전 활동을 관리하기 위해 리서치코퍼레이션Research Corporation, 이하 RC[3]을 설립했다. 4장에서 언급하겠지만 많은 미국 대학들은 2차 세계대전 후 RC 또는 다른 특허관리회사를 통해 특허권을 획득하고 기술이전 활동을 전개했다. 그러나, 1970년대에 많은 대학들이 특허·기술이전 활동을 독자적으로 관리하게 되면서 지속적으로 성장하던 RC는 결국 쇠퇴하게 되었다. 이는 당시의 대학기술이전 담당자들이 직면했던 과제와 상당 부분 유사했다.

5장에서는 바이-돌 법의 정치적 기원과 제정과정을 설명하고 6장과 7장에서는 바이-돌 법이 미국 대학의 특허·기술이전 활동에 미친 영향에 대해 최초의 분석을 시도하고자 한다. 먼저 6장에서는 선도적인 3개 대학을 중심으로, 7장에서는 바이-돌 법 이전과 이후 미국 전체 대학에서 나타난 특허·기술이전 활동 경향에 대해 설명한다. 정량적인 분석에 따르면 바이-돌 법의 영향이 부각되지만, 각각의 발명을 상업화하기 위해 특허가 중요하다는 바이-돌 법의 핵심 전제의 타당성을 검증할 수는 없다. 이와 관련하여 8장에서는 기술이전과 사업화 과정에 영향을 미치는 다양한 상황을 살펴보고자 5개 대학의 구체적인 발명 사례에 대해 논의한다. 2장에서 살펴볼 산업체의 연구개발 관리자 설문조사에서처럼 우리의 사례 연구는 특허·기술이전 활동의 역할이 연구 분야별로 또 혁신 분야별로 상당한 차이가 있다는 것을 보여준

---

3   역주—연구자로부터 기술을 매입하여 기술이전 및 사업화를 추진한 회사로 MIT 등의 유명 대학들과 특허관리 대행 계약을 체결하고 기술이전을 통해 높은 수익을 거두었다. 1985년 한 해에 대학들과 250건이 넘는 특허관리 계약을 체결했으며, RC가 벌어들인 당해 연도 기술료(royalty) 수입총액은 1천 3백만 달러에 이를 정도로 대학기술의 이전을 촉진하는 우수한 성과를 거두었다. RC의 기원과 발전과정에 관한 자세한 내용은 이 책의 제4장을 참고하라.

다. 마지막으로 9장에서는 앞서 진행된 논의들을 요약하고, 심화된 연구를 위한 시사점들을 제시할 것이다.

2. 우리는 무엇을 배웠을까?

20세기에 들어 미국의 많은 대학들이 특허 및 기술이전 활동을 추진해 오고는 있지만 특허·기술이전 활동이 기술이전과 지식교류의 가장 중요한 통로는 아니다. 1980년대와 90년대에 실시된 산업체 연구개발 관리자들에 대한 설문조사 결과는 생물의학 분야를 포함한 모든 분야에 있어 특허·기술이전 활동에 비해 대학 연구자들과의 지식교류와 상호작용을 위한 다른 통로들, 예를 들면 출판 또는 학술대회 발표 등이 더욱 중요하다는 것을 보여준다.

1980년에 통과된 바이-돌 법은 미국 대학의 특허·기술이전 활동이 성장하는 데에 공헌한 여러 발전방안과 더불어 상승작용을 일으켰다. 같은 해 미국 대법원은 생명체에 대한 특허를 인정했으며 1970년대와 1980년대에 생물의학 연구에 있어 중요한 진보들이 이루어졌다. 생물의학 분야는 당시 산업적 응용에 상당한 잠재력이 있는 것으로 밝혀진 분야로, 주로 미국 국립보건원NIH: National Institutes of Health의 지원을 받았다. 실제로 특허·기술이전 활동을 적극적으로 펼쳐온 스탠퍼드대학교Stanford University와 캘리포니아 주립대학교University of California는 바이-

돌 법이 제정되기 이전부터 특허·기술이전 활동 관련 정책을 생물의학 분야 발명에 적합하도록 수정했다. 컬럼비아대학교Columbia University는 1980년 이후에 특허 활동을 시작했는데, 바이-돌 법이 통과되기 전까지 생물의학 분야에서 가장 큰 수익을 올리고 있던 발명에 대해 특허를 출원했다.

바이-돌 법이 제정된 이후 '특허 활동의 경험이 많은' 위의 두 대학의 특허 수는 증가한 반면 산업계로 이전되는 특허는 감소했다. 이는 바이-돌 법 제정에 따른 직접적인 결과로서, 대학이 실효성이 적은 발명에 대해서도 특허권을 얻으려고 했기 때문이었다. 그러나 위 세 대학들이 1980년 이후 획득한 특허는 대학 외의 기관이 획득한 특허들에 비해서 특허 인용 빈도 — 특허의 경제적 또는 기술적 중요성을 측정하는 척도 — 가 현저하게 감소하지도 않았다. 이들 대학의 특허는 바이-돌 법의 통과 전후로 대학 외의 기관의 특허에 비해 훨씬 많이 인용되고 있었다.

바이-돌 법 제정 전후 위 대학들의 기술이전 총수입은 대부분 소수의 생물의학 분야의 '홈런homerun' 특허가 주도했다. 이런 특징은 특허·기술이전 활동 경험이 많지 않았던 컬럼비아대학교의 1985년부터 1995년까지 총수입에서도 나타난다. '홈런' 특허가 예측하기도 어렵고 드물게 나타난다는 점은 특허·기술이전 활동에 적극적인 많은 미국 대학들도 이런 활동을 통해 큰 이익을 거두고 있지 못하다는 것을 의미한다. 기술료 수입은 기술이전 활동을 추구하는 여러 동기들 중 하나일 뿐이지만, 1980년 이후로 많은 대학들이 기술이전 활동을 적극적으로 펼치도록 한 원동력이기도 하다. 게다가 특허·기술이전 활동에 대한 관리 경험이 많다고 해서 그런 '홈런' 특허가 나올 가능성이 높아지는 것도 아니다.

경험이 많은 대학의 특허 활동에 바이-돌 법이 미친 영향은 많은 전문가들이 주장했던 것에 비해 크지 않다. 그럼에도 불구하고 바이-돌 법은 경험이 없는 대학들도 특허 활동에 참여하도록 촉진했다. 새로이 특허·기술이전 활동에 참여한 대학들은 초기에 교수들로부터 인용 빈도가 그렇게 높지 않은 특허들을 승계했지만, 1980년대 말에 이르러 서는 경험 많은 대학들 못지않게 인용 빈도가 높은 특허를 획득했고 대학 외 기관의 특허보다 인용 빈도가 더 높은 특허를 획득했다.

앞에서 언급한 것처럼 8장에서는 몇 가지 사례 연구를 통해 바이-돌 법의 중요한 전제, 즉 특허는 대학 발명을 산업계로 이전하고 상업적 발전을 추진하는 데 필요충분조건이라는 믿음에 대해 검토한다. 이들 사례 연구는 지식교류와 기술이전이 매우 복잡할 뿐 아니라 그 진행 절차도 기술의 분야에 따라 상당히 다르다는 것을 보여준다. 게다가 이 작업이 원활하게 이뤄지기 위해서는 각각의 절차가 서로 깊게 연관되어 있어야 한다. 기술이전 담당자들과 발명자 사이에는 잦은 상호작용이 필요했기 때문에 대학기술이전 업무의 중앙관리는 매우 어려운 일이 되었다.

바이-돌 법의 또 다른 전제는 지식재산의 속성과 관련이 있다. 대학들은 이 지식재산을 얻기 위해 특허 활동을 추구한다. 바이-돌 법은 특허화된 지식재산을 기술발달 과정의 핵심 요소로 간주하는데, 이는 지식재산에 대한 명확한 재산권이 없다면 해당 발명을 시장 상품으로 개발하는데 필요한 자금을 조성하지 못할 것이라는 우려 때문이다. 그러나 1980년대 이후로 대학의 특허가 성장한 것은 상업적 개발이 가능한 발명이 증가한 것이 아니라 과학 분야에 대한 투자가 늘었기 때문으로 보인다. 바이-돌 법의 지지자들은 대학의 특허·기술이전 활동이 '열린 과학open science'에 미치는 부정적인 영향에 대해서는 거의 관심을 두지 않았는데 그것은 과학 분야의 특허 성장이 1980년대 초반에는 뚜렷하지 않았기 때문이다.

하지만 위와 같은 지적이 바이-돌 법의 필요성을 폄하하는 것은 아니다. 대학의 특허 활동이 발달한 이유는 부분적으로 1980년대와 1990년대 동안 지식재산권이 새로운 형태의 발명(예를 들면 연구방법이나 도구)에 이를 정도로 확장되었기 때문이다. 이와 동시에 해당 기술의 발전을 위해 미래의 '가능성'까지 포함하는 넓은 범위의 청구항claim을 인정하려는 미국 특허청의 의지 때문이기도 했다. 바이-돌 법 그 자체로 인해 이렇게 확장된 것은 아니지만, 바이-돌 법의 영향은 더 넓은 맥락 속에서만 이해될 수 있다.

바이-돌 법의 영향력을 평가하는 데에 있어서 이렇게 넓은 맥락을 제시하는 이유는 최근에 다른 여러 나라들이 대학기술이전을 위한 정책으로 바이-돌 법을 모방하려고 하기 때문이다. 다른 국가들이 바이-돌 법을 모방하려는 이유는 대학과 산업계 사이의 연구협력과 기술이전을 확대하려는 욕구이다. 그러나 이러한 '개혁'은 바이-돌 법 이전부터 미국 대학과 산업계 사이에 지속되어 온 오래된 협력의 역사를 간과하는 것이다. 특히 국가적인 대학체제의 구조 개혁이 없다면 바이-돌 법은 성공하기 힘들고 부정직인 결과를 가져올 수 있다.

따라서 바이-돌 법에 대한 우리의 전반적인 평가는 복합적이다. 우리는 1980년대 이후 미국 대학의 특허·기술이전 활동이 바이-돌 법이 없었더라도 급증했을 것이며, 이는 연방정부의 정책과 학술연구의 발전을 반영하는 것이라고 믿는다. 그러나 이러한 특허·기술이전 활동은 학술연구의 소수 분야에 집중되어 증가했기 때문에 특허·기술이전 활동의 증대와 관련된 '문화적' 파급효과는 소수의 대학들에만 국한된다. 학술연구의 기준과 방향, 연구결과의 발표, 이익으로 인한 갈등 등에 미친 상당히 부정적인 영향은 오랜 시간을 두고 나타날 것이다. 게다가 이러한 악영향들은 일련의 폐해가 발생한 이후에야 등장할 것이다. 학술 발명을 산업계로 이전하는 데 있어 특허·기술이전 활동이 핵심적으로 중요한 수단이라는 주장은 법안통과 시점에 확고한 논거가 되지 못했고 산업계로의 기술이전에 있어 특허·기술이전 활동이 필수불가결한 역할을 한다는 증거도 부족하다. 미국 대학들은 응용연구와 기초연구에 있어 산업계와 오랫동안 협력해 왔으며 이 과정에서 특허 외의 다른 통로들이 결정적이었다. 공공복지에 미친 이 법의 영향에 대한 평가에서 특허 활동 자체는 대학이 시행한 기술이전 정책보다 덜 중요하다. 바이-돌 법이 (과학과는 대립적인 의미에서) 기술적 발명에 대한 특허를 촉진시킨 점에 대해서는 앞으로 더 많은 논의가 필요하다.

결론 부분에서도 지적하겠지만 미국의 대학들은 1940년대 이후 연방정부가 국방과 공중보건 분야와 같은 공적 영역에 대한 재정지원을 늘리면서 상당한 혜택을 누려 왔다. 미국 학술연구에 대한 연방정부 지원이 늘어남에 따라 미국의 연구대학들이 학술 분야에서 세계적인 위치로 부상하게 되었다. 다른 선진국 대학들에 비해 일부 분야에서만 두각을 나타냈고, 어떤 분야에서는 후발주자였던 미국의 연구대학들이 2차 세계대전 후 세계 연구의 리더로 성장한 것은 연구기관들 사이의 경쟁과 자율성에 바탕을 두고 연방정부가 대학 연구를 지원한 결과이다. 오늘날 새로운 경쟁과 기회의 시대를 맞이하여 미국의 연구대학들이 자신들의 탁월함을 유지하기 위해서는 지식의 자유로운 교류와 세계 공익을 위해 봉사하는 연구를 통해 역사적 사명을 수행하는 것이 필수적이다. 대학에서 연구하는 우리들로서는 연구자들 사이의 활발한 토론만이 대학의 사명에 기여할 수 있다고 확신한다.

제2장
역사적 고찰
미국 대학과 산업계의 기술진보

우리는 서론에서 1890년부터 1980년 사이 대학이 산업계의 기술적 진보에 기여한 점과 특허의 역할에 대해 살펴보았다. 2장에서는 2차 세계대전 전후로 미국 대학이 산업 혁신에 기여한 역할을 중점적으로 살펴보고, 이를 위해 미국 대학이 산업 혁신에 미친 영향과 더불어 대학과 산업 사이의 상호작용 통로 그리고 상호작용을 촉진한 요인에 대해서 살펴볼 것이다. 이어서 3장과 4장에서는 1980년대 이전 미국 대학의 특허 활동에 대해 살펴볼 예정이다.

1. 미국 고등교육의 독특한 구조적 특징

19세기 후반과 20세기 초반 미국의 토지공여대학land-grant university은 유럽의 대학들과는 달리 농민과 노동자에 대한 교육과 지역경제발전을 위한 연구를 중점적으로 수행했다. 모릴 법에 의해 설립된 미국의 주립대학들은 동부의 아이비리그Ivy League[1]에 속한 사립대학들과는 다른 학술연구의 방향을 설정했다. 미국 대학의 이러한 특징은 알렉시스 드 토크빌Alexis de Tocqueville이 미국이라는 새로운 국가가 과학에 대해 가졌던 태도를 논한 자료에도 나타난다.

> 미국에서는 과학의 실용적인 부분을 존중하고 응용에 필요한 이론적 분야에 세심한 주의를 기울인다. 미국인들은 명확하고, 자유롭고, 창의적이고, 혁신적인 생각을 발휘한다. 그러나 어떠한 미국인도 인류의 지식에 대해서, 근본적으로 이론적이고 추상적인 부분에 대해서는 전념하지 않는다.[2]

토크빌에 따르면, 미국에서 과학은 "인간 지식의 근본적으로 이론적이고 추상적인 부분"에 초점을 두지 않고 응용과 관련된 부분에 관심을 갖는다고 주장했다.

---

1 역주—처음에는 미국 동북부에 위치한 8개 사립대학교(Brown University, Columbia University, Cornell University, Dartmouth College, Harvard University, Princeton University, University of Pennsylvania, Yale University)가 참가하는 운동경기 대회를 일컫는 말이었으나, 통상 8개 대학을 묶어 통칭하는 말로 사용되고 있다. 또한 이 용어는 학문의 우수성, 엄격한 입학시험, 사회적 엘리트주의를 내포하고 있다.

2 Alexis de Tocqueville, *Democracy in America*, Vol II, trans. Philip Bradley, New York: Vintage Books, 1990.

부富에 빨리 도달하는 모든 새로운 방법, 노동을 줄이는 모든 기계, 생산비용을 줄이는 모든 도구, 즐거움을 촉진시키거나 증진시키는 모든 발견은 인간 지성의 가장 큰 노력처럼 보인다. 이것은 민주적인 민족이 과학적 추구에 중독되는 주된 동기이다. 이렇게 조직된 공동체에서는 인간의 마음이 무의식적으로 이론을 무시할 수 있다. 반대로 과학의 응용, 그 응용을 만드는데 필요한 이론적 과학 분야에는 불균형적으로 몰입한다.[3]

과학을 바라보는 이러한 공리주의적인 관점은 미국 대학의 연구와 다른 활동들에 영향을 미쳤다. 당시 미국을 방문한 영국 학자들은(에이브러햄 플렉스너Abraham Flexner와 소스타인 베블런Thorstein Veblen 등 소수의 미국 학자를 포함하여) 19세기 후반부터 20세기 초반까지 미국 고등교육 시스템이 지향한 '직업주의vocationalism'를 비난했다. 영국과 유럽의 대학들과는 달리 미국 대학들은 농업, 광업과 같은 분야, 회계, 재무, 판매, 경영과 같은 상업적인 주제, 도시, 기계, 전기, 항공과 같은 공학 분야의 교육과 연구에 대한 책임을 갖는다고 주장했다.

미국 대학들이 '공리주의적인utilitarian' 성향을 보인 데에는 여러 가지 이유가 있었다. 1945년 선후 유럽과는 달리, 미국 고등교육 체계에서는 중앙의 통제력이 미약했다. 1862년과 1890년의 모릴 법이 토지공여대학의 설립을 위한 연방정부의 지원책을 제공했지만 이들 기관의 예산 운용에 대한 책임과 감독은 주州 정부의 관할이었다.[4] 20세기 동안 미

3   위의 책, p.45.
4   연방정부의 공공 정책은 고등교육에서 경쟁을 위한 규제와 표준을 대체할 수도 있는 어떤 중앙집권적 권위를 약화시킴으로써 경쟁 시장을 강화해왔다. 연방정부는 교육의 소비자들에게 더 많은 자원과 재량권을 제공함으로써 대학들이 소비자의 요구에 가장 민감하게 대응하도록 유도했다. 연방대학교(University of the United States)의 설립과 1차 모릴

국 대학들의 행정은 상당한 자율성을 지니고 있었다.

미국 대학 체계는 독일, 프랑스 또는 일본에 비해 학생들을 정부 공무원으로 양성하려는 성향이 미약했다. 하버드컬리지나 예일컬리지와 같은 종교적 성격이 강한 대학들은 유럽의 모델을 따르고 있었지만 다른 많은 미국 대학들은 자신의 임무와 연구 주제를 지역의 필요에 따라 선택했다. 이로 인해 해당 대학의 기부금과 학생등록은 지역 공동체의 관습과 요구에 의지하게 되었다.[5] 토크빌이 지적한 것처럼 이러한 관행은 공리주의적인 경향이 강했다. 대학에 대한 공동체의 요구와 더불어 부분적으로는 이러한 공리주의적인 동기 때문에 미국은 당시 유럽 국가들에 비해 더 큰 규모의 고등교육 시스템을 발전시키게 되었다. 이에 대해 마틴 트로우Martin A. Trow는 다음과 같이 지적한다.

당시 훨씬 크고 부유한 영국이 옥스퍼드대학교와 캠브리지대학교만으로 충분하던 1770년대에 미국은 9개의 대학을 설립했다. 내전이 일어난 1865년 당시 250개의 대학이 있었고 그 중 현재까지 180개가 남아있다. 더욱 놀라운 것은 실패한 대학들의 수이다. 독립혁명 이후 남북전쟁까지 700여 개의 대학들이 설립되었다가 폐교되었다. 1880년까지 영국은 2천3백만 명의 인구를 갖고도 대학은 4개밖에 되지 않았지만, 3백만 명의 인구를 갖고 있던 미국 오

법이 무산된 사례에서 알 수 있듯이 주 정부가 연방정부보다 더 많은 권한을 가지고 있었다. 또한, 다트머스컬리지 대 우드워드 사건(Trustees of Dartmouth College v. Woodward, 1819)에서 알 수 있듯이 대학이 주 정부보다 더 많은 권한을 가지고 있다. 나아가 1944년의 G. I. Bill(제대군인법)과 1972년의 고등교육법에서 알 수 있듯이 대학보다 학생이 더 많은 권한을 가지고 있다.

5 연방정부 또는 교회의 안정적이고 보장된 지원이 없었기 때문에 대학은 학생의 등록금, 동창회의 기부금, 부유한 자선가와 공익재단의 지원 등과 같은 다른 재원에 의존해야 했다. 미국 대학은 재정적인 생존 그리고 성장을 위한 재원 마련을 위해 공동체의 요구와 이익에 민감했으며, 공동체를 위한 다양한 활동을 벌여 왔다.

하이오 주에는 37개의 고등교육 기관이 있었다. 1910년까지 학생은 33만 명, 대학은 거의 1,000개에 달했다. 당시 프랑스에는 16개의 대학이 있었고 학생은 4만 명에 달했는데, 이는 미국 대학의 교수 숫자와 비슷했다.[6]

당연히 18세에서 22세 사이 미국 학생의 대학 진학률은 유럽 국가들보다 매우 높았다. 로저 가이거Roger L. Geiger[7]에 따르면, 1920년 당시 위 인구집단 중 8%가 대학에 진학했는데, 1928년에는 크게 증가하여 12%에 이르게 되었다. 그래함과 다이아몬드H. D. Graham & Nancy Diamond에 따르면, 대공황 시기에 대학 진학율이 감소했다가 1940년에 다시 12%에 이르게 되었는데, 이는 대학 진학율이 4%인 유럽의 3배에 달하는 수치이다.[8] 1960년대에 이르러서야 유럽의 대학 진학율은 10%를 넘게 되었지만 이 당시 미국의 대학 진학율은 50%에 달했다.

1862년의 모릴 법은 대학의 연구와 교육의 역할에 대한 미국적인 시각에 뿌리를 두고 있다. 법의 내용은 매우 공리주의적인 성격을 띠고 있는데, 장기적인 번영과 성공을 위해 농업과 기계기술을 발전시키기를 원하는 지역 공동체의 요구를 충실히 따를 수 있는 주립대학의 설립을 촉진시켰다. 그러나 사립대학들도 역시 19~20세기 동안 대부분 지역 공동체의 지원에 의해 유지되었고 성장했다고 할 수 있다. 대학들이 지역으로부터 재정적 그리고 정치적 지원을 받고 교과과정에 대한 중앙집권적인 통제

---

6 Martin A. Trow, "Aspects of Diversity in American Higher Education", H. Gans, ed., *On the Making of Americans*, Philadelphia: University of Pennsylvania Press, 1979, pp.271~272.

7 Roger L. Geiger, *To Advance Knowledge: The Growth of American Research Universities, 1900~1940*, New York: Oxford University Press, 1986.

8 Hugh David Graham and Nancy Diamond, *The Rise of American Research Universities*, Baltimore: Johns Hopkins University, 1997.

가 없다는 것은 미국 대학들이 일반적으로 지역 공동체의 요구에 따라 새로운 과정과 학문분야를 소개하는데 빨랐다는 것을 의미한다. 벤-데이비드Ben-David는 이러한 미국 대학들의 성향을 유럽 대학들과 비교하여 다음과 같이 주장했다.

유럽에서 대학 문제를 책임지고 있던 정부는 대학의 재정문제와 관련하여 주어진 목적과 우선순위에 맞게 어떻게 하면 최소의 예산을 사용할 것인가를 궁리했다. 그러나 미국에서는 대학 총장들이 어떻게 하면 다양한 기부자들에게 대학의 중요성을 설득하고 새로운 시장을 찾고 확대해서 수입을 늘릴 것인가에 대해 스스로 자문하곤 했다. 그들에게 있어 목적의 범위와 우선순위는 주어진 것이 아니었다. 변화를 가져오는 환경들을 관찰한 후 필요하거나 유용한 변화라고 인식된다면 변화를 추진하는 것이 대학 총장의 임무였다. 이는 연구와 교육이 조직적이고도 빠르게 변화하는 시대에 적합한 태도였으며, 특히 주립대학들은 이러한 기업가적 지도력을 채택했다.[9]

초기 미국 대학들의 주요 활동은 지역경제가 관심을 갖는 다양한 직업을 위한 직업 기술을 제공하는 것이었다. 대부분의 교육은 지역 산업의 문제와 관련된 연구와 결부되어 있었다. 예를 들면, 지역 고무 산업을 위한 숙련된 인력을 공급해온 애크론대학교University of Akron는 고무처리의 연구로 유명해졌고 결과적으로 종합 화학 분야에서 탁월한 위치를 차지하게 되었다. 농업대학들은 교육을 지역 농업 공동체의 요구에 부합하도록 연구와 연결시켰다. 우유의 유지방 함량에 대한 밥콕 검사Babcock test는

---

9   Joseph Ben-David, *Fundamental Research and the Universities*, Paris: OECD, 1968, p.36.

위스컨신대학교의 농업화학 연구자에 의해 개발되었다. 1890년에 도입된 이 검사는 낙농업에 의존하는 지역에 있어서는 매우 중요한 문제였던, 우유의 불순도를 측정하는 새롭고 신뢰성 있는 방법을 제공했다.

주립대학들은 지역의 직업교육과 경제 이익의 향상을 위한 새로운 학위 과정을 개설했다. 1차 세계대전 후 주립대학의 공학대학들은 상당히 난해하며 전문화된 공학 주제들을 교육하는 학부과정을 개설했다. 일리노이대학교는 건축공학, 세라믹공학, 광업공학, 도시위생공학, 철도전기공학, 철도기계공학 등을 개설했다. "일리노이의 모든 산업과 정부는 일리노이대학교 어바나-샴페인 캠퍼스에 자신의 학과를 갖고 있다"는 말이 나올 정도가 되었다.

어떤 경우에는 대학이 산업계의 문제를 해결하는 데에 방대한 예산과 오랜 연구기간이 소요되기도 했다. 이런 과제들 중에 하나가 미네소타대학교의 광산실험센터Mines Experiment Station에서 수행되었는데 1차 세계대전 이전에 시작해서 1960년대 초에야 완료되었다. 장기간의 응용연구 과제는 메사비 지구의 고순도 철광원석이 점차 고갈됨에 따라 발주된 것이었다. 철광원석의 공급이 감소하자 순도가 낮은 철광원석, 특히 타코나이트 원석이 풍부한 지대에 집중했다. 이 연구가 새로운 과학적 지식으로부터 나온 것은 아니었지만 타코나이트 추출 및 정제와 관련된 수많은 공학적인 문제들에 대한 해결책을 도출하기 위해 광산실험센터에서는 수십 년간 실험을 계속했다.

20세기 미국 고등교육 체계의 마지막 특징은 미국 연구대학 교수직을 위한 전국적인 시장이 출현했다는 것이다. 대부분의 미국 대학들이 학과구조를 갖추었고 학문분과 학위 프로그램과 학회들이 만들어졌다는 것은 개별 기관에 대한 공헌도가 아니라 학문분과 연구에 대한 공헌도를 기준으로 교수의 자질을 평가할 수 있게 되었다는 것을 의미했다.[10] 연구기관 사이 교수들의 이동성은 미국 대학들이 더 나은 위신, 자원, 학생들을 확보하기 위한 경쟁과 결부되었고 따라서 미국의 교수들은 다른 나라 교수들에 비해 훨씬 빈번하게 더 좋은 대학으로 옮겨갈 수 있었다. 이러한 이동성은 미국 대학들 사이에 새로운 생각, 교과과정, 연구방법이 혼합될 수 있는 강력한 기제로 작용했다.

요약하면 20세기 동안 미국의 고등교육체계는 규모뿐만 아니라 개별 대학들의 자율성 수준, 재정적·정치적 지원의 지방 의존성, 자금, 위신, 교수, 학생을 확보하기 위한 대학들 사이의 경쟁에 있어서 다른 나라와는 확연히 구별되는 발전을 거듭했다. 미국 고등교육의 이러한 구조적인 특징들은 대학 연구자들과 행정가들에게 산업계와 더욱 밀접한 협력관계를 형성하기 위한 강한 동기를 부여했다. 이러한 특징들은 또한 공식적인 특허 보호제도가 미비한 상태에서도 대학 연구자들이 대학의 발명들을 상업적으로 응용할 수 있도록 촉진했다. 마지막으로 미국 대학의 큰 규모와 직업 지향성이 대학의 연구 수행과 결부되면서 졸업생들이 산업체에 채용되었고, 이는 새로운 연구 성과가 산업적 현실에 빠르게 확산될 수 있는 효율적인 통로가 되었다.

---

10   Hugh David Graham & Nancy Diamond, 앞의 책, p.20.

2. 공학과 응용과학의 확립

미국 대학의 연구가 지역 산업의 '실제적인' 문제 해결을 지향하고 있다는 것은 미국 대학의 연구 분야로 확립된 공학과 응용과학 분야의 새로운 학문분과들을 검토해 보면 쉽게 알 수 있다. 무엇보다도 이러한 학문분과들은 연구 활동과 관련된 연구자들과 대학들 사이의 지적인 연계를 맺을 수 있는 연구와 교육의 체계적인 기반을 제공한다.

20세기 초반 미국 대학에서는 화학공학, 전기공학 그리고 항공공학이 확립되었다. 이들 분야는 공인된 전문 자격증, 전문 조직, 학술잡지들과 연관된 대학원 연구 과정을 개설했다. 이러한 새로운 학문분과와 전문직업들은 미국 대학들과 다양한 산업체간의 새로운 관계를 강화시켰다. 새로운 학문분과와 대학 교육 프로그램의 성장은 대학에서 훈련받은 공학기술자와 과학자에 대한 활용요구, 특히 화학과 전기장치 산업에 대한 산업계 연구의 확대에 따른 것이다.

공학교육은 남북전쟁 전까지는 미국에 거의 존재하지 않은 상태였다. 많은 대학들이 직업적인 공학교육을 시행하고 있있지만 전문적인 공학기술자를 양성하는 체계적인 교육은 20세기 후반까지는 거의 없었다. 미국 최초의 공학대학인 RPIRensselaer Polytechnic Institute는 1824년에 설립되었고, 1802년에 설립된 웨스트포인트West Point의 미국 육군사관학교는 미국에서는 최초로 상당수의 전문적인 공학기술인을 양성했다. 육군사관학교의 졸업생들은 1830년대에 시작되어 대륙 전체를 연결한 철도 체계의 건설과 관련된 대형 건설업체에 크게 공헌했다. 철도, 전신 그리고 이후로도 새로운 상품과 산업들이 계속 확대되면서 공학기술자에 대한 수요는 증대하였다. 이러한 요구에 대응하여 MIT(1865)Massachusetts Institute of Technology, 스티븐스공과대학교(1871)Stevens Institute of Technology 같은 대학들이 설립되었다. 전통적인 대학들의 교과과정에도 공학교육이 도입되었다. 여기서도 미국의 고등교육은 유럽과 차이를 보인다. 영국, 프랑스, 독일 등에서 공학교육은 대개 개별적인 연구기관에서 교육되었다. 하지만 미국의 경우는 엘리트 대학들이 이러한 교육을 도입했다. 예일대학교는 1863년에 기계공학교육을 도입했고 컬럼비아대학교는 1864년에 광업학부School of Mines를 개설했다.

1) 전기공학

전기에 기초한 전기 관련 산업이 등장함에 따라 미국 대학들은 발 빠르게 대응했다. 많은 역사학자들은 미국의 전기 부품과 발전 업체가 설립된 시점이 토머스 에디슨Thomas Edison이 뉴욕 시 펄스트리트 발전공장 New York City Pearl Street을 세운 1882년이었다고 주장하지만, 사실은 1882년에 이미 초기 형태의 전화와 전등 생산업체들이 설립되어 있었고 숙련된 전기 기술자들에 대한 수요는 빠르게 증가했다. 제너럴일렉트릭스 General Electrics와 웨스팅하우스Westinghouse 같은 회사들은 이 새로운 분야에서 자신들의 노동자들을 교육하는데 있어 어느 정도 성공했다.

미국 대학들은 공학교육에 대한 요구에 재빠르게 대처했다. MIT는 1882년에 전기공학 교과과정을 개설했다. 코넬대학교는 1883년에 전기공학교육과정을 개설했고 1885년에는 첫 박사를 배출했다. 1890년대 까지 "MIT와 같은 학교들은 미국에서 가장 중요한 전기기술자 공급

대학이 되었다." 에디슨, 웨스팅하우스, 벨과 같은 산업 선구자들의 연구와 달리, 전기공학이라는 학문분과에 기반을 둔 대학의 연구와 교육은 대학들과 산업계를 잇는 숙련기술을 지닌 전문가들의 공동체 형성으로 이어졌다.

전기공학과 물리학 분야에 대한 대학의 연구는 연구발전과 숙련된 대학원생들 육성 외에도 많은 것을 이루었다. 연구 성과를 상업화하려는 의지를 지닌 대학교수들에 의해 새로이 설립된 회사들은 2차 대전 이후 미국의 독특한 현상으로 자리 잡았지만 그전에도 이미 많은 사례들이 있었다. 캘리포니아 주 팔로 알토Palo Alto에 설립된 페더럴컴퍼니 Federal Company는 스탠퍼드대학교 교수들에 의해 설립되었으며 1차 대전 동안 라디오 부품을 공급하는 중요한 회사가 되었다. 고주파 통신시스템을 위한 전자파 신호를 발생시키고 증폭하는 열전자 튜브인 클리스트론klystron을 개발한 할Hal과 바리언Sigurd Varian은 스탠퍼드대학교 물리학과와 1937년에 협약을 체결했다. 스탠퍼드대학교는 바리언에게 연구공간, 교수진 그리고 연구재료비로 연간 100달러를 쓸 수 있도록 해주었다. 그 대가로 스탠퍼드대학교는 특허로 인한 수입의 절반을 받아 상당한 수익을 거두었다.

미국 고등교육 내에서 전기공학의 발전은 과거에 많은 대학 연구자들에게 동기를 부여했던 지역적 필요가 아니라 전기 관련 산업이라는 국가적 필요에 의한 것이다. 전기기술자를 양성하는 것은 주립대학과 사립대학 모두의 책임이 되었다. 20세기 전반에 걸쳐 대학 연구는 산업계에 자문을 제공했으며 교수들은 회사를 설립함으로써 산업 혁신에 공헌했다.

2) 화학공학

공학에 있어 미국 대학 연구의 핵심적인 역할 중 하나는 20세기 초반 화학공학 학문분과의 출현을 통해 잘 드러난다. MIT는 화학공학의 발전에 크게 기여했다.[11] 화학공학 분과는 화학 분야의 주요 과학적 돌파구가 새로운 제품의 생산에 기여하지 못하고 있다는 문제점을 해결하기 위해 만들어졌다. 화학공학은 응용화학도 아니며 화학 실험실에서 생산된 과학지식의 산업적 응용도 아니다. 화학공학은 화학과 기계공학의 결합, 즉 기계공학이 화학제품의 대규모 생산에 응용된 것이다.

실험실에서 상업제품으로 전환되는 것의 복잡성은 실험실 상황에서 이루어진 수많은 중요한 새로운 화학물질의 발견과 상업제품 사이의 수년간의 괴리의 원인이었다. 그런데, 온스ounce 단위로 측정되는 실험용 튜브가 아니라 톤ton 단위로 측정되는 제품을 제조하는 공정들을 관리하기 위한 전혀 새로운 방법, 화학으로부터 구별되는 방법이 개발되었다. 이 새로운 방법은 '단위조작unit operation'이라는 개념에 기초한 것으로 1915년 MIT의 아서 리틀Arthur D. Little 교수에 의해 도입되었다. 단위조작은 대규모의 화학제품 제조에 관한 정확한 접근법의 기초를 제공했고 독자적인 학문분과로서의 화학공학의 기원이 되었다. 단위조작은 미래의 기술자들을 위한 체계적이고 정량적인 지침, 즉 대학에서 교육될 수 있는 형태의 지식을 위한 기초를 제공했다.

아서 리틀, 워런 루이스Warren Lewis 등과 같은 교수들은 연구와 교육의 연계, 협력교육을 통한 학생 교류, 화학공학 실습 학교의 개설을 통

---

11 J. W. Servos, "The Industrial Relations of Science: Chemical Engineering at MIT, 1900~939", *Isis* 71, 1980, pp.531~549.

해 산업체들과의 협력관계를 발전시키고자 했다. 화학공학의 조직적인 연구는 MIT와 산업체에서 함께 발전했는데, 이는 새롭게 부각된 학문분과의 핵심 원리들을 정형화하고 진보시키고 확산하기 위해 노력한 뉴저지의 스탠다드오일Standard Oil의 기술자들과 MIT의 교수들 사이의 공생적인 관계에 힘입은 것이다.

당시 협력의 많은 부분은 대학 실험실과 기업 실험실에서 이렇게 새로운 실습들을 공동개발하고 특히 교육과 교재를 통해 상대적으로 폭넓게 확산한 노력과 관련되어 있다. 루이지애나 주 바톤루즈Baton Rouge의 스탠다드오일 정유공장도 비공식적인 외부 실험실로서의 역할을 수행했고, 이와 동시에 MIT 화학공학과 졸업생들과 교수들을 (자문위원으로) 고용하는데 있어 핵심적인 역할을 했다. 여러 가지 측면에서 이러한 협력관계는 1941년 유체 촉매제fluidized bed catalysis의 개발에서 정점에 이르렀다. MIT에서 수행된 연구는 바톤루즈의 정유공장에서의 실험을 보완해 주었다. 연구의 주요 성과로서 특허가 도출되었으나 대학은 지식재산의 관리와 기술이전에 있어 어떤 직접적인 역할을 할 수 없었다.

이렇게 이뤄지는 협력의 핵심은 교수의 연구자문, 산업체 인사의 교수채용, 교수의 산업체 채용, 대학원생의 채용 등과 같은 인적 교류이다. 이를 통해 MIT는 연구전문가를 산업체에 제공하고, 산업체의 실제 지식은 지식을 정제하고 체계화함으로써 폭넓은 학문분과를 발전시킬 수 있는 대학으로 유입되었다. 공학 및 과학 분야에서는 교수가 대학에서는 이용할 수 없는 산업체가 갖고 있는 큰 규모의 설비를 활용하는 것이 중요하다. 산업체는 협력을 통해 도출된 지식재산을 소유·관리하게 되었고, 대학은 전부는 아니더라도 상당수의 산업계 관련 연구결과들을 출판했다.

3) 항공공학

대학의 R&D가 새로운 산업 발전에 영향을 미친 또 다른 사례로는 바로 2차 세계대전 이전부터 발달한 항공기 기술을 들 수 있다. 중요한 데이터를 만들어내고 새로운 지식을 습득하기 위한 기술을 창출하는 대학 공학연구의 특징을 가장 잘 보여주는 사례는 1916년부터 1926년까지 스탠퍼드대학교의 듀런드W. F. Durand와 레즐리E. P. Lesley 교수에 의해 수행된 프로펠러 실험이다. 당시에는 최적의 프로펠러를 개발하기 위한 과학적 지식체계가 부족한 상황이었기 때문에 수많은 실험들이 필요했다. 프로펠러는 엔진과 비행기 기체와 연결되어 움직이기 때문에 엔진의 동력송출이 기체의 비행 조건과 맞아야 한다. 그러나 이와 관련하여 적용 가능한 정량적 이론이 없었기 때문에 실험의 매개변수를 변화시키는 방법이 필요했다. 빈센티에 따르면 스탠퍼드대학교의 실험들은 단순히 자료만을 수집한 것이 아니라 과학 이상의 성과를 이루었다(Vincenti, 1990, p.141). 이 실험들은 과학적인 원리에 의해 직접적으로 추론될 수 없는 전문적인 방법론을 개발하는 데 기여했다.

스탠퍼드대학교의 실험들은 현대 항공공학 분과의 핵심에 있는 정통 지식의 형태를 제공하여 비행기 제작 방법에 대해 더 많이 이해할 수 있도록 했다.[12] 스탠퍼드대학교의 실험들은 특히 1930년대 미국 항공기 제작에 중요한 공헌을 했는데 그 중에서도 가장 주목할 만한 것은

---

12 추진 효율성이라는 개념을 정립하면서 듀런드와 레즐리는 비행기 엔진의 설계에 있어 프로펠러 데이터를 어떻게 활용하는지를 배우게 되었다. 예를 들어, 설계자의 작업을 활성화하기 위한 데이터 표출법의 개선과 설계상의 문제 해결을 위한 토론에 활용되는 사고방식의 발전은 스탠퍼드대학교의 실험에서 명백하게 드러난다. 설계 데이터보다는 구체적이지 않지만 문제를 생각하는 방식에 대한 이해도 공학 지식의 형성에 기여했다. 이러한 지식은 듀런드와 레즐리의 보고서에 명시적으로 또는 암묵적으로 담겨 있다.

1930년대 후반에 나온 DC-3이다. DC-3의 성공에는 스탠퍼드대학교와 더불어 캘리포니아공과대학California Institute of Technology, 이후로는 칼텍이 기여한 바도 크다. 칼텍의 구겐하임 항공연구소는 구겐하임 재단의 지원을 받아 설립된 것인데 가까운 산타모니카에 위치한 더글라스 에어크래프트의 상업적 성공에 결정적인 연구를 수행했다. DC-3 그리고 그 이전 모델들과 관련하여 내구성과 지지력을 갖춘 부품들, 운송비를 절감하고 탑승객을 늘릴 수 있도록 하는 크기 등과 같은 기술은 대부분은 대부분 다중 설계와 DC-1, DC-2의 수없이 많이 실시한 터널 실험으로 대표되는 칼텍의 연구 성과이다.

4) 컴퓨터 과학과 공학

컴퓨터는 1950년대 이후 미국 대학이 산업계에 공헌한 것 중 가장 대표적인 것이다. 컴퓨터의 개발과 관련된 작업들은(영국의 알란 투링과 독일의 콘라드 주스와 같은 선구자들에 의해) 유럽에서 이루어져 왔지만 전자 디지털 컴퓨터의 탄생은 2차 대전 동안 미국 대학들이 수행한 연구개발의 산물이었다. 이 연구는 공학과에 집중되어 있었고 논리적 가능성을 기술적 현실로 바꾸었다. 대학에 기반을 둔 연구는 전기공학과 물리학과 같은 학문분과의 역사적 발전에 영향을 받았지만 자신만의 방법론을 갖춘 새로운 학문분과를 형성했다.

최초의 완전한 전자 디지털 컴퓨터인 에니악ENIAC, Electronic Numerical Integrator and Computer은 1943년부터 1946년까지 프레스퍼 엑커트Presper Eckert와 존 모클리John Mauchly의 주도 하에 펜실베니아대학교의 무어 전기공학부Moore School of Electrical Engineering에서 만들어졌다. 엑커트와 모클리의 연구는 아이오와 주립대학교의 수학자이자 물리학자인 존 아타나소프John Atanasoff와 MIT의 배니버 부시Vannevar Bush[13]와 같은 다른 대학교수들의 연구를 이끌어 냈다.

아타나소프는 일반적인 용도의 전자 디지털 컴퓨터를 개발하기 위해 노력한 것처럼 보이지만, 사실 그가 개발한 장치는 선형 방정식 시스템을 해결하기 위해 제작되었다. 그러나 아타나소프의 장치는 원형prototype의 형태에 지나지 않아 제대로 작동하지 않았다. 에니악보다 앞서 개발된 컴퓨터의 원형은 MIT의 부시와 그 동료들이 개발했던 미분 분석기이다. 부시의 연구 동기는 당시 다른 대학들과 마찬가지로, 서로 연결되어 있는 대규모 전기 네트워크에 있어서 전기력 송출의 불안정성을 해소하기 위한 것이었다.

1939년에 무어 공학부에서 만든 미분 분석기는 대학이 미국 육군 탄도학연구소와 긴밀한 관계를 형성할 수 있도록 했다. 육군은 탄도학과 관련된 문제들에 대해 신속한 해결방법을 계산할 수 있는 장치를 개발할 목적으로 에니악 프로젝트를 지원했다. 에니악이 실험 준비를 마친 1945년에 2차 세계대전은 끝났지만 존 노이만John Von Neumann의 중재에 의해 에니악은 수소폭탄의 제작과 관련된 광범위한 계산이라는 궁극

---

13 역주 – 배니버 부시(Vannevar Bush, 1890~1974) : 1913년 터프츠대학교를 졸업하고, 하버드와 MIT에서 공학박사를 취득하였다. 1차 세계대전 당시 국립연구위원회(National Research Council)에서 일하면서 잠수함을 탐지하는 기술을 개발하기도 하였다. 1923~1932 동안 MIT 교수를 재직하였으며, 1932~38년 동안 MIT의 부총장 및 공과대학 학장을 역임하였다. 1940년에는 국방연구위원회 위원장에 선임되었으며, 1941년에는 과학연구개발국의 이사로 발탁되어 2차 세계대전 중 맨하탄 프로젝트 및 전쟁을 위한 과학연구를 수행하였다. 1950년에 설립된 미국 국립과학재단(National Science Foundation : NSF)의 초기 모델을 제시하기도 하였다. 미국 국립과학재단에서는 배니버 부시를 기념하기 위해 공공서비스 부문의 상을 만들었다.

적 목적을 위해 보존되었다.

2차 대전 후 디지털 전자 컴퓨터를 탄생시킨 대학의 연구는 어떻게 분류할 수 있을까? 초기에 참여한 연구자들은 공학, 수학 그리고 물리학을 전공한 사람들이었다. 모클리와 부시는 공학부에서 강의하고 연구를 수행했다. 아타나소프는 아이오와 주립대학교에서 물리학과 수학을 가르쳤다. 2차 대전동안 하버드대학교에서 컴퓨터 연구를 수행한 하워드 아이켄Howard Aiken은 한때 공학을 연구하던 수학자였다.[14] 하지만 이들의 연구는 전통적인 연구개발 분류법인 '기초연구', '응용연구', '개발' 그 어디에도 위치하기 어려운 것이다. 오늘날 대학에서 '컴퓨터 과학'이라는 용어가 매우 보편적이지만, 엄밀히 보면 이 학문분과는 과학 또는 공학과는 매우 다른 것이다. 이것은 분명히 자연과학은 아니지만 허버트 사이먼Herbert Simon의 정의에 따르면 '인공 과학artificial science'으로 인정될 수 있다.[15] 컴퓨터 과학의 많은 연구는 결국 비행기 또는 기계의 설계와 제작을 다룬다는 점에서 공학과 비슷하다고 할 수 있다.

5) 미국 대학에서의 응용과학과 공학 과학engineering science

사이먼이 명명한 '인공 과학'은 미국 대학에서 발전한 다른 공학 분과에도 적용될 수 있다. '인공 과학'은 목적지향적인 연구 활동으로 이뤄진 것으로 기본적인 이해를 추구하는 기초과학의 통상적인 정의와는 구별

---

14 아이켄은 1944년의 'Mark I' 컴퓨터 개발을 위해 IBM으로부터 재정적·기술적 지원을 받았다. 아이켄의 장치는 강력한 계산 능력을 가지고 있었는데, 그 기초 설계 방식은 전자적인 방식이 아니라 전기기계적인 방식이었다.

15 H. A. Simon, *The Sciences of the Artificial*, Cambridge: MIT Press, 1969.

되는 것이다. 전통적인 자연과학에서 이러한 추구는 실제적인 응용과는 거리가 먼 연구와 동일시된다. 그러나 응용과학과 공학에 있어 많은 연구는 토대적인 이해를 추구하기 때문에 매우 기초적인 것이다. 대부분의 의료과학연구는 실제적으로 응용하기 위해 수행된다. 발암 과정에 대한 의학 연구는 필연적으로 세포 생물학의 토대적인 측면에 대한 연구와 관련이 된다. 이러한 연구들은 후에 도널드 스토크스Donald Stokes가 제시한 '파스퇴르의 쿼드런트Pasteur's Quadrant'에 따라 특정한 문제를 해결하거나 특정한 목적을 가지고 응용하기 위해 물리학이나 생물학, 화학 등 기초적인 과정에 대한 이해를 추구하는 연구로 분류되었다.[16]

이처럼 여러 중요한 공학 분과의 몇 가지 발전 사례를 살펴보면 미국

---

16 역주—Donald E. Stokes Pasteur's Quadrant: Basic Science and Technological Innovation, Washington D.C.: Brookings Institution Press, 1997. 스토크스는 기초연구와 응용연구의 관계를 새롭게 정립하기 위해 '파스퇴르의 쿼드런트(Pasteur's Quadrant)'를 제시했으며, 이를 그림으로 나타내면 다음과 같다.

연구 동기는 무엇인가?		이용에 대한 고려?	
		아니오	예
원천에 대한 이해 추구?	예	순수기초연구 (Niels Bohr)	이용을 위한 기초연구 (Louis Pasteur)
	아니오	—	응용연구 (Thomas Edison)

* 자료: 윤진효 외 옮김. 『파스퇴르 쿼드런트: 과학과 기술의 관계 재발견』, 서울: 북&월드, 2007, p.137. 경제개발협력기구(OECD)의 과학기술활동에 대한 보고서인 『프라스카티 매뉴얼(The Measurement of Scientific and Technical Activities: Proposed Standard Practice for Surveys of Research and Experimental Development, Frascati Manual)』에는 '기초연구-응용연구-개발-생산'으로 이어지는 선형 모델(linear model)이 제시되어 있다. 선형 모델에 따르면 기초연구는 어떤 실천적 목적을 고려하지 않고 자연과 그 법칙에 대한 이해를 추구하는 것이며, 이들 발견을 실천적인 사용으로 변화시키는 것은 다른 사람의 임무이다. 그러나 스토크스에 따르면, 새로운 기술의 발전에 있어 기초연구와 그 응용이 항상 직선적이거나 파생적이었던 것은 아니다. 또한, 역사적으로 교육적이고 사회적인 목적을 진전시키면서 연구를 수행하는 것이 가능했으며 또한 바람직하다. 스토크스가 제시한 '파스퇴르의 사분면 모델'은 선진국 연구개발의 모방을 지양하고 혁신형 경제체제 구축을 위해 노력하는 대학, 기업 그리고 정부 관계자들이 과학과 기술의 관계를 새로운 시각으로 이해하도록 해준다.

의 공학교육은 실제적인 문제의 탐구를 위한 기점들을 제공했다는 것을 알 수 있다. 그러나 이와 동시에 대학의 연구는 사이먼이 지적한 것처럼 전문적인 정책결정자들을 양성하기 위한 지적인 틀을 제공해 왔다.

　　물질적 가공품을 만들어내는 지적인 연구 활동은 환자를 위해 약을 처방하는 것 또는 회사를 위한 판매계획을 세우거나 국가를 위한 복지계획을 세우는 것과 근본적으로 다르지 않다. 설계design는 전문인 양성을 위한 핵심으로 매우 복잡하다. 이것은 전문직업과 과학을 구분하는 가장 중요한 차이이기도 하다. 공학부도 건축학부, 경영학부, 교육학부, 법학부, 의학부와 같이 모두 설계과정과 관련이 있다.[17]

다른 여러 학문분과도 특정의 유용한 목표를 지향한다는 점에서 공학과 유사하다고 할 수 있다. 일례로 농학부에서 이뤄지는 연구는 생명과학에 초점을 맞추어 농업생산성을 향상시키는 데에 초점을 두고 있다. 가장 유용한 학문분과 중 하나인 통계학의 경우 미국의 대학이 유럽보다 훨씬 먼저 교과과정을 갖추고 학과로서의 지위를 확립했다. 우리가 앞에서 미국의 대학들이 지역적 이익에 부합하는 연구를 발전시켰다고 언급했던 사실과 관련하여, 아이오와 주립대학교와 노스캐롤라이나 주립대학교는 통계학의 발전에 가장 크게 기여한 대학이다. 이 두 대학은 농산물의 생산량과 가격의 분석에 통계학을 활용함으로써 통계학을 크게 발전시켰다.

　2차 세계대전이 발발했을 때 응용과학과 공학은 특히 미국 대학 연

17　Herbert A. Simon, 앞의 책, pp.55~56.

구의 많은 부분을 차지하는 주립대학들에 잘 정립되어 있었다. 응용과학과 공학은 지역 산업과 농업에 대한 봉사를 목적으로 하는 대학의 오래된 전통 속에서 점점 발달해갔다.

6) 의과학medical science

의과학은 실제적인 목적을 지향하는 기초연구와 비슷한 유형에 속한다. 의과학 분야에서 미국 대학의 기초연구 능력은 2차 세계대전 이후 발전했지만, 에이브러햄 플렉스너Abraham Flexner가 1910년에 작성한 보고서 「미국과 캐나다의 의학교육Medical Education in the United States and Canada」은 미국 의학대학 내에서 생물의학 연구의 역할을 확대하는 역할을 했다. 플렉스너는 의대생들은 자연과학 교육을 더욱 충실히 받아야 하고, 의학대학은 기초생물의학 연구를 수행해야 하며, 또한 교육병원teaching hospital과의 연계를 강화해야 한다고 주장했다. 교육, 연구 그리고 의학 실습의 결합은 1945년 이후 의학의 기술적 진보에 크게 공헌한 미국 대학의료센터의 가장 큰 특징이었다.

인간 질병의 원인에 대한 연구는 응용물리학 분과와 공학 분과의 연구와 공통점이 많다. 이 연구는 기초적인 과학 원리에 대한 깊은 이해를 목적으로 하고 있지만 질병으로 인한 고통을 해소한다는 매우 실제적인 목적에 의해 추진된다. 이러한 연구 동기는 박테리아가 인간질병의 원인이라는 것을 밝힌 19세기 로버트 코흐Robert Koch 그리고 루이 파스퇴르Louis Pasteur의 연구뿐만 아니라, 19세기 말 20세기 초에 부상한 내분비학, 신경학, 생화학 등과 같은 연구 분야에서도 나타나는 특징이다. 이들 분야에서 토대가 된 기초연구는 대부분 2차 세계대전 때까지는 유럽의 연구센터들이 주도했으나 1920년대와 1930년대 동안 미국의 의학대학들 역시 자신의 연구역량을 키웠다. 특히, 1945년 이후로 미국 대학의료센터에 대한 연방정부의 지원이 확대됨에 따라 지난 40년 동안 축적된 미국 대학의료센터의 연구역량은 크게 발달하게 되었다.

3. 2차 세계대전으로 인한 연방정부 연구개발 지원의 변화

우리는 지금까지 19세기 후반부터 20세기까지 미국 고등교육체제가 지닌 독특한 구조와 다른 나라와는 대조적인 양상에 대해 논의했다. 이제 우리는 20세기 중반에 일어난 학술연구에 대한 재정지원의 극적인 변화에 대해 논의하고자 한다. 미국 학술연구에 대한 재정지원의 원천이 연방정부로 바뀌면서 다른 국가와 규모와 성격에 있어 차별적인 연구기반을 조성했다.

1941년 미국의 2차 세계대전 참전은 연방정부의 연구개발 지원 프로그램과 우선순위를 변화시켰다. 연방정부의 연구개발 지출은 7억 8천여 달러에서 124억 달러로 급증했는데, 이 중에서도 특히 국방 분야 연구개발이 2억 7천 9백 달러에서 20억 달러로 인상되었다. 전시 연방정부의 연구개발 지원 프로그램의 조직적 구조와 성공은 몇 가지 중요한 유산들을 남겼다. 맨하탄 프로젝트Manhattan Project가 최고조에 이른 1944년과 1945년에는 전체 국방예산을 넘기도 했었는데 '거대 과학Big Science'의 시대에 접어든 연구와 무기생산 복합체를 만들었다. 역설적이게도 유례없이 파괴적인 힘을 지닌 무기를 만들어 낸 맨하탄 프로젝트의 성공은 역설적으로 대규모의 과학이 사회복지의 증진을 가져올 수 있다는 건설적인 가능성에 대한 기대를 갖게 했다.[18]

사기업과 대학과의 연구 계약을 담당하는 민간기구로 부시가 이끄는 과학연구개발국Office of Scientific Research and Development, OSRD[19]의 창설은 재정규모는 작지만 기관혁신으로서는 매우 중요한 변화였다. 전시에 과학연구개발국의 단일계약자로 가장 큰 수혜자는 MIT였는데 그 규모가 75개의 과제, 8억8천6백만 달러에 이르렀다. 민간기업 중에서 가장 큰 수혜자는 웨스턴일렉트릭Western Electric이었는데 그 규모가 1억 3천만 달러에 달했다. 이러한 연구개발 과제들에 의해 과학연구개발국은 2차 세계대전 동안 폭넓은 학술적·산업적 연구개발 역량을 갖출 수 있었다. 과학 공동체의 구성원들은 군사적 목적을 지닌 과학연구에 대해서도 조언하고 지도하고 참여할 것을 요청받았다.

---

18 전쟁이라는 위급한 사태로 인해 착수된 연구개발 프로그램들 중 일부는 전쟁이 끝난 후 사회에 커다란 혜택을 주었다. 크래쉬(crash) 프로그램은 페니실린(penicillin)을 만드는데 성공했는데, 이는 아마 20세기에 가장 큰 의학적 돌파구일 것이다. 또 다른 프로그램은 저렴한 비용의 합성 고무가 널리 사용될 수 있도록 했으며 미국의 화학산업과 석유화학 산업에 지대한 영향을 미쳤다. 또한 레이다 시스템의 개선과 같은 군사적 목표를 위한 극소전자공학 분야에서 수행된 연구개발은 전후의 기술력의 성장에 크게 공헌했다.

19 역주－과학연구개발국(Office of Scientific Research and Development : OSRD)은 2차 세계대전 중 미 연방정부에서 군사적 목적으로 과학연구를 통합하기 위해 설립하였다. 1941년 5월 합의를 통해 1941년 6월 28일 정식적인 법이 제정되었다. 과학연구개발국은 국방연구위원회(National Defence Research Committe : NDRC)를 대신하여 전폭적인 기금 및 자원 지원을 받으며 배니버 부시(Vannevar Bush)가 운영하였다. 과학연구개발국에서는 세계 최초의 핵폭탄을 만들어 내었으며, 1943년 10월에서 1947년 10월까지 전쟁을 반대하며 군 복무를 회피하였던 사람들을 대상으로 말라리아, 독가스 등 각종 인체실험을 자행하기도 하였다. 2차 세계대전이 끝난 후 1947년에 과학연구개발국은 폐지되었다.

과학연구개발국과 다른 전시 지원 프로그램들은 미국의 학술연구에 대한 재정지원의 규모와 원천을 변화시켰다. 전후 학술연구지원에 있어 연방정부 역할이 확대됨에 따라 배니버 부시는 가장 유명하고 영향력 있는 인사가 되었다. 그는 또한 프랭클린 루스벨트Franklin D. Roosevelt 대통령의 요청을 받아 1945년에 전후 연방정부의 과학정책에 대한 유명한 보고서, 「과학: 끝없는 개척지Science: The Endless Frontier」를 작성했다. 부시는 기초연구basic research가 경제성장의 궁극적인 원천이라고 주장하며 국방과 비非국방 분야 그리고 보건 분야에 이르기까지 모든 분야에 걸친 기초연구를 지원하는 연방정부 내 단일한 지원기관의 창설을 제안했다.[20] 그러나 2차 세계대전 후 국내 정치 상황은 복잡했고, 부시는 학문공동체의 자율성과 의회로부터의 예산독립을 주장했기 때문에 논쟁은 심화되어 갔다. 연방정부의 모든 과학정책과 지원 프로그램을 관장하는 지원기관의 설립을 추구했던 부시의 바람과는 달리, 국방 분야와 보건 분야 등 다양한 목적을 지닌 지원기관들이 기초연구와 응용연구를 지원하는 주요 역할을 담당하게 되었다. 1953년도를 기준으로 연방정부의 연구개발 지출의 86%(학술연구지원의 5%)를 국방성Department of Defense과 원자력 에너지 위원회Atomic Energy Commission가 맡게 되었다.

---

20 역주— 부시는 2차 세계대전 중에 축적된 미국의 과학기술을 바탕으로 새로운 기업과 일자리를 창출하여 국가경제를 부흥시키기 위한 방안을 마련하라는 루즈벨트 대통령의 주문에 의해 *Science: The Endless Frontier*라는 보고서를 작성하게 되었다. 이 보고서의 작성을 위해 부시는 과학기술계가 공감하는 새로운 연구지원기관 모델을 제시하고자 4개의 소위원회를 구성하여 약 6개월간의 연구를 통해 보고서를 완성했고, 정치적 통제로부터 자유로우며 미국 내 기초연구를 총괄하는 '국가연구재단(National Research Foundation)'의 설립을 제안하기에 이르렀다. 이후 새로운 연구지원기관의 설립에 관한 법률이 의회에 상정되었고, 정치인, 과학자 등 전문가들이 참여하는 치열한 논쟁이 벌어졌다. 약 6년간의 산고를 거친 후, 1950년 5월 트루먼(Harry S. Truman) 대통령은 대통령 직속의 독립기관인 국립과학재단(National Science Foundation)의 설립을 승인했다.

4. 2차 세계대전 후 연방정부의 학술연구개발 지원

2차 세계대전 후 미국 연구개발 체계가 변화됨에 따라 대학에서 공공자금에 의한 연구개발의 역할도 변화했다. 부시가 제안한 기초연구를 위한 연방정부 내 단일한 연구지원기관의 설립은 실현되지 못했고 연구개발 과제가 아니라 연구기관에 대한 지원이 필요하다는 주장도 받아들여지지 않았지만, 당시 대학들에게 투자된 연방정부 연구개발 지원금은 상당히 증가했다. 1935년부터 1936년까지(대학들에 위치한 연방정부 지정 연구개발 센터에 지원된 자금은 제외하고) 대학 연구에 투자된 연구개발 지원금은 1억5천만 달러에서 1960년에는 21억 달러, 1995년에는 140억 달러 이상으로 증가했다(표 2-1). 학술연구에 대한 연방정부의 지원금은 1930년대 중반에는 전체 학술연구에 대한 지원금의 25%를 넘지 않았지만 1960년대에 이르러서는 전체의 60%를 넘게 되었다.

전체 학술연구지원금은 1935년 이후 1960년에 이르기까지 6배로 늘어났고 1965년도에 다시 2배로 늘어났다(표 2-1). 1953년에 미국 기초연

〈표 2-1〉 연방정부의 대학 지원 R&D : 1935, 1960~2000(1996년 달러 기준, 백만달러)

연도	대학 전체 R&D	연방정부지원R&D	연방지원 비율(%)
1935	575	138	24
1960	3,418	2,143	63
1965	7,333	5,338	73
1970	9,453	6,668	71
1975	9,939	6,671	67
1980	11,575	7,817	68
1985	14,120	8,828	63
1990	19,551	11,570	59
1995	22,827	13,726	60
2000	27,379	15,932	58

*자료출처 : 1953년 데이터는 국가자원위원회(National Resources Committee, 1938), 1960년 이후 데이터는 국립과학재단(National Science Foundation, 2001).

구의 1/3이 대학과 연방정부지정 연구개발 센터에서 수행되었다.[21] 2차 대전 이전까지는 제한된 분야에서 소수의 대학들만 두각을 나타냈지만 대학의 연구에 대한 연방정부 지원이 확대됨에 따라 미국 대학들은 과학연구를 위한 세계적인 센터로 성장했다.

특히 1958년 '스푸트닉 위기Sputnik crisis' 이후 학술연구지원금의 확대 외에 대학원 교육과 대학 연구시설에 대한 연방정부의 지원이 늘어나면서 과학연구자의 수가 증가했고 고급 연구 수행에 필수적인 연구 장비와 시설을 갖추게 되었다. 컴퓨터 과학의 경우 대학이 대형 컴퓨터를 구매할 수 있도록 연방정부가 지원해 주는 것은 미국 대학에 새로운 학술분과가 정착하는데 필수불가결한 조치였다. 연방정부는 1950년대 후반에 고등교육을 받는 학생들에 대한 재정지원도 확대했다.[22] 연방정부는 대학의 교육과 연구를 함께 지원함으로써 대학이 연구에 집중할 수 있도록 했고, 연구와 교육의 연계를 강화했다. 고등교육에 있어 교육과 연구의 결합은 다른 나라에서는 찾기 힘든 미국의 독특한 특징이다. 예를 들어 일본과 유럽에 있어 연구의 상당부분은 고등교육 체계나 정부 출연연구소와 직접적으로 연결되어 있지 않은 전문화된 연구기관에서 수행된다.[23]

---

21 이러한 계산은 NSF의 '연구개발 재원의 국가적 유형(National Patterns of R&D Resources)' 자료에 나타난 대학과 연방정부 지정 연구개발 센터의 데이터를 합산한 결과이다. 1995년 이후로 NSF는 전체 국가 기초연구 활동에 있어 대학의 점유율이 2000년도에는 49%로 떨어졌다는 통계를 제시했다. 마우어리는 이러한 경향이 기업이 지원하거나 또는 기업이 스스로 수행하는 기초연구가 급격하게 증가하고 있음을 보여준다고 지적했다. 신뢰할 만한 데이터가 부족하기는 하지만, 2000~2001년 경제 쇠퇴로 인해 기업이 지원하거나 수행하는 기초연구는 더 이상 증가하지 않을 것 같다.

22 역주－고등교육에 대한 연방정부의 재정지원 정책 중에 가장 잘 알려진 것은 G. I. Bill(제대군인법)으로 연방정부는 이 법을 통해 대학 교육을 받고자 하는 제대한 군인들을 재정적으로 지원했다. 이 법 외에도 NSF와 에너지위원회는 대학원생 장학금을, 국립보건원은 연수장학금을 지원했으며, 국방교육법(National Defense Education Act)에 의한 장학금도 있었다.

학술연구에 대한 유례없는 연방정부의 투자에 의해 미국 대학들이 기초연구와 대학원 교육에 있어 세계적인 명성을 얻을 수 있었지만 학술연구에 대한 연방정부의 지원은 연구가 연방정부의 임무 실현에 실제적인 이득이 되리라는 기대에 기초한 것이다. 미국 국립과학재단National Science Foundation은 멀지 않은 시기에 사회적 이득을 창출할 수 있는 기초연구를 지원해야 한다는 부시의 비전을 달성하기 위해 설립되었다. 그러나 국립과학재단은 전후 대학 연구의 1 / 5 이상을 지원하지는 못했다. 대신 연방정부의 핵심 임무인 국방 그리고 보건에 관련된 기관들이 학술연구에 대한 연방정부 지원의 많은 부분을 차지했다.

국방성 그리고 중요한 국방과 관련된 국립항공우주국National Aeronautics and Space Administration과 원자력 에너지 위원회Atomic Energy Commission, 후의 에너지성는 1954년도 연방정부 학술연구지원금의 80% 이상을 차지하고 있었으나 1970년대 이후에는 30% 수준으로 하락했다(표 2-2). 1953년부터 1960년까지의 시기에 미국 국립보건원National Institutes of Health은 전체

---

23 샤프(M. Sharp)는 과학연구에서 유럽 대학들의 역할이 그리 탁월하지 않았기 때문에 소규모 생명공학 기업들이 성장하지 못했다고 주장했다. "프랑스 CNRS의 실험실 또는 독일 막스플랑크 연구소의 실험실의 연구원은 전일제 노동자이다. 그래서 이 연구원의 중요한 임무는 공공의 이익이지 사적인 과학이 아니다. 게다가 전일제 노동자로서 이 연구원은 미국 대학교수처럼 대학의 직위와 민간 영역에 대한 자문의 역할을 '혼합'하는 연구를 맡지 않으려고 한다. 실제로 미국 대학이 9개월 동안만 임금을 지급하고 여름에 나머지 3개월간의 임금에 연구를 수행토록 하는 전통은 기업가적 대학 모델로 나아가게 했다. 반면 독일 막스플랑크 연구소는 간접비(overhead)로 연구관리원과 장비를 포함하여 모든 연구비용을 지원했다. 독일 대학을 떠나면 다시 돌아오기가 매우 힘들기 때문에 이러한 안정적인 연구 환경을 떠나 소규모회사로 옮기는 기회비용은 너무 크다. 프랑스의 상황도 마찬가지다. 프랑스 연구원들은 공무원이기 때문에 연구소를 떠난다는 것은 정년과 축적된 혜택이라는 안정성을 버리는 것이며, 재진입하는 것은 매우 어렵다. 이런 상황 속에서 공공 영역에서 민간으로의 창업(spin-off)이 매우 적다는 것은 당연하다. 그래서 대부분의 창업은 과학 체계가 미국과 유사한 영국에서 일어난다. 영국에서 셀텍(Celltech)과 AGC(Agricultural Genetics Company)를 제외하면 생명공학 창업은 대부분 대학에서 나온다.

<표 2-2> 연방정부기관별 미국 대학 연구지원 현황(1954~2001)

연도	대학의 연방정부 R&D의 정부기관별 비율(%)						
	NIH	NSF	DOD	NASA	DOE	USDA	기타
1954	n/a	1.3	51.0	n/a	32.5	5.2	10.0
1971	36.7	16.2	12.8	8.2	5.7	4.4	16.0
1976	46.4	17.1	9.4	4.7	5.7	4.7	12.0
1981	47.0	15.7	12.8	3.8	6.7	5.4	11.0
1986	49.4	15.1	16.7	3.9	5.3	4.2	8.4
1991	54.3	14.1	11.3	5.2	6.1	3.8	13.7
1996	55.3	14.5	12.1	5.5	5.0	3.1	4.5
2001	60.5	14.9	8.7	4.4	4.0	2.8	4.7

*자료출처 : 국가과학위원회(National Science Board, 2002). 2001년 데이터의 경우는 NSF 자료를 기준으로 산정함.

연방정부 학술연구지원금의 1／3을 차지했고 1960년대 이후로 대학 연구에 대한 국립보건원의 투자는 큰 폭으로 증가했다. 21세기 초기에 국립보건원은 연방정부의 대학 연구지원금의 60% 이상을 차지하고 있다.

전후 연방정부의 생물의학 연구에 대한 막대한 투자는 생물의학 연구에 있어 기초과학과 임상 응용 사이의 연계를 강화했다. 대학 의학센터는 과학연구와 임상 치료를 연계함으로써 과학연구와 혁신을 연결시켜 새로운 의료장비와 시술법을 개발하려는 임상연구자로부터 신속하게 정보를 수집할 수 있었고, 이는 새로운 의약품에 대한 임상실험의 발전으로 이어져 의약품과 의료장비의 혁신에 크게 공헌했다. 한 연구기관 내에서 과학과 임상 응용이 결합되는 것은 드문 현상이었고 대부분 서유럽 의료기관은 과학적 연구보다 임상시술과 응용을 더 강조했다. 반면 미국 대학과 학술연구기관들은 전후에 연구개발에 있어 개발뿐만 아니라 연구에 있어서도 중요한 역할을 했다.

학술연구를 지원하는 연방정부의 주요 연구지원기관들의 임무의 지향점은 과학과 공학 분야에 대한 연구지원금 분배에 반영되어 있다. 1989년까지 과학과 공학 분야 학술연구지원금의 절반 이상은 생명과학에 투자되었다. 연구지원기관에 의해 투자된 연구의 대부분은 연구의 목적이 기초적인 이해를 지향한다는 점에서 기초연구로 정의될 수 있지만 실제적인 문제를 해결하려는 욕구에 의해 추진되기 때문에 '파스퇴르의 쿼드런트'로도 분류된다. 1980년대 초반부터 산업계의 연구지원이 증가하면서 연방정부의 학술연구지원을 보충해 주었고, 특히 산학협력연구가 증가했다. 그러나 앞에서도 언급했지만 이러한 대학과 기업 간 협력관계는 2차 대전 이전부터 형성되어 있었다. 실제로 기업이 지원하는 대학 연구비는 전후 초기에는 감소하는 것처럼 보였다.[24] 1953부터 1958년 동안 산업계는 연간 학술연구개발 비용의 8%를 지원했고, 1970년대에는 평균 2.7%로 줄었는데 이것은 학술연구에 대한 연방정부의 투자가 확대되었기 때문이다. 1980년 대학 연구에 대한 기업의 지원은(연방정부 자금지원을 받아 대학이 운영하는 연구개발 센터Federally Funded Research and Development Centers : FFRDCs[25]들에 대한 지원을 제외하고) 학술연구지원

---

24 2차 세계대전 후 상당히 오랫동안 기업과 대학의 연구 연계가 약화된 것은 역사적 추세로부터 완전히 벗어난 것이라고 주장할 수도 있다. 하운셀(Hounsell)과 스미스(Smith)는 듀폰(Dupont Company) 중앙연구소의 소장이었던 엘머 볼튼(Elmer Bolton)의 메모를 인용하여 듀폰이 스스로 기초연구를 수행하게 된 사례를 소개했다. "세 가지가 필요하다. 듀폰은 연구 조직을 강화하고 현대적인 연구 장비를 갖춰야 한다. 현재의 공정은 개선되어야 하며 새로운 공정과 제품이 개발되어야 한다. 응용화학 분야에서 새로운 진보를 성취하기 위한 기반이 되는 기초연구(fundamental research)가 화학 부문뿐만 아니라 산업 연구소와 공학 부문에서도 확대되어야 한다." 볼튼은 이러한 기반을 강화하기 위해 더 이상 과거처럼 대학에 의존할 수 없으며, 따라서 듀폰은 이러한 지식을 스스로 창출해야 한다고 강조했다. 그는 듀폰이 이러한 지도력을 유지하기 위해서 응용연구의 기초가 되는 더 많은 지식을 창출하기 위한 더 넓은 범위의 기초연구를 수행해야 한다고 지적했다. 스완(J. Swann)도 2차 세계대전이 끝난 후 보건과학 분야에 대한 연방정부의 자금이 크게 증가한 결과, 미국 대학과 제약회사 사이의 연구 연계는 상당히 약화되었다고 지적했다.

25 역주—연방 연구개발센터(Federally Funded Research and Development Center : FFRDC) : 현재의 제반조건과 연구재원이 충족되지 않더라도 어떤 특별한 목적을 위해 장기간 동안의 연구 및 개발을 수행한다. 임무를 수행하기 위해 또 다른 위탁을 실시할 수 있으며, 이를 종합하여 결과물들을 제시할 수 있다. 위탁기관의 관계는 일반적인 계약의 관계 이상을 넘는다. 위탁기관의 민감하고 사적인 자료는 물론 고용인과 시설들을 통제한다. 정부와의 특별한 관계 속에서 공공의 이익을 위해 객관적이고, 독립적인 임무수행을 진행한다.

비의 4%로 늘었고, 1998년에는 거의 7.4%에 이를 정도로 늘었다(National Science Board, 2002).

대학 연구개발에 대한 연방정부의 지원 프로그램의 구조는 1940년 이전부터 확연했던 미국 고등교육체계의 독특한 특징을 더욱 강화했다. 전후 대학 연구에 대한 연방정부의 대규모 지원과(국방성과 같은 대규모의 단일한 연구개발 지원기관의 경우에도 해당되는) 연방정부 연구개발 프로그램의 다원적이고 분산적인 구조는 정보기술, 생명의료 과학, 재료 과학 등과 같은 핵심기술 분야 연구개발의 수많은 새로운 경로들을 지원했다는 것을 의미한다. 불확실한 기술의 새로운 응용에 대한 폭넓은 탐구를 지원하는 연방정부의 연구개발 프로그램들은 컴퓨터 하드웨어, 반도체 그리고 인터넷과 같은 초창기 분야에서 미국이 경쟁우위를 확보하는데 중요한 원천이 된 것으로 밝혀졌다. 그러나 그만큼 중요한 역할을 한 요소로 동료평가에 대한 강조와 연방정부 연구개발 프로그램에 대한 여러 연구기관 사이의 경쟁을 들 수 있다. 연방정부의 여러 프로그램으로부터 지원금을 받을 수 있다는 점과 더불어 연구개발 지원금을 받기 위한 경쟁은 1940년 이전의 특징이었던 교수, 학생, 재원 그리고 명성을 얻기 위한 연구기관들 사이의 경쟁과 자율성을 강화했다. 게다가 연방정부의 연구개발 예산의 규모와 자체 연구소보다 외부기관에 대한 지원에 집중하는 연구지원기관의 특성으로 인해 미국 대학의 연구지원비는 2차 대전 후 다른 나라를 크게 앞설 수 있었다.

2차 대전 후 미국의 학술연구개발의 '새로운 구조'는 산업 혁신에 중요한 영향을 주었고 수많은 핵심 특징들을 변화시켰다. 미국의 대학들

2004년 현재, 이와 같이 연방정부의 지원을 받고 있는 연구소는 36개이다.

이 1940년 이전에는 산업 혁신에 중요한 역할을 했지만 뉴저지의 스탠 다드오일 또는 듀퐁과 같은 기성 대기업들에게만 혜택이 돌아갔다. 그 러나 전후 시기동안 대학으로부터 인력과 기술지식을 받은 새로운 기 업들이 컴퓨터 하드웨어, 반도체, 컴퓨터 소프트웨어, 생명공학 등과 같은 '새로운 산업'의 성공에 중심 역할을 했다. 전후 미국 산업에 있어 이러한 새로운 기업들은 독일 또는 일본에 비해 훨씬 커다란 경제적 역 할을 담당했다. 게다가 캘리포니아 주의 실리콘밸리Silicon Valley 또는 메 서추세츠 주 128번 도로 주변 지역은 주요 연구대학이 입주해 있다는 이점으로 인해 소득과 고용의 측면에서 성장할 수 있었다.

5. 산업 혁신과 대학 연구 : 상호작용에 대한 고찰

지금까지 우리는 대학의 특허와 기술이전이 발전하기 훨씬 전부터 대학과 산업계 사이의 협력을 위한 강력한 보상 제도를 형성할 수 있었 던 규모와 독특한 구조를 중심으로 미국 고등교육체계의 역사적 기원 과 발전에 대해 논의했다. 여기서는 대학의 연구와 산업 혁신 사이에 형성된 현재의 관계에 대한 연구들을 요약하려고 한다. 미국의 기업들 은 바이-돌 법의 제정에 영향을 미친 산업 혁신이라는 관점으로 보았 을 때 그들이 개발하고 상업화할 수 있는 기술적 혁신의 원천으로 대학 의 연구를 얼마나 활용하고 있을까? 기업의 경영자들은 대학의 연구발명이 산업 혁신으로 이어지는 핵심 통로로서 대학의 특허와 기술이전을 얼마나 중요하게 여기고 있을까? 기술과 산업에 따라 이러한 문제에 대한 기업 경영자들의 평가는 얼마나 다를까? 여기서 제시할 연구결과들은 이러한 핵심문제를 잘 보여주며 산학협력과 기술이전을 살펴보는데 유용한 기초를 제공할 것이다.

이 절에서 살펴볼 연구결과는 제약회사에서부터 전기부품회사에 이르기까지 다양한 기업의 고위 경영자들과의 면담과 설문조사를 통해 나온 것들이다. 국가연구위원회National Research Council의 정부-대학-산업 연구 원탁회의Government-University-Industry Research Roundtable, 이하 연구 원탁회의는 대학의 연구가 기술혁신에 기여한 점에 대해 조사했고, 에드윈 맨스필드Edwin Mansfield는 기업 경영인들을 대상으로 최근의 학술연구가 없었더라면 개발될 수 없거나 상당한 시일이 소요되었을 기술혁신 사례들에 대해 조사했다(GUIRR, 1991; E. Mansfield, 1991). 다른 두 가지 연구는 기업의 연구개발 경영자들을 대상으로 한 대규모 조사에 기반하고 있다. 「예일 조사보고서Yale survey」와 조금 더 최근의 「카네기-멜론 조사보고서Carnegie-Melon survey」는 기업의 연구 경영자들을 대상으로 기업의 연구개발에 미친 대학 연구의 영향력의 성격과 범위에 대해서 소사한 내용을 담고 있다. 카네기-멜론 조사보고서는 또한 기업들이 자신들의 산업 혁신전략에 있어 응용을 위해 대학의 연구결과를 얻는 가장 중요한 통로가 무엇인지에 대해서도 조사한 내용을 담고 있다. 예일 조사보고서는 주로 1970년대와 1980년대의 대기업에 초점을 맞추고 있는 반면 카네기-멜론 조사보고서는 1990년대 대기업뿐만 아니라 중소기업에 이르는 광범위한 자료를 담고 있어서 1980년 바이-돌 법이 통과된 후 경영자들의 시각을 살펴볼 수 있다.

이러한 연구들은 대학과 산업 혁신의 관계에 있어 기업 간의 차이를 부각시키고 있다. 위와 같은 조사연구의 응답자들 중에서 생물의학 분야, 특히 생명기술학과 제약분야의 응답자들은 다른 분야보다 대학 연구의 진보가 산업 혁신에 의미심장하게 또한 직접적으로 영향을 준다고 답했다. 연구 원탁회의 조사에서 생명기술 기업의 경영자들은 발명의 원천으로 대학의 연구에 의존하고 있다고 답했다. 그러나 연구 원탁회의 보고서의 응답자들 중에서도 생명공학에 기반한 제약회사와는 달리 다른 제약회사들은 대학의 연구가 새로운 약품의 원천이 되지 못하고 기업의 연구가 핵심적인 역할을 한다고 밝혔다. 그러나 대학의 연구는 비생명기술 약품의 발전에도 영향을 준다고 할 수 있는데 연구 원탁회의 보고서의 응답자들도 제약회사가 새로운 약품의 개발을 위해 필요한 구체적인 생명의료 반응을 보여주는 학술연구의 중요성을 인정했다. 다른 경우에서도 대학 연구의 발전은 그들이 시험하고 있는 약품에 대해 더 효율적으로 분석할 수 있게 해 줄 것이다.

맨스필드는 제약회사 경영자들에 대한 조사에서도 학술연구에 대한 강한 의존성을 발견했는데 이들은 자신들의 기업에서 상업화한 새로운 약품의 1/4 이상은 학술연구가 없었더라면 개발되지 못했거나 상당한 시일이 소요되었을 것이라고 답했다. 나아가 이들 경영자들은 자신들의 기업이 개발한 약품의 20%는 대학의 학술연구로부터 중요한 도움을 받았다고 주장했다.

연구 원탁회의과 맨스필드의 보고서에 따르면 생물의학 분야에서 나타나는 대학과 산업계 사이의 특성은 다른 분야의 산업과는 구별된다. 연구 원탁회의 보고서에 담긴 전자제품 회사의 응답자들은 대학이 가끔 적절한 '발명들'을 개발하지만 그런 개발의 대부분은 비학술적인 연구에서 나온다고 답했다. 대학의 연구가 기술진보에 공헌하는 것은 사실이지만 이 공헌들은 제조공정, 제품혁신 그리고 실험기술의 기저에 있는 토대적인 물리학과 화학 분야의 지식의 형태를 갖추고 있는데, 이 분야는 과학자와 공학자의 육성을 특징으로 하고 있다. 맨스필드는 학술연구에 '심각하게 의존하고 있는' 새로운 제품의 비율은 제약분야 이외에는 상당히 낮다는 것을 발견했다. 정보처리 부품 및 장비를 생산하는 기업의 이사들은 자신들의 혁신의 약 10~15%가 학술연구에 의존하고 있다고 응답했다. 금속산업의 응답자들은 새로운 제품과 공정의 10% 이상이 최근의 학술연구가 없었다면 개발되지 못했을 것이라고 답했다. 맨스필드 보고서 내용 중 더욱 놀라운 것은 전기부품, 화학제품 그리고 금속제품 분야의 산업에 있어 신제품의 최대 6%는 최근의 학술연구에 의존하고 있다는 사실이다.

기업 연구개발을 담당하는 고위 관리자들을 대상으로 한 예일 조사보고서와 카네기-멜론 조사보고서는 생물의학 분야와 다른 분야 사이에 대학 연구와 기업 연구 간 관계의 중요성이 차이가 있다는 것을 분명히 밝혔다. 예일 조사보고서는 기업 연구개발 관리자들을 대상으로 자신들의 산업에 있어 혁신에 영향을 주는 지식의 원천에 대해 조사했다. 3명 이상이 응답한 50개 기업 중에서 15개 기업만이 대학의 연구가 자신들의 생산 활동의 기술적 진보에 '중요한' 또는 '매우 중요한' 역할을 한다고 했다(표 2-3). (1970년대 후반 조사가 진행될 때에야 생명공학의 중요성을 인식하기 시작한) 제약회사들은 대학의 연구를 중요시하는 뚜렷한 경향을 보였지만 과학기술 기계, 반도체 그리고 합성고무 분야의 연구개발 경영자들도 대학의 연구가 자신들의 혁신활동에 '중요한' 또는 '매우 중요한' 역할을 한다고 답했다. 흥미롭게도 대학의 연구가 혁신활동에

<표 2-3> 대학 연구에 '중요' 또는 '매우 중요' 등급을 부여하는 산업들

우유
유제품(우유 제외)
통조림 특산물
벌목 및 제재업
반도체 및 관련 기기
종이 및 판지 제조
농장 기계 및 기구
곡물 제분 제품
살충제 및 농약
가공처리 과일 및 채소
공학 및 과학 기기
목공제품, 베니어판, 합판
인조고무
의약품
동물성 사료

*자료출처 : 적합성 및 기술적 기회에 대한 예일 조사보고서(YALE Survey)의
출판되지 않은 자료. 조사내용에 대한 설명은 Levin 등(1987) 참조.

중요하다고 응답한 다른 많은 기업들은 농업과 임업에 관련되어 있는데, 농학과 임학은 20세기에 연방정부의 중점적 지원을 받은 분야이다.

예일 조사보고서에는 연구개발 경영자들을 대상으로 자신들 기업의 혁신활동에 있어 대학 과학의 특정 분야의 중요성을 평가하기 위한 내용도 담겨있다. 기업의 혁신활동이 공학 또는 응용과학과 관련되어 있기 때문에 이들은 대학 연구의 거의 모든 분야가 '중요한' 또는 '매우 중요한' 역할을 한다고 답했다. 앞에서도 살펴보았듯이 미국 대학에서 이들 분야들은 산업체와의 긴밀한 협조를 통해 발전했다.

예일 조사보고서에서 기업 관리자들은 화학 분야를 제외하고는 대학 연구 분야 중에서 그들의 혁신활동에 적합한 것으로 판단되는 분야가 거의 없다고 응답했다. 그러나 <표 2-4>에서 물리학과 수학과 같은 분야가 없다고 해서 이들 분야가 산업의 기술적 진보에 직접적으로 공헌하지 못했다는 것을 의미하지는 않는다. 대신 이 결과는 물리학, 수학 그리고 관련된 과학들에 있어 기초적인 진보가 점진적으로 산업계에

분야	상관도 범위에 해당하는 산업 수		대학 연구와의 상관도가 크다고(≥6) 보고된 산업 사례
	≥5	≥6	
생물학	12	3	동물성 사료, 의약품, 가공처리 과일 및 채소
화학	19	3	동물성 사료, 식육 제품, 의약품
지질학	0	0	없음
수학	5	1	광학기계
물리학	4	2	광학기계, 전자장치
농업과학	17	7	살충제, 동물성 사료, 비료, 식료품
응용수학 / 오퍼레이션리서치	16	2	식육 제품, 벌목 / 제재업
컴퓨터과학	34	10	광학기계, 벌목 / 재재업, 제지 기계
재료과학	29	8	인조고무, 비철금속
의학	7	3	수술 / 의료 기기, 의약품, 커피
금속공학	21	6	비철금속, 합성금속제품
화학공학	19	6	통조림식품, 비료, 맥아음료
전자공학	22	2	반도체, 과학 기기
기계공학	28	9	수공도구, 특화산업 기계

*자료출처 : 적합성 및 기술적 기회에 대한 예일 조사보고서(YALE Survey)의 미출판 자료. 조사내용에 대한 설명은 Levin 등(1987) 참조

영향을 준다는 사실을 보여주는 것이다. 산업 혁신에 대한 이들 분야의 영향력은 상당한 시간이 흐른 후에야 실현되는데 이것은 연구 원탁회의 보고서의 전자부품 산업체의 응답자들의 반응과 일맥상통한다. 사실 많은 경우 과학 분야에 있어 진보는 화학공학, 전기공학 그리고 재료과학과 같은 응용과학과 결합됨으로써 산업체에 영향을 주게 된다.

카네기-멜론 보고서는 대학 연구의 중요성이 산업에 따라 다르다고 지적하고 있는데, 이러한 연구결과는 예일 조사보고서의 내용과 유사하다.[26] 대부분의 산업들이 대학 연구를 자신들의 혁신활동에 기여하지 못하는 것으로 인식하고 있지만 제약회사들은 일부 전자제품 산업과 마찬가지로 대학 연구결과를 중요하게 여긴다. 카네기-멜론 보고서에서 제시된 산업체가 중요하게 여기는 대학 연구의 주요 분야들은 예

26　코헨(W. M. Cohen), 넬슨(R. R. Nelson), 그리고 월시(J. P. Walsh)의 조사연구에는 대학과 정부 출연연구소가 수행하는 연구에 대한 다양한 접근 통로의 중요성에 대한 질문이 포함되어 있는데, 예일 조사보고서에 이러한 질문은 포함되어 있지 않다.

일 조사보고서의 내용과 유사하다.

카네기-멜론 조사보고서는 대학 연구가 산업계 연구개발 의제에 영향을 주는 방법과 산업체가 그 연구결과에 대한 접근할 수 있는 통로에 대해서도 언급하고 있다. 첫 번째, 〈표 2-5〉에 요약된 내용을 보면 대부분의 산업에서 대학의 연구결과는 새로운 산업 연구개발 프로젝트를 시작케 하는 데는 거의 역할을 못하고, 그 자극은 소비자들이나 제조과정에서 나온다는 것을 알 수 있다. 그러나 산업계 연구개발 경영자들은 대학 연구결과들은 대부분 연구개발 프로젝트를 시작하는 결정에 영향을 주지 않고 연구개발 프로젝트를 진행하는 과정에 문제를 해결해준다고 답했다.

카네기-멜론 보고서는 연구개발 경영자들이 자신들의 혁신활동에 있어 대학과 정부의 연구결과를 활용하는 방법에 대해 답한 내용을 담고 있는데, 놀랍게도 이것들은 경영자들이 앞부분에서 산업 혁신에 가장 중요하다고 답한 지식의 유형과 비슷하다. 카네기-멜론 보고서의 응답자들은 정부 출연연구소 또는 대학에서 행해진 '공공 연구'로부터 나온 연구결과들은 (산업계 연구개발 프로젝트에서 나온) 외부 연구로 나온

〈표 2-5〉 새로운 R&D 프로젝트 제안 및 R&D 프로젝트 완료에 기여하는데 외부 정보원(information source)의 중요도 순위

정보원	해당 정보원이 새 R&D 프로젝트를 제안했다고 보는 응답자 비율(%)	해당 정보원이 프로젝트 완료에 기여했다고 보는 응답자 비율(%)
컨설턴트	22.8	34.2
공동 또는 협력 벤처	49.6	47.2
경쟁자	40.5	11.7
독립 공급자	45.6	60.6
내부 생산 시설	73.7	78.2
소비자	90.4	59.1
대학 연구실 및 정부 연구소	31.6	36.3

*자료출처 : Cohen, Nelson, Walsh(2002).

프로토타입prototype보다 훨씬 더 자주 활용된다고 답했다. 흥미롭게도 외부 연구원천에서 나온 연구기법과 도구는 프로토타입보다 산업 연구개발에 공헌하는 바가 크다고 인정되고 있으며 연구개발 프로젝트의 22.2%에서 활용되고 있다. 제약회사의 응답자들은 자신들의 연구개발 프로젝트의 40% 이상에서 대학과 정부 연구소의 연구결과를 활용하고 있고, 35% 이상은 여기서 나온 기법과 도구를 활용하고 있다고 응답했다. 그러나 제약회사의 응답자들은 프로젝트 중에 12.3%만이 대학과 정부 연구소에서 개발된 프로토타입을 사용한다고 답했다.

대학과 공공연구소가 수행하는 연구의 다양한 결과물이 갖는 상대적 중요성과 관련하여 산업 연구개발의 정보 통로의 중요성에 대한 응답자들의 반응도 비슷했다(표 2-6). 제약회사들은 예외적으로 특허와 기술이전 협약에 상당한 비중을 두고 있는 반면, 다른 기업체들은 연구출판물과 학회를 더욱 중요한 정보 통로로 여긴다. 대부분의 기업체에 있어 대학 또는 공공연구소의 특허와 기술이전은 출판물, 대학 연구자와의 교류 그리고 자문 등에 비해서 그다지 중요하지 않은 것으로 답했다.

〈표 2-6〉 공공 R&D에 대한 정보원의 산업 R&D에의 중요성(대학 연구 포함)

정보원	해당 정보원이 산업 R&D에 대해 '일정 정도' 또는 '매우 중요'로 보는 응답자 비율(%)
출판 및 보고서	41.2
정보 교환	35.6
회의 및 컨퍼런스	35.1
컨설팅	31.8
계약 연구	20.9
최근의 고용	19.6
협력 R&D 프로젝트	17.9
특허	17.5
라이센스	9.5
인력교류	5.8

*자료출처 : Cohen, Nelson, Walsh(2002).

6. 결론

이상에서 살펴본 미국의 고등교육 체계가 갖는 특징은 다음과 같이 요약할 수 있다. 일단 정책, 행정, 자원에 대한 중앙정부의 통제력이 약하다. 그러나 그 지원의 규모는 매우 크다. 또한 정치적이고 재정적인 지원을 각각의 지역에 의존하고 있으며, 더욱 많은 재원, 훨씬 우수한 교수, 더욱 높은 명성을 확보하기 위해 대학들 간 경쟁이 치열하다. 이는 OECDOrganizaiton for Economic Cooperation and Development 국가들 중에서도 독특하게 나타나는 특징들이다. 이러한 특징으로 인해 현대 미국의 고등교육 체계는 다른 국가들과 구별된다. 이 책에서 강조하고자 하는 것은 이러한 미국 고등교육 체계의 구조적 특징이 대학 교수와 대학 행정가들로 하여금 산업체의 연구와 강한 연계를 형성하도록 만들었다는 것이다. 지난 1세기 동안 미국 대학과 산업체 사이의 긴밀한 협력연구 관계는 농업뿐만 아니라 제약분야 그리고 광산업에 이르기까지 중요한 산업 혁신을 이루었다. 그러나 동시에 이러한 연계는 미국의 공학과 과학을 발전시키고 새로운 영역을 창조했다. 지식, 기술 그리고 인력은 학술연구와 산업연구의 교류를 통해 대학에서 산업으로 또한 산업계에서 대학으로 교류해 왔다.

미국에서 대학과 산업계 사이의 협력은 1980년 이전부터 교수의 발명을 특허화하고 이 특허를 산업체로 이전하는 형식으로 전개되었다. 그러나 미국 대학으로부터 산업 혁신에 이르는 지식과 기술이전의 흐름은 특허와 기술이전 외에도 다양한 통로를 통해 이루어졌다. 우리가 이 장에서 지적한 대로 일부 분야의 산업체 연구관리자들만이 특허와 기술이전을 산업 혁신의 원천으로 인식했다. 실제로 논문을 출판하는 것에서부터 대학에서 양성한 첨단 연구경험을 가진 과학도와 공학도를 기업이 채용하는 것까지 다양한 형태의 교류는 기술집약적인 산업을 비롯한 여러 산업에 있어 대단히 중요하다.

기업에 있어 산업 혁신을 위한 지식의 원천은 특허와 기술이전 이외의 통로들이었으며, 전문가 설문조사 결과가 보여주듯이 산업과 분야에 따라 협력 통로들의 중요성도 상당한 차이가 있다는 것을 알 수 있다. 제약회사와 생물의학 분야의 경우는 일반적으로 학술연구와 산업 혁신 사이에 부시와 전후 다른 과학정책결정자들에게 영향을 미친 혁신의 '선형 모델'과 긴밀한 연관성을 갖는다. 기초과학에 대한 이해는 산업 혁신의 방향에 영향을 줄 뿐만 아니라 많은 경우 혁신활동은 산업계가 대학의 학술연구에 의해 달성된 기초적인 연구 성과를 개발하고 상업화한 것과 관련이 있다. 그러나 전자산업, 재료산업 그리고 화학산업에 있어 대학의 연구와 산업 혁신 사이의 상호작용 유형은 서로 다르며, 이에 대해서는 6장, 7장, 8장을 통해 더 자세히 설명할 계획이다.

제3장
바이-돌 법 시행 이전의 대학 특허정책과 특허 활동

　이 장에서는 1925년부터 1980년까지 비이 돌 법이 제정되기 전에 전개된 대학의 특허정책과 특허 활동의 진화 양상을 살펴보고자 한다. 대학의 특허 활동과 관련된 비용과 이익에 대한 찬반의 논쟁 속에서 여러 쟁점이 이미 1930년대부터 제기되어 왔으나, 초기 논쟁에서 부각되었던 대학 특허 활동을 찬성하는 여러 주장들은 1970년대 바이-돌 법을 둘러싼 논쟁에서는 부각되지 않았다. 흥미롭게도 대학의 특허 활동을 지지하는 많은 사람들은 1930년대 논쟁에서 대학이 특허·기술이전 활동에 직접 참여하는 것은 피해야 한다고 주장했지만, 이와 같은 주장은 1970년대에는 거의 나오지 않았다. 1925년부터 1980년에 걸쳐 발달한 대학의 특허·기술이전 활동은 새로운 현상을 확산시켰다. 다른 대학의 특허·기술이전 정책을 모방하였고, 교수의 발명을 기술이전하여 재정적 이익을 얻은 일부 대학의 실적에 대해 상당한 관심을 가지게 되었다.

이 장에서는 1925년부터 1980년 사이에 전개된 대학 특허 활동의 수준과 기술적인 구성, 그리고 특허 활동에 적극적이었던 대학의 특징을 집중적으로 살펴보고자 한다. 일부 대학들은 이미 1920년대부터 교수의 발명을 특허화하기 시작했지만, 1940년대 후반까지 정형화된 특허 정책을 갖춘 대학은 소수에 불과했으며, 그 정책도 특허 활동에 대해 상당히 모호한 입장을 취했다. 또한 1925년부터 1970년까지는 비교적 소수의 대학이 특허 자산을 직접 관리했으나, 이러한 상황은 1970년대를 거치면서 바뀌기 시작했다. 특히 1970년대 미국 사립대학들의 특허 활동은 눈에 띌 정도로 성장했다. 우리가 얻은 자료에 따르면 2차 세계대전 후 대학 특허 중에서 특히 생물의학 분야의 특허가 꾸준하게 성장했다. 6장과 7장에서도 설명하겠지만, 바이-돌 법은 대학 특허 활동의 성장을 촉진시켰고, 1980년대에 많은 대학들이 특허 활동과 기술이전에 진출하도록 유도했다. 그러나 바이-돌 법이 일으킨 '변화'는 이미 1970년대 후반까지 확립된 기존의 경향들을 따르고 있다.

1. 미국 대학 특허정책의 약사

1) 2차 세계대전 이전의 논의

1970년 이후 대학과 기업 사이의 연구협력이 증가하면서 미국 대학의 특허 활동도 급증했다. 이와 같은 양상은 1차 세계대전 이후에도 나타났다. 2장에서도 살펴보았듯이, 1920년대와 1930년대에 대학과 기업 사이의 연계가 확대되면서 미국 대학의 연구관리자research manager들 사이에 특허정책에 대한 활발한 논쟁이 전개되었다.[1]

1933년 미국 과학기술진흥협회American Association for the Advancement of Science 의 '특허·저작권·등록상표에 관한 위원회Committee of Patents, Copyright, and Trademarks, 이하 특허위원회'는 당시 대학 과학자들이 직면한 '특허 문제Patent Problem'에 대한 다양한 입장을 조사했다. 위원회의 보고서(1934)에 나온 질문 중에는 다음과 같은 질문도 있었다. "(과학자들이) 계속해서 특허를 얻어야 하는가? 이를 통해 얻는 이점은 무엇인가? 그리고 단점은 무엇인가?"[2]

---

[1] 맥쿠직(V. McKusick)은 "대공황 시기에 두 가지 요소가 대학이 특허 문제에 관심을 갖도록 영향을 주었다. 첫째, 기업에 의해 지원을 받은 연구과제가 지속적으로 늘었고 이 연구과제는 일반적으로 특허를 요구했다. 둘째, 세인의 관심을 끄는 대학의 발명들은 특허정책에 대한 즉각적인 관심을 요구했다"고 주장했다. 맥쿠직은 또한 1930년대에 세인의 관심을 끄는 대학의 발명이 자주 나오게 되었다는 점도 지적했다. "A Study of, Patent, Policies in Educational Institutions, Giving Special Attention to the Massachusetts Institute Technology", *Journal of the Franklin Institute* 245, pp.193~225.

[2] 이 보고서의 제목은 The Protection by Patents of Scientific Discoveries인데, 대학에서 창출된 특허뿐만 아니라 일반적으로 '과학적 발견'에 의해 창출된 특허를 다룬다. 그러나 대부분의 논의는 대학과 비영리 기관의 특허 활동에 관한 것이고, 회사에서 또는 독자적으로 일하는 과학자들의 특허 활동에는 반대한다.

특허위원회가 고려한 주요 쟁점들 중 하나는, 특허 활동이 '기술이전'을 위해 필요한가라는 것이었다. 학계의 특허 활동에 대한 공통적인 비판의견은 "과학자들의 연구결과를 대중에게 확산하는 것은 그 결과를 발표하거나 사회에 기여하는 것만으로도 충분하다"라는 것이었지만, 이 보고서는 이러한 비판입장이 여러 가지 이유로 너무 단순한 생각이라고 결론내렸다. 특허위원회는 1970년대에 바이-돌 법과 관련하여 제기될 많은 쟁점들을 이미 예상하고, "대중에게 발표되어 모든 사람들에게 공평하게 열린 발견 또는 발명일지라도 그 산업적인 중요성이 아주 크지 않다면 거의 채택되지 않았다"고 지적했다. 그리고 "일반적으로 어떤 제조업자나 자본가도 재정적인 위험을 기꺼이 부담하려고 하지는 않는다. 또한, 발명을 만드는 데에 소요되는 자신들의 투자가 어떤 대책에 의해 보호받을 수 있다고 확신할 수 없다면, 굳이 신제품이나 공정을 개발하는 데에 시간과 에너지를 쏟지 않을 것이다"라고 덧붙였다.[3]

특허위원회는 과학자들이 자신의 발명에 대한 기술적인 세부 사항을 사회에 알리더라도 '특허 해적들' 때문에 사회적 이익을 창출할 수 없을 것이라고 주장했다. 특허 해적들은 발명의 결과에 독점 가격을 부과하거나 실제로 사용하지 못하도록 방해함으로써 "부당하게 과학자들의 업적을 가로채고, 대중의 권리를 부정한다." 만일 '해적'이 아니라 발명자 또는 그가 속한 대학이 발명에 대한 특허를 소유한다면, 이러한 위험은 감소할 것이다.[4]

---

3 특허위원회의 조심스러운 태도는 상업적 개발이 어떤 경우에는 특허권 보호 없이도 가능하다는 인식을 드러내고 있는데, 이 점은 바이-돌 법의 통과를 둘러싼 논의에서 거의 무시되었다.

4 특허위원회는 호스킨스(W. Hoskins)와 와일즈(R. Wiles)의 글을 인용하여 '특허 해적'이라고 불리는 공학자가 있는데, 이 자는 다른 사람의 발견의 실제 응용을 독점해서 돈을 번다.

이 문제와 관련하여 대학 발명을 특허화하는 것이 '품질 관리' 차원에서 필요하다는 주장도 제기되었다. 대학 연구결과를 특허화하는 것은 자격이 없는 개인이나 회사에 의해 대학의 연구 성과가 사장되거나 공익을 해치는 방향으로 활용되는 것을 방지할 수 있다. 대학의 특허 활동은 연구결과와 대학의 신뢰성을 떨어뜨릴 수도 있는 쓸모없는 개발을 사전에 방지할 수 있다는 것이다.[5]

따라서 대학의 특허 활동을 지지하는 사람들은 대학 연구결과의 특허화가 공공의 이익을 극대화할 수 있다고 결론지었다. 대학의 특허 활동은 민간회사가 연구결과의 개발과 상업화를 추진하도록 유인하며, '특허 해적들'로 하여금 연구결과를 특허화하거나 독점 가격을 매기지 못하도록 방지하고, 관련 연구기관으로 하여금 신뢰할 수 있는 회사에게 연구결과의 개발권을 부여할 수 있도록 보장하고 나아가 발명과 대학 자체의 명성을 보호함으로써 결과적으로 사회복지를 향상시킬 수 있다는 것이다.

5장에서도 검토하겠지만, 이상의 3가지 주장 중 "특허는 개발을 촉진시킨다"는 첫 번째 주장은 1960년과 1970년대에 이뤄진 대학 특허정책에 대한 논쟁 속에서 부각되었다. 대학은 발명의 상업화를 위해서 특허화된 연구결과가 전용 또는 반+전용 조건으로 기술이전이 되어야 한다고 주장했다. '특허권 도용'을 방지하고 대학의 명성을 보호하기 위해서는 기술료를 낮추거나 혹은 아예 받지 않는다고 하더라도 오직

특허 해적은 산업에 위협적인 존재이며, 공동체의 해충과 같다. 특허 해적의 활동을 막기 위해서는 진짜 발명자가 모든 사례에 대해 광범위한 특허를 획득하는 것이다"라고 지적했다.

5 특허위원회는 세브링하우스(E. L. Sevrinhaus)의 글을 인용하여 "이를 통해 대중은 파멸적인 활용으로부터 보호받게 된다. 기술적 과정이 신뢰할 수 있는 방식으로 이용된다고 보장될 수 있다. 명성도 만족스럽게 높일 수 있다"고 지적했다.

특정한 기관만이 특허나 실시권을 얻어야 한다는 것이다.

또한, 특허위원회 보고서는 연구결과가 계속해서 축적되는 분야에서는 특허가 부정적인 영향을 줄 수도 있다고 지적했다. 즉, "같은 분야에서 근본적으로 중요한 연구를 진행하고 있는 다른 사람에게는 특허가 불행한 타격을 입힐 수도 있다"는 것이다. 특허위원회는 이러한 위험들을 인식하고 있었으나, 대학들은 "특히 적용 범위가 넓고 기초적인 발명인 경우 자유로운 조건으로 특허를 사용할 수 있도록 허가한다면" 이를 피할 수 있을 것이라고 주장했다.

특허위원회 보고서가 제시한 세 번째 쟁점은 대학의 특허 활동과 '열린 과학'의 규범 그리고 학계의 연구기관 사이에 존재하는 긴장의 문제이다. 특허 활동에 반대하는 이들은 "과학자나 교수가 자신의 연구결과를 특허화하는 것은 비윤리적이다"(위원회 보고서는 "이러한 반대는 아마도 가장 모호하면서도 가장 빈번하게 거론되는 문제일 것이다"라고 지적한다)라고 주장한다. 특허위원회는 최근에 더욱 큰 반향을 일으키고 있듯이 대학의 과학자에 의한 특허 활동이 결과적으로 공동체주의를 방해하고 기초 분야로부터 벗어난 연구의 편향을 초래할 위험에 대해서도 염려하고 있었지만, 이 보고서는 그 염려를 일축했다.[6]

1930년대에 전개된 대학의 특허정책에 대한 논의에서 의학 특허는 특별한 사례로 취급되었다. 특허가 새로운 발견의 사용을 방해한다는 주장에 기초하여 의학 특허에 대해서는 반대하는 입장이 우세했기 때문에 의

---

6 이 보고서는 구체적으로 "특허 활동이 과학자들로 하여금 상업적 추구에 몰두하도록 만들고, 연구할 시간이 없게 만들고, 비밀주의에 빠뜨릴 것이며, 특허정책은 연구를 저하시키고, 특허의 획득이 연구자들 사이의 반감과 질투를 불러일으킬 것"이라는 우려에 대해서 논의했다.

학 공동체 내에서 특허는 배척당했다.[7] 또한, 의학 특허에 반대하는 사람들은 공공의 비용으로 공중 보건의 영역에서 대학이 이익을 추구한다는 사실에 대해 우려를 나타냈다. 과학기술진흥협회의 특허위원회는 공중 보건 영역에 있는 특허의 '특수한' 속성들을 인지하고 있었으나, 위에서 논의한 특허의 이점 중에서, 특히 '질 관리' 메커니즘으로서 특허를 사용하는 이점은 의학 특허를 보장하기에 충분하다고 제안했다.

특허위원회의 보고서가 교수진의 발명에 대한 대학의 특허를 긍정적으로 다루고 있지만, 특허위원회는 대학이 직접적으로 특허관리에 나서는 것을 지지하지 않았다. 대신 "특허관리는 독립적으로 설립된 재단, 지주회사 또는 적절한 경험이 있는 다른 기관들이 수행하는 것이 더욱 바람직하다"고 주장했다. 특허위원회의 이러한 입장은 1925년부터 1970년까지 미국의 많은 대학들이 특허·기술이전 활동을 직접적으로 관리하는 것을 꺼려했다는 사실을 반영한다. 그러나 이와 같은 대학의 망설임은 1970년대에 접어들어 어느 정도 줄어들었다.

대학의 특허 활동에 대한 초기의 논의들을 살펴보면, 1970년대와 1980년대 이전에 대학의 과학자들과 연구관리자들이 특허 활동에 대해 넓은 인식과 관심을 가졌다는 것을 알 수 있다. 특허 활동의 주요 동

---

7   특허위원회의 보고서는 진서(A. Zinsser)의 주장을 상세히 인용했다: "자동차 또는 구두버클의 메커니즘을 개선하는 발명은 편리함 또는 고급스러움의 문제를 고려하기 때문에, 이들 없이 살아야만 하는 사람도 어렵지 않게 살 수 있다. 개인과 공중 보건의 유지를 통해 환자의 고통을 완화시키고 불필요한 슬픔을 방지하는 것은 다른 종류의 문제이다. 이러한 목적에 기여할 수 있는 원리 또는 방법에 대한 지식을 얻게 되는 즉시 대중이 이것을 자유롭게 이용할 수 있도록 하는 것이 필요하다. 공동체의 요구에 부합하도록 가장 빠르면서 효과적으로 적용하는 것을 방해하는 어떤 절차도 밀 시장의 매점매석 또는 빵 제조법을 특허화하는 것처럼 정당화될 수 없다. 생물의학의 발견을 특허화하기를 꺼리는 것은 생물의학 특허가 미국 대학들이 바이-돌 법의 제정 전후 기술이전 수입의 가장 큰 원천이라는 사실에 비추어 볼 때 역설적이다.

기는 특허가 공공의 이익과 연구기관의 명성을 보호한다는 것이었다. 1930년대에 일부 대학들은 기술이전으로 얻게 될 소득을 기대하고 특허 활동과 기술이전의 영역에 뛰어들었다; 그러나 1925년부터 1980년까지의 기간 동안 학계의 많은 과학자들과 대학 경영자들은 특허 활동에 직접적으로 관여하는 것을 피해왔다. 이와 같은 긴장은 1940년 이전에 특허 활동과 기술이전을 선도하던 연구기관들이 채택한 특허정책에도 반영되어 있다.

2) 2차 대전 이전의 대학 특허정책: 개관

2장에서도 논의했듯이, 대학의 특허 활동에 대한 논쟁이 촉발된 이유 중 하나는 대학과 기업 사이의 연구협력이 증가했기 때문이며, 따라서 특허에 관여하게 된 최초의 대학들이 토지공여대학land-grant university이라는 사실은 당연하다. 토지공여대학들은 기업과 농업의 관심에 부응하는 실용적 연구를 수행해 왔기 때문이다. 많은 공립대학들은 연구결과가 주의 납세자들과 지역경제에 혜택을 줄 것으로 기대하면서 교수진의 발명에 대한 특허 활동을 추진했다. 그러나 이들은 특허와 라이센싱을 관리하는 역할은 번번이 회피했다. 대신 몇몇 토지공여대학들과 다른 대학들은 그들의 특허관리를 외부의 기관, 즉 학교에는 소속되어 있으나 법적으로는 분리된 기관, 제3의 기술이전 전문 회사, 또는 리서치코퍼레이션Research Corporation, 이하 RC에 외부 용역을 맡겼다(RC에 관한 더 자세한 사항들은 4장을 참고하라).

대학과 연관된 첫 번째 기관은 위스컨신 동창회 연구재단Wisconsin Alumni Research Foundation, 이하 WARF이었다. 1924년 위스컨신대학교University of Wisconsin의 해리 스틴복Harry Steenbock 박사는 방사선 요법을 통해 식품과 의약품의 비타민 D 함유량을 증가시키는 방법을 개발했다. 의학 공동체와 많은 대학 동료들의 비판에도 불구하고, 스틴복은 그가 발견한 사실들에 대해 특허를 내기로 결심했다. 이러한 생각의 바탕에는 개인 특허에 의한 기업의 독점과 비윤리적이고 능력이 없는 기업들로부터 대중을 보호하려는 바람이 부분적으로 자리하고 있었다.[8] 스틴복은 자신의 특허를 위스컨신대학교에 양도하겠다고 제안했으나, 대학은 특허관리를 위한 특별 부서를 신설하는 일에 투자할 필요가 없다고 생각했다. 그러자 스틴복은 몇몇 동창들에게 위스컨신대학교에 속해 있으면서도 법적으로는 독립되어 있어서 대학교수진으로터 특허를 양도받을 수 있고, 이 특허를 실시하고, 그 수입의 일부를 발명자와 대학에게 돌려줄 수 있는 기관을 만들자고 설득했다. 그것이 바로 WARF였다. 리마 애플Rima D. Apple에 따르면, "이러한 구조에서는 대학이 상업적인 일

---

8   R. D. Apple, *Vitamania: Vitamins in American Culture*, New Brunswick, N.J.: Rutgers University Press, 1996. 스틴복은 인슐린-생산 기술을 특허화한 토론토대학교의 프레더릭 밴팅(Frederick Banting)과 찰스 베스트(Charles Best)의 사례를 들어 이들이 발명을 특허화하여 보호한 것은 "준비되지 않은 제조업자들로부터 또한 폭리로부터 대중을 보호하고, 향후의 개발과 사용을 저해할 수도 있을 뿐만 아니라 당뇨병 환자들에게 말못할 고통을 줄 수도 있는 오용의 가능성을 막기 위해서이다." 애플은 스틴복이 마아가린 제조업자들이 생산절차를 얻는 것을 마아 지역의 낙농업의 이익을 보호하기 위해 자신의 발명을 특허화하기를 희망했다고 지적했다(1943년 WARF는 연방정부로부터 마아가린 제조업자들에게 특허 실시를 거부했다는 이유로 피소됐다). 블루멘썰(D. Blumenthal), 입스타인(S. Epstein) 그리고 맥스웰(J. Maxwell)은 스틴복이 자신의 동료 스테판 밥콕(Stephen Bobcock)의 경험에 영향을 받았을 것으로 추측하는 내용의 논문을 발표했다. 밥콕은 우유의 유지방을 측정하는 표준 실행 방법(standard practice)을 개발했으나, 특허를 출원하지 않았다. 그러나 특허로 보호받지 못한다는 것은 질 낮은 제조업자들이 '밥콕 측정기'를 생산·판매하는 것을 막지 못한다는 것을 의미했고, 결국 그 표준 실행 방법의 신뢰도를 잃게 되었다.

때문에 교육적 의무에 집중하지 못할 수도 있다. 그러나 대학은 관리가 잘 된 특허로 인해 보상을 얻을 수 있으며, 특허에서 나오는 로열티는 또 다른 과학연구에도 사용될 수 있을 것이다"라고 지적했다.

특허에 대한 금전적인 동기와 스틴복의 바람과 같이 대학의 기술이전 정책에 내재한 다른 동기 사이의 긴장 속에서, WARF은 스틴복의 특허에 대한 실시권을 비타민 강화 곡물 제품의 생산을 위한 전용실시 계약으로 퀘이커 오츠Quaker Oats에게 허여했다. 또한, WARF는 비타민 D 보충제를 개발하고 있는 제약회사들과도 사용 분야를 제한하는 기술이전 협상을 벌였다. 이러한 기술이전 계약에 대해 어떤 이들은 건강 강화 음식 제품의 원가를 높이는 결과를 낳았다고 비판하기도 했다. 게다가 위스컨신대학교를 위한 스틴복의 특허가 상당한 수익을 올리면서 이와 같은 비판은 더욱 강해졌다.[9]

WARF의 성공과 상당한 기술이전 수익은 1930년대에 다른 미국 대학들이 특허정책을 개발하도록 영향을 미쳤고, 이 시기에 많은 연구기관들은 몇 가지 요인들로 인해 특허정책을 수정해서 틀을 갖추었다. 첫째, 대공황이 대학 재정에 미친 파괴적인 영향은 많은 연구기관들로 하여금 새로운 수익의 원천을 추구하도록 촉진했고, 수익성이 널리 알려진 WARF는 매력적인 모델이 되었다. 둘째, 1차 세계대전 이후로 기업의 자금지원을 받는 연구들이 성장하면서, 몇몇 대학들은 교수진의 발명에 대한 소유권을 명확히 할 수 있는 정책을 체계화하기 시작했다. 토지공여대학들이 이 분야에서 가장 활발했고, 1920년대 후반부터 1930년대 초반까지 퍼듀대학교Purdue University, 미네소타대학교Universisty of

---

9   스펜서(R. Spencer)는 1936년까지 WARF는 스틴복의 특허를 통해 6백7십만 달러 이상의 수익을 올렸다고 기록했다.

Minesota, 코넬대학교Cornell University도 WARF와 유사한 기관을 설립했다. 어떤 기관은 대학의 연구자금을 늘리기도 했다. 맥쿠직V. McKusick은 "특허를 관리하는 일은 그것의 주요 목적에 비하면 부차적일 뿐이다"라고 언급하기도 했다. 위 대학들은 대부분 직무발명정책을 가지고 있지 않았지만, 특허를 낼만한 교수들은 종종 대학의 연구재단research foundation 에게 자신들의 발명을 수용하고 관리해 줄 것을 요구했다. 그러나 다른 대학들은 교수진에게 RC를 포함한 제3의 특허관리 전문기관을 활용하도록 했다. 1930년대와 1940년대에 MIT, 프린스턴대학교, 컬럼비아대학교 등 많은 대학들은 RC와 발명관리협정Invention Administration Agreement 을 체결하기도 했다.

〈표 3-1〉은 로저 가이거Roger L. Geiger가 분류한 미국의 16개 선도 연구대학Geiger's 16의 1940년대 특허정책을 요약한 것이다. 일리노이대학교 University of Illinois, 미시건주립대학교University of Michigan, 미네소타대학교, 위스컨신대학교, 캘리포니아 주립대학교, 컬럼비아대학교, 하버드대학교, 펜실베니아대학교, MIT, 코넬대학교, 존스홉킨스대학교Johns Hopkins University, 프린스턴대학교Princeton University, 예일대학교Yale University, 스탠퍼드대학교, 시카고대학교University of Chicago, 칼텍. 1934년을 기준으로, 이들 중에서 단 2개 대학만이 공식화된 특허정책을 갖추고 있었다. 그러나 1930년대 말에 이르러 12개로 늘어났는데, 이는 곧 특허관리에 대한 대학들의 관심이 높아졌음을 보여준다.[10]

---

10 "1930년대 말에 이르러 대학교수의 직무발명 또는 대학의 장비를 활용하여 창출된 발명에 대한 세련된 정책을 갖춘 대학의 수는 꾸준히 증가했다. 또한, 현재 특허정책의 도입을 고려하고 있는 대학들도 많아지고 있기 때문에 10년 이내에 과학 또는 공학교육을 수행하는 모든 대학들이 특허정책을 채택할 가능성이 높다." R. Spencer, 1939, p.1.

대학	공식적이고 체계적인 특허정책	스폰서가 없는 연구에 대한 대학의 권리 주장	의학 특허에 대한 제한	특허관리
일리노이	Yes	Yes	No	
미시건	No	No	No	
미네소타	No	No	No	• 미네소타대학 연구재단
위스컨신	Yes	No	No	• 위스컨신 동창회 연구재단
캘리포니아	Yes	No	No	
컬럼비아	Yes	No	No	• 유니버시티 페이턴트; RC
하버드	Yes	No	Yes	
펜실베니아	Yes	No	Yes	
MIT	Yes	Yes	No	• RC
코넬	No	Yes	No	• 코넬 연구재단
존스홉킨스	Yes	No	Yes	
프린스턴	Yes	No	No	• RC
예일	Yes	No	No	
스탠퍼드	Yes	Yes	No	
시카고	Yes	No	Yes	
Caltech	No	No	No	

*자료출처 : Spencer(1939); Potter(1940).

이 정책들의 몇 가지 요소들에 대해서는 부연설명이 필요하다. 첫째, 미국의 선도적인 연구대학과 소수의 다른 연구기관 사이에 특허에 대한 관심이 증가했음에도 불구하고, 2차 세계대전 이전까지 대부분의 미국 대학들은 여전히 특허정책을 갖추지 못했다. 하버드대학교, 펜실베니아대학교, 시카고대학교, 그리고 존스홉킨스대학교를 포함하여 특허정책을 갖추고 있는 몇몇 대학들도 특히 의약 분야에서는 대학의 교수진의 특허 활동을 금지했다. 그럼에도 불구하고(시카고 대학은 제외한) '특허화를 반대한' 연구기관들도 특수한 조건에서는, 의약 분야에서도 앞서 논의했던 것과 같은 '품질 관리'라는 목적 하에 특허의 필요성을 인식하고 있었다. 교수진에게 특허 활동을 허락하는 많은 대학들은 특허관리를 위해 별도의 연구재단이나 RC를 활용했으며(표 3-1), 이는 곧 대학들이 교내 특허관리를 꺼려했음을 보여준다. 그러나 2차 세계대전의 발발과 그 영향은 위와 같은 상황을 크게 변화시켰으며, 이에 대해서는 다음 항에서 다룰 것이다.

3) 2차 대전의 영향

2장에서도 논의한 바와 같이, 2차 대전과 그 이후의 냉전체제는 미국의 국가적인 혁신 시스템의 구조를 변화시켰다. 그 중에서도 대학들이 가장 극적인 변화를 겪었다. 이전에는 주로 농무성U.S. Department of Agriculture, 주정부 그리고 기업이 자금을 지원하던 학계의 연구에 연방정부가 많은 자금을 지원하기 시작했다. 1920년대와 1930년대에 성장한 대학과 기업 사이의 연구협력처럼 연방정부의 자금지원 증가는 대학이 특허 활동에 적극적으로 참여하도록 하는 두 가지 동기를 강화시켰다. 첫째, 학계 연구 사업의 규모가 확대되면서 대학이 특허 가능한 발명을 창출할 수 있는가능성을 높였다. 둘째, 많은 연방정부의 연구지원기관들은 공식적인 특허 정책의 개발을 요구했다.

1940년대 후반까지 사실상 미국의 모든 주요 대학들은 특허정책을 개발했고, 이는 1930년대와 비교하면 상당히 증가했다. 팔머A. M. Palmer는 1950년대 미국 대학에 대한 그의 연구를 요약하면서, 1940년과 1955년까지 85개의 연구기관들이 특허정책을 채택 또는 개정했다는 사실을 발견했다. 그리고 이 새로운, 혹은 개정된 특허정책들 중의 절반 이상이 1946년부터 1955년 사이에 공표되었다.[11] 일반적으로 정부 지원

---

11   1930년대 이전에 3개 대학, 1931년부터 1935년까지 6개 대학, 1936년부터 1940년까지 12개 대학, 1941년부터 1945년까지 19개 대학, 1945년부터 1950년까지 25개 대학, 1951년

연구에서 나온 특허는 연구지원기관의 정책에 의해 관리되었다. 대개 연구지원기관이 우선적인 대우를 받았지만, 민간의 지원을 받은 연구는 개별 사례에 따라 관리되었다. 그러나 미국 대학들이 교수진의 발명에 대한 권리를 주장하는 것과 특허 활동과 기술이전을 추구하고자 하는 의지 사이에는 상당한 차이가 있었다.

2차 세계대전 전과 마찬가지로 1950년대와 1960년대에도 많은 대학들이 특허관리를 외부 전문회사에게 맡겼다. RC가 대학과 체결한 발명관리협약 현황 자료는 이러한 경향을 보여 준다. 1940년에 89개의 '연구대학research university'[12] 중에서 단 3개만이 RC와 발명관리협약을 체결했다. 1950년에 이 숫자는 20개 대학으로 늘어났고(표 3-2), 1960년대 중반에 카네기 분류에 의한 연구대학들 중 거의 3분의 2가 RC와 협약을 맺었다.

1960년대 말까지 미국 대학의 특허정책과 그 절차는 1930년대의 논쟁에서 나타났던 특허에 대한 모호한 태도를 보여준다. 많은 연구기관들

〈표 3-2〉 RC와 발명관리협약을 체결한 카네기 분류에 의한 연구대학

대학의 유형	RC와 발명관리협약을 맺은 대학의 수 RC와 발명관리협약을 맺은 대학 유형의 비율						
	1950	1955	1960	1965	1970	1975	1980
RU1과 RU2	20	39	51	59	62	68	68
(N=89)	22%	44%	57%	66%	70%	76%	76%
공립대	11	22	33	40	40	43	43
(N=54)	20%	41%	61%	74%	74%	80%	80%
사립대	9	17	18	19	22	25	25
(N=35)	26%	49%	51%	54%	63%	71%	71%

부터 1955년까지 20개 대학.

12 역주-카네기 고등교육위원회(Carnegie Commission on Higher Education)는 대학의 교육과 연구 활동의 특징들에 대한 면밀한 조사와 분석을 통해 대학을 분류하고 이를 보고서로 발표해 왔으며, 이를 '카네기 분류(Carnegie Classification)'라고 한다. 더욱 자세한 자료는 카네기재단의 사이트(www.carnegiefoundation.org)에서 확인할 수 있다.

이 특허관리에 직접적으로 개입하는 것을 꺼려했고, 다른 기관들은 특허에 대해 무관심한 태도로 일관했다. 컬럼비아대학교는 특허를 소유하는 것이 "대학의 학문적 목표의 테두리 안에 들어간다고 여기지 않는다"라고 언급하며, 특허 활동에 관한 업무를 RC의 특허관리자와 발명자에게 넘겼다. 하버드대학교, 시카고대학교, 예일대학교, 그리고 존스홉킨스대학교도 비슷한 입장을 취했다. 오하이오대학교와 펜실베니아대학교뿐만 아니라 이 대학들 모두 생물의학 분야의 특허를 금지했다. 다른 대학들은 공공의 이익에 명백하게 부합되는 경우에 한해서 생물의학 발명에 대한 특허를 허락했다.[13] 1970년대까지 컬럼비아대학교, 하버드대학교, 존스 홉킨스대학교, 그리고 시카고대학교는 특허 활동을 금지했지만, 특허에 대한 이와 같은 모호한 태도는 1960년대 동안 바뀌기 시작했다. 1970년대에 연방정부가 연구개발자금 지원과 특허정책의 주도권을 쥐기 시작하면서 이와 같은 변화의 속도는 더욱 가속화되었다.

4) 특허관리를 시작하는 대학의 증가, 1960~1980

(1) 연방정부의 대학 연구지원 증가

1차 세계대전 후 10년 동안 대학 연구에 대한 연방정부의 자금지원이 증가했지만, 이러한 지원의 성장률은 1950년대 후반에 들어서 높아졌

---

13 컬럼비아대학교의 특허정책에는 "공공의 이익을 위해 특허를 획득하지 않는 것이 바람직한 예외적인 상황이 있을 수 있다. 이런 경우에는 대학 본부가 검토하고 결정을 내린다"고 명시되어 있다.

고 자금 지원의 방향도 기초연구 쪽으로 기울어져 있었다. 미국 대학의 기초연구에 대한 연방정부의 자금지원이 1958년에서 1968년까지 다섯 배 이상으로 증가한 반면, 미국 전체의 기초연구자금에 있어(연방정부 자금지원을 받아 대학이 운영하는 연구개발 센터Federally Funded Research and Development Centers : FFRDCs들은 제외하고) 대학의 점유율은 1953년의 27%에서 1968년에는 50%로 거의 두 배가 되었다. 1950년대 후반과 1960년대에는 주로 보건교육복지성Department of Health, Education, and Welfare 안에 있는 국립보건원 National Institutes of Health, 이하 NIH에 의해 자금지원을 받은 생물의학 분야에 대한 자금지원이 가장 크게 증가했다. 1971년까지 NIH는 대학 연구개발의 거의 37%를 지원했고, 이는 1971년까지 46% 이상으로 증가했다(표 2-2). 연구자금의 지원, 특히 생물의학 분야에 대한 지원이 이렇게 증가함에 따라 대학 연구의 내용은 변화하게 되었고, 많은 대학들이 특허관리의 중요성을 인식하게 되었다.

연방정부 연구자금지원의 증가는 미국 연구대학의 질적·양적 성장을 촉진시켰다. 대학의 연구 활동에 대한 연방정부 지원과 관련하여 1940년대와 1950년대 초반에는 그 지원 대상이 일부 대학에 편중되었으나, 이와 같은 편중현상은 1950년부터 1980년 사이에 감소했다. 10개 대학들이 차지하던 연방정부 연구개발 지원 자금은 1952년의 43%에서 1958년의 37%로 줄어들었고, 1960년대와 70년대 동안에는 훨씬 더 감소했다(표 3-3). 다른 분야보다 연방정부의 연구자금 지원이 더욱 집중되었던 생명과학에서도 1960년대와 1970년대 기간 동안 자금 지원은 점차 분산되었다. 연방정부 연구자금지원이 분산된 것은 재분배 본능을 지닌 의회와 이 본능을 조절하려고 노력한 연구지원기관의 관리자 사이의 상호작용의 결과였다.

〈표 3-3〉 연방정부 연구개발의 우수 대학 집중 현황, 1963~1975(단위 %)

연도	상위 10위	상위 20위	상위 50위	상위 100위
1963	32.8	49.5	71.9	89.5
1964	30.8	47.1	71.6	88.9
1965	30.0	45.8	70.5	88.8
1966	29.6	45.4	69.9	88.7
1967	29.1	44.9	69.6	88.1
1968	27.7	43.1	67.4	86.7
1969	27.4	43.2	67.3	86.1
1970	27.8	43.3	67.6	86.1
1971	27.1	42.7	67.2	85.8
1972	27.4	42.8	67.0	85.3
1973	27.1	42.4	67.1	85.1
1974	27.3	42.8	67.2	85.7
1975	25.8	41.4	66.2	85.0

*자료출처 : Smith and Karlevsky, 1975.

(2) 1960년대부터 1970년대 사이의 정책 변화

미국 대학의 특허정책과 실제 절차는 1970년대에 크게 변화했다. 먼저, 1970년까지 200개가 넘는 대학의 발명을 관리해 오던 RC는 자신의 고객인 대학이 스스로 기술이전 과정, 특히 발명을 심사하고 평가하는 초기 단계에 대한 관리 능력을 개발하도록 독려하고, 이를 돕기 시작했다.[14] 둘째, 생물의학 분야에 대한 연방정부의 지원이 늘어나면서 1970년대에는 기초과학 분야 중에서 분자생물학이 기업에게 상당한 이익을 안겨 줄 수 있는 상업적 응용 가능성이 높은 유망 분야로 새롭게 등장하게 되었다. 생물의학 연구가 성장함에 따라 연방정부의 연구자금

---

[14] 수입이 운영자금에 미치지 못하게 되자 RC는 정책 변화를 도모했다. 4장에서 더 자세히 살펴보겠지만, RC의 이러한 활동은 궁극적으로 RC의 쇠락을 초래했다.

지원 분야에서도 더딘 성장세를 보이던 생물의학 분야의 특허 활동으로부터 나오는 수익에 대한 대학의 관심도 증대했고, 이는 곧 연구비의 성장을 가속화했다. 점점 더 많은 대학들이 과거의 모호한 태도를 버리고 교수진의 발명을 특허화하기 시작했고, 대학의 특허·기술이전 활동을 직접 관리하기 시작했다.

셋째, 이 기간 동안 연방정부의 특허정책도 바뀌었다. 1960년대 이전에 대학은 연방정부의 자금지원을 받은 연구로부터 발생한 발명의 소유권을 요구할 때에도 이를 관리할 수 있는 적절한 정책이 없이 그때그때의 상황에 따라 개별적으로 처리했다. 1960년대 중반 미국 국방성Department of Defense은 '공인된' 특허정책을 가진 대학에 한해, 국방성의 지원을 받은 연구에서 발생한 발명의 소유권을 허용하기 시작했다. 이 특허정책은 자금지원을 받은 연구에서 나온 발명에 대해 특허 소유권을 허용하고, 이 발명에 대해서는 연구자가 신고하도록 하는 정책이었다. 5장에서도 언급하겠지만, 연방정부의 대학 연구자금지원을 담당하고 있는 보건교육복지성HEW과 국립과학재단NSF은 각각 1968년과 1973년에 대학들과 공공기관특허협약Institutional Patent Agreements을 체결하기 시작했다. 공공기관특허협약은 연방정부의 자금지원을 받은 연구에서 도출된 발명을 처리할 때 이를 그때그때의 상황에 따라 개별적으로 검토하지 않고, 전용실시 또는 통상실시의 원칙에 따라 발명에 대한 기술이전을 촉진시켰다.

대학이 특허·기술이전 활동에 더욱 적극적으로 참여하게 된 네 번째 추동력은 바로 스탠퍼드대학교에 설치된 기술이전부Office of Technology Licensing, 이하 OTL가 초기에 거둬들인 성공에서 찾을 수 있다. 스탠퍼드대학교 연구과제지원부Sponsored Projects Office의 전임 부소장이며 OTL을 설립한 닐스 라이머스Niels Reimers 소장은 1968년 대학에 채용된 직후 이렇게 말했다. "1954년부터 1967년까지 RC로부터 받은 수입을 살펴보았더니 약 4,500달러였다. 나는 우리가 직접 기술이전 활동을 벌인다면 훨씬 더 잘 할 수 있을 거라고 생각했다. 그래서 기술 라이센싱 프로그램technology licensing program을 제안했다."

1968년 시범 사업으로 시작된 라이머스의 기술 라이센싱 프로그램은 마케팅에 좀 더 초점을 맞추고, 특허관리와 관련된 행정적·법적 세부 사항에는 비중을 덜 두었다. 1960년대 당시 미국 대학의 기술이전 업무를 담당하는 직원은 대부분 변리사였지만, 라이머스는 자신의 기술 라이센싱 프로그램을 시행하기 위해 기술 평가와 마케팅에 숙련된 직원들을 채용했다. 이 프로그램은 시행 첫 해에 스탠퍼드대학교의 기술이전 수익을 55,000달러로 향상시켰다(이는 지난 13년간 RC와의 계약을 통해 벌어들인 금액의 12배가 넘는 금액이었다). 라이머스의 시범 사업은 대성공으로 인정되었고, 스탠퍼드대학교는 1970년에 이르러 기술이전을 전담할 부서로 OTL을 설립했다.

이러한 변화는 대학 경영진의 관심을 촉발하여 많은 대학들이 기술이전부서를 설립하거나 확장하기 시작했다. 1970년대에 특허관리와 기술이전 활동을 시작한 대학의 승가 현황은 〈그림 3-1〉을 통해 알 수 있다. 이 표는 대학기술이전협회Association of University Technology Managers, 이후 AUTM[15]의 자료에 근거한 것으로, 기술이전 활동을 시작한 대학의 수

---

15 역주—AUTM은 미국 대학의 연구개발성과의 상업화를 추진한다는 목적으로 1974년에 결성되어 현재까지 활동하고 있는 민간단체로, 현재 350개 이상의 대학, 연구기관, 정부 연구지원 전문기관 등에서 기술이전 관련된 업무를 수행하는 3,500여 명의 전문가들이 회원으로 참가하여 활동하고 있는 세계적인 단체이다. 미국을 중심으로 전 세계의 기술이전 전문가들의 전문성 향상을 위한 교육 프로그램 및 정보 교류의 기회를 제공하고 있으며 전문학술지도 발간하고 있다. 매년 회원 대학들을 대상으로 기술이전 관련 실태 조사를 통해 보고서를 발간하고 있으며, 세계 학계와 정부기관들은 이 보고서를 유용하

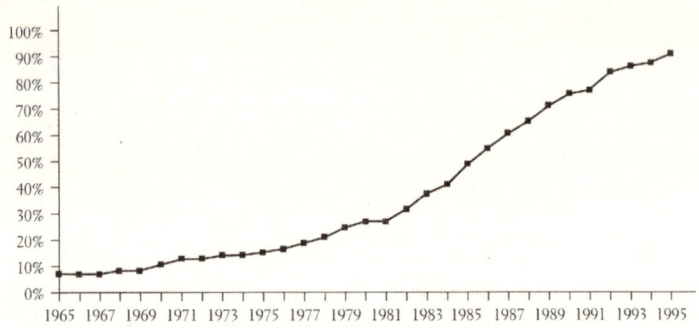

〈그림3-1〉 1965~1995년 0.5명 이상의 전일제 근무자(FTE)를 기술이전 전담 직원으로 고용한
연구대학(카네기 분류 RU대학들)의 비율

를 연도별로 보여준다.[16] 이 표를 통해 알 수 있듯이 기술이전조직을 설
립하거나 기술이전관리자를 채용하는 대학의 수는 바이-돌 법이 통과
되기 전 1960년대 후반부터 증가하기 시작했다.

2. 1925년에서 1980년까지의 대학 특허

　많은 학자들이 1980년 이후 대학 특허·기술이전 활동이 성장하는
데 미친 바이-돌 법의 역할을 강조해 왔다. 그러나 미국 대학의 특허 역
사에 있어서 바이-돌 법은 최초의 역할이 아니라 성장을 촉발시킨 역

───────
게 활용하고 있다.
16　기술이전 활동의 시작은 AUTM 회원 대학이 '기술이전' 활동에 공식적으로 적어도 0.5
명의 전일제 전담인력을 배치하기 시작한 해를 기준으로 한다.

할을 했다고 평가하는 것이 더욱 적절할 것이다. 1970년대 이전에 대학들이 특허·기술이전 활동을 직접 추진하는 것을 꺼려했던 것과는 대조적으로, 최근 들어 점점 많은 대학들이 특허관리에 직접 참여하고 있다는 점은 주목할 만하다. 바이-돌 법 이전에 사립대학에 비해 주립대학이 특허 활동에 더욱 적극적이었는데, 주립대학은 지역 납세자를 위해 대학 연구를 통해 이익을 올리고 응용연구를 중시하는 정책을 견지해야 했다. 1970년대 이후로는 주립대학과 사립대학 모두 특허 활동에 직접적으로 참여하게 되었다.

이 항에서는 1925년부터 1980년까지 미국 대학 특허 활동의 성장 양상을 살펴볼 것이다. 특허에 능동적인 대학 연구자의 특징과 이 시기에 대학 특허의 기술 분야가 어떻게 변화하는지를 살펴볼 것이다. 또한, 1970년대에 대학이 직접 특허관리에 나서게 된 이유를 살펴볼 것이다.

1) 기본적 경향

〈그림 3-2〉에는 1925년부터 1980년까지 미국 대학이 획득한 특허의 수가 나타나 있다. 1925년부터 1945년까지는 5년 단위의 특허 수 그리고 1948년부터 1980년까지는 1년 단위의 특허 수를 보여준다.[17] 1925년

---

17 대학 특허권자의 수는 Case Western-NBER 미국 특허 데이터베이스에 대학으로 분류된 대학의 군과 1973년도 카네기 위원회 보고서에 연구대학 또는 박사대학으로 분류된 대학을 포함한다. 이들 대학이 취득한 특허를 수합하기 위해 우리는 1920년부터 1965년까지 미국 특허청의 연례보고서(1920년도에는 RC외에는 특허를 획득한 대학은 없었다), 1963년부터 1980년까지 DIALOG Corporation의 Patent / CLAIMS 데이터베이스, 1975년부터 1980년까지 Case Western-NBER 데이터베이스를 검색했다. 1963년부터 1965년까지, 1975년부터 1980년까지 복수의 데이터베이스를 검색한 결과는 유사했다. 특별히 지정

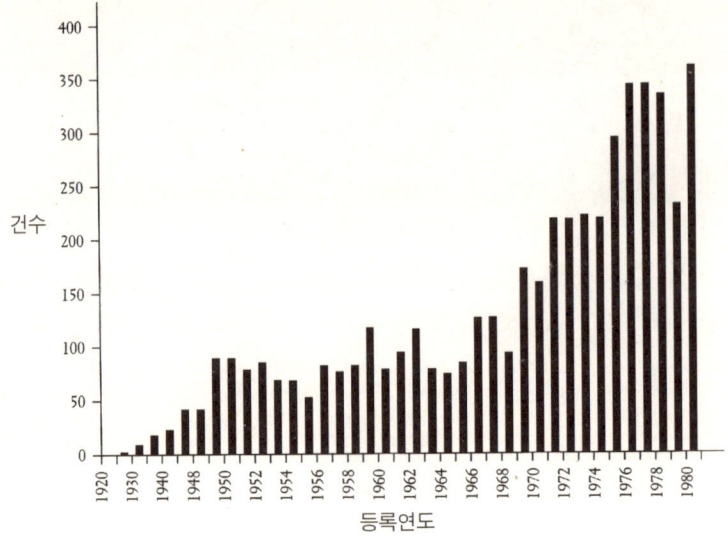

〈그림 3-2〉 1920~1980년 대학의 특허 현황

부터 1980년까지 미국 전체 특허 중에서 대학 특허의 점유율은 당초 0%에서 1% 남짓한 수준으로 성장했다. 대학의 특허 수는 1940년대와 1950년대에 일정한 성장률을 유지하다가 1970년대에는 비약적으로 증가했다. 1970년대에 등록된 대학의 총 특허 수는 이전 20년 동안 등록된 대학 특허 수의 1.5배에 이르렀다.[18] 1980년 바이-돌 법이 통과된 후에 미국 대학의 특허 활동이 크게 증가했다는 사실이 널리 회자되고 있지만, 〈그림 3-2〉는 미국 대학이 바이-돌 법이 제정되기 10년 전부터 미국 특허의 상당부분을 차지할 정도로 성장하기 시작했음을 보여준다.

─────────

하지 않는 한 이 책에서 사용하는 '대학 특허'는 이렇게 수집된 데이터를 의미한다.
18 1970년대에 미국의 특허 활동은 줄어든 반면, 대학의 특허 활동이 늘었다는 점은 주목할 만하다. 실제로 대학의 특허 점유율은 1963년에 0.2%에서 바이-돌 법이 제정되기 전인 1979년에는 0.7%로 늘어났다.

〈그림 3-3〉 1963~1993년 R&D자금 1달러 당 대학의 특허

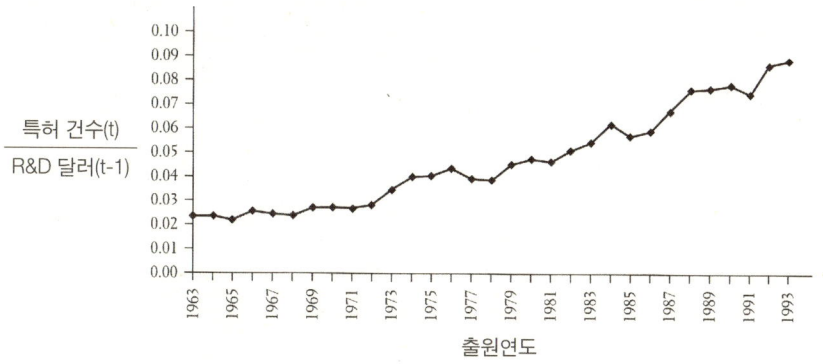

대학 특허 활동이 바이-돌 법이 제정되기 전부터 성장하고 있었다는 증거는 〈그림 3-3〉에도 나타나 있다. 이 표는 1963년부터 1993년까지의 대학 연구개발자금과 대학 특허 활동 사이의 비율을 보여준다.[19] '특허 지향성patent propensity'을 갖춘 대학의 수는 1981년 이후로 크게 증가했지만, 1970년대에도 꾸준히 일정하게 증가했다; 바이-돌 법 제정 이후에 대학의 특허 지향성이 크게 성장했다는 증거는 없다.

특허정책은 대학마다 다양했는데 1925년부터 1945년까지 각 대학이 획득한 특허 자산의 규모와 특징에서 드러난다. 1940년 이전에 16개 선도연구대학이 획득한 특허는 1925년부터 1945년까지 전체 대학이 획득한 특허(RC가 획득한 특허를 제외하고)의 절반 이상이었다(표 3-4).

하버드대학교 또는 예일대학교와 같은 아이비리그 대학들은 〈표 3-4〉에 나타난 1925년부터 1945년 사이에 특허를 획득했던 대학 목록에서 빠져 있는데, 이를 통해 이 대학들이 특허 활동에 직접적으로 참

---

19 미국 전체 대학의 연구개발자금에 대한 데이터는 국가과학위원회(National Science Board)의 2000년도 자료를 활용하였음.

〈표 3-4〉 1925~1945년 미국 대학의 특허 활동

가이거 16 대학	총 특허	다른 대학들	총 특허
칼텍	10	퍼듀대학교	13
일리노이대학교	7	워싱턴 주립대학교	7
미네소타대학교	7	아이오와 주립대학교	6
스탠퍼드대학교	5	일리노이 공과대학교	4
미시건 주립대학교	4	카네기 멜론대학교	3
펜실베니아대학교	4	오하이오 주립대학교	2
위스컨신대학교	4	켄자스대학교	2
캘리포니아 주립대학교	3	포드햄 대학교	1
코넬대학교	2	루이지애나 주립대학교	1
MIT	2	세인트 루이스대학교	1
		테네시 주립대학교	1
		신시내티대학교	1
		아이오와대학교	1
		뉴햄프셔대학교	1
		그 외	2
총	48	총	46

* 5년 주기로 자료 수집.

여하는 것을 꺼려했다는 것을 짐작할 수 있다. 아이비리그 대학의 교수들은 특허관리를 위해 1920년대 후반부터 RC를 활용했다.[20] 1937년 MIT는 RC와 발명관리협약을 체결했기 때문에(4장), 〈표 3-4〉에는 이후에 전개된 MIT의 괄목할 만한 특허 활동은 포함되어 있지 않다.[21] 이 표는 2차 세계대전 이전에 공학과 응용과학 분야에서 활발했던 칼텍, 스탠퍼드대학교 같은 여러 사립대학들이 1925년부터 1945년까지 상당한 정도의 특허 활동을 전개했다는 사실을 보여준다.[22]

1925년에서 1945년까지 주립대학의 특허 활동은 사립대학보다 두

---

20 아이비리그 대학들 중에서 프린스턴대학교와 컬럼비아대학교는 1940년까지 RC와 발명관리협약을 체결했다. 1940년부터 1945년 사이에 두 대학에서 나온 특허는 RC로 귀속되었을 것이다.

21 피쉬맨(E. A. Fishman)에 따르면, MIT는 1940년부터 1945년까지 가장 많은 특허를 창출했지만, 발명관리협약에 따라 그 특허들은 모두 RC로 귀속되었다.

22 스탠퍼드대학교는 1950년대 초에 RC와 발명관리협약을 체결했다.

드러지며(표 3-4), 이는 상위권 연구대학과 일반대학에서 공통적으로 나타나는 현상이다. 많은 주립대학들은 1920년대 후반부터 1930년대 초반 사이에 대학과 협력관계에 있지만 법적으로는 분리된 WARF와 유사한 형태의 연구재단을 설립했다. 대학과 협력관계에 있는 재단이 소유한 특허는 대학이 특허와 기술이전 관리에 직접 관여하지는 않지만 '대학 특허'로 인식되었다.

주립대학들은 2차 세계대전 후 상당한 기간 동안 대학 특허 활동을 주도했지만, 사립대학들이 대학 특허에서 차지하는 점유율도 1960년의 14%에서 1970년에는 39%로, 그리고 1980년에는 45%로 증가했다.[23] 사립대학의 특허 점유율이 이렇게 성장한 것은 특히 주목할 만하다. 왜냐하면 전반적인 미국 대학의 특허가 빠르게 성장하던 시기에 사립대학의 특허 점유율이 향상했기 때문이다. 대학 연구를 위한 공공자금 지원이 증가하는 시기에 사립대학은 교수진이 연구자금을 받아 수행하여 획득한 특허에 대한 관리를 확대했다.

2) 1970년대 대학 특허 활동의 확산

1970년대는 1925년부터 1980년까지의 기간 중 미국 대학의 특허 활동이 가장 극적으로 변화한 시기이다. 전반적으로 미국 대학의 특허 활동은 눈에 띄게 성장했고 점차 확산되어 갔다. 점점 더 많은 대학들이 자신들의 특허를 직접 관리하기로 결정했다. 또한, 대학의 특허·기술

---

23   이 통계자료에는 RC의 특허는 제외되어 있다.

이전 활동이 증가하면서 생물의학 분야의 발명도 증가했다. 이제 우리는 특허 활동이 여러 대학으로 확산된 사실에 초점을 두고 그 원인과 더불어 이 과정에서 특허 경험이 적은 대학들이 특허 활동에 참여하게 된 원인을 분석하고자 한다.

연방정부의 활발한 연구자금지원은 대학 특허 수의 증가에 영향을 미쳤을 뿐 아니라 특허 활동에 적극적으로 참여했던 대학의 성격을 변화시키기도 했다. 무엇보다 이는 대학이 더 많은 특허를 획득할 수 있도록 뒷받침한 필수 조건이었다. 그러나 1960년대와 1970년대에 연방정부 연구자금지원이 여러 기관으로 널리 분산되었기 때문에 미국 대학들 사이의 특허 활동의 집중현상은 줄어들었다.

이와 같은 특허 활동의 분산 현상과 그 정도를 알아보기 위해서 대학의 특허가 카네기 고등교육위원회Carnegie Commission on Higher Education, 이하 카네기 위원회가 개발한 기관 분류법에 의해 분류된 대학들 사이에 어떻게 분포되어 있는지를 살펴볼 필요가 있다. 카네기 위원회는 박사학위를 수여하는 미국 내 173개 대학을 '연구대학Research Universities' 또는 '박사대학Doctoral Universities'으로 분류했다. 1969년부터 1970년까지 적어도 50명의 박사학위자를 배출하고, 1968년부터 1969년, 1969년부터 1970년, 1970년부터 1971년까지 3개 기간 중 적어도 2개 기간에 연방정부의 자금지원을 받은 상위 50개의 대학은 '연구대학 유형1RU1'로 분류했다. 마찬가지로 1969년부터 1970년까지 적어도 50명의 박사학위자를 배출하고 위의 3개 기간 중 2개 기간에 연방정부의 자금 지원을 받고, 상위 50위에서 100위 안에 든 대학은 '연구대학 유형2RU2'로 분류했다. 카네기 위원회가 '박사대학'으로 명명한 범주에는 1969년부터 1970년까지 10명 이상의 박사학위자를 배출한 기관이 포함되어 있었다.[24]

〈그림 3-4〉 1948~1980년 대학 유형에 따른 특허 현황

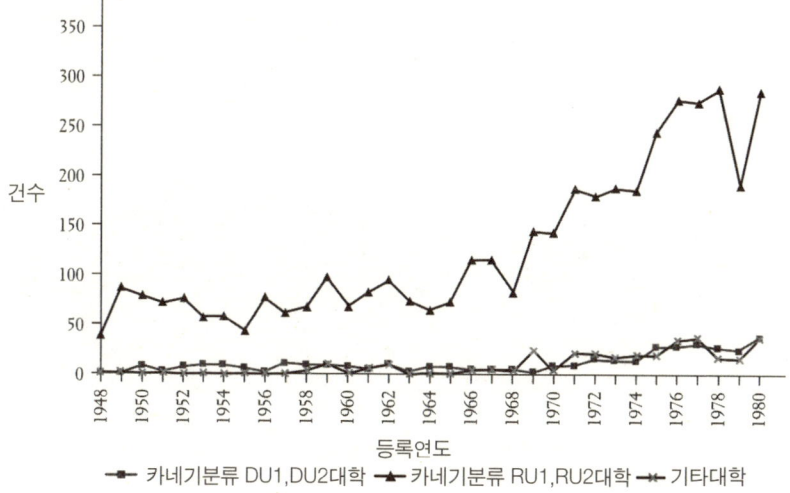

〈그림 3-4〉는 연구대학, 박사대학, 그리고 나머지 대학(카네기 위원회 분류법에 의해 분류되지 않은 대학 포함)이 2차 세계대전 후 획득한 특허 현황을 보여주고 있다. 연구대학은 1948년부터 1980년까지 발생한 대학 특허의 대부분을 차지하고 있다. 그러나 연구대학 유형2가 차지하고 있는 특허의 점유율은 이 기간 동안 5%에서 12%로 증가했으며 연구대학들내에서의 특허 획득 편중 현상은 특히 1970년대 이후로 눈에 띄게 감소했다. 따라서 대학 특허 활동이 여러 기관으로 분산되는 현상은 대학 연구 활동에 대한 연방정부의 자금 지원이 증가하면서 분산되었기 때문으로 풀이될 수 있다.

---

24 이들 대학의 특허를 산출하는 과정에서 복수의 캠퍼스를 운영하고 있는 대학의 특허는 특허권을 소유하고 있는 본교의 특허로 합산했다. 이 과정을 통해 89개의 연구대학(49개의 유형1과 40개의 유형2)과 73개의 박사대학이 도출되었고, 1948년부터 1980년 사이에 적어도 한 건 이상의 특허를 획득한 대학은 연구대학 79개(49개의 유형1과 30개의 유형2) 그리고 박사대학 40개이다.

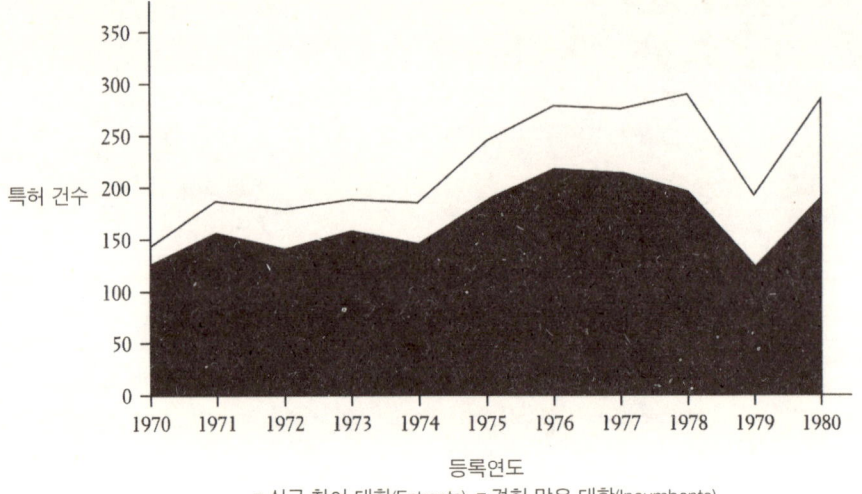

특허 건수

등록연도
■ 신규 참여 대학(Entrants) □ 경험 많은 대학(Incumbents)

　　1970년대에 대학 특허 활동이 증가한 것은 특허 활동의 경험이 거의 없던 (유형1과 유형2) 연구대학의 특허 활동이 확대되었음을 반영한다. 우리는 1950년부터 1969년까지 10건 이상의 특허를 가지고 있는 연구대학을 '경험 많은 대학incumbents', 동일 기간에 10건 미만의 특허를 가진 대학들은 '신규 참여 대학entrants'으로 정의했다. 이 같은 정의에 따르면, 1970년대 기간 동안 특허를 획득한 77개의 연구대학 중에서 53개 대학이 신규 참여 대학에 속한다. 〈그림 3-5〉를 통해 알 수 있듯이 1970년대 동안 대학 특허가 증가한 것은 대체로 신규 참여 대학의 특허 활동이 증가했기 때문이다.

　　신규 참여 대학은 대부분 연구대학 유형2에 속한다. 연구대학 유형2 대학들 중에는 신규 참여 대학이 경험 많은 대학보다 훨씬 많다. 상대적으로 경험이 부족한 대학의 특허 활동이 증가했다는 것은 연방정부

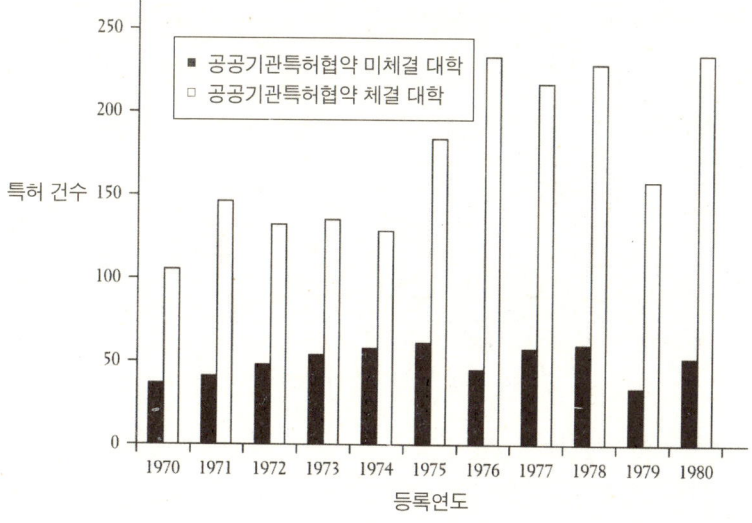

의 연구자금(특히 생물의학 연구 분야의 자금)이 여러 대학으로 더욱 분산되었다는 사실을 반영하는 것일 수도 있다. 대학 전체에서도 그리고 연구대학 유형1과 2 내에서도 신규 참여 대학의 생물의학 특허가 경험 많은 대학의 생물의학 특허보다 더 많다.

1970년대에 대학의 특허 활동을 증가시킨 두 번째 요인은 대학들이 연방정부 연구지원기관과 체결한 공공기관특허협약이다. 공공기관특허협약은 후에 시행된 바이-돌 법에 비해 영향력이 약했지만, 연방정부의 자금지원을 받은 연구의 결과로 도출된 대학 발명의 특허 비용을 낮추었다. 1970년대에 특허를 획득한 77개의 연구대학들 중 약 절반 이상이(52%) 국립과학재단 또는 보건교육복지성과 공공기관특허협약을 맺었다.[25] 공공기관특허협약 체결은 신규 참여 대학(46%)보다 경험 많

---

25 1970년대에 공공기관특허협약을 체결한 40개 대학 중에서 23개 대학은 보건교육복지성

은 대학(68%)에게 더욱 일반적이었고, 연구대학 유형2(31%)에 비해 연구대학 유형1(64%)에게 훨씬 더 일반적이었다. 〈그림 3-6〉은 공공기관특허협약을 맺은 대학이 1970년대 대학 특허의 성장을 주도했다는 사실을 보여준다. 연방정부는 공공기관특허협약이 특허·기술이전 활동 비용을 낮출 수 있다는 이유로 대학의 참여를 독려했지만, 신규 참여 대학들 중 절반 이하의 대학들만이 공공기관특허협약을 체결했다. 1970년대에 공공기관특허협약을 체결한 신규 참여 대학 그리고 공공기관특허협약을 체결하지 않은 신규 참여 대학 모두 특허는 증가했다. 따라서 공공기관특허협약이 확산된 것만으로는 대학이 특허 활동에 참여하게 된 원인을 설명할 수는 없다.

1970년대 대학 특허 활동의 변화를 보여 주는 위의 통계자료는 역사적 경향에서 벗어나 1980년대와 1990년대를 미리 보여주고 있는데, 다음의 세 가지 측면을 부각시켜 준다. 첫째, 1970년대에 사립대학은 교수진의 발명에 대한 특허화와 기술이전을 확대했다. 둘째, 특허·기술이전 활동에 직접 참여하는 주립대학와 사립대학이 증가했다. 마지막으로, 1970년대는 특허 경험이 거의 없는 대학의 특허·기술이전 활동이 눈에 띄게 증가했는데, 주로 경험 많은 대학보다 생물의학 특허에 전문화된 연구대학 유형2 대학에 속하는 신규 참여 대학의 활동이 더욱 두드러졌다. 지금까지 살펴 본 것처럼 대학 특허 활동의 변화는 연방정부 연구자금지원의 분산, 공공기관특허협약의 증대, 그리고 스탠퍼드대학교 같은 신규 참여 대학의 성공에 영향을 받았다. 세 가지 핵심 경향에 영향을 미친 다양한 요인들의 상대적 중요성을 결정하는 것

과, 1개 대학은 국립과학재단과, 16개 대학은 보건교육복지성과 국립과학재단 모두와 공공기관특허협약을 체결했다.

은 미래의 중요한 연구 과제로 남아있다. 흥미롭게도, 이 요소들 중 오직 공공기관특허협약 하나만 공공자금 지원을 받은 연구의 특허에 대한 연방정부의 정책 변화를 보여준다. 바이-돌 법만 아니라 다양한 요소들이 1980년 이후 미국 대학 특허가 지속적으로 성장할 수 있도록 뒷받침했던 것 같다.

3) 기술 분야별 대학 특허

대학 특허 활동과 관련된 마지막 쟁점은 1925년부터 1980년까지 기술 분야별 대학 특허의 분포에 관한 문제이다. 〈그림 3-7〉은 1925년부터 1945년까지, 〈그림 3-8〉은 1948년부터 1980년까지의 대학 특허의 기술 분야별 분포 현황을 보여준다(두 표 모두 RC 특허들을 제외했다). 〈그림 3-7〉의 자료는 1940년대 이전에는 대학 특허가 화학 분야에 집중되어 있었다는 것을 보여준다. 화학 분야에서 두드러진 대학 특허는 농업화학, 산업화학, 그리고 화학공학을 포함하는 분야에서 1차 세계대전과 2차 세계대전 사이에 수행된 대학 연구의 동향뿐만 아니라 해당 분야에서 대학과 산업이 강한 연계를 맺고 있었다는 것을 보여준다. 이 기간에 대학이 획득한 화학 분야 특허의 거의 60%(22 / 37)가 유기화합물organic compounds을 다루고 있다. 〈그림 3-7〉에서 화학 분야로 분류된 유기화합물 중 일부는 비타민인데, 생물의학 발명으로도 분류될 수 있다.[26] 1차 세계대전과 2차 세계대전 사이에 미국 대학은 비타민 연구와 합성물 분야에 상당히 크게 공

---

26 여기서 사용하는 기술 분야는 아담 재프(Adam Jaffe)가 개발한 미국 특허 분류(Jaffe, Forgarty, Banks, 1998)를 사용한다.

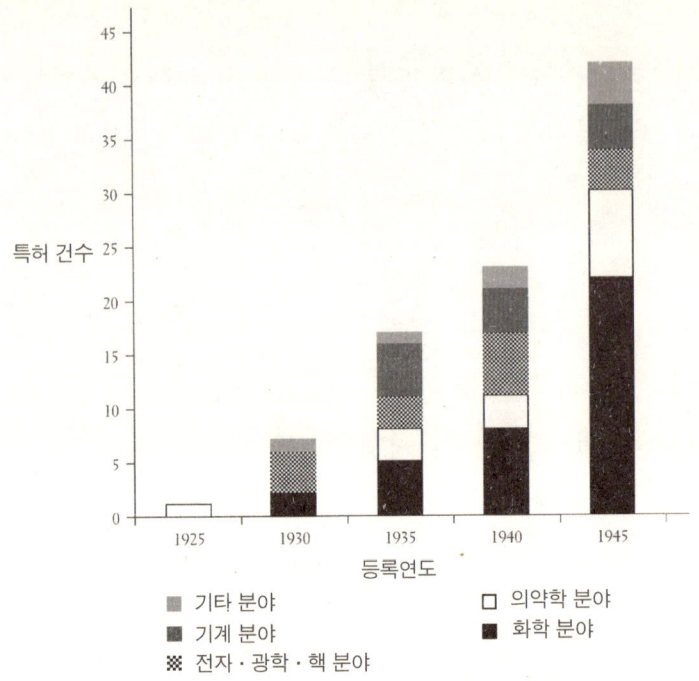

〈그림 3-7〉 1925~1945년 대학 특허의 기술 분야별 분포 현황

기타 분야
기계 분야
전자 · 광학 · 핵 분야
의약학 분야
화학 분야

헌했고, 이 기간에 가장 큰 수익을 올린 대학 특허는 비타민 관련 특허, 즉, 비타민 B1을 합성하기 위한 윌리엄스-워터맨Williams-Waterman의 특허(버클리 소재 캘리포니아 주립대학교가 개발해 RC가 관리함), 밀라스Milas의 비타민 A&B 합성formulation 특허, 그리고 스틴복Steenbock의 비타민 D 생산법 특허 (WARF에 의해 관리됨) 등이다.

대학기술이전 수익의 기술 분야별 자료가 제한적이지만, 생물의학 분야의 발명이 바이-돌 법 시행 이전에 획득한 대학 특허에서 발생한 기술이전 수익의 대부분을 차지하고 있다고 할 수 있다. WARF가 생물

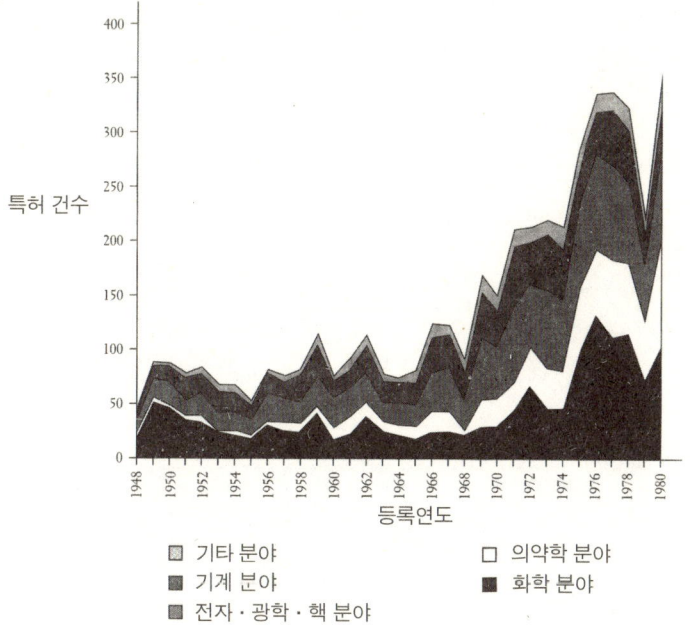

의학 발명 분야로부터 가장 많은 수익을 올렸으며, 4장에서도 언급하
겠지만, 1940년대부터 1970년대까지 RC도 역시 생물의학 분야에서 가
장 많은 수익을 올렸다.[27] 많은 대학들이 1970년대 이전에 특허 활동에
소극적으로 참여했지만, 의학 분야의 특허는 20세기 내내 대학기술이
전 관리자들에게는 중요한 수익의 원천이었다.

2차 세계대전 후 생물의학 연구에 대한 연방정부의 자금지원이 증가
함에 따라 1970년 이후로 대학 특허 내에서 생물의학 특허의 점유율은 갈
수록 커지고 있다. 1970년대에 대학 특허 활동은 생물의학 분야에서 크

---

27 D. Blumenthal, S. Epstein, and J. Maxwell, "Commercializing University Research: Lessons from the History of the Wisconsin Alumni Research Foundation", *New England Journal of Medicine* 314, 1986.

게 증가하였다(그림 3-8). 생물의학 외의 분야에서 대학 특허가 1968~1970년 기간에 비해 1978~1980년 기간에는 90% 증가한 반면, 생물의학 분야의 대학 특허는 295% 증가했다. 생물의학 특허가 이렇게 빠르게 증가한 것은 1970년대에 생물의학 분야의 연구지원을 담당하고 있는 보건교육복지성이 연구기관과 맺은 공공기관특허협약이 확대되었기 때문이다. 전체 연방정부의 대학 연구개발자금 중에서 생물의학 분야의 점유율이 증가했고, 1960년대와 70년대에 생물의학이 획기적으로 진보했으며, 생물의학 연구의 결과에 대해 산업체의 관심이 늘어남에 따라 이 시기에 대학 특허는 크게 성장했다.

3. 결론

미국 대학은 오랫동안 교수의 발명에 대해 특허·기술이전 활동을 벌여 왔다. 1980년 바이-돌 법의 제정을 둘러싼 논쟁이 벌어지기 전인 1925년부터 특허·기술이전 활동이 대학의 사명으로서 타당한가에 대한 논쟁은 지속되었다. 1930년대부터 1970년대까지 대학기술이전을 둘러싼 논의의 쟁점은 기술이전 활동이 지역경제에 이익이 되는가에서 국가경제 전체에 이익이 되는가로 변천되었다. 이러한 변화는 대학 연구에 대한 재정지원 규모와 원천의 변화를 보여준다.

1925년부터 1970년대까지 몇몇 대학들은 정치적 비판을 염려한 나머지 특허·기술이전 활동에 직접적으로 참여하는 것을 꺼리기도 했다. 그러나 1970년대에 접어들어 많은 대학들, 특히 사립대학들은 특허·기술 이전 활동에 적극적으로 참여하게 되었다. 1970년대에 대학 특허 활동이 증가한 것은 학술연구의 내용이 변화되었고, 연방정부 연구자금이 생물 의학 분야에 집중되었고, 대학 특허·기술이전 활동에 대한 연방정부의 정책이 변화했기 때문이다. 그러나 1980년 전까지 공공기관특허협약에 의한 전용실시 기술이전이 타당한가에 대한 논쟁을 통해 알 수 있듯이 연방정부의 정책은 대학기술이전에 대해서는 모호한 입장을 견지했다.

미국의 대학기술이전 활동은 지식재산권 제도의 변화뿐만 아니라 연방정부 정책과 주 정부 정책 사이의 예상치 못한 상호작용의 결과로 역사적 진화를 거듭했다. 1980년 이후 대학 특허 활동의 특징은 1980년 이전 대학 특허 활동의 특징과 긴밀히 연결되어 있다. 미국 대학이 오랫동안 특허 활동에 관여해 온 것은 미국 대학 체계의 독특한 구조적 특징 때문이다. 분산된 자금 지원 체계는 공립대학이 지역 기업이 관심을 갖는 연구를 추구하고 주의 납세자의 이득을 위해 대학 발명을 특허화하려는 강력한 동기를 부여했다. 대학들이 서로 경쟁해야만 하는 환경, 대학 경영의 자율성, 그리고 연구 재원을 위한 끊임없는 탐색이라는 요인은 공립대학과 사립대학이 모두 산업 연구와 강한 연계를 맺으려는 동기가 되었다. 대학 연구 환경의 구조적 변화, 특히 대학 연구를 위한 재정지원 구조의 변화는 바이-돌 법이 제정된 이후뿐만 아니라 그 이전부터 오랫동안 대학이 특허·기술이전 활동을 추진하도록 자극한 가장 큰 원인이다.

제4장
RC와 대학기술이전, 1912~1980년

3장에서는 미국 대학들이 1925년에서부터 1980년까지 특허 활동과 기술이전에 직접적으로 관여하는 것을 꺼려하여 많은 대학들이 이러한 활동을 관리하는 리서치코퍼레이션Research Corporation, 이하RC과 계약을 맺어 왔다는 점을 살펴보았다. 이 장에서는 RC의 역사를 상세하게 논의할 것이다. RC는 1980년 이전에 대학의 특허 활동 및 기술이전에 중요한 역할을 하였는데, RC의 역사는 현재 대학기술이전부서Technology Licensing Office가 직면하고 있는 많은 문제점들을 보여준다. 대학기술이전부서는 고비용의 특허관리, 기술이전의 주 수입원인 소수의 '홈런homerun' 특허의 불확실성, 대학교수들과의 밀접한 상호관계의 필요성, 특허·기술 이전 프로그램의 목적과 기술이전 수입을 조화시켜야 하는 당위성 등과 같은 어려움에 직면해 있다.

다음으로, 우리는 캘리포니아 주립대학교University of California 프레더릭 코트렐Frederick Gardner Cottrell 교수의 특허 활동과 관련되어 있는 RC의 기원 을 논의할 것이다. 다음 절에서는 1945년까지 많은 연구대학들을 위해 RC가 특허·기술이전 활동의 대행자로서 성장하는 과정을 살펴볼 것이 다. 그 다음 절에서는 1950년대에서 1960년대 동안에 절정에 이른 RC의 기술 중개자로서의 중요성과 더불어 RC 내의 특허관리부서Patent Management Division의 설립과 성장 과정에 대해 논의할 것이다. 가장 왕성한 활동과 영향력을 행사한 시기에도 RC는 저수익과 고비용이라는 어려움 을 겪었다. 마지막 절에서는 1970대와 1980년대 동안 RC가 쇠퇴하는 과 정을 살펴볼 것이다.

1. RC의 기원

RC는 20세기 초 캘리포니아 주립대학교 버클리 캠퍼스University of California at Berkeley에서 코트렐 교수의 연구로부터 유래되었다. 2장에서 기 술한 것처럼 미국 대학들이 수행하는 연구가 실용적인 동기를 가졌던 것 처럼, 코트렐의 연구도 산업용 기술과 실행의 문제점에 대해 관심을 가지면서 시작되었다.[1] 1905년 초 코트렐은 자신의 고향인 샌프란시스코에서 증대되는 불쾌감을 해소하기 위해 산업용 대기오염 제어에 관한 연구를 수행했다. 코트렐은 영국 과학자인 올리버 로지 경Sir Oliver Lodge의 연구에 기초하여 '정전 침전기electrostatic precipitator'를 발명했는데, 이 장치는 굴뚝의 연기와 먼지에 전기적 성질을 띠게 하여 맞은편 대전판에 모아둠으로써 먼지와 연기를 제거한다.

코트렐은 1907년에 정전 침전기에 관해 처음으로 특허를 받았다. 그는 자신의 발명으로 돈을 버는 데는 관심이 없었지만, 그의 지식재산권이 공공재산이 되는 것에 반대해 다음과 같은 주장을 펼쳤다.

> 모든 업체는 기계나 다른 설비에 투자하기 전에, 그에 대한 최소한의 보호 장치를 필요로 한다. 아무리 가치가 있다고 하더라도 발명자들이 대중에게 완전히 공짜로 제공한 특허들은 시장에 나오지 않는다. 왜냐하면, "모든 사람의 일은 어느 누구의 일도 아닌 것"이 되기 때문이다.[2]

다시 말해 코트렐은 기업들이 침전기와 같은 초기 단계의 발명을 상입화하는 데에 비용이 많이 드는 연구, 개발, 마케팅 활동들을 수행하

---

1 F. Cameron, *Cottrell: Samaritan of Science*, Tucson, Az: Research Corporation, 1993.
2 Frederick Cottrell, "The Research Corporation, an Experiment in the Public Administration of Patent Rights", *Journal of Industrial and Engineering Chemistry* 4, 1912, p.865. 코트렐은 1911년 미국 화학회(American Chemical Society)에서 행한 연설에서 학술적인 발명의 홍보, 기술이전, 개발을 전담하는 회사가 없었더라면 그런 발명들은 어떤 상업적인 응용도 찾을 수 없었을 것이라고 주장했다. "지적인 부산물의 일부는 전체 대학과 기술 연구실에서 헛되이 사라지고 말 것이다. 실용적인 관점으로 개발되고 있는 상당한 발명들이 발명자가 기술의 사업적 측면과 실용적인 분야에 뛰어들고 싶어 하지 않기 때문에 그리고 그 발명이 경제적으로 유용한 수준에 이르지 못했기 때문에 그 자리에서 버려지고 만다." Cameron, 1993, p.166에서 인용.

기 위한 동기를 갖기 위해서는 명확하게 규정된 지식재산권이 필요하다고 믿었다. 코트렐은 이미 당시에 키치E. W. Kitch와 같은 학자와 바이-돌 법 지지자의 주장을 예측했던 것이다.[3]

코트렐은 그의 특허들을 이전하여 그 수익으로 과학연구를 지원하는 데 사용할 계획이었다. 그러나 이를 위해서는 기술이전을 관리할 조직이 필요했다. 코트렐은 자신의 특허권을 대학으로 양도할 것을 고려하기도 했지만, 3장에 언급했던 것과 같이, 미국 과학기술진흥협회의 특허위원회의 보고서에서 논의된 문제점들을 예측하고 기술이전 관리에 대학 행정관리자들이 개입하게 되면 대학에 과학연구 문화에 있어 좋지 않은 결과를 초래할 수 있다는 점을 우려하여 스스로 관리하기로 결심했다.

특허 대학에 큰 이익을 주면서 전반적인 경쟁을 유도하는 시도라면 위험을 수반하기 마련이다. 대학 이사회는 지속적으로 자금을 추구하고 있기 때문에, 우리의 시도가 성공했던 그대로 다른 대학에서도 재현되기를 바란다. 따라서 상업주의, 기관들 사이의 경쟁의 가능성, 그리고 과학연구에 있어 수반되는 비밀주의의 경향과 같은 위험성이 존재한다.[4]

코트렐은 스미소니언협회Smithsonian Institution에 찾아가 협회장인 찰스 월콧Charles Walcott을 설득하는데 성공했지만 특허관리에 개입하기를 꺼려하는 이사회의 반대에 부딪쳤다. 대신에 특허 활동과 기술이전을 감독하

---

3 E. W. Kitch, "The Nature and Function of the Patent System", *Journal of Law and Economics* 20, 1977.

4 Frederick Cottrell, "Patent Experience of the Research Corporation", *Transactions of the American Institute of Chemical Engineers* 26, 1932, p.222.

는 법인을 설립하고 월콧 협회장이 고문 역할을 맡도록 했다. 마침내 RC는 1912년에 스미소니언협회의 이사인 윌리엄 태프트William Howard Taft의 도움을 받아 설립되었는데, 당시 태프트는 RC 정관의 초안을 작성했다.

코트렐은 원래 RC의 기술이전 수입을 '지식의 확대 및 확산'을 목적으로 스미소니언협회에 양도하려 했으나, 그 후에 회사의 수익을 이용하여 스미소니언협회를 제외한 기관들의 과학연구를 지원하겠다고 결심했다. RC는 정전 침전기 특허의 기술이전 및 개발을 관리했고, 코트렐은 RC가 타 기술 분야의 특허권 허가를 관리하는 것에 책임을 져야 한다고 주장했다.

대학 연구자들 중 점차 많은 사람들은 자신들의 일상적인 업무와 관련하여 어떤 금전적인 보상을 바라지 않으면서도 때때로 유용하고 특허가능성이 있는 발명을 발전시키고 있다. 이들은 공익을 위해서는 기꺼이 그 이상의 개발에 나서지만, 이러한 개발을 스스로 수행하거나 혹은 어떤 사적인 이익을 바라는 사람들에게 권한을 넘기는 것을 꺼린다.[5]

코트렐에게 있어 RC의 목석은 "단지 과학연구를 위한 수익을 만드는 것이 아니라, 일종의 특허 경제학의 실험실로서 행동하며 특허경영상의 실험을 수행하는 것에 있었다."[6] RC의 초창기부터 코트렐은 RC를 연구대학 그리고 유사한 기관들의 지식재산권을 관리하기 위하여 기술을 개발하고 확산하는 회사로 성장하기를 기대했다.

---

5   위의 글, p.865.

6   V. McKusick, "A Study of Patent Policies in Educational Institutions, Giving Specific Attention to the Massachusetts Institute of Technology", *Journal of the Franklin Institute* 245, 1948, p.865.

처음 25년 동안 RC는 3가지 활동에 중점을 두었다: (1) 정전 침전기와 RC가 소유, 관리, 구매한 특허로부터 발생된 기타 장비들의 설계, 제조, 및 설치; (2) 교육기관이나 연구기관에서 RC에 제공한 특허 가능한 발명관리; (3) 과학자들에게 보조금 제공. 그러나 이 기간 동안 첫 번째 업무가 RC 활동의 대부분을 차지했다.

2. RC의 발전, 1912~1945년

1) 활동 초기 : 1912~1936년

코트렐은 RC가 설립된 후 RC에서 공식적인 지위를 맡지는 않았지만 초기 결정과정에 상당한 영향력을 행사했고, 1948년 사망할 때까지 수많은 활동에 참여했다.[7] RC의 부서장들과 경영자들은 코트렐이 지닌 특허들에 대한 관리가 그들이 예상했던 것보다 훨씬 어렵다는 것을 빠르게 터득했다. 정전 침전기 특허를 기업에 단지 기술이전하는 것은 최

---

[7] 1912년 이후 코트렐은 침전기 분야에서 발명자로 활동하지 않았다. 1911년부터 그는 미국 광산국(Bureau of Mines)에서 물리화학 책임자로 일하다가 광산국의 책임자가 되었다. 그는 1922년부터 1927년까지 농무성(Department of Agriculture) 고정 질소 연구소의 책임자가 되어 합성 암모니아 산업의 기초가 된 하버-보쉬(Haber-Bosch) 공정의 분해공학을 감독했다(Mowery and Rosenberg, 1998). 1935년 그는 다른 분야의 연구를 수행하는 리서치 어소시엇(Research Associates)을 설립했으나 3년 만에 실패했다. 코트렐은 여생을 질소 고정법 연구에 바쳤다(Cameron, 1993).

소한의 기술만이 채택되고 소액의 기술료 수익금을 얻는 것에 불과했다. 왜냐하면 정전 침전기 기술은 다른 여러 기업들의 기술적 요구에 부합되어야 했기 때문이다. RC 외부의 기술자들은 정전 침전기를 다양하게 응용할 수 있는 기능을 거의 가지고 있지 않았다. 그 결과 RC는 순수한 기술 중개를 넘어 그 활동을 확장했고 침전기 설치와 사업기획에 참여했다. RC의 직원들은(1917년까지 45명의 기술자) 침전기 기술을 이전받은 기업들의 공장에 적용할 수 있는 연구개발을 수행했다.

이러한 예기치 못한 투자에도 불구하고 정전 침전기 사업은 1915년까지 수익을 냈고, RC는 1924년에 연구자금을 지원하기 시작했다. 이후의 수십 년 동안 RC는 전기 침전기 시장을 장악했다.[8] 코트렐이 RC에 기부한 특허로는 기술이전 활동을 지원하기에 불충분했기 때문에, RC는 타 발명가들로부터 부가적인 특허를 받아 이 기술 분야에서 연구개발을 수행했다.

침전기 산업에서 이러한 과정을 거치면서 RC는 특허관리 및 법적 소송에 대한 상당한 전문성을 발전시켰다. RC는 초창기인 1913년에는 코트렐의 특허에 대한 침해 사실을 추적하기 시작했다. 1918년까지 RC는 침전기 분야에서 "사업의 인정성을 확보하는 것을 특허권 보호에 버금가는 영역으로" 만들면서, 침전기 설치 업무보다 특허 포트폴리오 관리에 훨씬 더 많은 노력을 경주했다.[9] 침전기 특허와 관련한 이러한 경험들은 RC 직원들이 잠재적 기술이전 수요자를 찾아 기술이전 계약을 협상하고, 발명에 대한 개발 및 마케팅을 검토하는 능력을 높였다.[10]

8　H. White, *Industrial Electrostatic Precipitation*, Reading, Mass.: Addison-Wesley, 1963.
9　스미소니언협회 문서 보관소의 RC 자료관 "Correspondence A-Z: 198".
10　RC는 "발명자와 생산자 사이의 중개자 역할을 맡아 발명의 타당성을 실제로 시험하고

RC는 또한 개발업무 현장인 대학 실험실의 과학자들뿐 아니라 전 지역의 변리사들과도 연계를 구축했다.

　침전기 특허 포트폴리오 관리에 대한 RC의 성공은 특허·기술이전에 대한 도움을 원했던 많은 대학의 과학자들과 개별 발명가들의 관심을 불러일으켰다. 코트렐의 사례를 뒤따라 여러 과학자들 그리고 연구자들은 그들의 기술이전 수입료를 RC에 기부하여 자선 활동을 지원하기를 원했다. 대학과 기업 간 연구협력의 증대와 과학기반 산업의 성장은 1920년대와 1930년대에 상업적으로 가치 있는 학술연구의 양적 확대를 촉진했다. 그 결과 점점 더 많은 대학 발명가들은 RC에게 특허화와 기술이전 관리에 대한 협조를 요청하게 되었다.

　1920년대 후반부터 RC는 침전기 분야 이외의 특허들을 양도받기 시작했고 다양한 기술 분야에서 수많은 특허를 획득했다.[11] 이 중 하나가 비타민 B1의 합성을 위한 윌리엄스-워터맨 공정Williams-Waterman process이다. 1932년 캘리포니아 주립대학교 로버트 윌리엄스Robert R. Williams 교수의 실험실에서 개발된 윌리엄스-워터맨 공정은 영양실조를 극복하기 위한 중요한 노력이자 상당한 수익성을 지닌 발명이었다. 윌리엄스 교수와 로버트 워터맨Robert E. Waterman은 RC의 도움으로 그들이 발명한 새로운 공정에 대해 특허를 출원했고, RC는 발명자들이 침해 심리interference hearing에서 승소할 수 있도록 도와주었다. 이 발명은 1935년에 특허로 등록되어 RC로 양도되었다.

　윌리엄스와 워터맨의 발명은 몇 가지 이유에서 RC의 역사상 중요한

　생산자에게 신뢰할 수 있는지에 대한 판단을 제공했다." *New York Sun*, July 24, 1917.
11　RC의 1950년도 연례보고서에 따르면, "다른 특허들로부터 또 하나의 침전기 사업이 성공할 가능성은 있었지만, 적어도 재정적인 측면에서는 이러한 노력은 분명히 실패로 끝났다."

진전이었다. 향후 20년간 RC의 기술이전 수익에서 점유율이 높아진 일련의 공공보건 관련 발명들 중의 하나인 이 특허는 정전 침전기 이외의 분야에서 나온 첫 '홈런' 발명이었다. 이 특허와 기타 생물의학 특허에 의한 수입은 RC의 성장에 없어서는 안 되는 것이 되었다. RC가 윌리엄 스-워터맨 사건의 침해 심리에 개입한 것은 또한 침전기술 이외의 분야에서 RC의 활동을 특허 경영으로부터 특허 보호에까지 확장시킨 것이었다. 현재의 대학기술이전 조직들이 인식하고 있는 것처럼 RC는 특허와 기술이전에 대한 경영과 더불어 많은 활동을 책임져야 한다는 사실을 깨달았다.

대학의 특허관리에 있어 RC의 명성은 침전기 특허를 성공적으로 관리하고, 선도적인 대학들을 방문해 행정부서와 교수진에게 특허관리 방안에 대해 조언하고, RC의 서비스를 홍보했던, 코트렐의 마케팅 노력에서 비롯된 것이다. 게다가, RC가 대학 연구자들에게 지원하는 연구자금은 1930년대까지 잠재적으로 특허화가 가능한 많은 발명을 촉진했다. 이후로 많은 발명가들은 특허에 대한 도움을 받고자 발명에 대한 관리를 RC에 의지했다.

1930년대에 미국 대학들이 교수의 발명에 대한 특허 · 기술이전 활동으로 얻을 수 있는 재정적 수입에 대해 점점 더 관심을 갖게 되면서 RC는 더욱 성장하게 되었다. 그러나 3장에서 지적한 바와 같이 1930년대에 많은 미국 대학들은 특허 활동과 기술이전을 직접 관리하는 것을 꺼려했다. 이는 1970년대와 1980년대에 이러한 역할을 받아들였던 것과는 현저히 대조적인 것이다. 위스컨신 동창회 연구재단이 맡고 있던 위스컨신대학교의 특허 · 기술이전 활동에 대한 논란이 있었고, 당시 대부분의 대학들의 연구 활동의 규모가 직접적인 특허관리를 정당화할 수 없을 정도로 작았기 때문에 특허 활동을 기피했던 것이다. RC가 지적한 것처럼 "대학 직원들은 이러한 문제들을 다룰 전문성을 갖추지 못했다. 한 기관에서 1년 동안 발생하는 (특허) 건수가 너무 적기 때문에 전문적인 특허관리 인력이 필요하다고 판단할 수 없었다."[12] 따라서, 교수 발명가들은 행정직원, 동료들, 그리고 더 광범위한 과학기술 공동체가 조언한 바와 같이 RC를 통해 특허·기술이전 활동을 추진하게 되었다.[13]

특허관리에 대한 미국 대학과 발명가들 사이의 논쟁이 확대되었음에도 불구하고, 침전기술 이외의 특허에 대한 관리는 1930년대 RC 활동에서는 상당히 작은 부분에 불과했다. 비록 사안에 따라 개별 교수들과 대학들로부터 나오는 발명을 관리했지만 RC는 대학들과는 정형화된 계약을 체결하지 않았다. 그러나 이러한 상황은 1937년 MIT와 RC가 처음으로 '발명관리협약'을 체결한 이후로 변화하기 시작했다.

2) MIT 발명관리협약

침전기 관련 주요 특허들이 만료되고 정전 침전기 시장이 대공황 기간 동안 침체되자 RC는 새로운 수입원을 개척하려고 했다.[14] 침전기 특

---

12 Research Corporation, Science, Invention, and Society: *The Story of a Unique American Institution*, New York: Research Corporation, 1972, p.15.

13 A. M. Palmer, *Survey of University Patent Policies*, Washington, D.C.: National Research Council, 1948. 1922년 토지공여대학연합의 한 위원회가 작성한 공학실험연구소(Engineering Experiment Station)의 특허정책에 대한 보고서는 "교육과 연구기관은 특허를 소유하거나, 특허권을 방어하거나, 특허 사용에 대한 협상 등과 같은 상업적인 사업을 할 수 있는 입장이 아니다. 교육 기관이 특허를 다루는 비상업적인 방법은 발견 또는 발명을 촉진하는 것이 아니라 방해한다. 특허 활동과 관련된 이렇게 구체적인 일은 외부 기관을 활용해야 한다. 뉴욕의 RC는 특허 활동을 추진할 만한 입장이 아닌 사람들의 특허를 다루기 위한 조직을 갖추고 있다."

허에 관련된 업무와 더불어 침전기 이외의 특허 자산에 대한 RC의 관리능력은 RC와 대학 상호간의 이익을 추구하는 독특한 전문성을 발달시켰으며, 과학연구를 지원한다는 코트렐의 비전도 유지되었다. 게다가, RC가 1972년 문건에서 주장했듯이 전문가 한사람에 의해 대학의 특허·기술이전 활동을 중앙집중적으로 관리하는 것은 교수의 특허를 개별적으로 관리하는 것보다 비용이 적게 들 수 있다. "특허를 다루는 대학 간 정보센터가 있다면 전문가들을 활용할 수 있고, 산업계와의 교류를 유지할 수 있고, 법률비용이 분산될 수 있으며, 모두를 위해 기타 많은 이점들을 얻을 수 있을 것이다."[15]

기술이전 수입에 대한 미국 대학의 관심이 증대됨에 따라 RC는 새로운 수입원을 찾아 미국 대학들과의 협상을 통해 특허관리 분야로 회사의 활동영역을 확장하게 되었다. RC가 1937년 MIT와 체결한 발명관리협약은 RC가 미국 대학들을 위한 국가적인 기술이전 중개회사로 부상하는 초석이 되었다.[16]

1930년 칼 콤튼Karl Compton 교수가 총장이 되기 전까지 MIT에는 제대로 정리된 특허정책이 없었다. MIT는 권리를 개인 발명자에게 양도하거나 연구 후원자의 요구에 따르고 있었다. 콤튼은 총장으로 취임한 직후

---

14 1937년 9월 3일 RC의 대표이사를 맡고 있는 하워드 포일론(Howard Poillon)은 MIT 총장인 칼 콤튼(Karl Compton)에게 다음과 같은 내용의 편지를 보냈다. "우리의 침전기 관련 주요 특허들은 만료되었다. 경쟁으로 인해 우리의 침전기 사업이 쇠퇴될 때를 대비하여 우리는 우리 직원들을 모두 활용할 수 있는 새로운 사업을 개발하기 위해 노력하고 있다." MIT Archives, "Research Corporation" AC125, Folder 57~12.

15 위의 책(1972), p.15.

16 E. A. Fishman, "MIT Patent Policy 1932~1946: Historical Precedents in University-Industry Technology Transfer", Ph. D. Dissertation, University of Pennsylvania, 1996; Henry Etzkowitz, "Knowledge as Property: The Massachusetts Institute of Technology and the Debate of Academic Patent Policy", *Minerva* 32, 1994, pp.383~421.

MIT의 특허정책을 포함하여 대학과 기업 간 연계의 모든 측면에 관한 내부 연구를 진행했다. 얼마간의 논쟁을 거친 후, 배니버 부시Vannevar Bush 교수가 위원장을 맡는 특허정책위원회에서 MIT가 자금을 조달하는 연구를 통해 산출된 발명들에 대해서는 MIT가 소유권을 갖는다고 결정했다. 이 위원회는 "발명의 활용과 관련된 모든 책임으로부터 MIT가 면제받을 수 있고 수익이 발생하는 경우에 MIT가 합리적인 비율의 보상을 받을 수 있는 절차들을 개발하도록" 권고했다.[17] 이러한 권고에 따라 MIT는 특허를 관리할 수 있는 외부 관계자들을 찾았고 특허 출원 절차에 관련된 도움을 받았다.

MIT가 특허에 대한 관리기관으로 RC를 선택한 것은 RC의 경영진들이 MIT의 교직원들 그리고 경영진들과 맺고 있는 긴밀한 관계 때문이었다. 1928년부터 RC의 사장을 맡고 있는 하워드 포일론Howard Poillon은 콤튼의 가까운 친구로 콤튼에게 MIT의 발명을 매매할 수 있는 권리를 얻기 위해 로비를 벌였다. 또한, RC는 RC가 연구자금을 지원했던 로버트 반드그라프Robert Van de Graaf의 정전 발전기, 니콜라스 밀라스Nicholas Milas의 비타민 공식 등과 같은 몇몇 MIT 교수들의 발명과 특허를 관리하고 있었다.

MIT와 RC 사이의 발명관리협약은 1937년에 체결되었다. 이 협약에 따라 RC는 보스턴에 사무실을 개설하여 MIT 발명들을 검토하고 평가했다. 발명관리협약에 따라, MIT는 RC에 잠재적으로 특허화 가능성이 있는 발명신고서를 제출하고 RC는 이를 평가한 후 상업적으로 유망한 발명에 대해서는 양도받아 관리했다. RC는 "양도된 발명에 대해서는

---

17 "MIT Patent Committee Statement of Patent Procedure", MIT Archives, AC64, Box 1.

특허화하여 보호하기위해 최선을 다하고, 이러한 발명들을 통해 합리
적인 수입을 올리겠다"고 약속했다. 또한, "이러한 발명들이 오용되지
않도록 방지하고 특허 침해자에 대해서는 가능한 한 법률소송을 피할
수 있는 조치들을 취하겠다고" 약속했다. RC가 MIT 발명의 추가 개발
비에 대한 재정적 책임이 없음에도 불구하고 이러한 활동에 대한 비용
은 RC가 부담하기로 했다. 비용을 제외한 기술료는 MIT와 RC 사이에
6:4를 기본으로 배분했다. RC는 수익의 일부를 RC의 운영비와 자선활
동에 사용했다.

　　2차 세계 대전이 발발하면서 MIT와 다른 대학들로부터의 발명이 차단
되자 RC는 특허관리 활동을 중단했다.[18] 전쟁이 끝난 직후 RC는 MIT의
발명이 대부분을 차지했던 특허 활동에 대한 내부의 재평가를 실시했는
데, 1937년부터 1947년까지 적자상태였음을 알게 되었다.[19] 40개의 MIT
의 발명들과 다른 대학의 발명들 모두 의미 있는 수익을 내지 못하고 있었

18　콥튼 총장의 조언에 따라 RC는 국가방위연구위원회(National Defense Research Council)와 과학
　　연구개발국(Office of Scientific Research and Development: OSRC의 연구결과로 도출된 특허를
　　관리하지 않겠다고 결정했다. 첫 번째 이유는 권리침해소송에 대한 우려 때문이었다. 2차
　　세계 대전 동안 전개된 연방정부의 연구와 특정 분야에서 행해진 여러 연구기관의 연구는
　　중복의 우려가 있었기 때문에 콥튼은 "전쟁이 끝난 후 특정 기술 분야에서는 우선권을 주장하
　　기 위해 특허 권리침해에 대한 지나치게 많은 소송이 일어날 것이다"고 예측했다. 둘째, 전쟁
　　기간 동안 MIT의 연구는 세계 각국으로부터 건너온 과학자들이 일하고 있는 몇몇 대형 연구
　　소에 집중되었기 때문에 전쟁 후에는 "모국으로 돌아간 많은 과학자들이 특허청의 결정에
　　조언할 준비가 되어 있지 않거나, 과학자들이 국가적으로 핵심적인 역할을 할 것이다." 이러
　　한 경우에 RC는 국제적 특허 분쟁에 대한 전문가를 고용해야 하고, 이는 많은 시간과 비용을
　　허비하게 될 것이다. 바로 이 두 번째 우려는 우리가 앞으로 논의할 중앙집중적인 특허관리의
　　문제와 연결되어 있다. 전쟁 기간 동안 RC의 많은 직원들이 전쟁에 참여했던 것도 RC의 활동
　　이 위축된 이유이다. 보스턴 사무소의 소장이었던 캐롤 윌슨(Carroll Wilson)이 부시가 총괄하
　　고 있던 OSRD로 이직한 것은 가장 큰 손실이었다.
19　한편 RC와 MIT 사이의 발명관리협약도 당시까지는 MIT에게 그다지 큰 수익이 되지 않
　　았다(Fishman, 1996).

지만, RC는 4개의 MIT 발명이 "수익 전망이 밝다"고 확신했다. RC는 1947년의 연례보고서를 통해 "전쟁 기간 동안 중단되기는 했지만 1937년에 시작된 대학과의 발명관리협약의 경제성을 향상시키기 위해 우리는 10년 동안 노력했으며, 앞으로 발명관리협약의 전망은 밝다"고 주장했다.

하지만, 이 연례보고서는 RC의 특허관리 사업은 경제성을 살릴 만큼의 규모의 경제를 실현하고 있지 못하고 있음도 지적했다.

> 더 많은 대학이 발명관리 서비스를 중요하게 여기고 잠재적인 가치가 높은 발명을 우리에게 많이 맡겨야 대학 발명관리 사업은 성공할 수 있을 것이다. 발명이 많지 않다면 성공 대비 실패의 가능성이 높기 때문에 위험성이 너무 크다.[20]

1947년의 연례보고서를 출간한 후, RC는 더 많은 대학들에게 지식재산 관리 서비스를 제공할 수 있는 프로그램을 시작했다.

3. RC의 특허관리과

MIT와 RC 사이의 발명관리협약은 기술이전에 대한 타 대학들의 관심을 불러일으켰다. 원래 MIT의 발명을 관리하기 위해 설립된 보스턴 사무실이 이제는 다른 대학의 발명도 다루기 시작했다. 1946년에 RC는

---

20 Research Corporation, *1947 Annual Report*, Tuscon, Az.: Research Corporation, 1947, p.3.

모든 침전기 이외의 특허를 관리하는 전담조직으로 특허관리과^{Patent} Management Division를 설치하고 보스턴과 뉴욕의 사무실에서 전에 수행해 오던 업무를 통합했다. 특허관리과는 MIT 발명관리협약으로 확립된 정책에 따라 다음과 같은 업무를 담당했다.

1. 교육・과학기관의 특허관리와 개발을 위한 협약 협상
2. 협약에 따라 제출된 발명에 대한 평가
3. 유망한 발명에 대한 특허 출원
4. 산업계로의 특허 이전

RC 특허관리과는 대학 발명의 개발에 대한 의무는 없지만 교수의 발명에 대한 특허관리와 기술이전 관련 전문성을 향상시키기 위해 대학과 협력했다. 특허관리과는 대학 특허 활동의 확대를 추구했고, 이를 통해 RC의 사업이 확장되었으며, 이러한 노력에 의해 1960년대와 1970

<그림 4-1> 1946~1981년 RC 발명관리협약

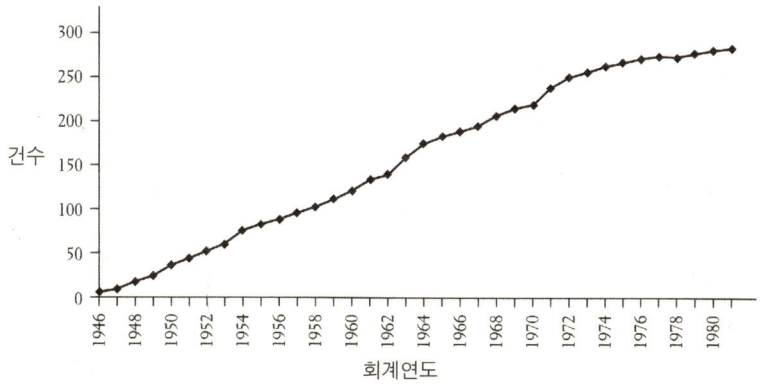

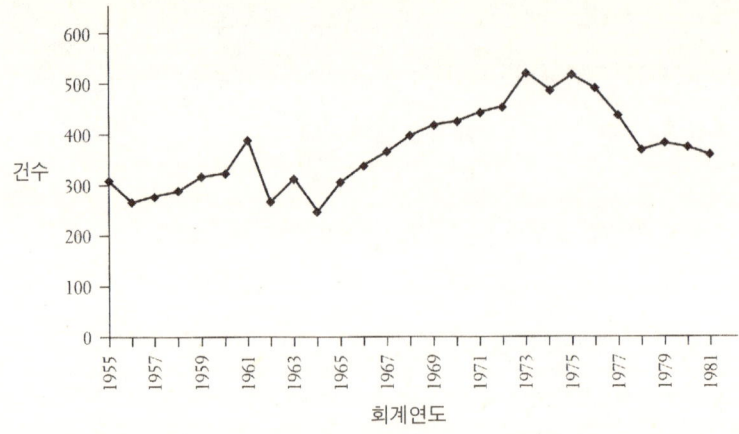

〈그림 4-2〉 1955~1981년 RC에 신고한 발명신고서

년대에 공식적인 기술이전 활동을 시작하는 대학의 수가 늘어났다.[21]

특허관리과의 설치와 MIT 발명관리협약의 영향은 매우 의미심장하다. 전쟁 기간과 그 이후에 미국 대학이 수행했던 군사 · 생물의학 분야 연구가 확장됨에 따라 잠재적으로 특허화할 수 있는 학술 발명이 증대되었고, 연방정부 연구지원기관들은 대학이 공식적인 특허정책을 개발하도록 유도했다. RC는 MIT 발명관리협약의 모델을 따라서 1940년대와 1950년대에 수백 개의 다른 대학들과 발명관리협약을 체결했다 (그림 4-1). 이러한 협약에 따라 대학교수는 발명신고서를 RC 특허관리과에 제출하고, 특허관리과에서 발명 평가, 특허 보호 그리고 기술이전에 관련된 모든 비용을 부담했다. 모든 기술이전 수입은 각각 연구기관, 발명가 및 RC에 분배되었다. RC는 기술이전 수입에서 운영비를 공

---

21 "RC의 활동을 확장하고, 대학 특허를 관리한다는 개념을 발전시키고, RC의 보조금 프로그램을 위한 자금을 늘려 수익을 창출하는 것은 RC가 맡아야 할 매우 큰 책임이다." (1951년의 연례보고서, p.40)

〈그림 4-3〉 1947~1981년 RC에 등록된 특허

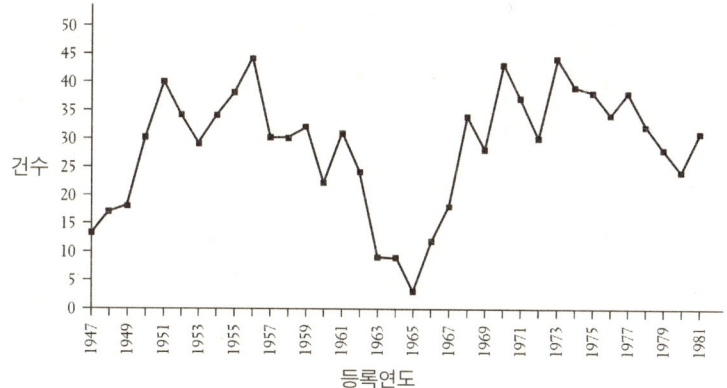

〈그림 4-4〉 1951~1981년 RC의 총 기술이전 수입

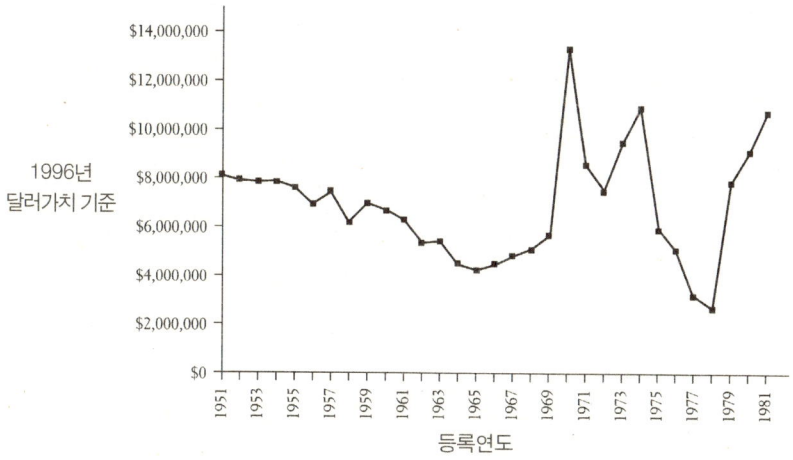

제한 후 나머지를 연구비로 활용했다.

RC의 대학 고객 수가 증가함에 따라 RC에 신고되는 연간 발명 건수도 증가했다. 〈그림 4-2〉를 살펴보면 RC가 받은 발명신고(MIT에서 주로 받은)는 매년 평균 200건 이상을 기록했다. 그러나 이렇게 발명신고가 늘었음에도 불구하고 특허(그림 4-3) 또는 총 기술이전 수입(그림 4-4)은

그에 상응할 만큼 증가하지 않았다. 이 문제는 아래에서 심도 깊게 논의할 것이다.

앞에서 언급한 것처럼 RC의 특허관리과는 대학 발명을 관리하는 자신의 활동들이 RC의 기술이전 수입을 증대시키는 한편, 대부분의 수익을 소수의 특허와 발명에 의존하는 문제를 타개하고 싶어 했다. 하지만, RC의 1951년 연례 보고서에 따르면 대학의 발명이 기술이전 수입에서 차지하는 점유율은 여전히 낮았다.

> 대부분의 수익은 대학 발명 전체를 포괄하는 발명관리협약이 아니라 구체적인 발명의 상업화를 위한 협약으로부터 발생했다. RC의 경험을 통해 알 수 있듯이 대학 발명이 성공하는 데에는 오랜 시간이 소요되고 소수에 불과하다. 이러한 소수의 의미 있는 사례들이 늘어나는 것이 필요하며, 더 많은 기관들과의 협약을 확보하는 것이 중요하다.[22]

이것은 RC의 지속적인 문제였다. 1947년의 RC 연례보고서는 "지금까지 교육기관과의 일반적인 협약(MIT 제외)들은 재정적인 이익을 보장해주지 못하고 있지만, 이러한 계약의 수와 규모가 계속 증가하고 있기 때문에 향후 개발에 대해서는 낙관적이다"라고 밝히고 있다. 1950년대에 대학과의 발명관리협약, 특허, 기술이전이 성장했지만 순수입은 그다지 증가하지 않았다.

---

22   Research Corporation, *1951 Annual Report*, Tuscon, Az.: Research Corporation, 1951, p.42.

1) 특허관리과의 발명 자산

초창기부터 특허관리과의 기술이전 수입은 주로 소수의 발명으로 부터 나왔으며 그 대부분은 생물의학 분야였다(표 4-1). 1945년부터 1985년까지 RC의 기술이전 실적을 살펴보면 RC의 5대 발명이 총수입의 대부분을 차지하고 있는 특징을 보이는데, 이러한 특징은 미국 대학기술 이전 수입에 관한 현재의 데이터에서도 명백하다.

1950년대 중반까지 RC의 수입이 생물의학 발명에 상당히 의존하고 있다는 점은 RC의 경영여건을 위협하는 요인으로 인식되기 시작했다. 1955년도의 연례보고서는 비타민 가격의 큰 변동이 RC의 기술이전 수입에 영향을 미쳤다고 기록하고 있다(표 4-1). 이 보고서는 다른 종류의 발명이 기술료 수입에 기여하기 시작할 것이라고 예측했지만 새로운 수입원은 실현되지 못했다.

위와 같은 문제의 원인은 침전기술과 생명의학 분야의 특허를 관리하고 기술이전을 진행하면서 쌓인 RC의 노하우가 타 기술 분야에서는 발휘되지 못했기 때문이다. 생물의학 이외의 분야에서 RC의 활동은 제한적이었다. 피쉬먼에 따르면, 1946년 MIT가 특허 자산의 관리기관으로 활용해 오던 RC와의 협약을 중단하겠다는 이유 중 하나는 생물의학 이외의 분야에서는 RC의 전문성이 부족하다는 것을 염려했기 때문이다.[23]

1970년대 초기에 RC의 주요 수입원이었던 생물의학 분야의 '홈런' 특허는 발명자가 기증한 탁월한 발명들 중에서 나왔다는 특징을 지니고 있다. 특허관리과의 처음 10년 동안 가장 중요한 발명은(비록 특허관

---

23 1950년대에 다른 대학들이 생물의학 분야 이외의 특허에 대한 관리를 RC에 위탁하지 않고 대학 스스로 맡게 된 것도 비슷한 이유 때문이다.

<표 4-1> 1945~1985년 RC의 홈런 기술 총수입

연도	총수입*	상위 5개 수입원의 총수입	상위 5개 수입원의 총수입 점유률(A)	A 중 생물의학발명의 수입 비율	수입료 상위 5개 발명(알파벳순)
1945	4,713,471	4,604,511	98%	100%	Eschatin Ergotrate Merthiolate Pantothenic acid Vitamin B1
1950	5,528,142	5,165,811	93%	90%	Pantothenic acid Vitamin B1 Ergotrate Electromagnetic horns* Merthiolate
1955	7,485,868	5,996,276	80%	100%	Cortisone Vitamin B1 Vitamin A Pantothenic acid Ergotrate
1960	6,516,215	5,389,883	83%	100%	Cortical hormones Vitamin A Pantothenic acid Nystatin Vitamin K
1965	4,155,908	3,684,411	89%	93%	Nystatin Cortical hormones Pantothenic acid Glass strength promoter* Reserpine
1970	13,070,160	12,433,948	95%	43%	Hybrid seed corn** Nystatin Cortical hormones Plant growth regulants* Reserpine
1975	5,823,032	4,755,064	82%	63%	Quinoxaline-di-n-oxides Plant growth regulants* Nystatin Master* Antibacterial agent
1980	9,041,497	6,547,132	72%	96%	Platinum anti-tumor compounds Burn ointment Quinoxaline-di-n-oxides Radiopharmaceuticals for skeletal imaging Delayed release mushroom nutrients*
1985	13,869,300	12,776,616	92%	96%	Plantinum anti-tumor compoounds Antibacterial agent Quinoxaline-di-n-oxides Delayed release mushroom nutrients* Radiopharmaceuticals for skeletal imaging

비고 : 수입액은 1996년 달러 기준. * 생물의학 이외의 발명, ** 특허침해소송의 결과로 획득한 기술료 포함.

리과가 설립되기 전에 RC에 기부되었지만, 앞에서 논의했던 비타민 B1 합성법이었다. 비타민 B1 특허가 만료된 후로 RC의 발명 중 가장 수익성이 높은 발명은 니스타틴nystatin이었는데, 이것은 뉴욕 주 보건국에 근무하던 레이첼 브라운Rachel Brown과 엘리자베스 헤이즐Elizabeth Hazel이 RC에 기증한 항진균성 항생물질이었다.[24] 니스타틴 이외에 1960년대와 1970년대 초반 RC의 가장 중요한 수입원은 에드워드 켄돌Edward Kendall이 기증한 대질 피질성 호르몬cortical hormones과 로버트 우드워드Robert Woodward의 레서핀reserpine, 존스-멘겔스도르프Jones-Mangelsdorf의 잡종 종자 배양법이었다.

기증받은 발명은 RC가 특허관리 활동을 전개하던 초기부터 RC 수입의 중요한 부분을 차지했으며 기증된 발명에 대한 RC의 의존도는 1960년대 중반까지 확대되었다. 위와 같은 사실은 상위 5건의 수입원 또는 기증받은 '홈런' 발명만 보아도 명백하다. 기증받은 발명 상위 5건이 총 기술료 수입에서 차지하는 비중은 1955년에는 48%, 1960년에는 50%, 1965년에는 69%, 1970년에는 91%를 차지했다.[25] 기증받은 '홈런' 발명의 특허권이 만료된 1975년 이후로 RC는 대학과의 발명관리협약을 통해 위탁받은 발명들로부터 도출되는 수입에 의존하게 되었다.

---

24 니스타틴은 1950년대 중반에 상업화되었고, 1975년 그 특허권이 만료될 때까지 RC 누적 수익의 가장 큰 원천이었다.

25 특허권 침해소송의 결과 받은 기술료 수입을 포함하여 1970년대에 잡종 옥수수를 통해 벌어들인 수입을 제외한다면, 기증받은 발명이 차지하는 비율은 82%로 줄어든다.

2) MIT와 RC의 발명관리협약 해지

MIT가 1936년 RC와 맺은 발명관리협약을 해지하면서 RC는 경제성 있는 대학 발명을 확보하는 데에 어려움을 겪게 되었다. MIT와 RC 사이의 발명관리협약 해지를 초래한 사건들은 RC의 역사상 중요할 뿐만 아니라 대학 특허관리의 어려움과 관련이 있기 때문에 자세한 논의가 필요하다.

RC가 MIT로부터 위탁받아 관리하게 된 컴퓨터의 자성 코어 메모리 magnetic core memory에 관련된 제이 포레스터Jay Forrester의 특허를 둘러싼 논란은 발명관리협약을 해지하게 되는 직접적인 촉매제가 되었다. 1951년 RC는 MIT 발명관리협약 조건에 따라 포레스터의 발명에 대해 특허를 출원했다. 유사한 특허가 1950년 Radio Corporation of America(1919년에 설립된 전자회사, 이후로는 RCA)의 잰 래치먼Jan Rajchman에 의해 출원된 상태였고, 1956년에는 특허침해소송이 제기되었다. 그 사이에 IBM은 메인프레임 컴퓨터에 있는 코어 메모리 기술을 사용하는데 관심을 갖게 되었고, 1957년에는 RCA와 상호 기술 실시cross license 협약을 맺었다. IBM은 또한 RC와도 기술 실시 협상을 시작했다. 그러나 IBM과 RC는 기술료 비율 설정을 위한 조율에 실패하여 양측 사이의 협상은 결렬되었다. 오랫동안 MIT에 자금과 장비를 기부해 온 IBM은 RC가 기술 실시 협상에 지나치게 강경한 입장을 취하고 있다는 우려를 MIT 경영진에 전했다. RC가 양보하지 않으면 MIT에는 자금을 지원하지 않겠다고 협박했을 수도 있다.[26]

1960년 특허침해국Board of Patent Interference은 10건의 중요한 청구항에

---

26 E. W. Pugh, *Memories That Shaped an Industry: Decisions Leading to IBM System / 360*, Cambridge: MIT Press, 1984.

대한 권리를 래치먼에게 부여했고, 포레스터에게는 권리의 범위가 제한적인 몇 개의 청구항에 대한 권리만을 부여했다. RC는 래치먼에게 부여된 10건의 청구항을 되찾기 위해 민사 소송을 제기했고, RCA와 IBM을 상대로 특허침해소송도 제기했다. 이즈음부터 MIT와 RC 사이의 이해관계는 갈라지는 것처럼 보였다. 퓨E. W. Pugh에 따르면,

> MIT는 RC가 MIT의 이익을 적절하게 추구하지 못했다고 판단했다. RC는 예측 가능한 수입을 통한 정연한 사업 추진을 위해 시간 단위의 특허 비용 지급을 원했다. MIT는 진행되고 있는 개발 프로그램의 비용을 위한 일시불을 선호했다. MIT가 가장 중요하게 원했던 것은 바로 IBM 그리고 여타 컴퓨터 산업과의 장기적인 협력관계였다.[27]

1962년 MIT는 RC와의 발명관리협약을 해지했다. 계약 해지에 따른 배상금으로 RC는 현금 160만 달러를 받았고, MIT는 RC에 양도했던 특허의 모든 권리를 되찾게 되었다.

포레스터 소송 사건은 RC의 역사에 있어 중대한 계기가 되었고, RC 특허관리 사업의 토대가 되어왔던 발명관리협약은 송결되었다. 이 소송 사건은 특허관리 전문회사와 대학 고객들 사이에 잠재적인 이해 충돌이 존재한다는 것을 보여 주었다. 기술이전 수입을 극대화하고 산업계와의 관계(궁극적으로 상당히 더 많은 연구자금이나 수입을 창출할 수 있는 관계)를 유지하거나 심화하고자 하는 목표들 사이에 나타나는 긴장 관계는 오늘날 대학기술이전부서와 교수들 사이에도 공통적으로 존재한다.[28]

---

27 위의 책, p.211.
28 대학 경영진과 교수들 사이에 발생한 이러한 갈등의 또 다른 사례로는 MRI(자기 공명 단

3) 늘어나는 특허관리 비용

2차 세계대전 후 RC는 특허관리 비용을 줄이고자 노력했지만, 특허관리 비용을 줄이는 것은 어려웠다. 위에서 언급했듯이 하나의 기술 분야에서 기술수요자를 발굴하고 기술이전 협상을 진행하는 RC의 전문성은 다른 기술 분야에서는 제한적으로 발휘되었다. RC의 활동이 확대됨에 따라 법률비용과 방문비용 등과 같은 기타 운영비가 늘어났다. 규모와 범위에 있어 비경제적인 정책으로 인해 RC의 운영비는 늘어났고 순수입은 줄어들었다. 이 항에서 우리는 늘어나는 비용의 여러 원인들을 검토할 것이며, 이는 오늘날 여러 대학기술이전부서에서 직면하고 있는 문제점을 부각시켜 줄 것이다.

(1) 증대된 출장비용 및 마케팅 노력

MIT와의 계약이 해지된 후 RC는 특허관리 프로그램을 재편했다. RC는 다수의 대학들에 서비스를 제공하는 전문화된 특허관리과를 유지하고 있었지만, 1963년도 연례보고서는 RC의 노력이 '너무 보수적'이라고 비판했다. 1963년 RC는 특허관리와 마케팅에 대한 노력을 확대했다.

층 촬영 장치) 특허의 기술이전 계약과 관련하여 제롬 싱어(Jerome Singer) 교수와 로렌스 크룩스(Lawrence Crooks)가 캘리포니아 주립대학교를 상대로 제기한 소송을 들 수 있다. 싱어 교수와 크룩스 교수는 캘리포니아 주립대학교가 화이저 메디컬시스템(Pfizer Medical System)으로부터 받게 될 재정적 지원을 이유로 자신들의 기술에 대한 기술료를 너무 적게 책정했다고 소송을 제기했다. 1997년 연방 대법원 상고심 결과 두 교수는 2백3십만 달러의 기술료를 돌려받았다.

RC는 직원을 늘렸고 기술 평가자(또는 외부 자문)에게 발명에 대한 평가와 기술이전 업무를 의존했다. RC 내에 전문가가 부족했고, 기술료 수입이 적었던 기계·전자 분야에서 기술 평가가에 대한 의존이 가장 두드러 졌다.[29] 〈그림 4-5〉와 〈그림 4-6〉은 1964년부터 1974년 사이에 평가비, 여비, 법률비용, 인건비에 대한 지출이 크게 상승했음을 보여준다.[30]

1960년대에 RC는 마케팅과 특허관리 활동을 확장하여 기관의 발명

〈그림 4-5〉 RC의 자문료 및 여비 지출

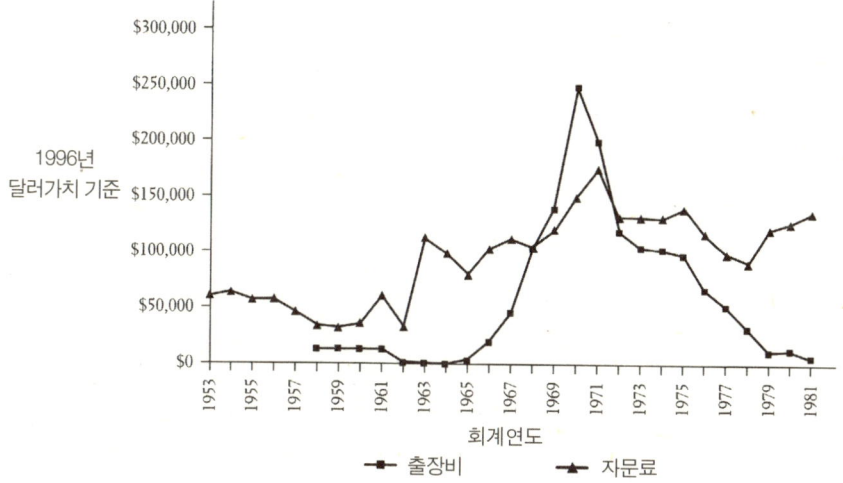

---

29 한 기술 분야의 전문성을 다른 기술 분야에서도 발휘하는 것이 매우 어려운 일이라는 것은 RC의 1968년도 연례보고서도 지적하고 있다. "신고된 발명에 대한 평가는 매년 갈수록 복잡해진다. 참고할 수 있는 문헌, 기술, 그리고 특허뿐만 아니라 기술 그 자체도 훨씬 복잡해졌기 때문에 올바른 이해와 평가를 위해서는 더욱 집중적인 연구가 필요하다. 외부의 기술 평가자와 변리사를 충분히 활용해야만 그 많은 작업을 처리할 수 있다. 주어진 시간에 발명에 대한 평가를 완료하는 데 걸리는 평균 시간은 서서히 늘어나고 있다. 이런 현상은 기계 분야와 전기-전자 분야에서 가장 두드러진다."

30 여기서 법률비용에는 변리사에 지급하는 평가 비용, 특허 심사비용, 소송비용이 모두 포함된다. 특히 소송비용으로 인해 1960~70년대에 특허관리 비용이 증가했다.

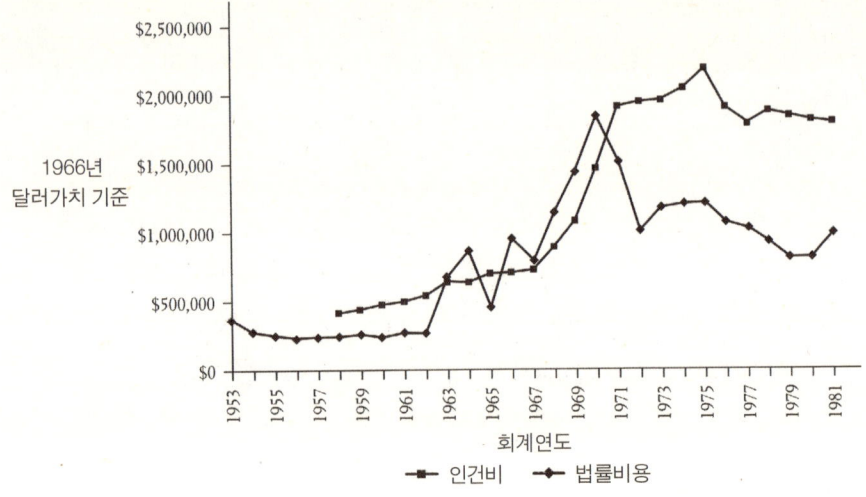

자와 관련 기술이전 담당자가 업무상 더 친밀해지고, 평가를 위해 제출된 발명신고서를 더 신속하게 처리하고, 발명을 실험실에서 시장으로 이전할 때 발생하는 문제점에 대한 이해를 도모하기 위해 야심적인 방문 프로그램을 시작했다.[31] RC는 1964년에 81개 대학, 1965년에 116개 대학, 1966년에는 120개 대학을 방문했다.[32] 1966년 RC는 계약을 체결한 대규모 대학과 전문기술 학교를 매년 방문하고, 소규모 학교는 2년에 한번 방문하겠다는 계획을 발표했다. 이렇게 출장・방문 활동이 늘어남에 따라 1960년대에 RC의 여비 지출은 크게 늘었다. 게다가 방문 활동의 증가로 발명의 접수 건수도 늘어나 직원과 평가자들을 추가로

---

31 Research Corporation, *1962 Annual Report*, Tuscon, Az.: Research Corporation, 1951, p.2.

32 이렇게 방문 프로그램을 확대한 것은 대학 발명자들과 긴밀한 관계를 형성하는 것 이상의 의도가 있었다. 당시 RC는 정부 특허정책의 변화에 적응하려는 대학들을 도우려는 노력을 확대하고 있었다.

채용해야 했고, 이로 인해 더 많은 비용이 필요하게 되었다.[33]

발명자 면담을 위한 출장 등 관련 운영비가 늘어나는 것은 RC 직원과 대학기술이전 담당자 그리고 발명가 사이의 직접적인 상호작용이 중요하다는 것을 보여준다. MIT는 1937년 발명관리협약의 조건으로 RC가 보스턴 사무실을 설립해야 한다고 주장했다. 1946년 RC의 보스턴 사무실이 문을 닫은 이후에도 RC의 직원은 1950년대 말까지 매달 MIT를 방문하여 MIT에서 나오는 발명에 대한 평가와 토의를 지속했다. RC와 기술이전부서에게 있어 특허・기술이전 활동은 발명자와 대학 사이의 긴밀한 관계를 발전시키기 위해 상당한 시간이 소요되는 업무이며, '긴밀한 관계'는 특허와 기술이전의 본질적인 요소였다. 특히 배아 상태의 발명에 대한 평가를 위해서는 발명자의 협조, 전문가의 지도, 그리고 준비가 필요하다. 발명자는 종종 기술이전할 시장에 대해 더 많이 알고 있으며, 기술과 더불어 중요한 노하우도 함께 이전하기 위해 기술 자문도 기꺼이 맡으려고 한다. 특허를 출원할 때에도 발명자의 도움과 협력은 필요하다.[34]

기술이전에 있어 관련자들 사이의 관계가 중요하다는 것은 기술을

---

33 1966년도 연례보고서에 따르면 "방문 프로그램을 확대하고 특허 지원 서비스에 대한 정보를 확산한 결과, 평가를 위해 제출된 발명 건수가 지속적으로 증가했다. 한 명의 전문가를 채용했지만 업무의 증가로 인해 기술 평가자와 변리사를 더 많이 활용해야 했다. 우리는 이러한 활동이 대학과의 협약에 따라 위탁된 발명으로부터 나오는 수입을 상당히 늘려줄 것으로 확신한다." 1978년도 연례보고서는 이러한 노력에 더 많은 기술 전문가가 필요하기 때문에 1968년부터 1973년 사이에 발명관리 프로그램을 위한 기술 전문가가 거의 세 배로 늘었다고 기록하고 있다.

34 기술이전에 있어 발명자의 암묵적인 지식의 중요성에 대해서는 젠슨(R. Jenson)과 써스비(M. Thursby)의 "Proofs and Prototypes for Sale: The Licensing of University Inventions", *American Economic Review* 91, 2001을 참고하라. 대학 발명자들이 자신들의 발명을 상업화하기 위해 회사를 창업하는 것도 발명자의 개입의 필요성 때문이다(Robert A. Lowe, 2002).

위한 시장이 지역적으로 가까워야 한다는 것을 보여준다.[35] 여러 캠퍼스를 운영하고 있는 캘리포니아 주립대학교가 캠퍼스별로 분산된 대학기술이전부서를 운영하고 있는 중요한 이유는 바로 기술이전 전문가와 대학 발명자 사이의 상호작용의 필요성 때문이다.

(2) 대학을 위한 특허관리 교육

1970년대에 RC는 교수의 발명에 대한 특허 가능성과 기술이전 전망을 평가하기 위하여 대학 관리자와 교수들을 대상으로 특허 가능성과 기술이전 전망을 교육하는 야심찬 교육 프로그램을 시작했다. 1971년부터는 「연구와 발명」이라는 소식지를 발간하기 시작했고 '대학교수 발명에 대한 평가와 특허화'라는 표제의 팜플렛을 출간했으며, 대학-기업 기술이전에 대한 학회와 세미나를 지원했다. 나아가 RC는 NSF로부터 자금을 지원받아 1973년부터 교수진과 관리자에게 대학에서 개발된 발명에 대한 인식 능력을 강화하기 위한 '특허 장려 프로그램Patent Awareness Program'을 시작했다.[36]

---

35 N. Lamoreaux and K. Sokoloff, "Intermediaries in the Market for Technology in the United States, 1870~1920", National Bureau of Economic Research Working Paper 9017. 19세기 말부터 20세기 초 사이에 독립적인 발명자가 상대적으로 밀집되어 있는 지역에서 발명 중개자들이 증가했다는 점을 들어 지리적 근접의 중요성을 강조했다. 데이비드 마우어리(David. C. Mowery)와 아비즈 지도니스(Arvids A. Zeidonis)가 1970년대와 1980년대의 데이터를 분석한 결과, 지리적 근접은 대학 특허의 인용을 통해 나타나는 '지식 확산'보다는 대학 특허의 기술이전에 있어 더 중요한 역할을 한 것으로 나타났다(David C. Mowery and Arvids A. Zeidonis, "The Geographic Role of Market and Nonmarket Channels of Technology Transfer: Comparing Citations and Licenses of University Patents", National Bureau of Economic Research Working Paper 8568).

교육 프로그램을 확대하고 대학이 발명 평가와 특허관리를 책임지도록 유도하는 RC의 노력은 대학이 특허에 관여하지 않는 것이 바람직하다던 RC의 기존 입장이 변화했음을 보여준다. RC는 발명의 검토와 평가 등의 활동(교수가 가치 있는 발명을 신고하도록 설득하고, 제대로 작성된 발명신고서를 모으는 것)에 대학 스스로 최선을 다해야 한다고 주장했다. 이러한 정책적 변화는 특허와 기술이전 절차상 초기 단계인 발명가와 변리사의 긴밀한 상호작용을 활성화하는 방문프로그램을 운영할 수 없게 되었다는 것을 반영하는 것일 수도 있다. 또한 이러한 정책적 변화는 RC의 재정 상태가 악화되고 있음을 보여준다.[37]

이러한 비용과 더불어 더욱 적극적인 특허 활동, 광범위하고 잦은 방문 그리고 봉사 활동은 또 다른 예측 불가능한 결과를 초래했다. 3장에서 논의했던 것처럼 1970년대까지 RC의 활동 그리고 연방정부의 정책과 대학 연구의 발전으로 인해 갈수록 많은 대학들이 특허관리에 있어 더 많은 역할을 맡게 되었다. 교수와 직원을 대상으로 특허·기술이전 활동에 대해 교육한 RC의 노력은 역설적으로 RC가 확보했던 특허관리의 경쟁력을 약화시키는 결과를 낳았다.

---

36 W. Marcy, "Patent Policy at Educational and Nonprofit Scientific Institutions", W. Marcy ed., Patent Policy: *Government, Academic and Industry Concepts*, Washington, D.C.: American Chemical Society, 1978, p.156.

37 RC의 1968년도 연례보고서는 "RC가 대학 발명을 통해 받는 기술료는 RC가 대학을 지원하기 위해 드는 경비의 약 1/3에 불과하다"고 지적했다.

(3) '홈런'의 부족

1950~60년대에 RC는 함께 일할 대학의 수를 확대함과 동시에 더욱 집중적인 마케팅 활동을 전개했지만, 늘어난 운영비, 기술료의 감소, 핵심적인 특허의 기한 만료 등과 같은 재정적 어려움을 타개하지 못한 것 같다. 1975년 수익성이 높은 기증 특허의 기한 만료에 직면한 RC는 다음과 같이 주장했다.

> 발명을 만들어 내기 위해 필요한 상당한 정도의 수입은 먼 미래에 가능할 수도 있지만 매우 드물 것이다. 그러므로 발명관리 사업을 지속하려면 상업적으로 가능성이 높은 발명을 찾아내고 개발하기 위해 총력을 다해야 한다. 따라서 우리는 앞으로 대학과 교수 발명자와의 관계를 개발하고 증진시키는 것을 주요 사업으로 삼아야 한다.[38]

그러나 안타깝게도 위의 주장은 10년 이상 같은 노력을 벌였으나 거의 효과를 거두지 못하고 있다는 점을 간과한 것이라고 할 수 있다. RC의 노력을 통해서 높은 수익을 내는 발명 성공률은 매우 낮았다. 재정적 수입에 대한 필요성이 높아지는 가운데 RC가 추가적인 '홈런'을 확보하고 기술이전하는 능력을 제대로 보여 주지 못하자, 1980년대 초반 중요한 특허들의 만료 기한이 도래하기 시작한 대학들의 기술이전부서와 경영진은 불안에 휩싸였다.

RC의 고객이었던 대학들이 독자적으로 더 가치 있는 발명을 기술이

---

38 Research Corporation, *1974 Annual Report*, Tuscon, Az.: Research Corporation, 1974, p.3.

전하기 위해 교수의 발명을 '엄선하기' 시작했기 때문에 RC가 대학으로부터 수익성이 높은 발명을 획득하는데 실패했을까? 이러한 가능성을 검토하기 위해 미국 특허청의 연례보고서를 활용해서 1950년부터 1970년까지 6년 주기를 기준으로(1950, 1955, 1960, 1965, 1970 그리고 1975) RC의 고객 대학들이 독자적으로 특허를 획득한 데이터를 수집했다.[39] 이 데이터를 통해 RC의 고객 대학들이 처음 20년 동안은 그다지 '엄선하지' 않았으며, 1960년 말부터 1970년대에 이르러 변하기 시작했다는 것을 알 수 있다. RC의 고객 대학들 중에서 RC에 위탁하지 않고 독자적으로 특허를 획득한 대학은 10% 미만이었다. 이렇게 '독자적인' 특허의 95% 이상은 생명과학 이외의 분야에서 나왔는데, 이것은 생물의학 분야 이외의 분야에 대해서는 RC의 전문성이 부족하다는 것을 보여준다.[40] 1970년대에 대학들은 발명에 대한 선별을 강화했다. 1970년부터 1975년 사이에 RC 고객 대학들이 획득한 특허는 거의 두 배로 늘었고, 이렇게 증가한 특허의 대부분은 RC의 고객 대학들이 생명과학 분야에서 독자적으로 획득한 특허가 차지했다. 1975년도 RC의 연례보고서는 많은 대학들이 가치 있는 특허를 RC에 위탁하지 않고 스스로 관리하기 시작했다고 지적했다.[41]

---

39 (대학이 아니라) 개별 교수들이 직접 획득한 특허에 대한 충분한 데이터를 확보할 수 없기 때문에 RC 고객 대학의 교수들이 스스로 발명을 엄선하는지에 대해서는 파악할 수는 없다.

40 1950~60년대의 연례보고서는 고객 대학들이 가치 있는 발명을 RC에 위탁하지 않기 때문에 대학 특허 프로그램의 수익성이 낮을 수도 있다는 문제를 제기하지 않았지만, 1970년대의 연례보고서는 이 문제를 자주 지적하고 있다.

41 RC 고객 대학들이 발명을 엄선하는 정도를 파악하기 위해 우리는 특허 인용 빈도를 이용하여 RC가 보유한 특허의 품질과 대학이 독자적으로 획득한 특허의 품질을 비교했다. 우리는 이 데이터를 대상으로 특허가 등록된 후 인용된 건수에 대한 회귀분석을 실시했다. 더미 변수는 RC가 획득한 특허인지 아니면 고객 대학이 획득한 특허인지를 보여준다. 특허권자 더미에서 계수는 1975년도에만 유의미했다. 즉, 1975년도에 고객 대학이 획득한 특허의 질이 RC에 위탁한 특허의 질보다 높다는 것을 의미한다. 이러한 분석 결과는 1970년대 중반까지는 대학들이 발명을 체계적으로 엄선하지 못했음을 보여 주며, 위에서 논의한 내용과 일치한다.

(4) 규모의 경제의 한계

RC가 고객인 대학들로부터 수익성이 높은 발명을 위탁받는 데 실패했다는 것은 기술과 대학의 다변화를 통해 얻을 수 있는 이익이 제한적이라는 것을 의미한다. 기술 평가자와 전문성 높은 직원에 드는 비용은 증가했지만 RC는 수익성이 높은 발명을 거의 획득하지 못했다. 당시 RC가 우수한 연구대학이 보유한 발명에 대한 접근권을 가지고 있었다는 사실을 고려하면 RC의 실패는 놀랄만한 일이다.

1960년대에 RC의 전체 운영비가 지속적으로 늘어나면서 수익성은 더욱 악화되었다. 1970년대 중반에 시작된 방문 프로그램과 적극적인 특허관리 프로그램은 축소되었고, 기술 평가비, 법률 서비스, 인건비, 출장비의 증가율은 하락했다(그림 4-5 및 그림 4-6에서 1975년 이후 기술 평가비, 법률 서비스, 인건비는 감소 추세로 나타남).

〈그림 4-7〉 1951~1981년 RC의 총운영비용

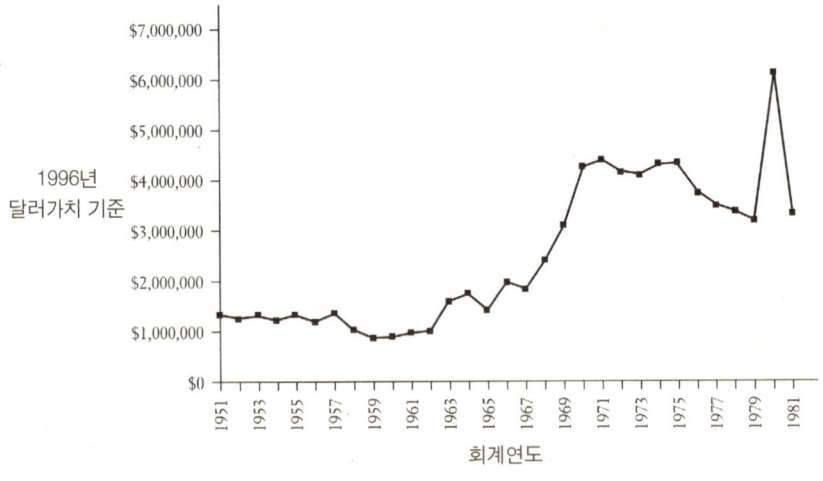

〈그림 4-8〉 1951~1981년 발명관리협약과 발명신고 건수 당 총비용

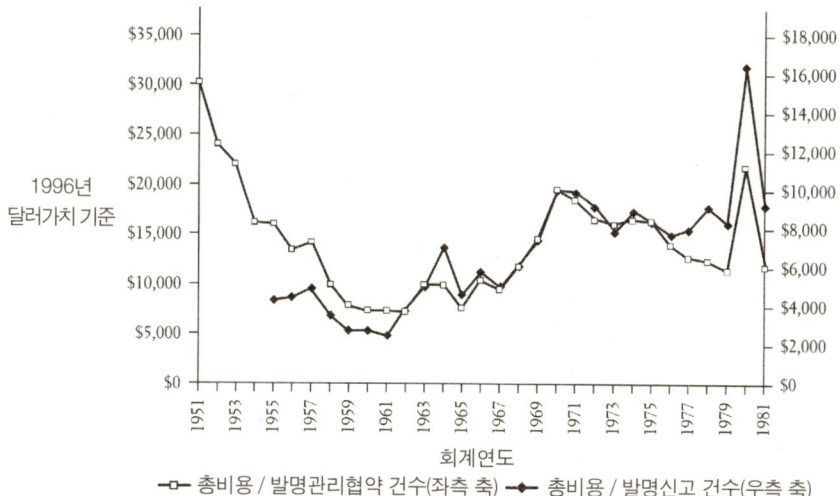

회계연도

━□━ 총비용 / 발명관리협약 건수(좌측 축)　━◆━ 총비용 / 발명신고 건수(우측 축)

〈그림 4-9〉 1948~1982년 RC의 기술료 순수입

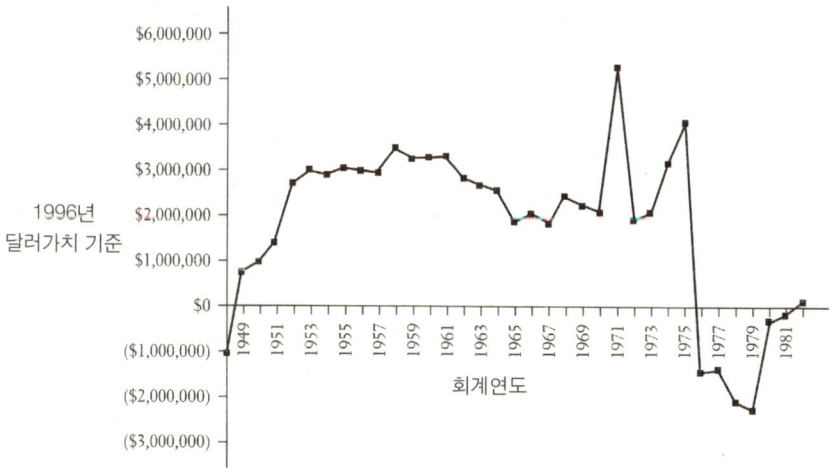

회계연도

당초에 코트렐은 점점 더 많은 대학들이 발명관리를 위해 '고정비
용'을 확대한다면 어느 정도 규모의 경제를 위한 원천이 되리라고 희망

했었다. 그러나 RC의 고객은 증가했지만 1960년대 후반에 이르기까지 발명 협약과 발명신고의 건당 RC의 비용도 증가하게 되었다(그림 4-8).

1970년대 중반까지 RC의 기술료 순수입은 급격하게 감소했고(그림 4-9), 전략적인 검토를 위해 'RC 전략위원회'가 소집되었다. 위원회의 1979년 보고서의 결론에 따르면, "만약 1980년부터 1983년 사이에 증가될 것으로 예측되는 수입이 실현되지 않는다면 프로그램의 대대적인 변화가 필요할 것이다."[42] 궁극적으로 이러한 '대대적인 변화'에는 RC 특허관리의 종결도 포함되었다.[43]

4. 연방정부 정책의 변화, 시장 점유율 감소, 그리고 RC의 쇠퇴

RC는 1960년대와 1970년대에 대학 특허에 대한 연방 정책의 변화에 대응하는 대학을 지원하는 데 중요한 역할을 했다. 예를 들면 RC는 1970년대에 미국 국방성, NSF, 보건교육복지성이 특허관리를 위해 마련한 새로운 지침에 맞게 대학이 정책과 절차를 수립할 수 있도록 도왔는데, 이것은 RC의 특허 서비스에 대한 수요를 늘리기 위한 것이었

---

42 Research Corporation, *1979 Annual Report*, Tuscon, Az.: Research Corporation, 1979, p.5.

43 발명관리 프로그램을 제한적인 기술 분야에 한정하자는 대안도 나왔지만 채택되지 않았다. 다양한 기술 분야를 모두 다루면 비용을 절감할 수 없기 때문에 이러한 대안이 제기되었지만, "기술 분야를 제한하면 다른 학문분과와의 교류를 잃게 되고 과학 공동체 내에서 입지가 좁아지기 때문에" 채택되지 않았다. 위의 책, p.83.

다.[44] 그러나 RC가 연방정부의 정책 변화에 대응할 수 있도록 대학을 도운 것은 대학이 특허·기술이전 활동을 독자적으로 관리할 수 있도록 촉진하여 결국 RC의 쇠퇴를 자초했을 수도 있다.

대학의 협조 요청에 따라 RC는 대학이 독립적인 기술이전 활동을 확대할 수 있도록 지원했다. RC는 대학 관리자들에게 발명에 대한 평가·관리 절차를 교육함으로써 대학의 특허·기술이전 활동 역량을 강화했다.[45] RC의 1974년도 연례보고서에 의하면 거의 모든 주요 대학들이 내부에 기술이전부서를 설립하려는 의지를 가지고 있었으며, 1975년도 연례보고서에 따르면 갈수록 많은 대학들이 특히 중요한 발명일수록 RC에 기술 평가를 의뢰하지 않고 독자적으로 처리하고 있었다. 상당한 기술료 수입을 얻을 수 있는 잠재성으로 인해 1970년대 초반 이후로 대학은 발명에 대한 선별을 강화했고, 이로 인해 상업적으로 가치가 높은 대학 발명에 대한 RC의 접근은 줄어들게 되었다.

RC도 지지했던 바이-돌 법이 제정된 것은 RC가 쇠퇴하게 된 또 다른 중요한 원인이 되었다. 바이-돌 법이 제정된 후 대학의 독자적인 기술이전 활동은 가속화되었고, 이로 인해 대학 특허에 대한 RC의 점유율은 감소했다. 특허·기술이전 활동에 참여하는 대학 수가 증대됨에 따라 〈그림 4-10〉에서 나타나는 것과 같이 대학 특허에 대한 RC의 점유율은 크게 감소했다.

---

44 RC의 1964년도 연례보고서(p.46)는 "특허에 대한 관리협약을 맺은 대학을 더욱 자주 방문하는 프로그램은 1963년에 시작되어 1964년까지 지속되었고, 1964년 말에 방문 건수가 크게 증가한 것은 RC가 대학들에게 연방정부의 새로운 정책과 관련하여 도와주겠다고 제의했고 대학들이 이를 받아들였기 때문이다."

45 Research Corporation, *1967 Annual Report*, Tuscon, Az.: Research Corporation, 1967, p.9. "RC의 직원들은 대학 관리자들의 요청에 부응할 수 있도록 시간을 비워두고 있으며, 최대한 많은 주요 대학들과 상호 호혜적인 관계를 형성해왔다."

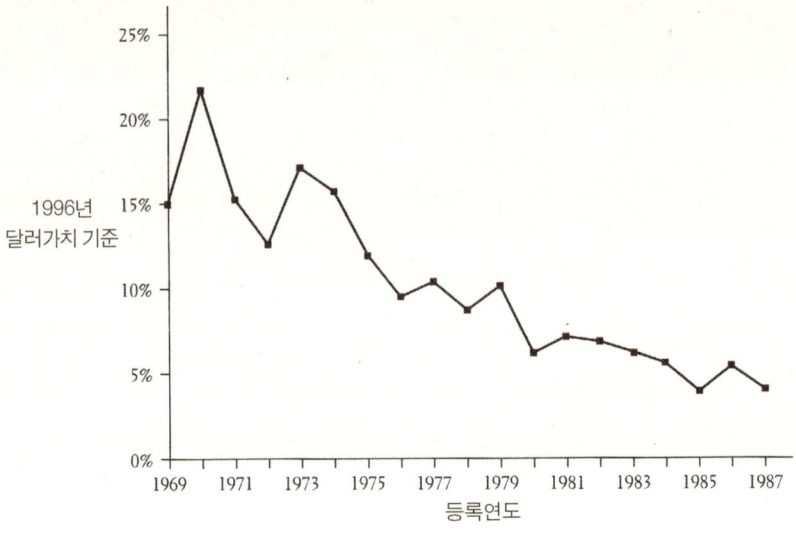

〈그림 4-10〉 1969~1987년 RC의 미국 대학 특허 점유율

1) 1980년 이후 RC

바이-돌 법이 제정된 1980년 이후 대학들이 독자적으로 전개하는 기술이전 활동이 증가되는 가운데, RC의 사업은 여전히 활발했지만 그 중요성은 떨어졌다. RC는 공익 재단의 지위를 가지고 있었기 때문에 특허관리 분야에서 RC의 경쟁력은 약화되었다. 1980년대 초반 미국 국세청은 RC의 기술이전 활동을 '기관목적과 관련되지 않은 거래 또는 사업'으로 판정했다. 이로 인해 RC는 기술이전의 핵심적인 활동, 예를 들면 벤처기업에 대한 투자, 개발의 초기 단계에 대한 투자를 할 수 없게 되었다. 1987년 RC는 특허관리과를 폐지하고, 그 모든 사업을 독립적인 영리법인인 RCTResearch Corporation Technologies로 이관했다. RCT는

"대학, 의학연구기관, 기타 비영리 실험실의 발명을 발굴하고, 개발하고 나아가 상업화하는 것"을 목표로 삼고 있었다.[46]

RCT는 RC의 특허관리과와 동일한 사명을 가지고 있었지만 그 수익금은 과학연구가 아니라 기술이전 활동을 지원하기 위해 사용했다. RCT는 RC의 기본 재산의 절반(1996년도 달러를 기준으로 약 4천 5백만 달러), 전체 특허 자산, 기술이전 담당 직원을 승계했다. 분사 협약에는 기본 재산 4천 5백만 달러를 지불할 때까지 RCT의 기술료 순수익을 받도록 되어 있다. 현재 RC는 연구 보조금에만 집중하고 있는데, 연구 보조금은 RC의 기본 재산으로부터 나오는 수익금, RCT에 출연한 자금에 대한 상환 그리고 다른 공익 재단으로부터의 기부금으로 충당되고 있다.

RCT의 '협력 프로그램Cooperative Program'은 RC의 발명관리 프로그램Invention Administration Program과 유사하게 대학이 RCT를 활용하여 발명을 평가하도록 지원한다. RCT는 또한 대학과 다른 연구기관이 필요로 할 경우 RCT의 서비스를 이용할 수 있도록 '본보기 프로그램Benchmark Program'을 운영하고 있다. 본보기 프로그램은 주로 대학의 발명을 평가하고, 대학기술이전 담당자의 전문성이 부족한 분야의 발명에 대한 특허·기술이전 활동을 지원하는 것이다. 그러나 소수의 대학들만이 협력 프로그램을 활용했으며 협력 프로그램과 본보기 프로그램은 단계적으로 폐지되고 있는 상황이다.

현재 RCT는 성공적인 기술이전 기관으로 남아 있다. AUTM의 1996년도 'AUTM 기술이전조사'[47]에 따르면 RCT의 기술이전 총수입이 그

---

46 Research Corporation, *1987 Annual Report*, Tuscon, Az.: Research Corporation, 1987, p.20.

47 Association of University Technology Managers(AUTM), *AUTM Licensing Survey 1996*, Norwalk, Conn.: AUTM, 1996.

해 미국의 어떤 대학보다도 많은 7천만 달러에 이르렀다고 한다. 총수입 중 약 4천 5백만 달러는 발명에 지분을 갖고 있는 발명자들과 대학에 분배되었다. 하지만, 기술이전 기관으로서 RCT의 중요성은 상당히 줄어들었고 그 활동은 RC의 활동과는 상당히 다르다.

5. 결론

지금까지 약술한 RC의 역사는 20세기 미국 대학의 특허 활동의 역사와 관련하여 앞의 2장과 3장에서 지적한 부분에 중점을 두었다. RC는 20세기 중반에 특허 활동의 성장에 있어 중요한 역할을 했고, 1980년대 이후 개별적인 대학들의 특허·기술이전 활동의 급증을 위한 제도적·행정적 기반을 조성했다. RC의 설립에 대한 논의와 초기 RC의 운영에 대한 많은 논쟁은 대학기술이전의 나아갈 방향과 영향에 대한 많은 논평과 논쟁을 미리 보여준다. 실제로 1912년 코트렐은 대학 연구의 결과로 나온 지식재산권에 대해 '최소 한도'로 보호하는 것은 산업계가 잇따른 개발과 상업화에 투자하는 데 필요하다는 주장을 피력했었다.[48] 그러나 코트렐은 대학 경영진이 기술이전을 통해 수입을 늘리려고만 한다면 이해상충과 압력이 발생할 수 있음을 우려했기 때문에 대학이

---

48 E. W. Kitch, 앞의 글.

독자적으로 특허 활동을 벌이는 것에 대해 모호한 태도를 취했다. 오늘날 대학의 상황은 코트렐의 우려가 현실이 되어가고 있음을 보여준다.

RC의 역사는 현재 많은 미국 대학의 특허·기술이전 활동을 통해 명백하게 나타나고 있는 지식재산 시장의 여러 특징을 보여준다. 특허·기술이전 활동의 전문화로 인한 높은 고정비용, 특허 자산의 다양화, 효율성 향상의 가능성 등과 같은 이점들이 있겠지만, RC의 역사는 이러한 이점들이 상당한 한계로 인해 상쇄된다는 것을 보여준다.

특허 개별 기술 분야와 기술이전 시장에 대한 전문지식이 필요하기 때문에 어떤 기술 분야에서 얻은 노하우를 다른 기술 분야로 적용하는 데에는 제약이 많다. 기술이전 계약에 있어 지리적 근접의 중요성은 기술이전 활동을 단일 지역이나 기관에 집중함으로써 얻을 수 있는 비용 절감 효과를 감소시킨다. 이러한 원인 때문에 1970년대에 RC의 재정은 악화된 반면, 당시 많은 대학들이 기술이전부서를 설치했다. 기술이전 담당자는 종합적인 지식보다는 특정한 기술 분야에 집중하는 경향을 보였다. 많은 대학들은 운영을 분산시키기 위해 기술이전부서를 재편했고, 소수의 몇몇 대학들은 의과대학 또는 공과대학 같은 대학 내 기관이 독립적으로 기술이전 활동을 진개하도록 허용했다.

위에서 우리는 발명을 개발하고 상업화를 지원하는 '순수한' 기술이전 계약의 한계를 강조했다. RC는 초창기 때부터 광범위한 응용 공학과 주문자 맞춤형 침전기 기술에 투자해야 했고, 보완 특허를 위해 광범위한 특허 자산을 획득해야 한다는 것을 알았다. RC는 상업화를 추구하는 많은 대학의 특허에 대해 추가적인 개발 연구와 보완을 위해 투자했는데, 이는 비용을 증가시켰고 수익은 감소시켰다. 현재 대학의 기술이전 부서들은 상업적 개발을 위해 추가 투자를 하거나, 어떤 경우에는 발명을 활용하기 위해 설립한 회사의 주식을 받을 필요가 있다는 것을 알고 있다. 물론 이러한 활동의 확대는 비용과 위험을 증대시킨다.

마지막으로 RC의 역사는 현재의 많은 대학기술이전부서를 현혹시키고 있는 문제, 즉, 수익을 극대화한다는 관점으로만 특허 자산을 관리할 때 직면하는 어려움을 보여준다. 기술이전 수입은 대체로 생물의학 연구에 기반을 두고 있는 소수의 '홈런'에 의해 의존하는 경향이 있다. '홈런'은 예측하기 어렵고, 전체 발명 중에서 일부에 불과하며, 기술이전 수입에 대한 기여도는 특허의 조건에 따라 제한적이다. 결과적으로 기술이전 수입은 불안정하며 예측하기 어렵다.

특허관리에 드는 많은 비용으로 인해 기술이전으로부터 얻는 소득은 한계가 있다. 미국의 대학기술이전부서 중에서 41%만 순수입에 있어 흑자를 내고 있다는 주장도 있으나,[49] 우리는 이러한 추정치가 너무 높다고 생각한다. 그러나 현재 많은 대학기술이전부서들은 대학 연구를 지원하기 위해 지역 산업계와 더 긴밀한 관계를 발전시키는 것과 같이 더욱 광범위한 목적을 추구하고 있다. 다른 모든 목표들 중에서 기술이전 수익만을 추구하겠다는 생각 때문에 RC는 포레스터 교수의 메모리 특허를 IBM에 이전하고자 했던 MIT와 특허 분쟁을 벌였다. 기술이전을 둘러싼 RC, MIT, IBM 사이의 논쟁은 기술이전 대리자인 RC와 MIT 사이에 잠재적인 의견대립이 있음을 극명하게 보여준다. 특허 · 기술이전 활동을 스스로 관리하는 대학들은 최근 들어 유사한 갈등을 겪고 있다.

RC의 역사는 현재 미국 대학들이 산업계와 기술이전 그리고 연구 관

---

49 D. Trune and L. Goslin, "University Technology Transfer Programs: A Profit / Loss Analysis", *Technology Forecasting and Social Change* 57, 1998.

계를 관리하기 위해 노력하면서 직면하고 있는 문제를 예견할 수 있도록 해준다. RC가 최종적으로 대학의 지식재산권을 관리하는 주요 역할을 포기한 것은 바이-돌 법과 더불어 비영리 기관에 대한 연방정부의 정책이 변화했음을 보여준다. 그러나 이 장에서 우리는 RC의 쇠퇴 원인이 1980년 이전부터 존재했으며, 1970년대에 RC는 명백히 적자가 늘어나는 어려움을 겪었음을 지적했다. 또한, 실제로 RC가 대학기술이전을 위한 관리자로서의 역할을 포기하도록 만든 바로 그 원인 때문에 1970~80년대에 특허관리를 시작한 대학들은 독립적인 기술이전부서를 감축하고 있다. 현재까지 유지되고 있는 대학기술이전부서의 활동은 기술료 수입 하나가 아니라 더 광범위한 목표를 추구하리라 예상된다.

제5장
바이-돌 법의 정치적 역사

　대학의 특허·기술이전 활동에 대한 바이-돌 법의 영향을 이해하기 위해서는 바이-돌 법의 정치적 기원을 이해해야 한다. 바이-돌 법의 기원은 연방정부에서 지원을 받은 연구의 결과로부터 발생하는 지식재산권의 양도에 관한 1940년대 후반의 논쟁까지 거슬러 올라간다. 그러나 이 법안이 상정되고 제정되는 과정에서 가장 중요한 요소는 미국 대학들이 특허권자이자 기술이전자로서의 역할이 커졌다는 점이다. 실제로, 미국 대학들은 바이-돌 법의 제정에 직접적으로 크게 기여했다. 바이-돌 법은 부분적으로 미국 대학들이 성취한 연구결과를 특허화하고 기술이전하는 활동이 증가하는 것에 대한 연방정부 차원의 대응이기도 하지만, 동시에 대학들이 이러한 활동을 확대하도록 촉진했다.

다음 절에서는 1970년대 후반 바이-돌 법을 둘러싼 논쟁 속에서 특허와 전용실시 기술이전이 연방정부의 지원을 받은 학술연구결과의 이전과 상업화를 촉진했다는 증거가 나오지 않았다는 점을 주장하고자 한다. 뿐만 아니라, 3장에서 논의했던 것처럼 21세기 초반 대학의 특허 활동에 대한 논쟁과는 반대로 바이-돌 법을 둘러싼 논쟁은 대학의 특허·기술이전 활동이 확대된다는 점, '개방 과학open science' 그리고 넓게는 학술연구 전반에 대한 잠재적 영향력 등과 같은 문제에 대해서는 거의 고려하지 못하고 있다.

바이-돌 법 지지자들은 대학의 발명을 상품화하는데 열중하고 있었으며, 바이-돌 법의 영향에 관한 수많은 언론의 부가적 설명들과 정부 기관의 수많은 분석들은 바이-돌 법이 이러한 목표들에 부합한다는 것을 입증하고 있다. 하지만, 바이-돌 법의 긍정적 영향 또는 부정적 영향들과 바이-돌 법이 없었다면 어떤 일이 일어났을까와 같은 중요한 문제에 대한 해답은 여전히 찾지 못하고 있다. 이러한 문제들은 다음 장들에서 계속해서 논의될 것이다.

바이-돌 법이 언론 및 정치적 측면에서 성공적 사례로 널리 알려져 있기 때문에 다른 많은 산업경제 부처에서 이와 비슷한 정책들을 부분적으로 고려하거나 채택하고 있다. 세 번째 절에서는 외국 정부들의 바이-돌 법에 대한 모방emulation을 논할 것이다. 극히 드문 예이기는 하지만, 간혹 외국 정부의 바이-돌 법에 대한 모방은 제한적이거나 오히려 역기능의 결과를 초래하기도 한다. 외국 정부들은 바이-돌 법을 모방할 때, 2~4장에 걸쳐 언급한 바와 같이 바이-돌 법령이 제정되기 전부터 미국 대학들과 산업계 사이에는 특허·기술이전 활동뿐만 아니라 수많은 통로를 통해 활발한 협력활동이 전개되었다는 사실을 간과하고 있다.

1. 바이-돌 법의 정치적 역사

1) 연방정부의 지원을 받은 발명의 특허권에 대한 논쟁

미 의회는 바이-돌 법이 법제화되기 전부터 수십 년 동안 국가 지원을 받은 연구에서 도출된 특허의 소유권에 대해 논쟁을 벌여 왔다. 연방정부의 특허정책은 2차 세계대전 후 미국 과학기술정책을 정립하기 위한 논쟁에서 핵심적인 요소였다. 이 논쟁의 한 축에 할리 킬고어Harley M. Kilgore[1] 상원의원이 있었다. 그는 연방정부의 지원을 받은 연구로부터 나온 특허들은 연방정부에 귀속되어야 하며, 공공의 이익을 위해 활용되어야 한다고 주장했다.[2] 킬고어는 개별 연구비 수혜자들에게 특허

---

[1] 역주 – 할리 킬고어(Harley M. Kilgore, 1893~1956) 서부 버지니아 주립대학교에서 법률을 공부하고, 짧은 교직생활을 하다가 서부 버지니아 버클리에서 변호사 개업을 하였다. 제1차 세계대전 중, 1917년 보병연대에서 군생활을 시작하여 1920년 육군대위로 제대하였다. 1940년 민주당원으로 첫 선출되었으며, 이후 2차례에 걸쳐 재선출되었다. 1941년부터 상원의원으로 선출되었으며, 재직동안 사법부 의장으로서 활동하였다. 또한 상원의 원활동 중 전쟁 물자 동원을 감시하는 킬고어 위원회의 의장이기도 하였으며, 후에 전쟁 동원 위원회를 설립하는데 도움을 주기도 하였다. 아울러 1950년 미국 국립과학재단(National Science Foundation : NSF)를 설립하는데 큰 역할을 수행하기도 하였다.

의 소유를 허락하는 것은 납세자들로부터 지원받은 연구의 결실을 대기업에게 무상으로 주는 것이며, 이로 인해 기술 및 경제력의 집중을 가져온다고 언급했다. 한편, '과학연구개발국Office of Scientific Research and Development, OSRD'의 배니버 부시Vannevar Bush는 연구자들에게 특허권을 주는 것은 연구자들이 연방정부의 연구개발에 참여하고, 지원받은 연구의 결과를 상업적으로 이용가능하게 할 수 있도록 하는 동기가 된다는 점을 주장했다.

2차 세계대전 후 논쟁은 이후 30년 동안 정부 특허정책에서 핵심적인 쟁점들을 제기했다. 연방정부의 지원을 받은 연구의 결과로부터 발생되는 지식재산권을 정부로 귀속시켜야 한다고 주장하는 사람들은 연방정부가 아닌 연구자에게 소유권을 허락하는 것이 중소기업들을 희생시키고 대기업에게 특혜를 베푸는 것이라고 비판했다. 나아가 그러한 정책은 납세자로부터 지원받은 연구 성과의 가격을 올릴 것이라고 주장했다. 연구기관에게 연구 성과의 소유권을 허락하는 것을 지지하는 사람들은 연방정부로의 소유권 귀속은 우수한 기업들이 연방정부 연구를 기피하도록 만들 것이고 또한 연방정부의 지원을 통해 이루어진 발명을 상품화할 수 있는 동기를 저하시킬 것이라고 주장했다.

이러한 논쟁에서 부각된 또 다른 쟁점은 모든 연방 기관들에 적용되는 단일한 특허정책을 마련하는 것이 바람직한가라는 문제였다. 주요 연방 연구개발지원기관들은 2차 세계 대전 동안 각자 독자적인 특허정책을 내세웠다. 이후, 기관들의 특정 정책들을 혼합하여 만든 정책은 연구비 수혜자들은 물론 정부의 실무자들에게조차 모호하고, 일관성이 없었다.

2   Daniel J Kevles, "The National Science Foundation and the Debate over Postwar Research Policy, 1942~45", *Isis* 68, 1977.

연방의회의 수많은 청문회에도 불구하고, 반대 입장을 지지하는 사람들과의 차이를 좁힐 수 없었기 때문에 1950년에서 1970년까지는 어떠한 법안도 제정되지 못했다. 케네디John F. Kennedy 대통령과 닉슨Richard Milhous Nixon 대통령이 각각 1963년, 1971년에 발표했던 연방정부 기관들의 특허정책에 대한 성명서로 인해 입법상의 교착 상태가 악화되었다. 두 대통령은 모두 기관의 특성에 맞는 특허정책이 타당하며, 각 기관의 주어진 임무와 연구개발 프로그램들에서 발생하는 차이를 잘 반영하고 있다는 성명서를 발표했다.

2) 정부 특허정책과 대학 연구

미국 대학은 1940년대에서 1950년대에 이르기까지 연방정부의 특허정책에 대한 논의에서 제외되었다. 2차 대전 후 연방정부 연구개발비 중 대학이(대학 기반의 연구개발센터Federally Funded Research and Development Centers : FFRDCs는 제외) 차지하는 비중은 34%를 넘은 적이 없으며, 1991년 이후부터 20% 이상을 차지하게 되었다.[3] 게다가 3장에서 논의된 바와 같이 미국 대학들은 역사적으로 특허·기술이전 활동에 직접적으로 참여하는 것을 꺼렸다.

공공재원을 통해 지원된 연구의 결과로부터 발생되는 특허들에 대한 연방정부의 정책은 미국 국립보건원National Institutes of Health : NIH의 약

---

[3] 2002년도 국가과학기술위원회 보고서의 표 4-3을 참고하라. 국립과학재단이 최초로 통계자료를 발표하기 시작한 1953년도의 경우, 대학은 연방정부 연구개발 예산의 6%를 차지했다. 이와 같은 점유율은 지속적으로 증가하여 2000년에는 연방정부 연구개발 예산의 33% 이상을 차지하게 되었다.

화학Medicinal Chemistry 프로그램에 대한 보고서들이 발간된 1968년도 이후로 쟁점으로 부각되었다. 이 보고서들은 미국 회계감사원U.S. General Accounting Office : GAO과 연방 과학기술위원회Federal Council for Science and Technology : FCST에서 연방정부의 특허정책을 검토하기 위해 이 영향에 관한 연구 수행을 위탁한 회계회사인 하브리지하우스Harbridge House에서 1968년에 작성되었다. 두 개의 보고서는 연방정부의 특허정책이 미국 제약회사들과 의화학 분야의 학술연구자들 사이의 연구협력에 미치는 영향을 분석했다. 1940년대와 1950년대에 제약회사들은 국립보건원의 지원을 받은 연구자들이 개발한 화합물들에 대해 어떠한 금전적 비용도 지불하지 않고 그 효용성을 정기적으로 검사했다. 개별 대학의 특허정책에 따라 다르겠지만, 어떤 경우 이 제약회사들은 화합물을 이용해 상품을 개발하고 판매할 수 있는 전용실시권들을 받았다. 1962년 보건교육복지성the Department of Health, Education, and Welfare : HEW은 국립보건원의 지원을 받은 기술로 획득한 특허를 화합물을 검사하는 기업들이 무단으로 소유하지 못하도록 공식적인 특허 협약을 맺도록 대학들에게 주지시켰다. 실제로 보건교육복지성은 국립보건원이 지원하는 '연구 분야field of research'에서 도출되는 발명에 대한 특허를 기업들이 소유할 수 없다고 규제했다.

미국 회계감사원과 하브리지하우스는 보고서를 통해 미국 보건교육복지성의 특허정책을 비판했다. 제약회사들이 보건교육후생부의 특허정책으로 인해 회사 내 연구소의 지식재산권이 침해받을 수 있다는 우려 때문에 미국 국립보건원의 지원을 받은 연구자에 의해 개발된 화합물에 대한 효용성을 검사하지 않게 되었다는 것이다. 두 보고서는 지식재산권을 정부가 소유하도록 하는 정책을 개선하여 대학이 지식재산을 직접 소유하고 기업에 기술을 이전할 수 있도록 보건교육복지성의 정책을 바꿔야 한다고 권고했다.

보건교육복지성은 두 보고서의 비판을 받아들여 1968년에 공공기관특허협약Institutional Patent Agreements을 마련했다. 그 협약은 기술이전 능력을 승인받은 대학들이 정부기관의 지원을 받은 특허에 대한 소유권을 갖도록 하는 것이었다. 또한, 연구지원기관들은 대학 및 연구기관들이 연방정부의 지원을 받은 연구로부터 나온 지식재산권을 소유하겠다고 요청할 때 한결 신속하게 처리하기 시작했다. 1969년부터 1974년까지 보건교육복지성은 소유권에 대한 신청의 90%를 승인했으며, 1969년에서 1977년 사이에 72개 대학들 그리고 비영리 연구기관들과 공공기관특허협약을 맺었다. 국립과학재단은 1973년 공공기관특허협약과 유사한 프로그램을 마련하였으며, 미국 국방성도 1960년대 중반부터 특허관리를 승인받은 대학은 연방정부의 지원을 받은 연구로부터 나온 발명에 대한 권리를 가질 수 있다고 인정하기 시작했다.

1970년대 초반에 이르러 미국 대학들은 공공기관특허협약 프로그램 또는 국방성에서 진행하는 유사한 프로그램들, 그리고 개별적인 요청에 의해 연방정부 지원을 받은 연구로부터 발생한 특허권을 소유할 수 있게 되었다. 그럼에도 불구하고, 1970년 후반 미국 대학들은 보건교육복지성이 공공기관특허협약 프로그램에서 기술 전용실시 계약을 체결하기 위한 협상 능력을 제한할 수 있다는 점을 우려하게 되었다. 연방정부의 지원을 받은 연구의 발명에 대한 특허권에 일관성이 부족하다는 것에 대해 연방의회와 산업계 내부의 불만이 커졌고, 1978년에 이르러서는 특허권에 관심을 갖는 대학들이 향후 바이-돌 법으로 제정될 법안을 제안하게 되었다.

3) 바이-돌 법안

위에서 살펴본 바와 같이 1968년 보건교육복지성 특허정책이 개정된 이후 대학들 그리고 공공 연구기관들과 협약하는 공공기관특허협약의 수가 증가되었으며, 더욱 많은 대학들이 국립보건원으로부터 지원을 받은 발명의 특허권을 각각의 특허 성격에 따라 소유할 수 있게 되었다. 미국 대학들은 보건교육복지성의 특허정책 개정을 환영했으며, 1970년대에는 특허·기술이전 활동 능력을 향상시키기 위해 특히, 생물의학 분야에서 더욱 적극적으로 움직였다.

그러나 이러한 특허정책은 미보건교육복지성 내에서 상당한 논쟁을 불러일으켰다. 1977년 8월, 보건교육복지성의 법무담당관실Office of the General Counsel은 대학의 특허소유와 기술이전, 특허 전용실시 기술이전이 의료비를 높인다는 우려를 표명했다. 이에 대학들의 전용실시 기술이전 계약에 대한 협상권 박탈 문제를 포함하여 특허정책에 대한 재검토를 요구했다. 보건교육복지성은 특허정책을 재검토하는 12개월 동안 특허 소유에 관한 30건의 요청과 3건의 공공기관특허협약 요청을 유보했다.

바이-돌 법이 종종 미국 대학 특허화와 기술이전의 성장을 촉진시킨 법으로 여겨지고 있지만, 실제로는 특허권을 적극적으로 소유하고 기술이전을 진행하던 미국 대학들 그리고 아직 진행하지 않던 대학들이 바이-돌 법안을 상정하고 통과시키기 위해 위원들에게 막후교섭을 시도했다. 윌리엄 브로드William J. Broad는 1979년 사이언스(Science) 기고문에서 보건교육복지성이 특허정책을 재검토한다는 점에 대해 대학들이 매우 당황했으며, 연방의회에 불만을 표출하였음을 언급했다. 조지 히튼George R. Heaton에 따르면, 퍼듀대학교의 변리사와 과거 애리조나대학교에서 일했던 연방의회 직원이 협력하여 연방정부의 지원을 받은 연구의 특허권에 대한 더욱 자유로운 정책들을 추진했으며, 각각은 상원의원 버치 바이Birch Bayh, 인디애나 주, 민주당와 상원의원 로버트 돌Robert Dole, 캔자스 주, 공화당에게 법안의 상정을 요구했다. 두 대학과 다른 대학의 기술이전 담당자들은 바이-돌 법이 된 법안의 초안을 작성하는데 협조했다.[4]

1978년 9월, 상원의원 돌은 기자회견을 열어 "관료제의 폐해 중에서 이것보다 끔찍한 과잉관리의 사례를 찾기 힘들다"면서 대학의 특허 활동에 '돌담을 쌓는' 보건교육복지성을 맹렬히 비난했다. 그리고 이 상황을 타개하기 위한 법안을 제시하겠다는 의사를 발표했다. 1978년 9월 13일, 상원의원 바이와 돌은 특허법 S.414 조항, 즉 대학과 소규모 기업을 위한 특허 법안을 의회에 상정했다. 이 법에는 정부지원을 받은 연구에서 도출된 모든 특허를 대학과 소규모 기업이 소유할 수 있도록 하는 통일적인 연방 특허정책이 담겨있었다. 이 법안에는 대부분의 공공기관특허협약에 명시되어 있던 조항, 즉 대학은 반드시 '승인받은 기술이전 능력'을 갖춰야 한다는 조항이 없었다. 또한, 대학들과 보건교육복지성 사이에 체결된 공공기관특허협약들과는 대조적으로, 이 법안은 대학들과 연구기관의 전용실시 기술이전 계약체결을 위한 협상을 제약하지도 않았다.

---

4 퍼듀대학교에서 근무했던 변리사 노먼 라트커(Norman Latker)는 1968년도 보건교육복지성 특허정책의 변화를 이끌어 낸 전문가인데, 그 후 보건교육복지성이 특허정책을 재검토하는 것을 비판했다는 이유로 파면당했다. 1978년 시민권소청위원회가 라트커의 파면이 부당하다는 결정을 내린 후 그는 보건교육복지성으로 복귀했다. 이 사건에 대해 윌리엄 브로드(William J. Broad)는 사이언스(Science)에 "그의 재임용은 적절한 시점에 이루어졌다. 현재 바이-돌 특허법에 대한 지지의견이 커지고 있으며, 기술이전의 영웅인 라트커가 보건교육복지성으로 복귀한 것은 많은 대학의 연구자와 특허 이전 담당자들의 무기에 총알이 장전된 것으로 인식되었다"고 지적했다.

이미 언급한 바와 같이 연방의회의 많은 의원들은 연구자 또는 연구기관에게 연방정부의 지원을 받은 특허에 대한 소유권을 주는 것에 오랫동안 반대해 왔다. 그러나 바이-돌 법에 대해서는 거의 반대하지 않았다. 이 법안은 오직 대학들과 소규모 기업들에게 특허권을 보장하는 것에 초점을 맞추고 있기 때문에 특허권 소유 정책이 대기업에게 유리하다는 주장을 불식시킬 수 있었다. 또한 미국의 경제 경쟁력에 대한 논쟁이 진행되는 가운데 이 법안이 상정되었기 때문에 법안은 큰 반대 없이 통과될 수 있었다. 사이언스(Science)에는 바이-돌 법을 둘러싼 논쟁에 대해 다음과 같이 언급한 글이 실렸다.

> 과거에 공공의 기금을 횡령하는 것이라고 꾸짖던 비판가들은 예외적으로 조용했다. 그 이유는 매우 명확하다. 산업 혁신은 관료 사회에서 통용되는 단어가 되었기 때문이다. 사람들은 특허 이전이라는 말에 집착해왔다. 이제 그들은 성과에 대한 보상이 발명을 방해한다고 지적하던 관료적 행태를 버릴 때라고 말한다.[5]

하버드, 스탠퍼드, 캘리포니아, MIT를 포함한 수많은 대학들은 바이-돌 법안이 통과할 수 있도록 압력을 가했으며, 이 법안이 연방의회의 최종안으로 통과될 수 있도록 논평하고 협조했다. 특허 활동이 활발했던 스탠퍼드, 퍼듀, 위스컨신 등과 같은 대학의 특허 담당자들은 청문회의 증인으로 참석하여 이 법안을 지지했다. 또한 교육위원회American Council on Education, 대학특허관리자협회Society of University Patent Administrators,

---

5   W. Broad, "Patent Bill Returns Bright Idea to Inventor", *Science* 205, 1979, p.479.

대학경영자협회National Association of Collage and University Business Officers 등 다양한 대학 연합회의 대표자들 그리고 RC도 이 법안을 지지했다. 이들과 더불어 소규모기업협회National Business Association, 소규모기업입법위원회Small Business Legislative Council, 발명자협회American Society of Inventors 등과 같은 다양한 소규모 기업들을 대표하는 증인들도 이 법안을 지지했다.

바이-돌 법안 제정을 위한 청문회에서 수많은 증언들과 논평들은 정부의 특허정책이 생산 향상과 혁신의 침체라는 재앙을 심화시키고 있다는 문제에 집중되었다.[6] 이 법안을 심의하기 위해 열린 상원 법제사법위원회 청문회의 개회사에서 상원의원 바이와 돌은 각각 1979년도의 연방정부의 특허정책에 대해 다음과 같은 두 가지 문제점을 제기했다; ① 이 정책은 사실 20개가 넘는 다른 성격의 기관이 지니고 있던 특허정책들을 모은 것이다. ② 대부분의 연방정부의 기관들은 연구기관이 특허권을 소유하기 어렵게 만들었다.

바이-돌 법안을 지지하는 증인들은 정부기관보다 연구기관이 특허권을 가질 때, 정부 지원을 받은 특허의 이용률이 높다는 하브리지하우스의 1968년 보고서의 내용을 인용했다.[7] 1976년도를 기준으로 연방정부가 소유하고 있는 특허 28,000건 중에서 기술이진된 특허는 5% 미만이라는 통계치도 자주 인용되었는데, 이 자료는 정부 특허정책에 관한 1978년 연방 과학기술위원회의 보고서에도 제시되었다. 입법 의원들과 증인들은 특허권을 연구기관에게 주는 것이 현행 제도 아래서 부족

---

6 예를 들면, 돌 상원의원은 상원 법제사법위원회의 청문회를 열어 "연방 특허정책의 폐해가 엄청나게 크다. 전자산업과 조선산업에서 차지하던 지도적인 역할을 일본에게 넘겨준 것은 우연이 아니라"고 지적했다(1979년 미국 상원 법제사법위원회 의사록, p.28).
7 Harold Bremer, "Public Patents, Public Benefit?" 상원 법제사법위원회의 바이-돌 법안 청문회에 제출된 보고서(1979).

했던 개발과 상업화를 촉진시킬 수 있는 동기가 될 것이라고 주장하기 위해 위와 같은 보고서의 내용을 활용했다.

그러나 아이슨버그가 지적했던 것처럼 하브리지 하우스와 과학기술 위원회의 보고서들에서 제시된 자료에는 함정이 숨어 있었다.[8] 보고서 에서 검토된 특허들은 주로 국방성의 지원을 받은 연구로부터 나온 것이 었으며(하브리지하우스 보고서에서는 83%, 과학기술위원회 보고서에서는 63%), 당시 국방성은 이미 특허권을 연구자들에게 부여하고 있었다. 국방성 연 구비 수혜자들은 이윤을 창출할 것 같은 혁신적인 특허를 소유해 왔기 때 문에, 이들이 소유권을 주장하지 않고 연방정부가 소유했던 특허들은 당 연히 상업적 가능성이 낮다고 할 수 있다. 따라서 정부기관의 특허들이 상업화되지 않았던 것은 당연한 결과였다.

두 보고서에 제시된 통계자료는 정부의 지원을 받아 사기업들이 수 행한 연구개발을 통해 도출된 특허에 바탕을 둔 것이었다. 이 통계자 료들은 연방정부의 지원을 받아 대학에서 도출된 특허의 상업적 활용 의 중요성을 부각시키기 위해 사용된 것이 아니었다. 연방정부의 지원 을 받아 수행된 대학 발명의 특성은 사기업에 의해 수행된 발명의 특 성과는 다른 것으로 간주된 것 같다. 연방지원으로 수행된 학술적인 연구는 사기업의 연구보다는 기초적인 연구나 덜 개발된 연구로 간주 되었다.

이러한 통계적 증거 외에도 이 법령의 지지자들은 대학 발명의 특성 상 상업화하기 위해서 대학이 특허권을 소유하고 전용실시 기술이전이 중요하다고 주장했다. 이들은 거의 모든 대학의 발명들은 배아 상태이

---

8   R. S. Eisenberg, "Public Research and Private Development: Patents and Technology Transfer in Government-Sponsored Research", *Virginia Law Review* 82, 1996.

며, 상업적 활용을 위해서는 상당한 추가 개발이 필요하다고 지적했다. 기업들은 많은 경우 전용실시권이 필요하기 때문에 소유권이 명확하게 확보되지 않은 지식재산권에 대해서는 많은 비용이 드는 추가 개발에 투자하지 않을 것이 확실했다. 다른 증인들은 리처드 젠슨Richard Jensen과 마리 써스비Marie Thursby의 연구결과에서 예측할 수 있듯이, 대학에 소유권을 주는 것은 발명자와 대학이 배아 상태의 발명을 개발하고 상업화하는 활동에 더욱 적극적으로 참여할 수 있도록 하는 동기를 만드는 것이라고 주장했다.[9]

바이–돌 법안은 거의 논란 없이 하원과 상원에서 압도적인 찬성으로 통과되었으며, 지미 카터 대통령이 1980년 12월에 서명함으로써 법제화되었다.[10] 바이–돌 법의 조항들은 적어도 두 가지 방향으로 대학 특허 · 기술이전 활동을 촉진시켰다. 첫째, 복잡한 공공기관특허협약과 개별적인 특허권 요청을 단일한 정책으로 일원화했다. 둘째, 연방의회는 연방정부의 지원을 받은 연구결과물에 대해 대학과 기업이 기술이전 계약을 체결할 수 있도록 이 법을 지지했다.

3장에서 살펴본 바와 같이 과거 1930년대에 대학의 특허 · 기술이전 활동에 대해 대학 경영자와 관련자들이 우려했던 것과는 내조적으로,

---

9 Richard Jensen and Marie Thursby, "Proofs and Prototypes for Sale: The Licensing of University Inventions", *American Economic Review* 91, 2001.
10 연방의회의 논의는 연방정부의 지원으로 나온 특허를 대기업이 소유하도록 허가할 것인가에 집중되었다. 대기업에게도 특허권을 허가하는 것을 지지했던 위스컨신의 민주당 하원의원 로버트 카스텐마이어(Robert Kastenmeier)는 "쟁점이 아닌 문제에 대해서는 시간을 끌지 말고 법안을 통과시킨 후 대통령이 판단하여 결정하도록 하는 것이 바람직하다"고 발언했다. 상원의원 바이와 돌에 의해 상정된 법안은 정부 자금으로 나온 특허에 대한 전용실시권을 활용분야를 정해 허가하도록 하는 당초 법안과 동일한 조항으로 하원을 통과했다. 이후 상원은 이 조항을 삭제했고, 하원은 상원에서 수정된 법안을 원안 그대로 통과시켰다.

바이-돌 법안에 관한 청문회와 의원 토론회에서는 연방정부가 지원하는 연구로부터 나오는 지식재산에 대한 대학 특허 활동을 지지하는 의견이 우세했다. 예를 들어, 청문회에서 참석한 증인들 중에서 어느 누구도 대학의 특허·기술이전 활동에 의해서 발생할 수도 있는 첨단 기술의 공개와 학술연구 규범의 침해가 가져올 위험과 기술이전의 다양한 교신 경로를 침해할 수도 있다는 가능성에 대해서는 언급하지 않았다.[11] 1930 대와 1940대의 논쟁에서 크게 부각되었던 대학이 특허·기술이전 활동에 직접적으로 참여할 경우 발생할 수 있는 잠재적 위험들에 대해서도 바이-돌 법안에 관한 청문회와 의원 토론회에서 논의되지 않았다.

다양한 측면에서 바이-돌 법안에 관한 주된 정당화 논리는 1920년 대부터 1930년대에 이르기까지 특허·기술이전 활동에 관여했던 주립대학들을 옹호하기 위해 널리 사용되었던 납세자에 대한 혜택이라는 국가적 차원의 논의로 격상되었다. 이러한 논의들은 특히 1970년대 후반 경제적 상황에 의해 부각되었는데, 당시 미국의 국제적 경쟁력(혹은 그 경쟁력의 약세)은 가장 핵심적인 정치적 쟁점이었다. 과학기술의 지식이 국경을 넘어 이동하고 과거에 비해 비非 미국계 기업들이 그 지식을 쉽게 활용할 수 있는 세계 경제 상황에서, 바이-돌 법안의 지지자들은 연방정부의 지원을 받은 학술적 연구개발의 결과가 특허화되고 또한 상업화되어야만 미국의 납세자들이 혜택을 받을 수 있다고 주장했다.

이러한 주장은 2차 세계대전 이전에 널리 확산되었던 주립대학의 특허·기술이전 활동에 대한 정당화 논리를 따랐다. 주州 납세자들이 지

---

11 청문회를 취재한 어떤 기자는 "바이-돌 법안이 전례 없는 지지를 받았지만, 몇몇 의회 보좌관들은 특허에 관련된 일반적인 문제 그리고 특히 대학의 특허에 대한 근원적인 문제는 해결되지 않았다는 점을 지적했다"고 보도하기도 했다(R. Henig, 1979, p.284).

불하는 세금으로 운영되는 대학의 연구 활동의 혜택을 받는 당사자들에게 특허화는 필수적이었다. 그러나 1930년대에 논의된 기술 실시권을 받은 발명의 대부분은 연방정부가 아니라 기업 또는 주州 정부가 지원한 결과물이었다. 바이-돌 법안 지지자들이 내세운 국가적 차원의 정당화 논리는 2차 세계대전 후에 연방정부가 학술연구지원을 주도하게 되었다는 점과 사립대학과 공립대학 모두 바이-돌 법의 자극으로 교수의 발명을 특허화하고 기술이전 해야 한다는 유사한 '공공 서비스'의 의무라는 문제에 직면했다는 점을 보여준다.

4) 바이-돌 법

1981년 7월 1일자로 효력을 발휘하게 된 바이-돌 법은 연방정부의 지원을 받은 대학과 소규모 기업들에게 특허의 소유권을 부여하는 연방정부의 단일한 특허정책이 되었다. 연방정부는 그 특허에 대한 무상의 통상실시권을 갖고, 아울러 연구 계약자들이 기술을 이전하려고 했지만 활용되지 못하기나 기술이진이 공공 보건과 안전에 필요하다고 판단될 경우에는, 그 발명을 강제로 기술이전 하거나 사용토록 하는 '강제 실시권march-in' 권한도 갖는다. 이 법과 하위 이행 규정에는 지원기관에 발명을 신고하는 시점과 특허 출원 신청을 관리하는 권한에 대한 정책들이 포함되었다. 이러한 규정에 따르면, 대학은 발명자에게도 기술이전 수입료를 분배해야 하며, 대학과 연구기관이 기술이전을 실시할 때 소규모 기업을 우선해야 했다. 또한, 바이-돌 법은 대학이 대기업에게 기술을 이전할 때에는 전용실시 기간을 제한했다.

그러나 이와 같은 바이-돌 법의 제한사항은 후에 파기되었다. 1983년 로널드 레이건 대통령은 지원기관들이 대학과 소규모 기업들만이 아니라 대기업도 특허권을 소유할 수 있도록 지시하는 대통령 통지문을 고시했고, 1987년에는 대통령 훈령으로 공포했다. 1984년에는 바이-돌 법을 개정해 대기업에게 적용했던 전용실시권의 기간 제한을 없앴다.

바이-돌 법은 1980년대의 더욱 강화된 지식재산권을 위한 정책의 큰 변화 중 하나이다. 가장 중요한 정책의 변화는 바로 1982년 연방 순회항소법원Court of Appeals for the Federal Circuit, CAFC을 설립한 것이다. 연방 사법부 전체를 포괄하여 특허와 관련된 사건에 대한 최고 상위 법원으로서의 역할을 수행하기 위해 설립된 연방 순회항소법원은 특허권자의 권리를 옹호하는 강력한 기관이 되었다. 그러나 연방 순회항소법원이 설립되기 전에도 대법원은 1980년도에 '다이아몬드 대 처크라바티 Diamond v. Chakrabarty[12] 사건'에 대해 새로운 생명공학 산업 분야에서 광범위한 특허의 유효성을 인정하는 중요한 결정을 내렸다. 이 결정으로 인해 생명공학으로부터 파생되는 유기체, 분자, 그리고 연구조사방법도 특허화 할 수 있게 되었다. 바이-돌 법의 기원과 영향은 지식재산권에 대한 미국 정책의 큰 변화의 맥락에서 이해해야 하며, 이 법의 영향

---

12 Diamond v. Chakrabarty(447 U.S.303, 1980) 제너럴 일렉트릭에서 근무하던 유전공학자였던 아난다 처크라바티(Ananda Mohan Chakrabarty)는 누출된 기름에 대해 화학적 반응을 유발하게 하는 미생물을 개발했다. 그는 이에 대한 특허를 신청하였으나, 살아있는 생물에 대한 특허를 인정하지 않는 당시의 법에 따라 신청은 좌절되었다. 또한 거듭된 항소에도 "미생물이 살아있다는 사실이 특허법의 목적을 위한 법적 중요성을 지니지 못 한다"는 이유로 당초의 판결을 뒤집을 수 없었다. 하지만, 1980년 3월 17일에서 시작하여 1980년 6월 16일까지 진행되었던 대법원의 심의에서 처크라바티의 주장을 받아들였다. "사람이 만든 살아있는 미생물은 특허의 대상이다. 이러한 법령에서 피고의 미생물은 제조물이나 혼합물로 구성되어 있다(A live, human-made micro-organism is patentable subject matter under [Title 35 U.S.C.] 101. Respondent's micro-organism constitutes a "manufacture" or "composition of matter" within that statute)"는 판결문이 제시되었다. 이에 따라 인간이 만든 모든 것은 특허의 대상이 되었다.

은 다른 지식재산 촉진 정책과 결합되어 상승작용을 일으켰다.

2. 바이-돌 법의 영향

1990년 후반부터 21세기 초에 이르기까지 바이-돌 법은 대학이 기술혁신과 경제발전을 위해 공헌할 수 있도록 대학을 변화시킨 결정적인 촉매체로 간주되어 왔다. 실제로 OECD(Organization for Economic Cooperation and Development)는 바이-돌 법이 1990년대 후반 미국의 임금, 고용, 생산성을 눈에 띄게 향상시킨 중요한 요소라고 주장하기도 했다. OECD의 지적은 미국 대학의 특허·기술이전 활동이 경제 성장에 필수불가결한 요소라는 점을 암시한다. 더불어 이코노미스트(The Economist)에 다음과 같은 기사가 게재되기도 했다.

아마도 지난 반세기 동안 미국에서 제정된 가장 고무적인 법은 1980년의 바이-돌 법일 것이다. 1984년 그리고 1986년의 개정을 통해 바이-돌 법은 세금으로 지원받은 미국 전역의 연구실에서 이루어진 발명과 발견들을 모두 해방시켰다. 무엇보다 정책 하나가 미국 산업의 급격한 하향 침체를 전환하는데 도움을 주었다. 바이-돌 법이 제정되기 전에는 연방정부의 지원기관들이 지원한 연구의 결과들은 엄격하게 연방정부의 소유로 귀속되었다. 그 연구결과물을 사용하기 위해서는 연방정부의 기관들과 지루한 협상을 벌이지 않으면 안됐다. 더 심각한 문제는 기업들이 연방정부 소유의 특허에 대해서 전용실시권을 얻는 것은 거의 불가능했다는 점이다. 그리고 전용실시권을 보장하지 않을 경우 기업은 기초연구에서 상업적 생산품으로 전환하기 위해 자신의 돈을 투자하려고 하지 않는다는 점이다.[13]

그러나 바이–돌 법령이 제정된 이후에는,

> 하룻밤 사이에 미국 전역의 대학들은 혁신의 온실이 되었다. 기업가정신을 갖춘 교수들은 그들의 발명과 학생들을 데리고 캠퍼스를 떠나 기업을 차렸다. 1980년 이후 미국 대학들은 과거에 비해 10배 이상의 특허를 생산했다.

바이–돌 법의 영향에 대해서 미국대학협회the Association of American Universities, 미국 특허청 그리고 MIT가 발간하는 *Technology Review*도 비슷한 의견을 표명했다.

그러나 이들이 바이–돌 법의 영향에 대한 긍정적인 평가를 내리면서도 뚜렷한 증거를 제시하지 않았다는 점이 눈길을 끈다. 물론 증거문제를 대하는 우호적인 태도는 바이–돌 법을 둘러싼 정치 논쟁이 진행되는 동안에도 유지되었다. 앞에서 살펴본 바와 같이 바이–돌 법안의 초안 작성과 제정을 둘러싼 법률적 논쟁에서 대학기술의 상업화와 발전을 위해 특허·기술이전 활동이 반드시 필요한 것인가에 대한 증거는 그리 중요한 것으로 간주되지 않았다.

바이–돌 법의 영향에 대한 학문적인 연구는 그리 많지 않았으나, 최근

---

13 "Innovation's Golden Goose", *The Economist* 365, 2002, T3.

경험적 연구에 대한 필요가 늘어나면서 관련 연구가 서서히 늘어나고 있다. 다음 장에서 1980년 전후 미국 대학의 특허·기술이전 활동에 대한 경험적 연구의 한 부분으로 그와 같은 연구를 자세히 논의할 예정이다.

바이-돌 법의 제정 이후 학술연구의 내용이 크게 변화되었다는 증거는 없다. 1970년대 이후 증가된 대학의 특허·기술이전 활동에서 가장 중심적인 분야인 생물의학 분야에서 '기초' 연구와 '응용' 연구 사이의 경계가 불분명해지고 있다는 점을 고려하면 이는 당연하다. 아직은 초보적인 상태이지만 최근의 연구에서 대학 발명의 이전과 상업적 발전을 위해서 특허·기술이전 활동이 필요하다는 주장이 조심스럽게 제시되고 있다. 한편, 캐런 루이스Karen S. Louis 등을 비롯한 연구자들은 대학의 특허·기술이전 활동은 특정한 분야의 연구자들이 연구결과를 공개하지 않는 문제를 야기하여 학술연구의 '발표 규범disclosure norms'에 악영향을 끼쳤다고 주장하기도 했지만, 이 부분에 대해서는 더 많은 연구가 필요한 상황이다.[14] 연구기관과 발명자들이 갈수록 지식재산권의 소유를 주장하는 행태가 연구 활동에 미치는 영향에 대한 연구도 시작된 지 얼마 되지 않았다.

바이-돌 법에 대해서 언론과 정부 당국은 아직 타당한 근거를 제시하지 못하고 있는 반면, 학술연구자들은 바이-돌 법의 영향에 대해 악영향을 경계하는 의견을 조심스럽게 제시했다. 바이-돌 법의 영향에 대한(긍정적이든 부정적이든) 제한된 증거에도 불구하고, OECD 국가 중 많은 국가들이 바이-돌 법과 매우 유사한 정책을 추진하고 있다.

---

14 Karen S. Louis, Lisa M. Jones, Melissa S. Anderson, David Blumenthal, Eric G. Campbell, "Entrepreneurship, Secrecy, and Productivity: A Comparison of Clinical and Non-Clinical Life Sciences Faculty", *The Journal of Technology Transfer* 26, no. 3, 2001.

3. 바이-돌 법의 국제적인 모방

최근의 OECD 보고서에 따르면 "OECD 국가들은 대부분 대학과 소기업을 포함하여 정부 연구과제의 수행자들에게 발명의 특허권과 기술이전을 허락하는 바이-돌 법을 모방하고 있다."[15] 이러한 정책방향은 미국에서 바이-돌 법이 산학협력과 과학 기반의 산업 분야로의 기술이전을 촉진하는데 크게 이바지했다는 믿음에 기초하고 있다. 그러나 앞에서 살펴본 바와 같이 이러한 시도들은 바이-돌 법의 영향과 그 증거에 대한 오해 그리고 미국 대학들과 산업 혁신 사이에 오랫동안 상대적으로 밀접한 관계를 진작시켜 온 다양한 요소들에 대한 이해부족에서 비롯된 것이다.

미국의 바이-돌 법에 대한 국제적인 관심과 모방은 새로운 현상이 아니다. 많은 국가들이 기술정책분야에서 미국의 정책을 모방해 왔으며, 특히 협력 연구개발 정책 분야에서는 두드러졌다. 1970년과 1980년대에 미국과 유럽의 정책입안자들에 의해 연구협력은 일본이 급속도의 기술발전을 이룩하는데 가장 중요한 정책으로 간주되었다. 따라서 결과적으로 유럽 연맹과 미국 모두 1980년대에 이러한 협력을 촉진하는 정책들과 프로그램들을 시행했다. 가장 유명한 연구개발 협력의 사례는 정부와 민간 자금을 통해 1987년 텍사스 주 오스틴에 설립된 SEMATECHSemiconductor Manufacturing Technology 연구개발 컨소시엄을 들수 있다. SEMATECH의 성공사례를 본떠 일본 경영자들과 정책입안자

---

15 Organization for Economic Cooperation and Development(OECD), *A New Economy?*, Paris: OECD, 2000.

들은 1990년대 후반 공공자금과 민간자금을 동원하여 연구 컨소시엄 ASET 그리고 SELETE을 설립했다. 미국과 유럽 연맹이 모방한 협력 모델을 제공했던 일본은 다시 본디 자국의 프로그램을 기반으로 시행된 미국과 유럽 연맹의 프로그램을 모방하고 있다.

이러한 종류의 국제적 정책 모방은 다음과 같은 두 가지 특징을 갖는다.

① 모방의 기반에 있는 '학습'은 상당히 선별적이다.

② 선별적인 학습에 기초한 프로그램의 구성도 모방자의 상이한 제도적 배경에 의해서 영향을 받는다.

SEMATECH의 사례에서 국제적 모방의 두 가지 특징은 명백하다. 또한 1990년대 바이-돌 법에 대한 국제적인 모방에서는 더욱 선명하다.

OECD 국가들에서 논의되거나 수행되었던 유사한 정책들은 주로 지식재산권을 정부의 지원기관으로부터 또는 발명자로부터 주관연구기관으로 또는 어떤 경우에는 정부로부터 학술연구자로 이관토록 하는 것이었다. 독일, 스웨덴과 같은 대학 체계에서 연구자들은 이미 오래전부터 그들의 연구 성과에서 발생하는 지식재산권을 소유해 왔다. 논쟁의 초점은 개별 연구자에서 기관으로 지식재산권을 이관하는 실현가능성과 타당성에 모아졌다. 이탈리아에서는 지식재산권을 대학으로부터 개인 연구자로 이관하도록 2001년도에 법령을 제정했다. 일본 대학에서는 정부지원의 결과로 도출된 지식재산권을 연구자에게 줄 것인지를 결정하는 소위원회를 운영하고 있다. 영국과 캐나다는 개별 연구자나 정부기관이 아니라 주관연구기관으로 지식재산권을 부여하기 위한 노력을 진행 중에 있지만, 단일한 국가 정책은 아직 마련되지 않았다. 이 외에 스웨덴, 독일 그리고 일본의 정부는 대학이 기술이전부서TLO : Technology Licensing Office를 설립하도록 장려하고 있다.

외국 정부의 모방정책은 서로 상이할 뿐만 아니라 바이-돌 법과도 다르다. 외국 정부의 정책 제안과 독창성은 국제간 모방의 고전적 특징, 즉 서로 상이한 제도적 맥락에서 다른 국가의 정책을 본받기 위해 선택적으로 모방하는 특징을 보인다.

그러나, 특허·기술이전 활동은 20세기에 걸쳐 미국 대학들이 산업 혁신에 공헌한 다양한 경로들 중 하나에 불과하며, 제2장에서 살펴본 바와 같이 산업 경영자들을 대상으로 한 조사 결과, 특허·기술이전 활동은 대부분의 기술 분야에서 핵심적인 요소는 아니라는 점이 밝혀졌다. 특허 활동와 기술이전은 대부분의 분야에서 부차적인 것이기 때문에, 산학협력과 기술이전의 수준을 향상시키기 위해서는 바이-돌 법을 모방하는 것으로는 부족하며 나아가 모방이 필요 없다고도 할 수 있다. 대신 대학 체계 속에서 제도적인 경쟁과 자율을 향상시키기 위한 개혁 또는 벤처캐피털의 자금, 노동 유연성, 기술 사업화를 위한 다른 중요한 촉진책 등 새로운 기업을 설립하고 기술을 상업화하기 위한 외부의 제도적 요소에 대한 관심이 필요하다.

게다가, 앞서 살펴본 것처럼 지식과 기술이 이전되는 다른 경로들에 대한 바이-돌 법의 영향은 밝혀지지 않았다. 기술을 이전하고 상업화하는 데 대학 경영진과 교수의 참여를 증대시키는 대학 연구의 사업화에는 잠재적인 위험들이 존재하고 있으며, 상이한 제도적 맥락 속에서 바이-돌 법을 맹목적으로 모방하는 것은 이러한 위험을 심화시킬 수 있다.

4. 결론

1980년의 바이-돌 법은 대학의 특허·기술이전 활동이 증대된 원인일 뿐만 아니라 결과이다. 바이-돌 법의 통과를 놓고 벌인 논의에 특허·기술이전 활동에 대학이 직접적으로 참여하는 것이 바람직한 것인가에 대한 대학 경영자들 사이의 논의는 포함되지 않았다. 정부가 지원한 연구로부터 도출된 지식재산권의 소유에 대한 바람직한 정책이 무엇인가에 대해서 연방의회도 충분히 논의하지 않았다. 바이-돌 법이 상대적으로 연방의회의 쟁점이 되지 못한 것은 1970년대 후반 민주당, 공화당, 그리고 행정부 모두 '국제 경쟁력'에 대해 초당적인 관심을 가졌으며, 강력한 지식재산권이 국제적 경쟁에서 미국의 위상을 강화할 것이라는 믿음이 커지고 있었기 때문이다.

언론은 물론 다른 비평가들이 바이-돌 법을 둘러싼 논쟁의 특징 그리고 그 영향에 대해 칭찬일색의 평가를 내리는 것은 찬성 또는 반대의 주장을 뒷받침할 확고한 증거가 부족하기 때문이다. 그러나 이러한 증거의 진공상태에도 불구하고 산업과 경제를 우선시하는 외국의 많은 정부들은 심각한 고려 없이 유사한 정책을 도입했다.

다음 장에서 우리는 바이-돌 법의 영향을 분석하고 1980년대에 미국 대학의 특허·기술이전 활동을 통해 이룬 성과들이 바이-돌 법이 없었더라도 이룩할 수 있는 성과라는 점을 주장하고자 한다. 대학의 특허·기술이전 활동의 증대는 바이-돌 법의 결과일 뿐만 아니라 미국 대학과 산업 사이에 맺어진 오랜 동안의 협력관계, 1980년대 지식재산권의 강화 정책, 그리고 생물의학의 변화의 결과이다. 게다가, 바이-돌 법의 지지자들은 대학이 처한 위험성과 대학 연구결과를 특허화하는 것이 경제에 미치는 악영향을 간과하고, 산학협력과 기술이전을 위해서는 특허 · 기술이전 활동이 필수적이라고 과장해 왔다.

제6장

바이-돌 법과 대학의 특허 · 기술이전 활동

캘리포니아 주립대학교, 스탠퍼드대학교, 컬럼비아대학교

1980년의 바이-돌 법이 1980년내에 미국 내학 득허 · 기술이선 활동을 촉진시킨 중추적인 요인이라고 널리 알려져 있지만, 미국의 연구대학과 혁신체제에 미친 영향에 대해서 실증적 분석은 거의 이루어지지 않았다.[1] 이 장에서 우리는 1990년대에 기술이전 활동과 기술료 수입에서 선도적인 세 대학, 즉 캘리포니아 주립대학교, 스탠퍼드대학교,

---

[1] 이 주제에 대해서는 R. Henderson, A. B. Jaffe and M. Trajtenberg, "Universities as a Source of Commercial Technology: A Detailed Analysis of University Patenting, 1965~1988", *Review of Economics and Statistics* 80, 1998을 참조하라.

컬럼비아대학교의 특허·기술이전 활동을 살펴보고자 한다.[2] 이 세 대학의 자료를 복합적으로 분석하면 1980년 이후에 와서야 대규모의 기술이전 실적을 올리게 된 컬럼비아대학교와 같은 대학들과 1980년 이전에 이미 특허·기술이전 활동이 활발했던 캘리포니아 주립대학교, 스탠퍼드대학교 등과 같은 대학들에게 연방정부의 새로운 특허정책이 미친 영향을 파악할 수 있다. 제7장에서는 1980년 전후 미국 전체 대학을 대상으로 등록 특허의 특성을 검토하여 개별 대학에 대한 분석내용을 보완할 것이다.

1. 바이-돌 법의 영향 : 캘리포니아 주립대학교, 스탠퍼드대학교, 컬럼비아대학교의 사례

1) 캘리포니아 주립대학교

컬럼비아대학교와 달리 캘리포니아 주립대학교는 바이-돌 법이 제정되기 오래전부터 잠재적·상업적으로 유용한 연구결과를 위한 교수 발명

---

2 미국 대학기술이전협회(AUTM)가 미국 대학의 2000년도 기술료 수익에 대해 순위를 매긴 보고서에 의하면 컬럼비아대학교는 9천5십만 달러로 1위, 캘리포니아 주립대학교는 7천6백4십만 달러로 2위, 그리고 스탠퍼드대학교는 3천7백9십만 달러로 5위를 차지했다. 플로리다 주립대학교는 5천4백1십만 달러로 3위, 예일대학교는 3천8백5십만 달러로 4위를 차지했다(AUTM, 2000, 97쪽; 1996년 달러 기준).

신고 제도를 이미 시행하고 있었다. 연구결과에서 도출된 특허를 상업적으로 활용하도록 지원하는 제도는 1943년부터 시행되었고, 대학이 교수의 발명을 승계하는 것은 사안별로 결정되었다. 특허·기술이전 활동은 법무부서General Counsel's office의 소관이었고, 법무부서는 후에 특허부Patent Office의 설립을 주도했다. 1952년 대학 이사회Board of Regents는 대학이 소유하고 있는 발명으로 벌어들인 수익을 캘리포니아 주립대학교 총발전기금General Endowment Pool에 투자하기 위해 대학 특허 펀드University Patent Fund를 만들었다. 이 펀드로부터 벌어들인 수익은 특허 활동과 연구에 재투자되었다.[3] 1963년에 대학 이사회는 "모든 교직원은 착상했거나 개발한 모든 발명과 기술이전을 특허위원회Board of Patents에 제대로 보고해야 한다"라는 규정을 채택했다.[4]

1976년에 캘리포니아 주립대학교 특허부를 특허·상호·저작권부Patent, Trademark, Copyright Office로 확대 개편했다. 1980년에 이르러서야 특허·상호·저작권부는 특허·기술이전 활동의 범위를 확장하기 위해 특

---

3 1975년 3월 10일, 캘리포니아 주립대학교의 총장 찰스 히치(Charles J. Hitch)는 에드먼드 브라운 2세(Edmund G. Brown Jr.) 주지사에게 보낸 편지를 통해 "우리 대학은 기존의 특허 규정과 프로그램 개발의 가능성에 대해서 1930년대에 처음으로 검토했다. 그러나 그 구상은 연방정부가 대규모로 연구를 지원하고, 연구 계약 하에서 발명이 산출되기 시작하던 제2차 세계대전 발발 시점까지는 충분한 추진력을 갖지 못하였다."(총장실의 기록물 보관소)

4 '특허위원회'는 캘리포니아 주립대학교 교수들과 직원들로 구성된 위원회로서 특허부를 감독하는 역할을 하고 있다. 1973년에 개정된 대학의 특허관리 규정은 "대학 시설을 사용하지 않으며 허가를 받은 자문 활동의 결과를 제외하고는 모든 교직원의 발명과 특허에 대한 권리를 캘리포니아 주립대학교 법인이 소유한다"고 명시하고 있다. 이 규정은 "대학 법인은 보호용 특허를 획득하는 것에는 반대하며, 해당 특허를 획득하는 것이 대학에 중요하다는 것을 발명자가 증명할 수 없다면 그러한 특허를 획득하지 않을 것이다"는 점도 강조하고 있다. 이 정책 의지에도 불구하고, 기술이전부서의 데이터에 따르면 캘리포니아 주립대학교의 특허관리자들은 1970년대 중반까지 교수 발명을 특허로 보호하기 위해 적극적으로 노력하였다.

허법과 기술이전에 전문성을 갖춘 직원을 채용했다. 1985년에 대학 본부는 특허위원회를 폐지하고, 1986년에 기술이전 수익을 캠퍼스별로 분배하는 정책을 채택했다.[5] 특허·상호·저작권부의 직원은 1977~1978년에 4명이었지만 1989~1990년에는 43명으로 늘어났으며, 1991년에는 기술이전부Office of Technology Transfer로 명칭이 변경되었다. 1990년 버클리 캠퍼스와 로스앤젤레스 캠퍼스는 특허와 기술이전 제도의 전문성을 제고하기 위해 대학 본부의 기술이전부와는 독립적인 부서를 설치했다. 2002년 현재, 6개 캠퍼스(버클리, 로스앤젤레스, 샌디에이고, 어바인, 데이비스, 샌프란시스코)는 독립적인 기술이전부서를 설치해 운영하고 있다.[6]

〈그림 6-1〉 1975~1990년 캘리포니아 주립대학교 발명신고 현황

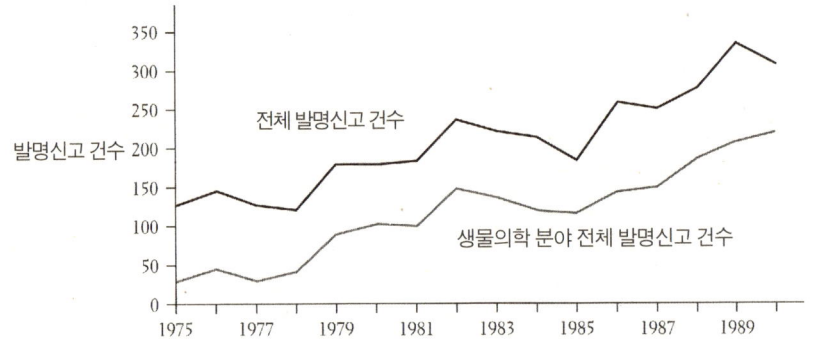

5 역주─캘리포니아 주립대학교는 Berkeley, Davis, Irvine, Los Angeles, Merced, Riverside, San Diego, San Francisco, Santa Cruz and Santa Barbara 등에 위치한 모두 10개의 캠퍼스가 하나의 대학을 이루고 있으며, 이를 University of California System이라고도 부른다.
6 주 정부에 기술이전 수익의 일부분을 계속 납입하고 있는 이 '독립적인' 기술이전부서는 그 부서가 설립된 이후로 신고된 발명, 신고된 발명에 수반하는 이윤과 지출에 대한 책임을 맡고 있다. 캘리포니아 주립대학교 전체를 총괄하는 기술이전부서는 지속적으로 캘리포니아 주립대학교 모든 캠퍼스의 발명신고, 특허, 기술이전에 대한 데이터를 수집하고 관리하고 있다.

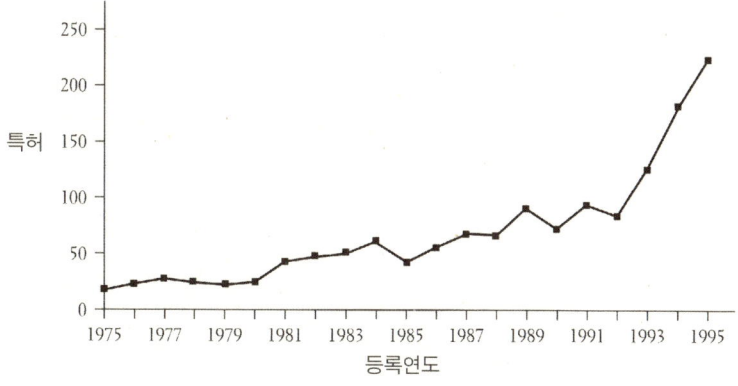

〈그림 6-2〉 1975~1995년 캘리포니아 주립대학교 연도별 특허 등록 현황

　캘리포니아 주립대학교는 바이-돌 법이 제정되기 전에 이미 특허·기술이전 활동을 활발히 추진하고 있었기 때문에, 바이-돌 법 제정 이전의 1975~1979년 기간과 법 통과 이후의 1984~1988년 기간을 비교하면 바이-돌 법의 영향을 검증해 볼 수 있다. 1984~1988년 기간 동안 연평균 발명신고 건수는 거의 237건으로 1975~1979년 기간의 평균 수준(연간 140건)을 현저하게 상회하고 있다. 마찬가지로 1975~1979년 기간의 연평균 등록 특허 건수는 22건이며 1984~1988년 기간에는 58건이다. 바이-돌 법 이후에 연간 발명신고 건수와 특허 건수가 더 높게 나타났다(그림 6-1과 6-2). 그러나 연간 발명신고 건수가 증가하는 시기를 살펴보면 이러한 증가에 영향을 미친 요인이 바이-돌 법 외에 더 중요한 요인이 있다는 것을 알 수 있다.

　〈그림 6-1〉의 연평균 발명신고 건수는 바이-돌 법이 제정되기 전에 증가했다. 실제로 1974년부터 1988년까지 전체 기간 동안 연간 발명신고 건수 증가율이 가장 큰 시기는 바이-돌 법이 통과되기 전인 1978~1979년이다. 발명신고가 증가한 것은 1970년대에 캘리포니아 주립대학교 샌

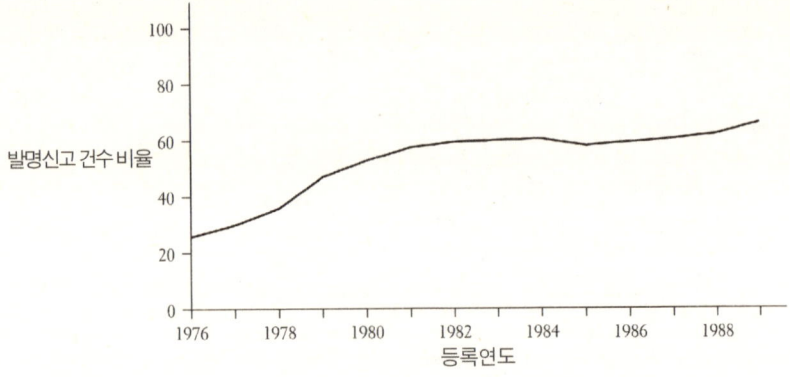

〈그림 6-3〉 1975~1790년(3년 평균 변동치) 캘리포니아 주립대학교의 전체 신고 건수 대비 생물의학 분야 발명신고 건수가 차지하는 비율 변화

프란시스코 캠퍼스에서 일어난 생명과학 분야의 중요한 발전 때문이거나 바이–돌 법과는 무관하게 기술이전부서의 조직과 활동이 변화했기 때문이라고 할 수 있다. 예를 들어 캘리포니아 주립대학교와 스탠퍼드대학교의 다른 어떤 발명보다 더 많은 기술이전 수익을 올린 코헨-보이어 Cohen-Boyer DNA 재조합 기술은 1974년에 발명을 신고하여 1978년에 여러 건의 특허를 출원했고 1980년에 특허로 등록되었다.

1980년 이후 캘리포니아 주립대학교의 특허 · 기술이전 활동에서 생물의학 분야가 차지하는 비중이 가장 크기 때문에, 바이–돌 법 전후의 추세에 대한 분석은 생물의학 분야의 발명신고, 특허, 그리고 기술이전에 초점을 맞춘다. 〈그림 6-3〉을 보면 바이–돌 법이 통과되기 전 1970년대 중반부터 캘리포니아 주립대학교에 신고된 발명 중에서 생물의학 분야 발명의 비중이 증가하기 시작했다. 1975~1979년 기간에 생물의학 분야의 발명신고 건수는 캘리포니아 주립대학교 전체 발명의 33%를 차지했고, 같은 기간 동안 신고된 발명에 의해 등록된 특허의

60%를 차지했다. 같은 기간 동안 신고된 발명에 대해서 생물의학 분야 특허는 기술이전된 특허의 70%를 차지했고, 생물의학 분야 발명은 기술료 수익의 59%를 차지했다. 1984~1988년 동안에 생물의학 분야 발명은 동일한 기간에 신고된 전체 발명의 60%, 특허의 65%, 기술이전된 특허의 74%, 그리고 기술료 수입이 있는 발명의 73%를 차지할 정도로 큰 비중을 차지했다.

1975~1990년의 기간 동안 캘리포니아 주립대학교 특허·기술이전 활동을 주도했던 생물의학 분야의 발명신고 건수는 바이-돌 법이 제정되기 전부터 증가하기 시작했다. 캘리포니아 주립대학교 기술이전 계약의 구성이 변화하고 있다는 또 하나의 증거는 〈표 6-1〉과 〈그림 6-7〉에 나타난다. 〈표 6-1〉은 바이-돌 법 전후 기술이전 수익은 소수의 발명에서 집중적으로 발생했다는 점과 1970~1995년 기간의 실질 달러가치로 환산한 총수익의 50배 이상에 이를 정도로 눈에 띄게 증가했다는 것을 보여준다. 캘리포니아 주립대학교의 발명 '상위 5건'은 기술이전 총수입에서 차지는 비중은 1970~1995년 기간 동안 감소했는데, 1970년에 거의 80%, 1995년에는 66%까지 감소했고 1985년에는 47%까지 감소했다.

〈표 6-1〉은 캘리포니아 주립대학교의 발명 '상위 5건'이 농작물 변이와 농기계를 포함한 농업분야 발명에서 생물의학 분야 발명으로 일관되게 변동하고 있음을 보여준다. 세 대학 중 캘리포니아 주립대학교만이 농업분야의 연구에 대규모의 연구비를 투자하고 있다. 1970년대에 캘리포니아 주립대학교에서 수익을 올리는 발명 상위 5건 중 대부분은 농업분야였다. 그러나 농업분야의 비중은 1980대에 접어들어 감소하기 시작했다. 생물의학 분야의 발명은 1975년 상위 5건의 수익에서 차

〈표6-1〉 1970~1795년, 캘리포니아 주립대학교, 스탠퍼드대학교, 컬럼비아대학교의 기술이전 수입 현황

기관	회계연도					
캘리포니아 주립대학교	1970	1975	1980	1985	1990	1995
총수익(1996년 달러기준, 천 달러)	1,245.0	1,605.6	2,329.6	4,273.3	14,454.6	63,925.8
기술이전 수익 '상위 5건'의 수익 (1996년 달러기준, 천 달러)	982.4	1.173.4	1,182.3	2,025.1	7,892.8	42,211.4
총 수익에서 '상위 5건' 수익의 비중(%)	79	73	51	47	55	66
'상위 5건'의 수익에서 생물의학 분야 발명 수익의 비중(%)	34	19	54	40	91	100
'상위 5건'의 수익에서 농업분야 발명 수익의 비중(%)	57	70	46	60	9	0
스탠퍼드대학교	1970	1975	1980	1985	1990	1995
총 수익(1996년 달러기준, 천달러)	196.9	919.9	1,183.8	5,339.4	16,110.8	39,119.1
기술이전 수익 '상위 5건'의 수익 (1996년 달러기준, 천달러)		632.4	1,023.7	3,669.1	12,230.0	33,062.7
총 수익에서 '상위 5건' 수익의 비중(%)		69	86	69	76	85
'상위 5건'의 수익에서 생물의학 분야 발명 수익의 비중(%)		87	40	64	84	97
컬럼비아대학교	1970	1975	1980	1985	1990	1995
총 수익(1996년 달러기준, 천달러)				591.7	7,536.6	34,705.6
기술이전 수익 '상위 5건'의 수익 (1996년 달러기준, 천달러)				584.7	6,950.5	32,681.0
총 수익에서 '상위 5건' 수익의 비중(%)				99	92	94
'상위 5건'의 수익에서 생물의학 분야 발명 수익의 비중(%)				81	87	91

지하는 비중이 19%에 불과했지만, 1995년에 이르러 (1996년 달러 기준으로) 4천만 달러 이상의 기술이전 수익을 올린 발명은 모두 생물의학 분야였다. 앞에서 지적한 것처럼 생물의학 분야 발명이 차지하는 비중은 바이-돌 법이 통과되기 이전부터 증가하기 시작했다. 즉, 기술이전 수익 '상위 5건' 중 생물의학 분야 발명의 비중은 1975년 20% 이하에서 1980년에는 50% 이상으로 크게 증가했다. 〈그림 6-7〉는 1975부터 1995년까지 전체 기술이전 수익에서 생물의학 분야에서 체결된 발명의 기술이전으로 인한 수익이 차지하는 비중이 바이-돌 법이 효력을 발휘하기 전부터 증가하고 있다는 것을 보여준다.

2) 스탠퍼드대학교

제3장에서 지적한 것처럼 닐스 라이머스의 '기술이전 프로그램'의 실험이 성공한 이후 1970년에 공식적으로 설립된 스탠퍼드대학교의 기술이전부서Office of Technology Licensing, 이하 OTL은 1970년대에 특허·기술이전 활동을 활발하게 추진했다. 1970년 4월에 제정된 스탠퍼드대학교의 특허 규정에 의하면, "용역계약의 내용, 연구지원 과제의 규정 또는 특별히 문서화 되어 있는 협약 내용을 제외하고 교수와 직원 그리고 학생은 그들이 창출한 발명에 대한 모든 권리를 소유할 수 있다." 따라서 OTL 설립 후 25년 동안 교수의 발명은 자신의 선택에 따라 교수가 직접 관리하거나 OTL이 승계해서 관리했다.

1994년 스탠퍼드대학교는 교수 발명에 대한 규정 중 중요한 두 가지를 변경했다. 첫째, "대학의 자원을 이용하여 개발한 발명의 소유권은 모두 스탠퍼드대학교가 소유한다."[7] 둘째, "대학 업무의 일환으로 개발되었거나, 외부 지원의 유무와 상관없이 대학의 자금에 의해 지원받은 과제로 개발된 소프트웨어에 대한 권리는 대학에 귀속된다."[8]

컬럼비아대학교는 발명신고 의무 제도를 1984년부터 시행했지만 스탠퍼드대학교는 1994년부터 시행했다. 그러나 1970~1980년 기간 동안 스탠퍼드대학교는 특허·기술이전 활동을 위해 컬럼비아대학교보다

---

[7] 대학 특허 규정의 변경과 함께, OTL 자문 위원회의 1933년 내부 연구에 의하면, "OTL은 '통상실시 기술이전 우선'의 원칙에 의해 제약되지 않아야할 필요가 있다."(Stanford Office of Technology Licensing, 1994, p.2)

[8] 대학의 지원으로 특허권을 획득한 모든 발명의 소유권을 대학이 갖는 정책에 대한 교수 집단의 민감한 반응을 고려하여 스탠포드대학교는 OTL의 내부 규정을 통해 "책, 논문, 대중적 비소설작품, 소설, 시, 작곡, 그 밖의 예술적 창작물"에 대한 저작권은 제외하였다 (위의 보고서, p.1).

〈그림 6-4〉 1975~1990년 스탠퍼드대학교의 발명신고 건수 현황

훨씬 정교한 특허부서를 운영했다. 1970년대와 1980년대에 스탠퍼드대학교의 기술이전 활동 규모가 확대된 것은 교수 발명 중 상당수가 OTL에 신고되었다는 것을 의미한다.

스탠퍼드대학교 OTL의 자료를 분석하면 바이-돌 법 전후 주요 사립 연구중심 대학의 특허·기술이전 활동에 대해 몇 가지 의미심장한 사실을 알 수 있다. 또한, 이 자료는 컬럼비아대학교의 상황과 유사하게 스탠퍼드대학교의 특허·기술이전 활동이 성장한 것은 바이-돌 법뿐만 아니라 다른 요인의 영향 때문이라는 것을 보여준다. 〈그림 6-4〉는 1975~1990년 기간 동안 스탠퍼드대학교의 발명신고 경향을 보여준다. 스탠퍼드대학교 OTL이 접수한 발명신고의 연간 평균 건수는 바이-돌 법 이전인 1975~1979년 기간에 74건에서 1984~1988년의 기간에 149건으로 증가했다. 〈그림 6-5〉는 1975~1995년 기간에 등록된 특허 수를 보여준다. 연평균 등록 특허 건수는 1975~1979년에 13건에서 1984~1988년에 42건으로 증가했다. 1979년부터 1980년 사이에 발명신고 건수가 급증한 것과 같이 연간 발명신고 건수에서는 '바이-돌 법 효과'의 증거가

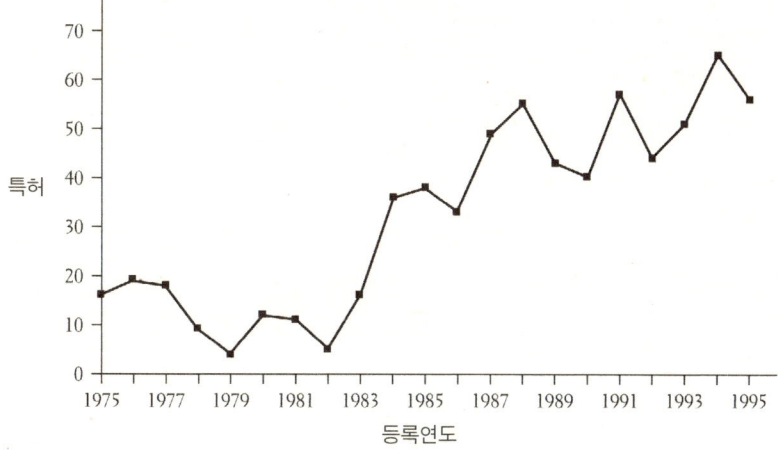

〈그림 6-5〉 1975~1995년 스탠퍼드대학교의 특허 등록 건수 현황

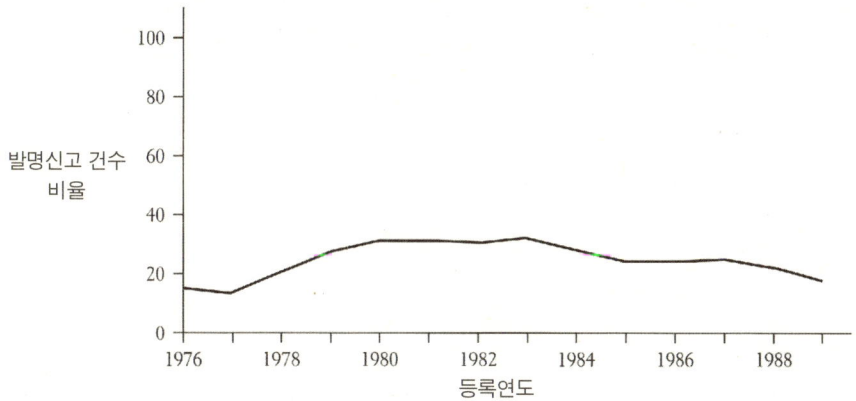

〈그림 6-6〉 1975~1990년(3년 평균 변동치) 스탠퍼드대학교의 전체 신고 건수 대비 생물의학 분야 발명신고 건수가 차지하는 비율 변화

캘리포니아 주립대학교보다 스탠퍼드대학교에서 더 명백하지만, 1977년부터 1978년까지 발명신고 건수가 증가한 것을 보면 연간 발명신고 건수는 바이-돌 법 시행 이전에 이미 증가하고 있었다는 것을 의미한다. 〈그림 6-4〉와 〈그림 6-6〉에 의하면 스탠퍼드대학교 발명 자산에서 생

물의학 분야 발명의 비중은 바이-돌 법이 통과되기 이전부터 커지기 시작했다. 〈그림 6-4〉은 생물의학 분야의 연간 발명신고 건수는 1978~1980년에 뚜렷이 증가하기 시작했고, 전체 발명신고 건수에서 생물의학 분야 발명신고가 차지하는 비율은 1977년부터 1980년까지 점진적으로 증가했으며, 1980년 이후에 일정한 수준으로 유지되다가 1983년 이후에 감소했다(그림 6-4와 그림 6-6). 바이-돌 법 이전에 생물의학 분야 발명의 증가율은 스탠퍼드대학교가 캘리포니아 주립대학교보다 더 완만하지만 그 경향은 비슷하다.

〈그림 6-7〉은 스탠퍼드대학교의 기술이전 계약의 추세가 같은 기간 동안 캘리포니아 주립대학교와 비슷한 수준이라는 점을 뚜렷하게 보여준다. 캘리포니아 주립대학교에 비해서 뚜렷하지도 않고 변동폭도 더 크지만 스탠퍼드대학교의 (소프트웨어 분야 이외의) 기술이전에서 생물의학 분야 발명이 차지하는 비율은 증가했다.[9] 〈표 6-1〉을 보면 스탠퍼드대학교 발명 '상위 5건'이 올린 수입에서 생물의학 분야 발명이 차지하는 비율은 1980년에 40%이고 다른 해에는 그 이상이라는 것을 알 수 있는데, 이것은 바이-돌 법 이전에 이들 발명이 상당히 중요했다는 점을 의미한다. 이 비율은 1995년까지 96% 이상으로 증가했다. 스탠퍼드대학교의 기술이전 수입은 1970~1995년 동안에 거의 200배나 증가했고, 1980~1995년 동안 캘리포니아 주립대학교의 발명 '상위 5건'보다 스탠

9　〈그림 6-7〉에는 코헨-보이어(Cohen-Boyer) 특허에 대한 기술이전 실적이 제외되어 있다. 이 특허는 캘리포니아 주립대학교와 스탠퍼드대학교 두 기관을 대표하여 스탠퍼드대학교 OTL이 관리하였다. 엄밀하게 말해서 이 특허의 기술이전 수입료는 캘리포니아 주립대학교와 스탠퍼드대학교가 나눠 가지기 때문에 이 기술이전 실적도 두 기관 모두에게 돌아가야 한다. 이렇게 수익성이 좋은 기술이전 실적을 제외했기 때문에 〈그림 6-7〉에서 1980년대에 스탠퍼드대학교와 캘리포니아 주립대학교의 기술이전 실적에서 생명의료과학 분야는 축소되어 있다.

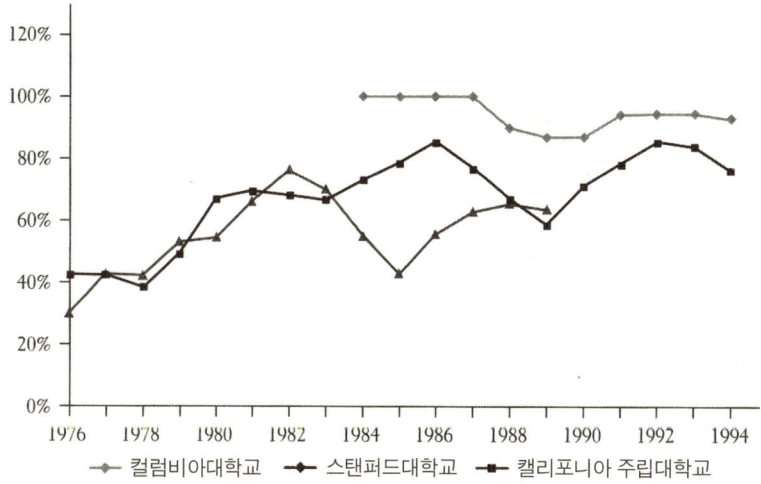

〈그림 6-7〉 1975년부터 1995년까지의 컬럼비아대학교, 스탠퍼드대학교, 캘리포니아 주립대학교의
기술이전 계약 실적에서 생물의학 분야 기술이 차지하는 비율(코헨-보이어 기술과 소프
트웨어 기술이전은 제외, 3년 평균 변동치). 컬럼비아대학교의 데이터는 1983년부터
1995년까지(1981년 컬럼비아대학교의 기술이전 실적은 모두 생물의학 분야의 기술이
며, 1982년에는 컬럼비아대학교의 기술이전 실적이 없음), 스탠퍼드대학교의 데이터는
1975년부터 1990년까지를 포함함.

퍼드대학교의 발명 '상위 5건'이 총수입에서 차지하는 비율이 더 컸다.

스탠퍼드대학교와 캘리포니아 주립대학교의 발명과 기술이전 자산
의 구성은 바이-돌 법 이전에 생물의학 분야 중심으로 변화했다. 바이
-돌 법은 이 두 기관의 특허·기술이전 활동을 촉진시켰고, 그 구성을
변화시킨 중요한 요인이었지만 결정적인 요인은 아니다.

캘리포니아 주립대학교와는 달리 스탠퍼드대학교는 소프트웨어 발
명이 연간 발명신고 건수의 10~15%를 차지한다. 1980년대 컬럼비아대
학교의 사례와 비슷하게 이 발명의 대부분은 특허화되지 않았고 따라
서 연간 특허 건수로 계산될 수 없었다. 1970년대와 1980년대에 스탠퍼
드대학교의 기술이전 활동에서 소프트웨어 발명의 중요성은 커졌다.

1974년에서 1979년 사이 발명신고된 후 8년 이내에 기술이전된 41건의 발명 중 단지 2건(5% 이하)만이 소프트웨어 발명이었는데, 1984년에서 1988년 사이에는 20% 이상으로 증가했다. 이러한 소프트웨어 발명(예를 들면 WYLBUR 운영 체제)은 1980년대에 스탠퍼드대학교 '소프트웨어 유통 센터Software Distribution Center'를 통해 연구기관에 통상실시 조건으로 기술이전 되었고, 기술료는 대부분 소액의 일시불로 처리되었다.[10] 시설물 내의 복수의 단말기에서 사용할 수 있도록 허용한 '사이트라이선스site license' 때문에 스탠퍼드대학교의 소프트웨어 기술이전 계약 건수는 오류가 많기 때문에 기술이전 계약 중 소프트웨어가 차지하는 비율은 정확성이 다소 떨어진다. 그렇지만, 컬럼비아대학교와 마찬가지로 스탠퍼드대학교의 기술이전된 발명의 상당 부분(연간 기술이전 계약의 경우 최소 10~20% 그리고 총이윤의 경우 이보다 약간 적은 정도로)은 바이-돌 법이 시행되고 있었지만 1980년대에는 특허화되지 않은 발명이 차지했다.

3) 컬럼비아대학교

바이-돌 법 제정 이전에 컬럼비아대학교 특허정책의 핵심은 1944년도에 제정된 '연구 규정과 특허 절차'에 명시되어 있다.[11] 컬럼비아대

---

10 OTL의 소프트웨어 유통 센터가 수년간 관리하였던 이 '사이트라이선스'에 의한 기술이전 수익의 상대적인 규모는 OTL의 1988~89년 보고서에 인용된 데이터를 통해 알 수 있다. 이 데이터에 의하면, 소프트웨어 기술이전 수익은 OTL의 소프트웨어 유통 센터에 의한 직접적인 소프트웨어 유통에 의한 수익(515건의 라이센스 이용으로 453,581달러)과 상업적 중개업자가 지불한 기술료(소프트웨어 기업, 컴퓨터 회사, 출판사 등에 받은 40건의 유통 라이센스 비용인 420,000달러)로 구분하였다(스탠퍼드대학교 기술이전전담부서, 1990, p.4). 아쉽게도 우리는 이 두 가지 유통 경로간의 소프트웨어라이센스를 일관되게 지속해서 구분할 수는 없었다.

학교는 교수들이 자유롭게 자신의 연구발명을 특허화할 수 있도록 허용했지만, (연구비의 재원과는 상관없이) 의과대학에서 창출된 연구결과에 대해서는 특허화를 금지했다. 의과대학 이외의 교수는 자신의 발명을 특허화하고 관리하기 위해서 RC를 활용했다. 1944년도 규정은 거의 변함없이 유지되다가 1975년에 이르러서야 의학 분야 발명의 특허화를 금지하는 조항이 삭제되었다. 1960년대 후반 교수 발명의 소유권에 대한 대학 경영진 사이에 논의되기 시작했고, 1970년대에 논의가 확대되었지만, 바이-돌 법이 통과될 때까지 공식적인 변화는 없었다.

2차 세계대전 이후 30년 동안 교수 연구결과의 특허화에 대한 컬럼비아대학교의 자유방임주의 정책은 특허 업무를 처리할 행정조직이 없었다는 것을 의미한다. 1970년대 후반부터 컬럼비아대학교는 대학 연구자들과 RC 사이의 특허관리에 더욱 깊게 개입하기 시작했고, 잠재적으로 특허화할 수 있는 발명에 대한 정보를 축적하기 위한 아카이브를 구축했고, 연방정부 연구비 지원으로 창출된 발명에 대한 특허권을 소유하겠다고 연구지원기관에 청원했다. 사실 컬럼비아대학교는 바이-돌 법이 통과되기 전 그리고 기술이전부서가 설립되기 전에 액셀 상호형질변형Axel cotransformation 발명에 대한 특허를 출원했는데, 이 발명은 1981년 이후 기술이전 수입 중에서 가장 큰 비중을 차지했다(액셀 상호형질변형 발명과 특허에 대한 더 자세한 설명은 제8장을 참조하기 바람). 하지만, 특허에 대한 자유방임정책으로 인해 1975년부터 1981년 사이 획득한 특허는 10건 이하에 불과했다.

---

11 M. M. Crow, A. C. Gelijns, R. R. Nelson, H. J. Raider, and B. N. Sampat., "Recent Changes in University-Industry Research Interactions: A Preliminary Analysis of Causes and Effects", Unpublished Working Paper, School of International and Public Affairs, New York: Columbia University, 1998.

컬럼비아대학교는 바이-돌 법이 제정된 이후에야 교수 특허에 대한 정책을 변경했고 특허·기술이전 활동을 담당하기 위한 행정 조직을 만들었다. 새로운 특허정책은 1981년 7월 1일(바이-돌 법이 발효된 날짜)부터 시행되었는데, 대학 실험실 또는 연구 시설에서 개발된 교수 발명에 대한 소유권을 대학 본부가 주장할 수 있게 되었고, 발명의 신고 의무를 명시했고, 기술이전 수입은 발명자와 해당 학과에 분배하도록 했다. 1984년에 이와 같은 특허정책은 교수들을 위한 안내책자로 출판되었다. 1989년에 컬럼비아대학교 교수의 발명에 대한 권리를 대학이 소유한다는 정책은 확대되어 소프트웨어에도 적용되었다. 컬럼비아대학교에서 개발된 발명은 1982년에 설립된 기술이전부서Office of Science and Technology Development, OSTD에 신고하도록 되어있다. 컬럼비아대학교 OSTD는 1994년 '이노베이션엔터프라이즈Innovation Enterprise'로 명칭을 변경했고, 2001년에 '사이언스엔테크놀러지벤처스Science and Technology Ventures, S&TV'로 명칭이 다시 변경되었다.

〈그림 6-8〉은 1980년대에 컬럼비아대학교의 발명신고 건수가 빠르게 증가했음을 보여준다. 대부분의 대학 연구 프로그램은 점진적으로 변화하기 때문에, 발명신고가 이렇게 변화하기 시작한 것은 대학기술이전부서가 이미 수행하고 있는 연구과제에서 만들어진 발명 중 해당 교수와 심도 깊은 상담을 통해 잠재적으로 가치 있다고 평가된 발명이 포함되었을 것이다. 1981년부터 1995년 사이에 발명신고된 877건 중 거의 75%는 생물의학 분야, 생물공학기술, 의료기기, 약제, 생화학 합성물 관련 기술이다. 생물공학 분야의 발명은 전체 생물의학 분야 신고된 발명의 60%를 차지했다.[12] 1980년 이전의 상황에 대한 자료는 없지만, 1980년 이후 컬럼비아대학교의 발명신고와 특허 활동에 대한 자료

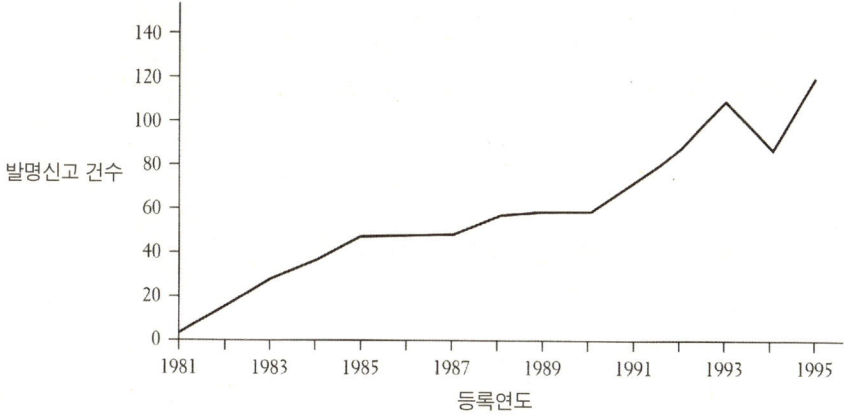

〈그림6-8〉 1981~1995년 컬럼비아대학교의 발명신고 건수 현황

〈그림6-9〉 1981~1995년 컬럼비아대학교의 특허 등록 건수 현황

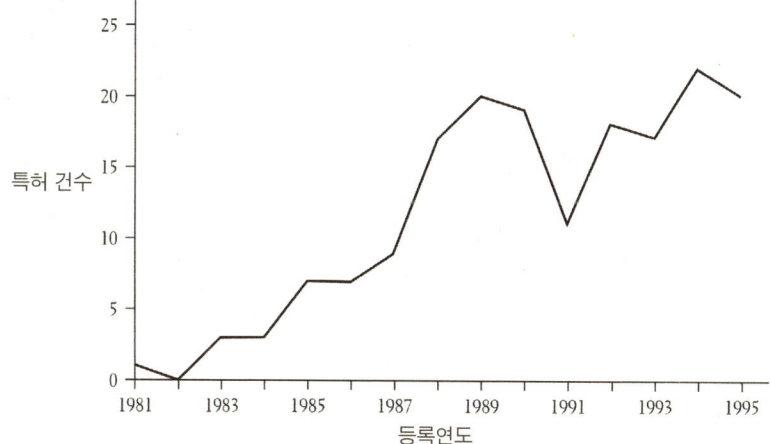

12 생명공학 발명이 특허로 등록된 생물의학 발명의 45%와 기술이전된 생물의학 발명의 약 70%를 차지하였다.

를 통해 바이-돌 법 제정 통과 이전부터 컬럼비아대학교의 특허 · 기술이전 활동이 증가하기 시작했다는 것을 알 수 있다.

의과대학을 제외하고 컬럼비아대학교의 발명 활동은 연방정부 연구개발 지원에 의존하고 있는 소수의 학과와 연구소에 집중되어 있다. 1981~1995년에 생물의학 이외의 분야에서 신고된 발명의 60%와 생물의학 이외의 분야 발명을 통한 특허 출원의 65% 이상이 전기공학과, 컴퓨터과학과, 원거리통신 연구센터 그리고 라몽-도허티Lamont-Doherty 지구 관측센터에서 나왔다. 소프트웨어 발명은 1990년대까지의 전체 발명신고의 10% 이상을 차지하고 있고, 기술이전 계약의 상당 부분을 차지하고 있다. 〈그림 6-9〉를 살펴보면 발명신고의 증가가 특허의 증가 시기보다 약간 앞서고 있음을 알 수 있다.

〈표 6-1〉은 실질 달러가치로 환산한 총 기술이전 수입이 1985년부터 1996년 사이 10년 동안 거의 60배나 급등한 것을 보여준다. 기술이전 수입은 소수의 발명에 집중되어 있는데, '상위 5건'의 발명이 이 기간 동안 총수입의 90% 이상을 차지했다. 1985년부터 1995년까지의 기간 동안 생물의학 분야는 '상위 5건' 발명으로 도출된 기술이전 수입의 80% 이상을 차지했다(표 6-1).[13] 생물의학 기술은 1983년부터 1995년까지 소프트웨어 분야 이외의 기술이전의 대부분을 차지했다(그림 6-7).

1980년 이후 대학 재정과 연구가 진행되고 있다고 전제했을 때, 바이

---

13 컬럼비아대학교는 1980대에 소프트웨어 발명에 대한 기술이전 건수의 증가를 또한 경험했다(통상실시로 기술이전된 발명이 많은 비중을 차지함). 소프트웨어 라이센스는 1988년 이후 컬럼비아대학교의 기술이전 계약의 50% 이상을 차지하고 있다. 그런데 이 라이센스들의 대부분은(총 648건 중 420건) 하나의 소프트웨어 발명과 연관되어 있다. 게다가 이 소프트웨어 발명에 의한 라이센스의 420건 중 300건 이상이 대학 등 학술연구 기관에 이전되었다. 이는 스탠퍼드대학교의 상황과도 유사하다(이하 참조).

-돌 법이 없었다면 컬럼비아대학교의 특허·기술이전 활동은 어떻게 되었을까라는 질문은 우리의 흥미를 돋운다. 바이-돌 법이 없었더라도 컬럼비아대학교의 연구결과, 특히 생물의학 분야의 연구결과에 대한 산업계의 관심이 늘어남에 따라 컬럼비아대학교는 대규모 기술이전 수입을 기대하고 특허·기술이전 활동을 관장할 행정기구를 발전시켰을 것이다. 우리가 앞에서 살펴본 것처럼 컬럼비아대학교는 바이-돌 법이 제정되기 전에 이미 특허·기술이전 활동을 추진해 왔다. 그러나 바이-돌 법에 담겨 있는 연방정부의 정책 변화는 촉매제로서 대학의 특허정책을 훨씬 극적으로 변화시켰다.

컬럼비아대학교에 대한 바이-돌 법의 영향과 관련하여 1980년 이후 기술이전 활동에서 소프트웨어의 역할에 대해서도 검토할 필요가 있다. 1980년대에 컬럼비아대학교가 기술이전한 모든 소프트웨어 발명은 바이-돌 법이 초점을 두고 있는 특허가 아니라 저작권copyright으로 보호되었다. 소프트웨어 기술이전은 기술 마케팅을 추진하기 위해 컬럼비아대학교가 고안한 새로운 형태의 기술이전이다. 소프트웨어 기술이전은 바이-돌 법에 담긴 특별한 정책의 변화에 의해 촉발된 것 아니라 생물의학 분야 연구와 같이 대학 연구 주제와 관련된 외부의 변화에 의해 촉발된 것이다. 바이-돌 법 지지자들은 효과적인 기술이전과 상업화를 위해서는 전용실시 기술이전이 중요하다고 강조했지만, 컬럼비아대학교는 통상실시를 조건으로 하는 기술이전 계약으로 많은 수입을 올렸고, 또한 가장 큰 수입도 역시 통상실시 기술이전 계약에서 나왔다는 사실이 시사하는 바가 크다고 할 수 있다.

4) 1980년대 후반 세 대학의 발명신고와 기술이전 비교

바이-돌 법 제정 이후 대학 사이의 유사점과 차이점을 알아보기 위해서 1986년부터 1992년까지 세 대학의 발명신고, 특허 및 기술이전 활동에 대한 자료를 비교하여 살펴보면 다음과 같다.[14] 〈표 6-2〉 상단의 자료에 의하면 스탠퍼드대학교의 경우 신고된 발명 중에서 기술이전이 성사된 비율이나 기술이전 수입이 발생한 비율이 컬럼비아대학교 또는 캘리포니아 주립대학교보다 더 높았지만, 세 대학의 발명신고는 상당히 유사하다.[15] 생물의학 분야에 한정하더라도 비교 결과는 거의 차이가 없다(표 6-2의 중간부분 자료).

세 대학 중에서 스탠퍼드대학교와 컬럼비아대학교가 기술이전한 소프트웨어 기술은 바이-돌 법 제정 이후에 특허권을 얻은 발명이 아니다. 발명신고 이후 6년 이내에 기술이전된 소프트웨어 발명 중에서 1986년

---

14 우리가 1997년까지만 데이터를 가지고 있으므로 '절단 오류(truncation bias)'의 문제를 해결하기 위하여, 우리는 발명신고 건수에 대해 6년 구간 분석기법(a six year 'trailing window')을 적용하였다. 다시 말하면, 이 분석에서 발명신고된 이후 6년 이내에 등록된 특허 또는 실시된 라이센스만을 포함하였다. 이러한 방법은 더 오래된 발명이 특허나 라이선스를 획득하는데 더 긴 시간을 확보할 수 있게 되어 생산성 지표에서 유리해지는 불평등 오류를 해결하기 위하여 주로 사용된다.

15 앞에서 언급하였듯이 스탠퍼드대학교의 소프트웨어라이선스의 대부분은 대학 등 학술연구기관에 대한 적은 금액의 기술료를 받는 '사이트라이선스'이다. 이는 전체 기술이전 수입에 현저한 영향을 주지 않으면서도 기술이전 수입을 가지는 발명의 비율을 증가시키고 있다. 게다가 스탠퍼드대학교의 발명신고와 라이센싱 데이터는 여러 유전물질의 '클론'에 대한 계약 건을 상당히 많이 포함하고 있다. 사실 본 연구에서 다루고 있는 기간 동안에 컬럼비아대학교와 캘리포니아 주립대학교의 데이터에서는 이런 계약 건은 거의 드물다. 이 라이선스는 '물질이전 계약'보다는 더 공식적이고 대부분 적은 기술이전 비용을 받는다. 그러나 스탠퍼드대학교 소프트웨어라이선스와 같이 우리의 연구 데이터에서 이러한 계약 건을 포함하게 되는데, 이는 기술이전된 발명의 비율을 높이거나, 전체 기술이전 수입에 상당한 영향을 주지는 않으면서 기술이전 수입을 갖는 발명의 비율을 높이게 된다.

기술 분야	기관		
	스탠퍼드 대학교	컬럼비아 대학교	캘리포니아 주립대학교
1986~1990(6년 구간) : 전체 기술 분야			
발명신고의 특허화 비율(%)	23.2	18.6	20.4
발명신고의 기술이전 비율(%)	33.2	16.4	12.3
기술이전 수입 만든 발명신고의 비율(%)	22.4	12.3	7.4
기술이전된 발명신고 중 기술이전 수입이 있는 건수 비율(%)	67.4	75.0	60.6
기술이전된 발명신고 중 전용실시 기술이전 비율(%)	58.8	59.1	90.3
1986~1990			
발명신고의 특허화 비율(%)	17.5	15.3	15.7
발명신고의 기술이전 비율(%)	38.7	17.3	14.8
기술이전 수입 만든 발명신고의 비율(%)	33.5	13.9	10.0
기술이전된 발명신고 중 기술이전 수입이 있는 건수 비율(%)	86.6	80.0	67.2
기술이전된 발명신고 중 전용실시 기술이전 비율(%)	54.9	62.9	90.3
1986~1990			
발명신고의 특허화 비율(%)	0	17.6	NA
발명신고의 기술이전 비율(%)	53.6	35.3	NA
기술이전 수입 만든 발명신고의 비율(%)	45.5	23.5	NA
기술이전된 발명신고 중 기술이전 수입이 있는 건수 비율(%)	84.7	66.7	NA
기술이전된 발명신고 중 전용실시 기술이전 비율(%)	46.3	16.7	NA

부터 1990년 사이에 스탠퍼드대학교가 기술이전한 소프트웨어 발명의 100%, 컬럼비아대학교가 기술이전한 소프트웨어 발명의 83%는 특허화하지 않은 발명이다.

바이-돌 법 이후의 기술이전에 대한 비교 평가에서 고려해야 할 또 다른 문제는 세계적 전용실시, 특정 사용 영역field-of-use 지정, 또는 시장 제한을 포함하는 내용의 '전용실시' 계약을 통해 기술이전된 발명이 차지하는 비율이다. 기술이전된 발명 중에서 캘리포니아 주립대학교는 90%, 스탠퍼드대학교는 58.8%가 전용실시 조건으로 기술이전되었다. 이러한 점유율은 생물의학 분야 발명에서도 유사했다. 소프트웨어 발명의 경우에는 당시 아마 기술에 대한 특허로서의 공식적 보호제도가 약했기 때문에 전용실시 조건으로 기술이전된 발명은 적었다. 1986년부터 1990년 사이에 스탠퍼드대학교에 신고된 소프트웨어 발명의 46%, 컬럼비아대학교에 신고된 소프트웨어 발명의 17%가 전용실시 조건으로 기술이전되었다.

하지만, 세 대학의 전체 수입 중에서 가장 큰 비중을 차지하는 기술이전 계약은 통상실시 기술이전 계약이다. 스탠퍼드대학교-캘리포니아 주립대학교의 코헨-보이어 특허는 광범위하게 또한 통상실시 조건으로 기술이전되었다.[16] 컬럼비아대학교의 액셀의 상호형질전환 특허도 역시 통상실시 조건으로 기술이전되었다. 바이-돌 법에 대한 논쟁 기간 동안 대학 발명에 대한 특허 보호를 지지하는 사람들은 기술의 상업적 개발을 원하는 지망자들이 중요한 투자에 대한 명확한 '전망'을 확보하기 위해 지식재산권에 대한 배타적인 권리를 필요로 한다고 주장했지만, 위 사례에서 드러난 것처럼 폭넓은 보장promise과 잠재적으로 광범위한 활용성을 지닌 발명에 대해서는 통상실시 기술이전이 대학의 이익과 핵심 지식재산권에 대한 접근 권한을 원하는 상업적 이용자의 수요를 모두 충족해 줄 수 있다(대학-기업간 기술이전의 구체적 사례에서 전용실시 기술이전의 역할에 대한 추가적인 논의는 제8장을 참고).

---

16 국가연구위원회(National Research Council) 워크샵에서 발표된 코헨-보이어 사례 연구인 'Intellectual Property Rights and Research Tools in Molecular Biology' 참조(National Research Council, 1997).

5) 캘리포니아 주립대학교와 스탠퍼드대학교의 특허·기술이 전 활동 : 1975~1979년 그리고 1984~1988년

이 장에서는 캘리포니아 주립대학교와 스탠퍼드대학교의 발명신고, 특허화, 기술이전에 대한 자료를 활용하여 바이-돌 법 제정 전후에 전개 된 기술 마케팅 활동을 살펴보고자 한다. 〈표 6-3〉의 자료는 1975~1979 년과 1984~1988년 기간에 위 두 대학의 기술 마케팅 활동의 강도를 측정 하여 보여준다. 특허 출원한 기술이 특허로 등록된 비율, 등록된 특허가 기술이전되는 비율, 그리고 흑자를 내는 기술이전 계약의 비율이라는 지 표를 통해 이 대학들의 기술 마케팅 활동의 생산성을 보여준다.[17]

〈표 6-3〉의 첫 번째 행은 바이-돌 법의 제정 전과 후에 신고된 발명 이 특허 등록에 성공한 비율인데, 두 기간 동안 캘리포니아 주립대학교 의 경우는 거의 동일했고, 스탠퍼드대학교의 비율은 약 15%에서 25% 이상(소프트웨어 제외시, 15.5%에서 29.8%로)으로 증가했다. 〈표 6-3〉의 두 번째 행을 보면, 바이-돌 법이 제정된 후 캘리포니아 주립대학교의 특 허 출원이 증가했다는 것을 알 수 있다. 신고된 발명 중에서 특허를 출 원한 발명의 비율은 24%에서 31% 이상으로 증가했다. 그러나 특허를 신청하는 경향이 강해짐에 따라 특허 출원이 특허 등록으로 이어진 비 율은 1975~1979년 기간에 62% 이상에서 1984~1988년 기간에 44%로

---

[17] 스탠퍼드대학교의 특허 출원 데이터는 축적되어 있지 않아서 사용할 수 없다. 그래서 우 리는 컬럼비아 주립대학교에 대해서만 특허 출원 관련 분석을 실시하였다. 〈표 6-3〉은 〈표 6-2〉보다 더 이른 시기를 조사한 분석 결과이기 때문에 우리는 바이-돌 법 전후에 스탠퍼드대학교와 캘리포니아 주립대학교의 특허와 기술이전에 대한 생산율과 생산성 을 비교하기 위해서 8년 구간 분석기법(발명신고 이후 8년 이내에 등록된 특허나 기술이 전 계약만을 포함)을 적용하였다.

〈표6-3〉 캘리포니아 주립대학교와 스탠퍼드대학교의 발명신고, 특허, 기술이전 현황(1975~1979, 1984~1988, 8년 구간)

지수	캘리포니아 주립대학교		스탠퍼드대학교 (소프트웨어 포함)		스탠퍼드대학교 (소프트웨어 제외)	
	1975~1979	1984~1988	1975~1979	1984~1988	1975~1979	1984~1988
마케팅 집중 지수						
1. (특허등록된 발명 건수)/ (발명 건수)	20.2	21.9	14.9	25.1	15.5	29.8
2. (특허출원된 발명 건수)/ (발명 건수)	24.0	31.2	NA	NA	NA	NA
3. (라이센스된 발명 건수)/ (발명 건수)	5.6	12.6	13.0	36.6	12.8	34.3
4. (수입이 발생한 라이센스 의 발명 건수)/(발명 건수)	4.6	5.0	9.8	22.0	9.5	17.9
마케팅 생산율 지수						
5. (등록특허 건수)/(출원 특허 건수)	62.1	43.6	NA	NA	NA	NA
6. (라이센스된 특허 건수)/ (등록특허 건수)	25.1	35.5	62.7	63.7	62.7	63.7
7. (수입이 있는 라이센스 건 수)/(라이센스 건수)	84.1	47.1	91.4	90.7	90.0	76.2

떨어졌고, 이는 특허 생산성의 감소를 의미한다(표6-3 다섯 번째 행 참조). 기술 마케팅의 강도와 특허 생산성에 대한 자료는 바이-돌 법 제정 이후에 캘리포니아 주립대학교 관리자들이 교수 발명을 보호하고 장려하기 위해 더욱 열심히 노력했음을 보여준다. 그러나 특허 출원이 특허 등록에 성공한 비율은 감소해 생산성이 낮아진 것으로 나타났다. 1980년대 이후에 스탠퍼드대학교에 신고된 발명 중 특허로 등록된 비율은 증가하였지만, 캘리포니아 주립대학교의 자료와 비교할 수 있는 자료가 부족하기 때문에 증가의 의미를 명확하게 파악하는 것은 어렵다. 다만, 이러한 증가는 교수 발명을 특허화하려는 대학 당국의 적극적인 노력에 상응하는 결과라고 할 수 있다.

〈표6-3〉의 3행, 4행, 6행, 7행은 바이-돌법 제정 이후 캘리포니아 주립

대학교와 스탠퍼드대학교가 전개한 기술 마케팅 노력의 '강도'와 '생산성'의 변화에 대한 추가적인 현황을 보여준다. 캘리포니아 주립대학교에 신고된 발명 중 기술이전되는 비율(3행)이 1975~1979년에 5.6%였는데 1984~1988년에 12.6%로 증가했고, 캘리포니아 주립대학교의 발명 중 기술이전되고 기술료를 벌어들이고 있는 발명의 비율(4행)은 1975~1979년에 4.6%에서 1984~1988년에 5%로 증가했다. 스탠퍼드대학교의 발명 중 기술이전된 비율은 1975~1979년 기간에 비해 1984~1988년 기간에 거의 세 배나 증가했다. 스탠퍼드대학교의 발명이 기술이전되어 기술료를 벌어들인 비율은 소프트웨어 발명이 포함되었을 때에 비해 두 배 이상(9.8%에서 22%로 증가)이었고, 소프트웨어를 제외하면 두 배(9.5%에서 거의 18%로 증가) 가까이 되었다.[18] 캘리포니아 주립대학교와 스탠퍼드대학교에서 1980년 이후에 기술이전된 발명의 증가율은 기술이전 수입을 내는 발명의 증가율을 능가하고 있다. 이 자료는 바이-돌 법 이후 두 대학의 기술이전 수익의 생산성이 다소 감소했음을 보여준다.

　기관 차원의 기술 마케팅의 생산성과 관련하여 기술이전된 특허의 비율(표 6-3의 6행)과 기술료 수입이 있는 기술이전의 비율(표 6-3의 7행)을 살펴보면 바이-돌 법 이후 생산성이 감소했음을 보여준다. 캘리포니아 주립대학교의 기술이전된 특허의 비율은 약 25%에서 35%로 증가했으나 수입이 있는 기술이전의 비율은 84%에서 47%로 거의 절반 수준으로 떨어졌다. 스탠퍼드대학교의 전과 후를 비교한 자료도 유사한 경향을 보여준다. 스탠퍼드대학교의 기술이전된 특허의 비율(소프트웨

18　컬럼비아 주립대학교의 발명신고와 기술이전 데이터는 소프트웨어 발명을 포함하고 있지 않기 때문에 가장 근접하게 비교 가능한 스탠퍼드대학교의 데이터는 소프트웨어 발명과 기술이전을 배제한 데이터이다.

어 발명을 제외한 맨 오른쪽 열의 수치로 캘리포니아 주립대학교와 비교 가능한 지표)은 약 63%에서 64%로 증가하여 거의 변화가 없다. 소프트웨어 발명을 제외한 (캘리포니아 주립대학교의 기술이전 활동과 비교 가능한) 스탠퍼드 대학교의 수입이 있는 기술이전의 비율[19]은 1975~1979년에 90%였는데 1984~1988년에 76%로 떨어졌다.[20]

전반적으로 위 자료는 바이-돌 법 이후 기술 마케팅 활동이 강화되고 있음을 보여준다. 바이-돌 법 이후 위 대학들은 보유한 특허의 범위를 확장하여 기술이전에 성공하는 경향을 보인다. 1980년 이후 한층 확대된 기술이전 활동으로 인해 기술료 수입이 벌어들이는 기술이전의 측면에서 보면 캘리포니아 주립대학교와 스탠퍼드대학교 모두 기술이전 생산성은 떨어진 것으로 나타났다. 그러나 두 대학기술이전부서의 기술이전 활동의 생산성이 감소했다는 사실이 기술이전 활동의 비효율성 또는 경제적으로 비합리적인 행태를 의미하는 것은 아니다. 즉, 기술이전 활동의 성과에 대해 평가하기 위해서는 평균 생산성보다는 전체적으로 이익이 되었는지를 평가하는 것이 더 중요하다. 더구나 위 대학들의 기술이전 활동의 생산성에 대한 측정결과로는 바이-돌 법의 제정 전과 후의 평균적 기술이전 또는 수익성이 높은 기술이전과 관련된 이윤 흐름의 규모를 파악할 수 없다.[21] 그럼에도 불구하고, 바이-돌

---

19 앞에서 언급한 것처럼 스탠퍼드대학교의 기술이전 데이터는 불완전하다. 게다가 기술이전 수입 데이터는 회계연도 기준으로 작성되었고 기술이전 계약에 대한 데이터는 일반적인 연도 기준으로 작성되어서 이 데이터들을 상호비교하기가 어렵다. 우리는 이러한 불일치를 해결하기 위해서 기술이전 수입과 계약 건수에 대한 데이터를 맞추려고 노력하였다. 하지만 〈표 6-3〉의 마지막 행에 있는 스탠퍼드대학교 데이터에 대해서는 이러한 점을 감안하여 주의 깊게 다루어야 한다.

20 다만 이 비율은 소프트웨어 발명이 이 데이터에 포함될 때 본질적으로 견고해진다. 스탠퍼드대학교의 소프트웨어 기술이전 데이터에 적은 금액이지만 기술이전 흑자 수입을 내는 수많은 학술적 '사이트라이선스'가 포함되기 때문이다.

법의 영향은 상대적으로 적게 나타난 것으로 판단되며, 이미 특허·기술이전 활동을 활발하게 전개하던 대학에 대한 영향은 별로 크지 않다고 할 수 있다.

2. 1975~1992년 사이 스탠퍼드대학교, 컬럼비아대학교, 캘리포니아 주립대학교 특허의 중요성과 보편성

캘리포니아 주립대학교와 스탠퍼드대학교의 기술 마케팅 활동의 강도와 생산성에 대한 자료에 의하면 바이-돌 법 제정 이후 10년 간 이 '경험 많은 대학'의 기술이전 노력은 점차 강화되었고 그 생산성은 감소했다. 특허·기술이전 활동의 이러한 변화는 바이-돌 법에 대한 대응으로 발생한 스탠퍼드대학교와 캘리포니아 주립대학교의 연구 성격의 변화를 반영하고 있는가? 바이-돌 법이 대학 연구, 특히 대학 내 토대fundamental 연구와 응용연구가 혼합되어 있는 대학 연구 활동에 미칠 수 있는 영향이라는 주제는 최근 증가하고 있는 실증 연구의 초점이 되고 있다. 이 주제와 관련하여 써스비 부부J. Thursby & M. Thursby는 비모수적 선형

---

21 스탠퍼드대학교와 캘리포니아 주립대학교의 기술이전 수입이 편중된 분포를 보이고 있다는 것은 기술이전 수입의 변화의 폭이 작다는 것을 의미하지만, 기술이전 계약 1건 당 평균 수입은 아마도 바이-돌 법 제정 이후에 증가하였을 것이다. 캘리포니아 주립대학교와 컬럼비아대학교의 기술이전 수입의 수준과 기술이전된 특허들의 특성 사이의 관계에 대한 분석은 Sampat & Ziedonis(2003) 연구를 참조.

계획 기법nonparametric linear programming techniques을 사용하여 1994년부터 1999년까지 대학의 상업적 활동이 증가한 것에 대한 영향요인을 학술 연구의 성격 변화라는 요인과 특허를 출원하고자 하는 대학의 성향 또는 대학 발명을 도입하고자 하는 기업의 성향 등과 같은 다른 변화 요인으로 구분하여 분석했다.[22] 이들은 1994년부터 1999년까지의 기간 동안 대학 교수의 연구 내용이 변화했다는 가설을 부정할 수 없었다. 그러나 이들의 분석에 의하면 최근 대학에서 특허·기술이전 활동이 증가하는 원인은 학술연구의 성격이 응용 지향적으로 변화했기 때문이 아니라 다른 변화, 특히 대학이 특허를 출원하려는 경향이 증가하기 때문이다.

대학 특허·기술이전 활동에 대한 또 다른 실증분석 연구는 특허를 내는 연구자와 특허를 내지 않는 개별 연구자의 특성을 비교한다. 만약 대학 특허화가 사실 기초연구를 '밀어냈다'고 한다면, 상대적으로 특허를 많이 내는 교수가 기초연구의 선도적 학술지 게재 논문의 수가 줄어들었어야 한다(또는 우수한 논문이 줄었어야 한다). 그러나 이 문제에 대한 제한적인 실증 연구에 의하면 특허를 내는 교수와 특허를 내지 않는 교수 사이에 그러한 차이가 거의 없는 것으로 나타났다. 주커L. Zucker, 다르비M. Darby, 암스트롱J. Armstrong[23]이 생명과학 분야에서 25명의 대학 '스타star' 과학자들을 분석한 결과, 특허를 가지고 있는 교수가 특허를 내지 않는 교수보다 다른 논문에 의해 인용된(그래서 과학적으로 더 중요하게 평가되는) 논문의 수가 확연히 많았다. MIT의 2개 학과에 소속된 교수들의 특허와

---

22 J. Thursby and M. Thursby, "Who Is Selling the Ivory Tower? Sources of Growth in University Licensing", *Management Science* 48, 2002.

23 L. Zucker, M. Darby, and J. Armstrong. "Inter-Institutional Spillover Effects in the Commercialization of Bioscience", ISSR Working Papers in Social Science 6.3, 1994.

논문을 분석한 애그러왈A. Agrawal과 핸더슨R. Henderson의 연구에 의하면 생명과학 외의 분야 교수들에 대해서도 유사한 결과가 나왔다.[24] 이들은 교수가 논문을 내는 것과 특허를 내는 것 사이에 부(−)의 상관관계가 있다는 증거는 발견하지 못했다. 실제로 교수가 취득한 특허의 수는 다른 논문에 인용되는 횟수라는 지표를 활용했을 때 그 교수의 논문의 질적 수준과 정(+)의 상관관계를 보였다. 1995년 국립과학재단의 박사학위 취득자에 대한 설문조사 자료를 분석한 스테펀P. E. Stephan도 교수가 취득하는 특허와 논문의 수 사이에 정(+)의 상관관계를 가진다고 주장했다.

다른 몇몇 학자들은 바이-돌 법 제정 이후 대학 연구 활동의 내용에 어떤 변화를 일어났는지 알아보기 위해 대학 특허의 다양한 특성을 조사해왔다. 헨더슨, 재프, 트라젠버그는 1980년 이후 대학 특허 활동을 분석하여 바이-돌 법 제정 이후 대학 발명을 팔기 위한 활동은 특허 인용 유형으로 판단했을 때, 대학의 특허가 덜 중요해지고 또한 덜 보편적으로 변한 문제와 관련이 있다는 것을 밝혔다. 게다가, 이들은 1980년 이후 경험 많은 대학의 특허는 특허의 '중요성'과 '보편성'이라는 측면에서 질적 수준이 다소 떨어진다고 지적했다. 이들은 1980년 이후 미국 대학 특허의 특싱이 이렇게 변화한 것은 "아마도 대학 연구 공동체 내에서의 연구 동기가 변화되었거나, 기초연구에서 좀 더 응용연구로 대학 연구의 초점이 전환되었다는 것을 반영한다"고 주장했다.

우리는 바이-돌 법 제정 전후 캘리포니아 주립대학교와 스탠퍼드대학교 특허의 중요성과 보편성에 대한 분석 방식으로 핸더슨, 재프, 트라젠버그의 접근방식을 따른다. 우리는 위 대학 특허들의 유사성을 분석

---

24 A. Agrawal and R. Henderson "Putting Patents in Context: Exploring Knowledge Transfer from MIT", *Management Science* 48, 2002.

하기 위해(아래에서 설명하듯이) 다소 다른 '대조군'의 특허를 활용했다. 캘리포니아 주립대학교와 스탠퍼드대학교 특허의 전후를 분석할 때, 바이-돌 법 제정 전과 후 시기에 신고된 발명과 특허를 분류할 때 핵심 자료로 분류한 연도를 대상으로 했다. 특허를 출원한 발명들은 더욱 세밀하게 특허 출원일에 따라 분류했다. 캘리포니아 주립대학교와 스탠퍼드대학교에 대한 자료에는 다음과 같은 정보가 담겨 있다: ① 1970년 이후 대학에 신고된 발명과 특허를 출원한 발명 그리고 (바이-돌 법이 효력을 발휘하게 된) 1981년 이후에 특허로 등록된 발명, ② 1981년부터 1992년까지의 신고된 발명과 특허 출원, ③ 1970년 이후 1980년까지 대학에 신고된 발명 중에서 1981년부터 1992년까지 특허로 출원한 발명.[25]

바이-돌 법 이후의 기간에 대한 분석에는 컬럼비아대학교 특허가 포함된다. 컬럼비아대학교는 1980년 이후에야 적극적인 특허·기술 이전 정책을 발전시켰기 때문에 '신규 참여 대학'으로 분류되지만, 앞서 언급한 것처럼 1975년부터 1980년까지 컬럼비아대학교는 10개 미만의 특허 자산을 축적하고 있었다.

핸더슨, 재프, 트라젠버그는 대학 특허 분석을 위해서 특허 인용 측정기법patent-citation measures을 활용한다. 미국 특허청U.S. Patent and Trademark Office이 특허를 승인할 때, 특허 심사관은 '선행기술prior art'에 해당하는 모든 선행 특허의 목록을 검토한다. 특허 목록은 특허가 등록되는 시점

---

25 본 연구에서 사용한 세 번째 데이터 그룹은 학술연구의 본질에 영향을 줄 수 있는 바이-돌 법이 제정되기 이전에 교수들이 만들어낸 발명을 분리해 보려는 의도로 구축되었다. 대학들이 특허를 출원하거나 기술이전 대상기관을 찾는 상업적 조치가 바이-돌 법 실시일 이후에 이뤄진 발명을 대상으로 한다. 유감스럽게도 이에 해당하는 특허의 수가 작은데 이것이 세 가지 특허 데이터 그룹간의 특성 차이를 비교한 분석결과에서 차이의 정도와 통계적 유의성을 감소시켰다.

에서 해당 특허 명세서의 한 부분으로 작성되어 공개된다. 특허 심사관은 특허 목록을 수집할 때 특허 출원자의 도움을 받게 되는데, 법에 의해 특허 출원자는 인지하고 있는 모든 '선행기술'의 목록을 제시해야 한다. 따라서 논문 인용 정보가 대학 연구의 지적 계보를 보여 주는 것처럼 선행 특허에 대한 인용 정보는 새로운 특허의 기술적 계보를 보여 주는 지표로 활용될 수 있다.

캘리포니아 주립대학교, 스탠퍼드대학교, 컬럼비아대학교 특허에 대한 분석은 등록된 특허가 인용된 횟수로 정의되는 특허의 '전방 인용forward citation' 정보에 초점을 맞춘다. 특허는 일반적으로 등록일 이후 4~5년에 정점에 이른다. 결과적으로 더욱 최근에 등록된 특허에 대한 인용 정보 자료는 '우측 절단right-truncated' 형태가 될 것이다. 즉, 최근의 특허일수록 인용 자료 정보에서 낮은 수치를 보일 것이다. 이 문제를 처리하기 위해 우리는 특허 등록 후 6년 이내에 발생한 특허의 인용 정보만을 분석대상으로 삼았고, 표본은 1975년부터 1992년 사이에 등록된 특허로 제한했다. 분석 자료에는 캘리포니아 주립대학교, 스탠퍼드대학교, 컬럼비아대학교 각각의 특허 분류를 고려해서 각 대학의 특허 분포와 유사하며 기간도 동일한, 대학이 아닌 기관의 특허로 구성된 대조군이 포함되어 있다. 우리는 특허 분류 및 연관된 대학 특허의 출원 일자를 기준으로 비대학 특허와 대학 특허를 각각 짝지었다.[26] 이 대조군 특허의 인용정보는 등록 이후 6년 동안의 인용으로 제한했다.

---

26 우리의 연구에서 대조군으로 사용한 자료는 Henderson, Jaffe,& Trajtenberg(1995, 1998a)의 연구와는 다르게 구축하였다. 이들의 연구는 그들이 가지고 있는 대학 특허 자료의 기간 동안 등록된 전체 미국 특허 중 1%를 무작위로 추출한 특허를 대조군 자료로 사용하였다. 반면에 우리의 대조군 자료는 각 대학 특허와 그 대학 특허가 출원된 날짜 또는 그 즈음에 출원된 동일한 특허 분류에 속해 있는 비대학 특허가 짝지어져 있다.

〈표 6-4〉 캘리포니아 주립대학교, 스탠퍼드대학교, 컬럼비아대학교의 특허 건수

	전체			생물의학			생물의학 이외		
	캘리포니아	스탠퍼드	컬럼비아	캘리포니아	스탠퍼드	컬럼비아	캘리포니아	스탠퍼드	컬럼비아
1970~1981년 사이에 특허 출원, 1975~1981년 사이에 특허권 획득	97	110	—	43	23	—	54	87	—
1981년 이전에 발명신고를 접수, 1981~1992년 사이에 특허 출원	32	30	—	23	10	—	9	20	—
1981~1992년 사이에 발명신고를 접수하여 특허 출원	245	377	112	154	93	63	91	284	49

인용이 향후 발명 활동에 대한 영향 지수가 된다는 가정에 기초하여 특허의 중요성를 측정하기 위해 우리는 특허 등록 이후 6년간 인용된 인용 횟수를 분석 대상으로 삼았다. 캘리포니아 주립대학교, 스탠퍼드 대학교, 컬럼비아대학교(1981년 이전에 특허가 거의 없기 때문에 1981년 이전 자료에는 제외됨)의 특허 건수는 〈표 6-4〉에 제시되어 있다. 바이-돌 법의 영향이 기술 분야 별로 어떻게 다른지 알아보기 위해 세 대학의 특허는 생명과학 분야와 생명과학 이외의 분야로 분류했다.[27] 1981년 이전에 스탠퍼드대학교에 신고된 생물의학 특허 건수와 1981년 이후로 특허 로 등록된 건수와 같은 경우는 분석대상의 수가 너무 적다. 분석대상이 적기 때문에 표준편차가 크고, 따라서 우리의 분석결과가 갖는 통계학 적 유의성도 낮다. 하지만, 특허 분류의 중요성과 보편성은 각각 구분 해서 연산하고 분석할 가치가 있기 때문에 우리는 이처럼 적은 수에 대 한 분석도 유의미하다고 판단했다.

---

[27] 생물의학 특허 분류에 대한 우리의 정의는 미국 특허청(U.S. Patent and Trademark Office) 에서 발간하는 '기술 평가와 예측' 보고서를 기준으로 한다. 이 분류는 세 자리 코드의 상 위 특허분류와 의학기술 및 생물의학 기술에 연관된 하위 분류로 이뤄져 있다. 더 자세 한 분류에 대한 내용은 Ziedonis(2001)를 참조.

<표 6-5> 캘리포니아 주립대학교, 스탠퍼드대학교, 컬럼비아대학교 특허와 대조군 특허에 대한 '전방 인용' 평균값

Samples	전체			생물의학			생물의학 이외		
	캘리포니아	스탠퍼드	컬럼비아	캘리포니아	스탠퍼드	컬럼비아	캘리포니아	스탠퍼드	컬럼비아
대학 특허									
1970~1981년 사이에 특허 출원, 1975~1981년 사이에 특허권 획득	3.96 (7.56)	5.65** (8.75)	—	3.30 (3.50)	6.74 (13.17)	—	4.48 (9.66)	5.36** (7.23)	—
1981년 이전에 발명신고를 접수, 1981~1992년 사이에 특허 출원	5.91** (7.33)	7.43** (6.96)	—	5.43* (5.16)	4.10 (3.67)	—	7.11 (11.53)	9.10** (7.66)	—
1981~1992년 사이에 발명신고를 접수하여 특허 출원	5.21** (6.14)	6.92** (7.35)	4.45* (6.44)	4.50** (6.22)	4.42 (3.75)	4.49 (7.61)	6.42** (5.83)	7.73** (8.02)	4.39 (4.62)
대조군 특허									
1970~1981년 사이에 특허 출원, 1975~1981년 사이에 특허권 획득	2.92 (4.73)	2.28 (2.87)	—	3.02 (4.47)	2.39 (2.37)	—	2.83 (4.96)	2.25 (3.00)	—
1981년 이전에 발명신고를 접수, 1981~1992년 사이에 특허 출원	2.53 (3.87)	3.00 (3.40)	—	2.96 (4.32)	2.40 (2.32)	—	1.44 (2.18)	3.30 (3.85)	—
1981~1992년 사이에 발명신고를 접수하여 특허 출원	3.15 (3.79)	3.97 (4.97)	3.24 (4.19)	2.99 (3.70)	3.45 (5.17)	2.92 (4.64)	3.43 (3.92)	4.14 (4.91)	3.65 (3.52)

〈표 6-5〉의 윗부분은 캘리포니아 수립대학교, 스탠퍼드대학교, 컬럼비아대학교의 분석대상 특허와 하위 분야로 분류한 특허의 인용 횟수에 대한 평균과 표준편차를 보여준다. 〈표 6-5〉의 아래 부분은 캘리포니아 주립대학교, 스탠퍼드대학교, 컬럼비아대학교의 각 대조군 특허와 하위 분야로 분류된 특허의 평균과 표준오차를 보여준다. 세 대학의 특허가 등록된 이후 6년 동안 인용된 횟수는 동일한 기간 동안 대조군 특허의 인용 횟수보다 예외 없이 더 많다. 스탠퍼드대학교와 캘리포니아 주립대학교의 특허의 인용 횟수와 대조군 특허의 인용 횟수 사이에는

어떤 뚜렷한 시간 추세가 나타나지 않는다. 두 번째와 세 번째에 해당하는 기간에 생명의학 분야의 특허를 제외하면, 비록 수치상 큰 차이는 없지만, 스탠퍼드대학교 특허가 인용된 평균횟수는 캘리포니아 주립대학교 특허가 인용된 평균횟수보다 많다. 스탠퍼드대학교의 생물의학 분야특허를 제외하면, 캘리포니아 주립대학교와 스탠퍼드대학교의 특허는 1980년 이후 컬럼비아대학교 특허보다 더 많이 인용되었다.

〈표 6-5〉 윗부분은 캘리포니아 주립대학교, 스탠퍼드대학교, 컬럼비아대학교 특허의 평균 인용 횟수와 대조군 특허의 평균 인용 횟수 사이에 통계적으로 유의미한 차이가 있는지 여부를 보여준다.[28] 1980년 이후에 2열과 3열에 있는 스탠퍼드대학교와 캘리포니아 주립대학교 특허의 중요성이 대조군에 비해 통계적으로 현저하게 감소했다는 증거는 없다.[29] 컬럼비아대학교 특허와 그 대조군 특허 사이의 평균 인용 횟수의 차이가 유의미한지 검정한 결과, 10% 신뢰수준에서 분야 구분 없이 특허 전체에 대해서만 유의미한 차이가 있는 것으로 나타났다. 컬럼비아대학교 특허에 대한 인용 횟수가 높지 않다는 것은 컬럼비아대학교가 초창기 기술이전 활동 기간 동안 발명의 특허화를 추진할 때 발명

---

28 여기에서는 지면의 제한으로 기술하지 않은 또 다른 분석에서, 우리는 1980년대 말에 스탠퍼드대학교와 컬럼비아 주립대학교 특허의 중요도가 통계적으로 유의미하게 감소하였는지를 검정하기 위해서 1981년 이후기간에 대해 동일한 길이로 세 개 하위기간으로 나누어 분석하였다. Henderson, Jaffe & Trajtenberg(1998a)의 연구에서는 대학 특허의 중요도가 1980년대 후반에 가장 많이 감소하였고, 특히 특허 선도대학들의 특허의 중요성이 많이 감소하였음을 보여주었다. 하지만 대학 특허와 대조군 특허에 대한 우리의 평균차이 검정에서는 통계적으로 유의미한 차이를 보이지 않았다.

29 흥미롭게도 Trajtenberg, Henderson, & Jaffe(1997)의 부록에 기재된 내용에 의하면, 전방 인용 횟수로 측정된 학술 특허의 중요도는 기업 발명 특허에 비해 상대적으로 바이-돌 법 제정 이전인 1975년과 1980년 사이에 감소되었음을 알 수 있다. 이것은 바이-돌 법 그 자체로서는 대학 특허와 비 대학 특허의 상대적 중요도에 측정 가능한 영향을 거의 미치지 않고 있다는 우리 연구의 결론과 전반적으로 일치한다.

에 대한 선별의 수준이 높지 않았다는 점을 의미하며, 컬럼비아대학교 OSTD가 특허화 활동에 대한 경험이 부족했음을 보여준다.[30] 특허 경험이 부족한 대학들이 바이-돌 법을 따라 특허·기술이전 활동에 참여하게 되면서 1980년도 이후 대학 특허의 질적 수준에 어떤 변화가 일어났는지에 대한 문제는 제7장에서 다룰 예정이다.

캘리포니아 주립대학교와 스탠퍼드대학교의 생물의학 분야 특허와 대조군 특허의 평균 인용 횟수 사이의 차이가 통계적으로 유의미한가를 검정한 결과, 세 대학의 특허 인용 횟수가 대조군보다는 더 높았지만 1980년 이후 캘리포니아 주립대학교의 특허 인용 횟수만 5% 신뢰수준에서 통계적으로 유의미했다. '중간 기간middle period'의 경우, 캘리포니아 주립대학교 생물의학 분야 특허의 인용 횟수는 통계적으로 약하다고 할 수 있는 10% 신뢰수준에서 유의미했다. 스탠퍼드대학교의 생명의학 분야 특허의 평균 인용 횟수는 세 가지 기간 모두 5% 신뢰수준에서 통계적으로 유의하게 대조군보다 많았던 반면, 캘리포니아 주립대학교의 생물의학 이외의 분야 특허의 인용 횟수는 1980년 이후에 한 해 대조군보다 많았다.[31] 1980년 이후 컬럼비아대학교 특허의 인용 빈도는 대조군 특허와 통계적으로 유의미한 차이를 보이지 않았지만, 컬

---

30 이것은 컬럼비아대학교의 특허·기술이전 활동의 초창기에 현저하게 영향을 미쳤다. 이 장의 앞부분에서 언급한 것처럼 이는 컬럼비아대학교와 캘리포니아 주립대학교 그리고 스탠퍼드대학교 모두 1986~1990년에 특허로 등록된 발명의 비율과 흑자 기술료 수입의 라이선스가 된 발명의 비율이 매우 유사하다는 점을 통해 알 수 있다.

31 Henderson, Jaffe, & Trajtenberg(1998a) 연구에서 '실패자(losers)'에 대한 분석을 재현해 보기 위하여, 우리는 세 하위 기간 동안 특허가 등록된 이후 6년 동안 한 번도 인용되지 않은 캘리포니아 주립대학교와 스탠퍼드대학교의 특허 수를 조사하였다. 여기서도 역시 일 맥상통한 경향을 발견하지는 못했다. '인용 횟수가 0인 특허'는 〈표 6-5〉와 〈표 6-6〉의 제1기간 동안 캘리포니아 주립대학교와 스탠퍼드대학교 특허의 22%와 18%를 각각 차지했고, 제2기간에는 16%와 0%, 제3기간에는 11%와 8%를 각각 차지했다.

럼비아대학교 특허가 대조군 특허보다 적게 인용된 것은 아니다.

몇몇 기간의 인용 빈도는 수치가 매우 적기 때문에 신중하게 해석해야 한다. 바이-돌 법 전후 스탠퍼드대학교와 캘리포니아 주립대학교의 특허·기술이전 활동에서 생물의학 분야 특허의 중요성을 고려할 때, 대학과 그 대조군의 생물의학 분야 특허의 인용 빈도 측면에서 유의미한 차이가 상대적으로 드물다는 것은 흥미로운 결과이다. 그러나 이러한 분석결과가 바이-돌 법 이후 세 대학 특허의 중요성이 대조군인 대학 이외 기관의 특허에 비해 상대적으로 감소했음을 의미하는 것은 아니다. 이러한 분석결과는 바이-돌 법 이후 캘리포니아 주립대학교와 스탠퍼드대학교 특허의 상대적 중요성이 감소하지 않고 오히려 증가했다는 것을 보여준다. 바이-돌 법 이전 거의 특허 활동을 하지 않던 컬럼비아대학교가 1980년대에 출원한 특허의 중요성은 동일한 기간에 스탠퍼드대학교와 캘리포니아 주립대학교에서 출원한 특허보다 낮다는 것은 분명하지만, 컬럼비아대학교의 특허의 중요성이 대조군보다 낮다는 것을 의미하는 것은 아니다.[32]

〈표 6-6〉의 자료는 바이-돌 법 전후 캘리포니아 주립대학교, 스탠퍼드대학교, 컬럼비아대학교 특허의 보편성을 보여주고 있다. 특허가 속한 분류군 이외의 분류군에서 더 많이 인용되는 특허는 보편성이 더 크며, 이론의 여지가 있지만 그 특허에 담긴 지식의 진보성도 더 크다고 할 수 있다. 핸더슨, 재프, 트라젠버그가 제시한 보편성의 공식은 다음과 같다.

---

[32] 여기서 그 결과를 제시하지는 않았지만, 우리는 음이항분석법(a negative binomial specification)을 활용하여 학술특허와 비 학술특허의 상대적인 중요도에 대한 연도별 효과가 통계적으로 유의미한지 여부를 검정하였다. 그 결과 1980년 이후에 비 학술특허에 대한 세 대학의 특허의 상대적 중요도가 감소하였는지는 여부는 통계적으로 유의미하지 않게 나왔다.

〈표 6-6〉 캘리포니아 주립대학교, 스탠퍼드대학교, 컬럼비아대학교 특허와 대조군 특허의 '일반성' 평균값

Samples	전체			생물의학			생물의학 이외		
	캘리포니아	스탠퍼드	컬럼비아	캘리포니아	스탠퍼드	컬럼비아	캘리포니아	스탠퍼드	컬럼비아
대학 특허									
1970~1981년 사이에 특허 출원, 1975~1981년 사이에 특허권 획득	0.38 (0.42)	0.51 (0.44)	-	0.41 (0.44)	0.57 (0.41)	-	0.36 (0.40)	0.50 (0.45)	-
1981년 이전에 발명 신고 접수, 1981~1992년 사이에 특허 출원	0.62 (0.40)	0.56 (0.44)	-	0.59 (0.42)	0.27 (0.44)	-	0.69 (0.37)	0.70 (0.38)	-
1981~1992년 사이에 발명 신고 접수, 특허 출원	0.56 (0.43)	0.61 (0.41)	0.54 (0.43)	0.52 (0.44)	0.49 (0.43)	0.51 (0.43)	0.63 (0.41)	0.64 (0.39)	0.57 (0.44)
대조군 특허									
1970~1981년 사이에 특허 출원, 1975~1981년 사이에 특허권 획득	0.41 (0.44)	0.36 (0.43)	-	0.39 (0.46)	0.36 (0.42)	-	0.36 (0.42)	0.36 (0.44)	-
1981년 이전에 발명 신고 접수, 1981~1992년 사이에 특허 출원	0.61 (0.44)	0.41 (0.46)	-	0.64 (0.45)	0.61 (0.44)	-	0.61 (0.44)	0.32 (0.45)	-
1981~1992년 사이에 발명 신고 접수, 특허 출원	0.42 (0.43)	0.45 (0.44)	0.37 (0.44)	0.43 (0.43)	0.37 (0.42)	0.34 (0.43)	0.37 (0.42)	0.47 (0.44)	0.41 (0.45)

$$GENERAL_i = 1 - \sum_{k=1}^{N_i} \left(\frac{NCITING_{ik}}{NCITING_i}\right)^2$$

여기서 i, k는 특허 분류 일련번호이며, N_i는 인용하는 특허가 속한 타 분류의 수이다. 이것은 적어도 한번 이상 인용된 특허를 대상으로만 계산될 수 있고, 따라서 〈표 6-6〉에서의 분석대상은 〈표 6-5〉에서의 대상과 다소 다르다. 중요성의 계산처럼 인용 빈도는 특허 등록 시점으로부터 처음 6년 동안의 인용 횟수로 제한했다. 보편성 $GENERAL_i$이 높다는 것은 그 특허가 더 넓은 범위의 기술 분야에서 앞으로의 발명 활동과 관련된

다는 것을 의미한다.

특허 인용이 '분산'된 정도를 측정하는 보편성은 내재적인 편향성을 갖고 있기 때문에, 특허가 더 많이 인용될수록 더 많은 특허 분류군에 걸쳐 인용될 가능성이 크다. 게다가 이 편향성은 인용 횟수가 적은 특허일수록 더 크다. 따라서 우리는 이를 다음과 같이 보정하여 적용했다.

$$\widehat{G}_i = (\frac{N_i}{N_i - 1})\,GENERAL_i$$

여기서 N_i는 특허 i가 등록된 이후 최초 6년 동안 인용된 횟수이다. 보편성에 대한 모든 자료는 편향성을 보정한 자료이다.

1981년 이전에 출원되어 등록된 캘리포니아 주립대학교 특허를 제외하고, 〈표 6-6〉에서 캘리포니아 주립대학교, 스탠퍼드대학교, 컬럼비아대학교의 특허에 대한 보편성의 평균은 각각의 대조군 특허보다 더 높다.[33] 〈표 6-6〉에서 바이–돌 법 이후 캘리포니아 주립대학교와 스탠퍼드대학교 특허가 대학 이외 기관의 특허 대조군에 비해 상대적으로 보편성이 감소되었다는 증거는 찾아 볼 수 없다. 1981년도 이후 캘리포니아 주립대학교와 스탠퍼드대학교의 전체 특허와 대조군 특허 사이에 보편성의 평균치는 5% 신뢰수준에서 통계적으로 유의미한 차이가 나타난다. 1981년 이후 컬럼비아 특허의 보편성의 평균치도 5% 신뢰수준에서 대조군의 특허보다 통계적으로 유의미하게 더 높다.

---

[33] 1975년부터 1981년 사이에 스탠퍼드대학교의 생물의학 특허는 대조군 특허보다 보편성 평균 점수가 더 낮게 나왔다. 그리고 1981년 이전에 출원되었거나 등록된 캘리포니아 주립대학교의 비 생물의학 특허들도 각각의 대조군 특허보다 평균 '보편성 점수'가 약간 더 낮았다.

스탠퍼드대학교, 캘리포니아 주립대학교, 컬럼비아대학교 특허의 중요성과 보편성에 대해 분석한 결과, 미국 대학 특허의 방대한 자료를 분석했던 핸더슨, 재프, 트라젠버그의 연구결과와 다른 결론이 도출되었다. 이 연구자들은 또한 1980년 이전부터 상당한 특허 활동 경험이 있으며 1980년 이후 특허권자 분포도에서 상위 10%에 속해 있는 컬럼비아대학교와 스탠퍼드대학교 등과 같은 미국 대학들이 소유하고 있는 특허의 중요성과 보편성이 감소했다고 주장한다. 그러나 우리는 무엇 때문에 바이-돌 법 이후 위 대학들의 특허의 중요성과 보편성이 감소했다는 증거를 거의 발견하지 못하는 걸까? 첫째, 우리의 분석대상인 대학 특허 표본이 적기 때문에 대학과 대학 이외 기관의 특허 사이의 차이에 대한 통계적 유의미성을 제한하는 측면이 있다. 둘째, 핸더슨과 동료 연구자들은 우리가 분석대상으로 삼은 특허 인용 횟수에 비해 더 짧은 시계열 정보를 사용했다는 점을 들 수 있다. 따라서 그들의 특허 인용 횟수의 분석방법은 '절단에 의한 편향성truncation bias'의 영향을 받았을 것이다.[34] 마찬가지로 우리의 실증적 분석 결과도 바이-돌 법 제정 이후 특허·기술이전 활동에 진입한 다른 대학들이 전체 미국 대학 특허의 특성에 미친 영향을 간과하고 있다. 비록 핸더슨, 재프, 트라센버그는 자신들의 연구결과에 특허 활동 경험이 거의 없는 대학들의 특허 실적도 포함되어 있다고 주장하지만, 1980년 이후 경험이 거의 없는 대학의 진입이 전체 대학 특허의 질적 수준에 미친 영향을 검증할 수는 없다. 우리는 다음 장에서 이 부분에 대한 검증을 시도하고자 한다.

---

[34] Sampat, Mowery, Ziedonis(2003)는 바이-돌 법 이후 대학 특허의 질적 수준 변화를 측정할 때 절단에 의한 편향성(truncation bias)이 미치는 영향을 실증적으로 분석하였다.

3. 결론

바이-돌 법이 미국 연구대학에 미친 영향에 대한 관심은 상당했지만, 영향에 대한 실증적 분석은 별로 없었다. 이 장에서 우리는 이 법의 귀중한 부산물이라고 할 수 있는 3개의 선도적인 대학이 축적하고 있던 발명, 특허, 그리고 기술이전 실적의 체계적인 기록을 분석했다. 바이-돌 법은 특허·기술이전 활동이 이미 활발했던 캘리포니아 주립대학교와 스탠퍼드대학교가 기술 마케팅 활동을 확대하도록 영향을 미쳤다. 바이-돌 법은 컬럼비아대학교와 같이 특허·기술이전 활동을 벌이지 않고 있던 다른 많은 연구대학들이 교수의 발명을 특허화하고 기술이전하기 위해 대대적인 노력을 경주하도록 영향을 미쳤다.

그러나 바이-돌 법 외에도 여러 가지 부가적인 요인들이 1980년 이후 미국 연구대학의 특허·기술이전 활동이 크게 늘어나도록 영향을 미쳤는데, 이 요인들의 영향과 바이-돌 법의 영향을 구분하는 것은 어려운 일이다. 부가적인 요인들은 특히 생명의학 기술에 영향을 미쳤다. 1970년대 중반까지 생명의학 기술, 특히 생명공학은 산업계에 많은 이윤을 줄 수 있는 연구결과를 산출하는 대학의 대표적인 연구 분야로서 그 중요성이 눈에 띄게 증가했다. 다이아몬드 대 차크라바티 판결Diamond v. Chakrabarty에 의해 생명공학 분야에서 기술이전의 실현 가능성은 높아졌으며, 미국 지식재산권 정책에서의 큰 변화는 특허의 경제적 가치를 증가시키고 특허의 기술이전을 촉진시켰다. 제5장에서 지적했듯이, 1970년대에 미국의 많은 대학들이 특허·기술이전 활동을 확장시켜나간 것은 바이-돌 법이 마련되고 통과되는 중요한 정치적 자극제로서 역할을 했다.

　대학 연구 활동, 산업 그리고 정치 영역에서 일련의 발전들이 결합되어 미국 대학의 기술이전 활동이 증가했는데, 이러한 변화에서 바이-돌 법의 역할은 중요하지만 결정적이라고는 할 수 없다. 우리가 이 장에서 제시한 분석결과에 의하면 1980년대와 1990년대에 미국 대학의 특허 · 기술이전 활동은 바이-돌 법이 없었더라도 증가했을 것이다. 캘리포니아 주립대학교와 스탠퍼드대학교는 바이-돌 법 제정 이전부터 이미 특허 · 기술이전 활동이 활발했다. 컬럼비아대학교 당국은 1980년까지 대학차원에서 교수 연구의 결과를 특허화하는 것이 타당한 것인가에 대한 논의를 계속했고, 바이-돌 법 제정 전까지 겨우 한 건의 특허를 출원했다. 하지만, 바이-돌 법은 컬럼비아대학교처럼 그동안 특허 · 기술이전 활동에 소극적이었던 많은 대학들이 적극적으로 진입하도록 촉진시켰다.

　〈표 6-1〉, 〈표 6-2〉, 〈그림 6-7〉의 자료를 통해 알 수 있듯이 바이-돌 법 제정 이후 10년이 지난 시점에 위 세 대학의 특허 · 기술이전 활동은 놀랄 정도로 비슷했다. 세 대학 모두 특허화한 발명 중 극소수의 발명이 전체 기술이전 수입의 대부분을 차지하고 있다. 이윤 창출을 선도한 발명들은 경제적으로 중요하면서 비교적 대학이 강점을 보인 기술 분야인 생물의학 분야에 집중되어 있다. 스탠퍼드대학교와 컬럼비아대학교에서 두 번째 중요한 기술이전 분야는 특허로 보호하는 것이 덜 중요한 소프트웨어 분야이다.

　대학 연구의 내용과 캘리포니아 주립대학교와 스탠퍼드대학교의 특허의 중요성에 대한 바이-돌 법 영향을 분석한 결과, 대학기술이전 부서가 접수한 대학 연구를 통해 창출된 발명에서 유의미한 변화의 증거를 발견하지 못했다. 바이-돌 법 제정 전후 두 대학의 특허에 대한 우리의 분석 결과는 핸더슨, 재프, 그리고 트라젠버그가 미국 대학의 광범위한 특허 자료를 분석한 연구의 결과와 상반되게 바이-돌 법 제정 이후 두 대학 특허의 중요성과 보편성이 감소하지 않은 것으로 나왔다. 1980년 이후 적극적으로 특허·기술이전 활동을 전개한 컬럼비아대학교의 특허도 대학 외 기관의 특허 표본과 비교할 때, 중요성과 보편성이 떨어지지 않은 것으로 나타났다.

캘리포니아 주립대학교와 스탠퍼드대학교 특허의 인용 횟수를 기반으로 측정한 결과가 바이-돌 법 제정 이후 중요성 측면에서 감소하지 않은 것과 이들 대학의 기술이전 활동이 생산성 측면에서 감소했다는 것을 우리는 어떻게 이해할 것인가? 근본적으로 두 가지 지표는 대학의 발명과 특허 자산과 관련하여 서로 다른 특성을 측정한다. 다른 연구자들처럼 우리도 특허가 발명된 지식에 기여한 중요성을 측정하기 위해 특허 인용 정보를 해석한다. 그러나 이러한 지적인 기여는 특허의 실시 비용을 지불할 기업의 의지와 관계가 있을 수도 있고 없을 수도 있다. 기술이전 수익과 특허 인용 사이의 상관관계의 정도라는 주제는 앞으로 탐구해야 할 주요 연구 주제이다.

많은 연구자들은 특허·기술이전 활동이 급증하는 것은 대학 연구의 성격이 기초연구로부터 멀어지고 응용연구로 변화하는 것과 연관이 있다고 우려했다. 그러나 우리가 제3장에서 언급했던 것처럼 미국 대학의 생물의학 분야 연구에 대한 특허화 활동이 표면적으로 변화하는 것을 대학 연구 활동이 원천 연구로부터 멀어지는 것으로 해석할 수는 없다. 생물의학 분야 특허를 창출하는 많은 연구들은 기초연구의 성격을 띠고 있다. 게다가 바이-돌 법이 대학 '연구 문화'와 규범의 변화에 미친 영향은 상대적으로 소수의 연구대학에 한정된 것으로 보인다(카네기 위원회의 고등교육기관 분류법에 의하면, 미국 내 4천여 개의 고등교육기관 중에서 연구대학으로 분류된 대학은 약 400개에 불과하다). 세 대학 중에서 발명신고에 대한 학과 단위의 정보를 파악할 수 있는 컬럼비아대학교의 경우, 1980년 이후 특허·기술이전 활동의 증가는 소수의 학과와 연구소에만 영향을 미쳤다. 스탠퍼드대학교와 캘리포니아 주립대학교의 경우도 유사한 자료를 확보할 수 있었다면 동일한 결론이 도출되었을 것이다.

제7장

바이-돌 법 전후 미국 대학들의 특허 활동

6장에서 살펴본 바와 같이 1980년 이전에 상당히 적극적으로 특허를 관리해 온 스탠퍼드대학교와 캘리포니아 주립대학교의 경우는 바이-돌 법 제정 이후에 도출된 특허의 중요성importance과 보편성generality이 안정화되었는데, 이러한 현상은 핸더슨, 재프, 트라젠버그의 연구결과와는 상반된 것이었다. 특정 대학들의 특허 활동을 분석한 결과는 연구자에 따라 이렇게 다를 수도 있다. 이에 본 장에서는 바이-돌 법 제정 이후 특허관리 경험이 적었던 대학들의 특허 활동 확대가 전체 미국 대학의 특허 활동에 미친 영향을 분석하고자 한다.

핸더슨, 재프, 트라젠버그는 1980년 이후 소규모 대학들이 특허 활동을 확대하면서 전체 미국 대학 특허의 중요성과 보편성이 감소하게 되었다고 주장했지만, 그들은 1980년 이후 대학 특허 활동의 확대가 미친 영향을 명확하게 밝히지는 못했다. 1980년대 미국 대학들이 전개한 특허 활동의 가장 중요한 특징은 1980년 이전에 특허 활동을 전혀 하지 않았거나 소극적인 태도로 일관했던 많은 대학들이 특허 활동에 참여하기 시작했다는 점이다.

제6장에서 바이-돌 법이 기존에 특허 활동에 적극이었던 스탠퍼드대학교와 캘리포니아 주립대학교에 미친 영향은 별로 크지 않다고 주장했다. 본 장에서는 소극적이던 대학들의 특허 활동 참여가 전체 미국 대학의 특허 활동에 미친 영향을 바이-돌 법과 연계하여 살펴볼 것이다. 또한 제6장에서 다룬 두 대학뿐만 아니라 1980년 전후 특허 활동의 경험이 있는 대학들 전체를 대상으로 특허의 중요성과 특허의 보편성을 살펴볼 계획이다.

우리는 1980년 이전에 특허 활동 수준이 상이한 대학들이 보유하고 있는 특허의 중요성과 보편성을 비교·분석하려 한다. '경험 많은 대학'과 '신규 참여 대학' 모두 1980년 이후 특허의 중요성과 보편성이 저하된 것은 바이-돌 법이 연구자들로 하여금 중요성과 보편성이 낮은 발명을 대학에 신고하도록 유도하는 계기를 제공했기 때문일 가능성이 높다. 그러나 만약 1980년 이후 '신규 참여 대학'이 보유한 특허의 중요성과 보편성이 경험이 더 많은 대학들에 비해 심각하게 낮다면, 바이-돌 법의 영향에 대해서 다르게 해석할 수도 있다. 예를 들어, 특허 활동 경험이 없는 대학의 특허관리부서는 교수의 연구 성과물에 대해서 엄격한 선별과정을 거치지 않은 채 특허화를 추구하게 되고, 이로 인해 영향력이 낮은 특허 자산을 갖게 된다. 그러나 이들이 특허 활동의 경험을 익히고 지식재산권의 보호와 기술 마케팅의 복잡성을 배우게 되면 특허의 선별에 더욱 엄격해질 것이고, 신규 참여 대학의 특허와 경험 많은 대학의 특허 사이의 차이를 줄일 수 있게 될 것이다.

바이-돌 법의 영향과 관련하여 먼저 미국 대학 전체에 걸쳐 일어난 인센티브와 행태의 지속적인 변화를 강조할 수 있다. 또한, 1980년대는 특허·기술이전 활동 경험이 없던 대학들의 학습과 적응 기간으로 인식될 수도 있다. 물론 이러한 설명은 상호 배타적인 것은 아니며, 1980년대 미국 대학의 특허 활동의 발전은 위의 두 가지 영향을 모두 반영할 수도 있다. 하지만, 우리는 경험적 분석을 통해 두 가지 영향 사이의 관련도를 평가하려고 한다.

1980년 이후로 특허 활동을 전개하기 시작한 대학이 보유한 특허의 중요성과 보편성을 평가하기 위해 광범위한 미국 대학 전체의 특허의 특징을 통계학적으로 분석했다. 이를 통해 우리는 경험이 부족한 대학들이 바이-돌 법의 영향으로 인해 실제로 중요성이 높지 않은 특허를 획득했다는 것을 밝혀냈다. 바이-돌 법의 영향으로 경험이 부족한 대학들이 특허 활동에 참여하기 시작함에 따라 1980년 이후 전체 미국 대학 특허의 중요성과 보편성이 하락했을 가능성이 높다.

우리는 1980년대와 1990년대를 거치면서 신규 참여 대학이 보유한 특허의 중요성이 향상되었고, 기업의 특허에 비해 상대적으로 전체 대학 특허의 평균적인 중요성이 향상됨에 따라 경험 많은 대학과의 차이가 줄어들었다는 것을 알아냈다. 이 장의 후반부에서는 대학의 학습효과에 대해 더욱 상세하게 검토하고, 경험이 부족한 대학이 1980년 이후 획득한 특허의 중요성이 실제로 향상되었는지 그리고 그 원인이 무엇인지를 살펴볼 것이다.

우리는 뚜렷한 '학습 곡선' 효과의 증거를 찾지 못했는데, 이는 특허 활동 경험이 축적되어 있거나 상대적으로 초기에 기술이전조직을 설립했다는 점이 특허의 중요성을 향상시킨 원인이 아니었기 때문이다. 바이-돌 법 제정 이전에 RC와의 연계도 1980년대와 1990년대에 걸쳐 대학 특허의 특징 변화에 영향을 미치지 않았다. 특허 활동과 관련하여 눈에 띄는 학습 훈련도 영향을 미치지 못했기 때문에, 우리는 신규 참여 대학과 경험 많은 대학 사이에 특허의 중요성이 서로 비슷해진 원인은 대학 사이의 확산과 대학기술이전 전문가들 사이의 전문적인 네트워크의 강화에 기반을 둔 광범위한 학습과정이라고 결론을 내렸다.

1. 1975년부터 1992년까지 미국 대학의 특허 활동 : 신규 참여, 중요성 그리고 보편성

특허 활동 경험이 부족한 대학들이 1980년 이후 특허 활동에 참여하기 시작한 사실이 대학 특허 활동에 미친 영향을 파악하기 위해 우리는 1975년부터 1992년까지 미국 전체 대학이 보유한 특허의 특징을 분석했다. 우리는 6장과 동일하게 특허 등록 이후 각각의 특허가 인용된 숫자를 의미하는 전방 인용forward citation을 활용했다. 우리는 1975년부터 1992년까지 특허 등록 이후 6년 이내에 인용된 특허만을 분석대상으로 삼았다. 우리는 또한 대학 특허 데이터베이스 내에 있는 특허 각각에 대해 기업 특허를 포함하고 있는 특허 대조군을 설정했다. 각각의 비학술 특허 대조군은 미국 특허청의 기술 분류technology class에 따른 학술acacde-mic, 또는 대학 특허와 출원일에 최대한 상응할 수 있도록 선별했다. 대조군에서 특허에 대한 인용은 등록된 연도로부터 6년 이내로 제한했다.

우리는 1975년에서 1992년까지의 미국 전체 대학이 취득한 특허를 분석 대상으로 삼았다. 대학은 세 가지 유형으로 구분된다. ① 1970년 이후 출원하여 1975~1980년 사이에 등록된 특허가 적어도 10개 이상인 대학('특허 활동에 적극적인' 대학), ② 1970년 이후 출원하여 1975~1980년 사이에 등록된 특허가 10개 미만인 대학('특허 활동에 소극적인' 대학), ③ 1975~1980년 사이에 등록된 특허가 없는 대학이면서 1980년 이후 출원하여 1980~1992년 사이에 등록된 특허가 적어도 1개 이상인 대학('신규 참여 대학'). '신규 참여 대학'과 '경험 많은 대학'을 구분하는 것은 1980년 이전부터 특허 활동에 적극적이던 대학과 1980년 이후에 특허 활동을 시작한 대학 사이에 특허 활동 확대가 특허의 중요성과 보편성에 미친 영향을 구별하기 위해서이다.

〈표 7-1〉에는 1970년 이후에 출원하여 1975년부터 1992년 사이에 대학이 취득한 특허의 연도별 현황이 담겨있는데, '특허 활동에 적극적인' 대학의 점유율이 1975~1980년 사이에 85%에서 1992년에는 65%로 감소했음을 알 수 있다. 반면, 1980년 이전에 '특허 활동에 소극적인' 대학의 특허 점유율은 1980년의 0%에서 1992년의 6% 이상으로 증가했다.

〈표 7-2〉, 〈표 7-3〉, 〈표 7-4〉는 3가지 유형의 대학들이 취득한 특허의 중요성과 보편성에 대해 각각 회귀분석regression을 실시한 자료로서, 음이항 회귀분석negative binominal regression에서 특허의 중요성을 종속변수로 삼은 모형의 결과이다. 보편성에 대한 분석은 토빗 모형tobit specifica-

〈표7-1〉 1975~1992년 '특허 활동에 적극적인 기존 대학', '특허 활동에 소극적인 기존 대학', '신규 참여 대학'의 등록연도별 특허 건수

특허 등록연도	'특허 활동 적극적 기존대학'(n=51)		'특허 활동 소극적 기존대학'(n=92)		'신규 참여 대학'(n=81)		합계
	건수	비율%	건수	비율(%)	건수	비율(%)	
1975	213	86.9	32	13.1	0	0.0	245
1976	248	89.2	30	10.8	0	0.0	94
1977	243	88.4	32	11.6	0	0.0	239
1978	262	89.7	30	10.3	0	0.0	280
1979	193	86.9	29	13.1	0	0.0	216
1980	295	87.8	41	12.2	0	0.0	332
1981	291	84.6	53	15.4	0	0.0	344
1982	319	88.1	42	11.6	1	0.3	361
1983	259	80.9	58	18.1	3	0.9	320
1984	320	76.2	85	20.2	15	3.6	419
1985	332	71.4	111	23.9	22	4.7	465
1986	384	71.0	130	24.0	27	5.0	541
1987	477	72.4	154	23.4	28	4.2	659
1988	496	74.8	138	20.8	29	4.4	663
1989	743	68.4	281	25.9	62	5.7	1086
1990	738	68.2	282	26.1	62	5.7	1082
1991	819	67.2	307	25.2	92	7.6	1218
1992	932	64.0	431	29.6	93	6.4	1456
특허합계	7,564		2,266		434		10,264

주-'특허 활동에 적극적인 기존 대학'은 1970년 이후부터 1981년 이전 기간에 출원한 특허가 10개 이상 등록된 경우이며, '특허 활동에 소극적인 기존 대학'은 10개 미만인 경우이며, '신규 참여 대학'은 1건도 없는 경우에 해당됨

tion을 사용한다. 이는 보편성이라는 종속변수가 하한선이 0이고 상한선이 1에서 절단되기 때문이다. 각 모형은 대학 특허와 대학 이외 기관의 대조군 특허를 대상으로 계산되었다. 우리는 연도의 영향력을 통제하고 대학 특허를 구별하기 위해 더미 변수를 활용한다. 계수coefficient로는 1975~1991년 사이의 상호작용 기간 동안의 계수를 활용했다. 분야별 비교를 위해 생물의학 분야와 생물의학 이외 분야의 특허로 구분하여 전체 대학 특허에 대한 자료를 보여준다.

학술 특허의 세 가지 유형에 대한 분석 결과는 중요성과 보편성에 대해 대조적인 양상을 보인다. '특허 활동에 적극적인' 대학은 1975~1991년 전반에 걸쳐 다른 유형의 대학보다 중요성과 보편성이 더 높았다(표 7-2).

<표 7-2> '특허 활동이 활발한 기존 대학'에 대한 출원연도 기준의 회귀분석

출원연도	음 이항 모형(종속변수 : 중요성)			토빗 모형(종속변수 : 보편성)		
	전체	생물의학	생물의학 외	전체	생물의학	생물의학 외
1975	0.36**	0.27	0.39**	0.10	0.14	0.08
	(0.11)	(0.21)	(0.13)	(0.13)	(0.27)	(0.16)
1976	0.13)	0.29	0.07	0.39**	0.28	0.42**
	(0.11)	(0.22)	(0.12)	(0.13)	(0.27)	(0.15)
1977	0.19*	0.19	0.19	0.15	0.21	0.13
	(0.11)	(0.19)	(0.13)	(0.12)	(0.23)	(0.04)
1978	0.19*	0.41**	0.09	0.30**	0.20	0.35**
	(0.11)	(0.19)	(0.13)	(0.13)	(0.23)	(0.15)
1979	0.27**	0.01	0.40**	0.17	0.38**	0.05
	(0.10)	(0.17)	(0.12)	(0.11)	(0.19)	(0.13)
1980	0.32	0.20	0.38**	0.23**	0.19	0.23**
	(0.09)	(0.15)	(0.11)	(0.11)	(0.18)	(0.13)
1981	0.38**	0.26*	0.45**	0.45**	0.63**	0.37**
	(0.09)	(0.15)	(0.12)	(0.11)	(0.18)	(0.13)
1982	0.20**	-0.12	0.33**	0.12	-0.51**	0.52**
	(0.09)	(0.15)	(0.12)	(0.10)	(0.17)	(0.13)
1983	0.27**	0.17	0.35**	0.17*	0.00	0.30**
	(0.09)	(0.14)	(0.12)	(0.10)	(0.15)	(0.14)
1984	0.32**	0.04	0.54**	0.15*	0.22*	0.09
	(0.08)	(0.12)	(0.11)	(0.09)	(0.13)	(0.12)
1985	0.31**	0.02	0.54**	0.35**	0.22**	0.43**
	(0.08)	(0.12)	(0.10)	(0.09)	(0.13)	(0.12)
1986	0.37**	0.09	0.57**	0.28**	0.15	0.39**
	(0.08)	(0.11)	(0.10)	(0.08)	(0.13)	(0.11)
1987	0.20**	0.03	0.31**	0.22**	0.25**	0.19**
	(0.06)	(0.10)	(0.08)	(0.07)	(0.11)	(0.09)
1988	0.15**	-0.09	0.29**	0.25**	0.21**	0.27**
	(0.06)	(0.10)	(0.08)	(0.07)	(0.11)	(0.08)
1989	0.29**	0.24**	0.32**	0.17**	0.15	0.18**
	(0.06)	(0.10)	(0.08)	(0.07)	(0.11)	(0.08)
1990	0.28**	0.19*	0.32**	0.10	-0.01	0.15*
	(0.07)	(0.12)	(0.08)	(0.07)	(0.13)	(0.09)
1991	-0.06	-0.23	0.03	0.34**	0.67**	0.20
	(0.10)	(0.18)	(0.12)	(0.11)	(0.20)	(0.13)
상수	2.10	2.54	1.73	0.22	-0.09	0.96
	(0.19)	(0.63)	(0.46)	(0.22)	(0.90)	(0.51)
개체수	15125	5569	9556	11716	4313	7403
로그우도값	-36170	-13280	-22836	-12468	-4456	-7939
Pseudo R^2	0.02	0.01	0.02	0.01	0.01	0.01

주-괄호안은 표준오차임. 연도 더미는 표시하지 않음. 캘리포니아 주립대학교, 스탠퍼드대학교, 컬럼비아대학교의 특허
는 분석대상에 포함하지 않음. **p<0.05 *p<0.10

2열에 있는 17개의 상호계수 중 13개는 유의수준 5% 기준으로 양의 상관관계가 있는데, 1980년대에 '특허 활동에 적극적인' 대학의 특허는 관련 산업 표본군의 특허에 비해 더 집중적으로 인용되었다. 6장의 캘리포니아 주립대학교, 스탠퍼드대학교, 컬럼비아대학교에 대한 분석 결과에서처럼 경험 많은 대학과 기업의 특허 대조군 사이의 특허 중요성의 차이는 생물의학 이외의 특허 분야에서 가장 두드러졌다.

'특허 활동에 적극적인' 대학의 특허 전체와 대조군 특허의 보편성을 비교한 결과 비슷한 양상이 나타난다. 모든 상호작용 계수는 양의 상관관계를 보이며, 17개의 계수 중에 10개는 유의수준 5% 수준에서 통계적으로 유의하다. 또한 보편성에 있어 이러한 차이점은 비생물의학 특허에서 빈번히 나타난다.

1981년 이전의 '특허 활동에 소극적인' 대학을 대상으로 한 회귀분석 결과(표 7-3)는 비학술 기관의 대조 표본 특허에 비해 더 집중적으로 인용된 5년간의 특허(5% 유의수준에서)에 대한 데이터를 보여준다. 특허 전체의 보편성에 대한 회귀분석 결과는 양이고, 17년 동안 8개의 연도에 대해서는 통계적으로 5% 유의수준에서 유효하다. 신규 참여 대학의 경우, 1981~1991년의 결과는 기업 특허에 비해 1981년 이전부터 '특허 활동에 적극적인' 대학보다 중요성과 보편성 수준이 더 낮게 나타났다.

이러한 결과는 1980년 이후 캘리포니아 주립대학교와 스탠퍼드대학교가 취득한 특허의 중요성·보편성과 관련된 6장의 결과를 명백하게 입증시켜 준다. 두 가지 결과를 종합해 보면, 1980년 이후 전체 미국 대학 특허의 중요성과 품질이 악화된 것은 바이-돌 법이 상대적으로 특허 활동 경험이 부족한 대학들로 하여금 특허 활동에 참여하도록 장려했기 때문이라는 것을 시사한다.

<표 7-3> '특허 활동이 소극적인 기존 대학'에 대한 출원연도 기준의 회귀분석

출원연도	음 이항 모형(종속변수 : 중요성)			토빗 모형(종속변수 : 보편성)		
	전체	생물의학	생물의학 외	전체	생물의학	생물의학 외
1975	0.65**	0.38	0.71**	-0.30	-1.01	-0.15
	(0.32)	(0.77)	(0.34)	(0.35)	(0.84)	(0.38)
1976	-0.11	-0.49	0.24	0.84**	1.85**	0.23
	(0.33)	(0.55)	(0.42)	(0.39)	(0.69)	(0.49)
1977	0.63**	1.69**	0.45	0.36	-	0.19
	(0.3)	(0.67)	(0.34)	(0.33)	-	(0.37)
1978	0.01	0.18	-0.05	-0.29	-0.15	-0.35
	(0.27)	(0.47)	(0.32)	(0.29)	(0.57)	(0.33)
1979	0.66**	0.35	0.79**	0.62**	0.69	0.59*
	(0.25)	(0.45)	(0.3)	(0.29)	(0.54)	(0.34)
1980	0.35	0.13	0.51*	-0.01	0.23	0.14
	(0.24)	(0.38)	(0.31)	(0.25)	(0.41)	(0.31)
1981	-0.12	-0.15	-0.10	0.31	1.01**	0.00
	(0.2)	(0.34)	(0.26)	(0.22)	(0.4)	(0.27)
1982	-0.06	-0.21	0.10	0.38**	0.35	0.42*
	(0.18)	(0.25)	(0.25)	(0.18)	(0.25)	(0.26)
1983	0.16	0.50*	0.03	0.18	0.63**	0.02
	(0.15)	(0.27)	(0.18)	(0.16)	(0.32)	(0.19)
1984	-0.18	-0.25	-0.11	0.04	-0.13	0.19
	(0.15)	(0.22)	(0.2)	(0.16)	(0.24)	(0.22)
1985	-0.05	-0.04	-0.06	-0.07	-0.19	0.00
	(0.14)	(0.23)	(0.18)	(0.16)	(0.25)	(0.19)
1986	0.40**	0.38**	0.41**	0.41**	0.38**	0.43**
	(0.13)	(0.19)	(0.17)	(0.14)	(0.2)	(0.19)
1987	0.11	0.04	0.15	0.28**	0.06	0.40**
	(0.11)	(0.19)	(0.14)	(0.12)	(0.2)	(0.15)
1988	0.17*	0.02	0.24**	0.15	0.15	0.16
	(0.1)	(0.17)	(0.12)	(0.1)	(0.18)	(0.12)
1989	0.38**	0.22	0.46**	0.29**	0.26	0.29**
	(0.1)	(0.17)	(0.11)	(0.1)	(0.18)	(0.12)
1990	0.15*	0.17	0.14	0.20**	-0.05	0.29**
	(0.09)	(0.18)	(0.11)	(0.1)	(0.18)	(0.11)
1991	0.11	-0.19	0.28	0.53**	0.38	0.57**
	(0.16)	(0.3)	(0.18)	(0.16)	(0.31)	(0.19)
상수	1.10	2.30	-16.41	0.69	0.67	0.20
	(0.38)	(1.13)	(3661.49)	(0.38)	(1.01)	(0.52)
개체수	4535	1627	2908	3528	1242	2286
로그우도값	-10980	-3893	-7056	-3745	-1285	-2436
Pseudo R²	0.01	0.01	0.01	0.01	0.02	0.01

주 - 괄호안은 표준오차임. 연도 더미는 표시하지 않음. 캘리포니아 주립대학교, 스탠퍼드대학교, 컬럼비아대학교의 특허는 분석대상에 포함하지 않음. **p<0.05 *p<0.10

〈표7-4〉 '신규 참여 대학'에 대한 출원연도 기준의 회귀분석

출원연도	음 이항 모형(종속변수 : 중요성)			토빗 모형(종속변수 : 보편성)		
	전체	생물의학	생물의학 외	전체	생물의학	생물의학 외
1981	0.39	0.51	0.18	0.38	0.35	-
	(0.51)	(0.81)	(0.68)	(0.57)	(0.78)	
1982	0.80	1.56*	0.11	-0.81	-0.42	-1.09
	(0.56)	(0.86)	(0.72)	(0.54)	(0.77)	(0.74)
1983	0.18	0.53	-0.20	-0.53	0.18	-0.95**
	(0.36)	(0.6)	(0.44)	(0.34)	(0.52)	(0.44)
1984	-0.19	-0.28	-0.03	-0.11	0.00	-0.22
	(0.32)	(0.44)	(0.45)	(0.32)	(0.39)	(0.49)
1985	-0.03	-0.63	0.11	0.06	-0.72	0.33
	(0.35)	(0.65)	(0.4)	(0.35)	(0.61)	(0.45)
1986	0.23	0.12	0.29	0.28	0.49	0.13
	(0.29)	(0.48)	(0.35)	(0.28)	(0.42)	(0.37)
1987	-0.16	-0.62**	0.50*	0.35	0.33	0.37
	(0.23)	(0.31)	(0.31)	(0.22)	(0.27)	(0.33)
1988	0.19	-0.20	0.46*	0.37*	0.30	0.43
	(0.23)	(0.34)	(0.29)	(0.21)	(0.31)	(0.28)
1989	0.51**	0.11	0.85**	0.51**	0.56**	0.44
	(0.19)	(0.26)	(0.25)	(0.18)	(0.3)	(0.27)
1990	0.26	0.10	0.47**	0.19	0.27	0.10
	(0.2)	(0.28)	(0.28)	(0.2)	(0.26)	(0.29)
1991	0.32	0.53	0.24	0.38	0.31	0.42
	(0.32)	(0.55)	(0.38)	(0.2)	(0.5)	(0.38)
상수	1.70	1.32	0.25	-0.52	1.36	1.46
	(0.83)	(0.59)	(0.52)	(0.42)	(0.67)	(0.80)
개체수	868	367	501	666	284	382
로그우도값	-2105	-919	-1163	-700	-290	-399
Pseudo R^2	0.01	0.02	0.02	0.03	0.04	0.04

주-괄호안은 표준오차임. 연도 더미는 표시하지 않음. 캘리포니아 주립대학교, 스탠퍼드대학교, 컬럼비아대학교의 특허는 분석대상에 포함하지 않음. **p<0.05 *p<0.10

2. 1981~1992년 기간 동안 대학의 특허 경험, 학습 그리고 특허의 특징

특허·기술이전 활동의 경험이 부족한 대학들이 왜 인용도가 낮은 특허를 받아들이는 경향을 보일까? 연구대학과 연구소에서 근무하는 기술이전 전문가들과의 면담 결과, 경험이 없는 대학들은 바이-돌 법 제정 후에 활동을 시작했기 때문에 특허를 엄격하게 선별하지 못했을 가능성이 있다. 특허 활동을 시작하는 대학들은 교수 발명을 기술이전 하기 위한 시장성 평가를 거의 하지 않은 상태에서 특허를 취득했다. 이 대학들은 특허관리 비용의 증가와 기술이전 수입료의 정체라는 문제에 직면하게 되자 특허를 취득할 때 좀 더 엄격한 선별과정을 거치게 되었다. 브헤이븐 샘팻B. N. Sampat과 아비즈 지도니스A. A. Ziedonis는 기술이전 수입료와 이전된 대학 특허의 인용도 사이의 상관관계를 분석했는데, 인용도가 높은 특허일수록 더 많은 기술이전 수입을 얻게 될 가능성이 높다고 주장했다.[1]

따라서 이 절에서는 더 많은 기술이전 수입을 바라고 있는 신규 참여 대학들이 효율적인 '특허 활동 학습learn to patent'을 통해 특허관리 활동에 있어 더욱 엄격하게 변할 가능성을 검증하고자 한다. 이렇게 선별적 특허 활동을 강화한다면 신규 참여 대학들이 취득하는 특허 자산에 인용도가 높은 특허가 점점 많아질 것이다. 우리는 이 절에서 카네기 위원회Carnegie Commission on Higher Education의 분류법에 의해 연구대학 그리

---

1 B. N. Sampat & A. A. Ziedonis, "Cite-Seeing: Patent Citations and Economic Value", Conference on Empirical Economics of Innovation and Patenting(Cnter for European Economic Research, Mannheim, Germany, March) 발표논문.

고 박사학위 수여 대학으로 분류되는 대학들이 바이-돌 법 이후 취득한 등록 특허를 분석할 것이다. 구체적으로 우리가 분석할 데이터는 1981년부터 1992년 사이에 출원되고 1994년 이전에 등록된 10,881개의 특허에 대한 자료이다. 우리는 이 특허 자료를 상호 비교하고 또한 6장에서 활용했던 특허 대조군과도 비교했다. 이러한 분석을 통해 1980년 이전부터 특허 활동 경험이 많은 대학과 경험이 부족한 대학의 특허 사이에 특허 중요성의 차이가 1981~1992년 사이에 줄어들었는지를 검증할 것이다.

특허의 중요성은 특허 등록 이후 5년 동안 인용된 건수를 바탕으로 측정한다. 인용할 수 있는 기간을 5년으로 제한하면 '특허 집단patent cohort'의 수를 증가시킬 수 있는데, 이는 '특허 활동 학습'에 상당한 시간이 걸리기 때문이다. '자가 인용self-citation'은 다른 특허에 의해 인용된 것에 비해 정확성이 떨어질 수 있기 때문에 배제했다.

1) 분석 모형

우리는 먼저 학술적 특허의 인용수를 비학술적 대조 표본의 특허 인용수와 비교한다. 종속변수의 속성상 여기서는 음이항 분석모형을 사용할 것이다. 우리의 기본 분석모형은 출원 연도구간(1981~1983, 1984~1986, 1987~1989, 1990~1992), 이 기간에 출원된 대학 특허(UNIV8183, UNIV8486, UNIV8789, UNIV9092), 그리고 특허 분류를 가변수로 만들어 포함하고 있다. 특허분류 가변수는 우리의 분석에서 303개로 나뉜다.

다음 단계로 학술적 특허의 중요성을 비학술적 대조 표본 특허와 비교한다. 우리는 출원 연도구간에 따라 신규 참여 대학의 등록 특허를 의미하는 가변수(ENT8183, ENT8486, ENT8789, ENT9092)를 추가함으로써 경험 많은 대학의 등록 특허에 대한 신규 참여 대학 특허의 평균 인용 비율과 비학술적 대조 표본 특허에 대한 진입대학의 특허 평균 인용 비율간의 차이검정test for differences을 실시한다. 마지막으로, 다양한 '학습메카니즘'이 신규 참여 대학 등록 특허의 특성에 영향을 미치는지 평가하기 위하여, 신규 참여 대학을 3가지로 구분한다: ① RC와의 계약관계가 있는 경우, ② 1980~1986년간 누적 특허관리 수준이 중간 이상인 경우, ③ 1980~1986년간 공식적인 기술이전 업무에 적어도 0.5명의 전일제 근무자Full Time Employee가 근무하고 있는 경우이다. 우리는 또한 각 출원 연도구간에서 숙련된 신규 참여 대학의 특허를 나타내는 가변수(EXPENT8183, EXPENT8486, EXPENT8789, EXPENT9092)를 포함시켰다. 이는 세 가지 특성을 각각 가지고 있는 신규 참여 대학의 특허 인용 횟수와 이러한 특성을 갖고 있지 않은 진입 대학의 특허 인용 횟수와 비교하기 위함이다. 우리의 계량경제학적 분석모형에 대해서는 이 장의 부록에서 상세하게 기술했다.

〈표7-5〉는 전체 대상 대학과 대조군 대학의 특허에 대한 음이항 회귀 분석 결과이다. 〈표7-6〉은 생물의학 분야의 특허에 대해서만 분석하였는데 그 결과는 유사하다. 그리고 〈표 7-7〉은 생물의학 이외의 분야 특허에 대한 결과이다. 각 표에서는 모형1은 기본 분석모형으로서 출원 연도구간과 특허분류 가변수와 더불어 UNIV 가변수(UNIV8183-UNIV9092)를 포함하고 있다. 모형2에는 ENT 가변수가 추가되고, 모형 3~5는 각각의 EXPENT 가변수를 포함하고 있다. 〈표 7-8〉은 대조군 특허 중요성에 대한 진입 대학 특허의 상대적인 중요성을 알아보기 위하여 각각의

〈표 7-5〉 1981~1992년 전체 특허에 대한 회귀분석(음 이항 모형, 종속변수 : 인용수)

변수	모형1 기본모형	모형2 기본모형에 ENT_T 추가	모형3 RC의 적극적 고객이었던 신규 참여 대학	모형4 1981~86 중앙값 이상의 특허를 획득한 신규 참여 대학	모형5 초기에 TLO를 설립한 신규 참여 대학
			모형2에 EXPENT_T 추가		
UNIV_8183	0.237	0.262	0.262		
	(5.31)**	(5.66)**	(5.66)**		
UNIV_8183	0.207	0.246	0.246		
	(5.56)**	(6.25)**	(6.26)**		
UNIV_8183	0.193	0.188	0.188	0.189	0.189
	(6.78)**	(6.13)**	(6.13)**	(6.14)**	(6.15)**
UNIV_9092	0.261	0.249	0.249	0.255	0.255
	(9.98)**	(8.73)**	(8.73)**	(8.94)**	(8.94)**
ENT_8183		-0.190	-0.095		
		(2.07)*	(0.46)		
ENT_8486		-0.218	-0.166		
		(3.19)**	(1.22)		
ENT_8789		0.022	-0.161	0.014	0.172
		(0.47)	(1.55)	(1.63)	(2.83)**
ENT_9092		0.044	0.134	0.11	0.021
		(1.07)	(1.26)	(2.02)*	(0.42)
EXPENT_8183			-0.116		
			(0.52)		
EXPENT_8486			-0.068		
			(0.45)		
EXPENT_8789			0.217	-0.183	-0.368
			(1.95)	(2.22)*	(4.46)**
EXPENT_9092			0.102	-0.157	0.038
			(0.91)	(2.20)*	(0.52)
상수	0.834	0.818	0.806	1384	1351
	(3.2)	(1.47)	(1.5)	(1.82)	(1.35)
개체수	21,455	21,455	21,455	14,554	14,554

주—괄호안은 z값의 절대값임. 출원연도 가변수와 특허분류 가변수를 모든 분석에 포함시켰으나 기재하지는 않았음. UNIV_T 변수의 계수값은 β_T, ENT_T는 δ_T, EXPENT_T는 φ_T임. * 5% 유의수준에서 유효, ** 1% 유의수준에서 유효

모형2에 대하여 왈드Wald 검정을 실시한 결과이다(왈드 검정에 대한 설명은 부록 참조). 우리는 여기서 설명을 단순하고 명확하게 하기 위하여 출원 연도구간과 특허분류 가변수의 계수는 보여주지 않는다.

우리는 먼저 바이-돌 법 제정 후 초기(1981~1986)에 경험 많은 대학과 신규 참여 대학의 특허 중요성을 비교하고 이 시기 동안 이 대학들의 생

물의학과 생물의학 외 분야의 특허를 구분해서 각각 분석한다. 그런 다음 1980년대에 진입 대학의 등록 특허의 중요성 변화를 분석하고, 향상 정도를 설명할 수 있게 해주는 학습의 원천에 대한 검토를 실시한다.

〈표 7-6〉 1981~1992년 생물의학 분야 특허에 대한 회귀분석(음 이항 모형, 종속변수 : 인용수)

변수	모형1	모형2	모형3	모형4	모형5
			모형2에 EXPENT$_T$ 추가		
	기본모형	기본모형에 ENT$_T$ 추가	RC의 적극적 고객이었던 신규 참여 대학	1981~1986 중앙값 이상의 특허를 획득한 신규 참여 대학	초기에 TLO를 설립한 신규 참여 대학
UNIV$_{8183}$	0.175	0.153	0.153		
	(2.24)*	(1.86)	(1.87)		
UNIV$_{8183}$	0.07	0.092	0.092		
	(1.14)	(1.4)	(1.4)		
UNIV$_{8183}$	-0.004	-0.007	-0.007	-0.014	-0.014
	(0.07)	(0.13)	(0.13)	(0.25)	(0.26)
UNIV$_{9092}$	0.220	0.193	0.194	0.195	0.195
	(4.69)**	(3.82)**	(3.82)**	(3.80)**	(3.79)**
ENT$_{8183}$		0.131	0.452		
		(0.88)	(1.41)		
ENT$_{8486}$		-0.105	0.091		
		(0.98)	(0.47)		
ENT$_{8789}$		0.015	-0.079	0.033	0.107
		(0.17)	(0.43)	(0.27)	(0.85)
ENT$_{9092}$		0.102	0.226	0.215	0.097
		(1.33)	(1.3)	(2.02*)	(0.91)
EXPENT$_{8183}$			-0.403		
			(1.16)		
EXPENT$_{8486}$			-0.27		
			(1.24)		
EXPENT$_{8789}$			0.112	-0.028	-0.152
			(0.58)	(0.18)*	(0.99)
EXPENT$_{9092}$			-0.148	-0.194	0.028
			(0.81)	(1.44)	(0.21)
상수	0.92	0.925	0.924	1.135	1.133
	(4.14)	(3.01)	(4.15)	(3.85)	(3.85)
개체수	7,383	7,383	7,383	4,823	4,823

주－괄호 안은 z값의 절대값임. 출원연도 가변수와 특허분류 가변수를 모든 분석에 포함시켰으나 기재하지는 않았음. UNIV$_T$ 변수의 계수값은 β$_T$, ENT$_T$는 δ$_T$, EXPENT$_T$는 Φ$_T$임(부록참조). * 5% 유의수준에서 유효, ** 1% 유의수준에서 유효

〈표 7-7〉 1981~1992년 생물의학이외의 분야 특허에 대한 회귀분석(음 이항 모형, 종속변수 : 인용수)

변수	모형1	모형2	모형3	모형4	모형5
			모형2에 EXPENT$_T$ 추가		
	기본모형	기본모형에 ENT$_T$ 추가	RC의 적극적 고객이었던 신규 참여 대학	1981~1986 중앙값 이상의 특허를 획득한 신규 참여 대학	초기에 TLO를 설립한 신규 참여 대학
UNIV$_{8183}$	0.268	0.315	0.315		
	(4.97)**	(5.64)**	(5.65)**		
UNIV$_{8183}$	0.29	0.333	0.333		
	(6.21)**	(6.81)**	(6.82)**		
UNIV$_{8183}$	0.286	0.28	0.28	0.282	0.282
	(8.39)**	(7.64)**	(7.65)**	(7.73)**	(7.74)**
UNIV$_{9092}$	0.286	0.279	0.279	0.288	0.288
	(9.1)	(8.12)**	(8.12)**	(8.41)**	(8.41)**
ENT$_{8183}$		-0.418	-0.596		
		(3.54)**	(2.11)*		
ENT$_{8486}$		-0.274	-0.431		
		(3.06)**	(2.19)*		
ENT$_{8789}$		0.024	-0.198	0.114	0.163
		(0.43)	(1.56)	(1.54)	(2.37)**
ENT$_{9092}$		0.024	0.042	0.076	0.005
		(0.48)	(0.31)	(1.22)	(0.08)
EXPENT$_{8183}$			0.211		
			(0.69)		
EXPENT$_{8486}$			0.189		
			(0.88)		
EXPENT$_{8789}$			0.261	-0.224	-0.421
			(1.93)	(2.30)*	(4.23)**
EXPENT$_{9092}$			-0.019	-0.16	0.002
			(0.14)	(1.91)*	(0.03)
상수	0.869	848	0.839	1.36	1.32
	(3.39)	(3.31)	(3.27)	(4.02)	(3.9)
개체수	14,072	14,072	14,072	9,731	9,731

주—괄호 안은 z값의 절대값임. 출원연도 가변수와 특허분류 가변수를 모든 분석에 포함시켰으나 기재하지는 않았음.
UNIV$_T$ 변수의 계수값은 β$_T$, ENT$_T$는 δ$_T$, EXPENT$_T$는 φ$_T$임(부록참조). * 5% 유의수준에서 유효, ** 1% 유의수준에서 유효

〈표 7-8〉 1981~1992년 표본의 (UNIV$_T$+ENT$_T$)에 대한 회귀분석(음 이항 모형, 종속변수 : 인용수)

대상	전체 표본과 대조군	생물의학 분야 특허와 대조군	생물의학 이외 분야 특허와 대조군
1981~1983	0.072	0.284	-0.103
	(0.62)	(3.73)	(0.77)
1984~1986	0.028	-0.013	0.059
	(0.16)	(0.02)	(0.43)
1987~1989	0.021	0.008	0.304
	(21.27)**	(0.01)	(31.34)**
1990~1992	0.293	0.295	0.303
	(54.05)**	(16.04)**	(41.10)**

주─UNIV$_T$ 변수의 계수값은 β$_T$, ENT$_T$는 δ$_T$. 괄호안은 (β$_T$+δ$_T$)에 대한 왈드검정의 카이스퀘어값임(부록참조). * 5% 유의수준에서 유효, ** 1% 유의수준에서 유효

2) 신규 참여 대학은 경험 많은 대학보다 중요성이 낮은 특허를 보유하고 있는가?

우리는 〈표 7-5〉에 있는 ENT의 계수를 검토함으로써 경험 많은 대학과 신규 참여 대학의 특허 중요성 사이의 차이를 평가하고자 한다. 이 절에서는 경험 많은 대학이 1981~1986년 사이에 출원한 특허와 신규 참여 대학의 특허의 중요성을 비교한다. 〈표 7-5〉를 살펴보면 신규 참여 대학은 1981~1983년과 1984~1986년 기간에 기존 대학에 비해 중요성이 낮은 특허를 취득했다. 경험 많은 대학과 비교할 때 신규 참여 대학 특허의 인용 비율은 1981~1983년 기간에는 0.82, 1984~1986년 기간에는 0.80이다. 이는 1981~1983년과 1984~1986년 기간에 출원된 경험 많은 대학 특허는 동일한 기간 동안 출원한 신규 참여 대학 특허에 비해 인용도가 각각 20%와 25% 높다는 것을 의미한다.

생물의학 특허에 대한 분석 결과는 〈표 7-6〉에 나타나 있으며 생물의학 이외의 특허에 대한 분석 결과는 〈표 7-7〉에 있다. 〈표 7-6〉의 모형 2

의 계수를 살펴보면 신규 참여 대학의 생물의학 특허가 1981~1983년과 1984~1986년 동안 출원된 경험 많은 대학의 특허에 비해 인용 건수가 크게 다르지 않다는 것을 알 수 있다. 따라서 생물의학 기술에 있어 경험 많은 대학이 바이-돌 법 이후 첫 6년 동안 신규 참여 대학보다 중요성이 높은 특허를 받았다는 증거가 거의 없다.

그러나 생물의학 이외의 특허에 대해 분석한 결과, 1984~1986년 기간에 출원된 경험 많은 대학과 신규 참여 대학이 확보한 특허의 중요성 사이에는 상당한 차이가 나타났다. 〈표 7-7〉을 살펴보면 1987년 이전에 출원된 특허 중에서 신규 참여 대학의 특허는 경험 많은 대학의 특허에 비해 상당히 적게 인용되었다는 것을 알 수 있다(1980년대 이후 신규 참여 대학 특허의 중요성 향상에 대해서는 다음 문단 참조).

바이-돌 법 제정 이후 첫 6년 동안 생물의학 기술보다 생물의학 이외의 기술에 있어 경험 많은 대학이 '중요성에서의 우위' 현상을 보이는 것은 생물의학 분야에서는 특허 활동의 경험이 덜 중요하다는 것을 의미한다. 이러한 가설은 4장에서 논의한 내용과 일치하는데, 즉 RC의 고객이었던 (특허 경험이 부족한) 대학들은 생물의학 이외의 특허에 비해 생물의학 특허를 관리할 때 훨씬 '신중하게 선택하여,' 좋은 성과를 얻었다. 이것은 또한 6장에서 논의했던 것처럼 바이-돌 법 제정 전후 캘리포니아 주립대학교와 스탠퍼드대학교의 생물의학과 생물의학 이외의 특허에 대한 인용 분석과 일치한다.

3) 1986년 이후 신규 참여 대학 특허의 중요성이 높아졌는가?

우리가 분석한 결과, 바이-돌 법 제정 이후 학술 특허를 관리하기 시작한 대학은 1981~1986년 기간에 평균적으로 경험 많은 대학에 비해 중요성이 낮은 특허를 획득했다. 이 대학들이 특허 활동 경험의 부족으로 인해 중요성이 낮은 특허를 보유하게 되었다면, 특허 활동을 확대한다면 학습 효과를 통해 경험 많은 대학과의 차이를 좁힐 수 있게 될 것이다. 신규 참여 대학이 특허 활동을 학습하게 되면 대조군 특허에 비해 특허의 중요성도 향상시킬 수 있다. 따라서 이 절에서는 1980년대와 1990년대 초반에 신규 참여 대학과 경험 많은 대학의 특허 사이에 존재하는 '중요성의 차이' 그리고 신규 참여 대학과 대조군의 특허 사이에도 존재하는 '중요성의 차이'가 어떻게 변화했는지를 검토할 것이다.

전체 표본(표 7-5) 내에서 신규 대학 특허의 중요성은 경험 많은 대학이 1981~1986년(모형 2) 기간에 출원한 특허의 중요성에 비해 상당히 낮았지만, 1987~1992년 기간에 출원된 특허에서 이러한 차이는 통계적으로 의미가 없다. 1981~1986년 기간 동안 경험 많은 대학과 신규 참여 대학 사이의 특허 중요성 차이가 가장 누드러졌던 생물의학 이외의 특허의 경우도 유사하게 변화했다(표 7-7의 모형 2). 이러한 분석 결과는 바이-돌 법의 영향이 미치기 시작한 초기에 중요성의 차이가 가장 큰 생물의학 이외의 분야에서 신규 참여 대학과 경험 많은 대학이 1987~1992년 기간에 출원한 특허의 중요성의 차이가 줄어들었음을 보여준다.

우리는 또한 신규 참여 대학 특허와 대조군 특허 사이의 '중요성 차이'가 얼마나 변했는지를 조사하여 〈표 7-8〉로 정리했다. 〈표 7-8〉은 바이-돌 법 시행 초기에 신규 참여 대학의 특허가 대조군 특허에 비해 유의미하게 더 많이 인용되지는 않았다는 것을 보여준다(왈드 검정 통계에 따르면, 1981~1983년 그리고 1984~1986년 기간에 출원된 특허는 무의미한 것으로 나타났다). 왈드 통계는 또한 1987~1989년 기간에 신규 참여 대학과 경험 많은 대학이 출원한 생물의학 특허 사이에 중요성의 차이는 유의미하지 않다는 것을 보여주었다. 그러나 신규 참여 대학이 1987~1989년 및 1990~1992년 기간에 출원한 특허는 평균적으로 전체 대학의 특허와 생물의학 이외의 대조군에 비해 훨씬 더 많이 인용되었다. 1990~1992년 기간에 신규 참여 대학의 생물의학 분야 특허는 상응하는 대조군 특허에 비해 훨씬 더 많이 인용되었다.

전반적으로 이들 자료는 1980년대 말과 1990년대 초 기간에 기존 대학과 신규 참여 대학이 출원한 특허의 중요성은 상당히 증가되는 방향으로 수렴한다는 것을 보여준다. 게다가, 이러한 수렴은 경험 많은 대학이 보유한 특허의 중요성이 감소하지 않고, 오히려 신규 참여 대학이 보유한 특허의 중요성이 향상되었다는 것을 의미한다. 1981~1986년 기간 동안 경험 많은 대학과 신규 참여 대학 사이에 특허의 중요성의 차이가 가장 컸던 생물의학 이외의 분야에서 이러한 수렴이 가장 두드러지게 나타났다. 분석한 결과에 따르면, 신규 참여 대학이 획득한 특허의 중요성도(1986년 이후에 출원된) 후기 특허 집단 내의 비非학술적인 대조군 특허에 비해 향상되었다. 이러한 결과를 종합해 보면, 1980년대에 신규로 참여한 대학들도 실제로 특허 활동에 대해 학습했음을 알 수 있다.

4) 신규 참여 대학의 학습 원천

1980년 이후 신규 참여 대학이 특허 학습을 하도록 유도한 요인은 무엇인가? 1980년 이후 특허관리에 들어간 많은 신규 참여 대학들은 1980년 이전에는 RC의 고객이었는데, 1960년까지 RC는 대학에 대한 교육을 통해 특허 및 기술이전 활동에 적합한 가장 좋은 발명을 선별할 수 있도록 도왔다(4장 참조). 우리는 1970년대에 RC의 '적극적인' 고객들(즉, 한 해에 5개 이상의 발명을 RC에 위탁한 대학들)은 바이-돌 법이 제정된 이후 특허관리에 나선 대학들에 비해 중요성이 높은 특허를 많이 받았을 것이라는 가설을 검정하고자 한다.

바이-돌 법 제정 이후 신규 참여 대학이 보유한 특허의 중요성이 향상된 다른 요인으로 특허화 활동에 있어 기관의 축적된 경험을 들 수 있다. 만약 관련된 학습이 특허화 활동의 축적된 경험에서 우러나온 것이라면, 1981~1986년 기간에 집중적으로 특허 활동을 전개한 대학이 같은 기간에 특허 활동이 미약한 대학보다 평균적으로 중요성이 높은 특허를 많이 보유하게 되었을 것이다. 이 가설을 검정하기 위해 획득한 특허의 중앙값보다 더 많은 특허를 획득한 대학과 중앙값보다 더 적은 특허를 획득한 대학이 보유한 특허의 중요성의 차이를 분석했다.

마지막으로, 공식적인 기술이전부서TLO의 설립과 기술이전전문가의 고용이 1980년 이후 진입한 대학의 특허의 중요성이 향상되는데 기여했을 것이라는 가설을 검정하고자 한다. '초기단계의 진입대학'(바이-돌 법 제정 후 첫 6년간 기술이전부서를 설립한 기관)이 공식적인 기술이전부서를 더 늦게 설립한 신규 참여 대학보다 평균적으로 '훨씬 더 중요한' 특허를 획득한다는 가설을 검정했다. 1986년 이전에 적어도 0.5명의 전일제 근무자Full Time Employee를 고용한 신규 참여 대학이 획득한 특허와 1986년까지 기술이전부서를 설립하지 않은 대학이 획득한 특허의 중요성을 비교했다.

EXPENT 계수는 일정 기간에 경험이 있는 신규 참여 대학의 등록 특허와 경험이 많지 않은 신규 참여 대학의 등록특허의 중요성의 차이를 측정한 것이다. 〈표 7-5〉, 〈표 7-6〉, 〈표 7-7〉의 모델 3은 1981~1983년과 1990~1992년 각 기간에 대해 1980년 이전 RC의 적극적인 고객이었던 신규 참여 대학과 기타 신규 참여 대학의 EXPENT 계수를 보여준다. 1980년 이전에 RC와의 계약관계는 1980년대 동안 신규 참여 대학의 특허 중요성이 향상된 것과는 관련이 없다. 전체 표본에서 3열의 EXPENT 계수는 어떤 기간에서도 유의미하지 않다. 생물의학 분야와 비생물의학 분야의 하위 표본(표7-6과 표7-7)에서는 적극적인 고객이었던 신규 참여 대학들이 바이-돌 법 제정 이후 다른 신규 참여 대학들보다 중요성이 높은 특허를 가진다는 어떠한 증거도 찾을 수 없다.

RC가 1980년 이후 대학 특허가 향상되는 데에 영향을 미치지 못한 이유는 분명하지 않다. 대학이 RC에 위탁하려 했던 발명을 선별할 때 동기가 부족했다는 점을 들 수 있다. RC의 고객인 대학들은 RC와 비용을 부담하지 않는다는 발명관리협약을 맺었기 때문에 1960년대와 1970년대에 상업성이 높은 발명을 엄격하게 선별해야 할 동기가 부족했다. 또한 특허관리를 RC에 위탁했기 때문에 대학은 특허관리 노하우를 익히지 못했을 가능성이 있다.

위에서 논의한 학습의 두 번째 원천은 특허관리 경험의 누적, 즉, '실천을 통한 학습'이다. 〈표 7-5〉, 〈표 7-6〉, 〈표 7-7〉의 모델 4의 값에서 1981~1986년 기간 동안 출원된 신규 참여 대학 중 보유 특허 건수가 중앙값 이상인 대학에 대해 EXPENT 계수는 모두 1로 정했다. 모델 4에서 EXPENT 계수는 1981~1986년 동안 특허 보유 건수가 중앙값 이상인 신규 참여 대학이 1986년 이후에 출원한 특허의 중요성과, 같은 기간 동안 특허 보유 건수가 중앙값 이하인 신규 참여 대학이 출원한 특허의 중요성 사이의 차이를 측정한다. 측정 결과, 예상과는 달리 1981~1986년 기간에 더 많은 특허관리 경험을 한 신규 참여 대학이 획득한 특허가 다른 신규 참여 대학이 획득한 특허보다 평균적으로 인용도가 낮은 경향을 발견했다.

전체 표본에서 1987~1989년 그리고 1990~1992년 기간 동안 더 많은 경험을 한 신규 참여 대학이 획득한 등록특허는 같은 기간 동안 경험이 적은 신규 참여 대학의 등록특허에 비해 상당히 낮은 인용도를 보였다(표 7-5 모델 4). 생물의학 그리고 비생물의학 분야의 하위 표본 내에서도 '학습 곡선learning curve' 가설이 암시하는 것처럼 1987년 이전 특허관리 수준이 더 높은 신규 참여 대학이 중요성이 높은 특허를 보유하고 있다는 증거는 없다. 이러한 결과는 특허 활동의 축적된 경험이 1980년 중반 이후 신규 참여 대학이 보유한 특허의 중요성이 향상된 이유가 아님을 보여준다.

마지막으로 1980년 이후 공식적인 기술이전부서가 설립된 시점이 신규 참여 대학이 보유한 특허의 중요성에 미친 영향에 대해 검토하고자 한다. 미국 대학기술이전협회Association of University Technology Managers, 이하 AUTM의 자료를 이용하여 1986년까지 공식적인(즉, 최소한 0.5명의 전일제 직원을 고용하고 있는) 기술이전부서를 설치한 신규 참여 대학들에 대해 EXPENT 계수는 1로 부여했다. 〈표 7-5〉, 〈표 7-6〉, 〈표 7-7〉의 모델 5의 값은 1981년부터 1986년 사이에 신규 참여 대학이 기술이전부서를 설치한 것이 1986년 이후 획득한 특허의 중요성에 미친 영향력을 분석한 결과이다. 〈표 7-5〉에 따르면 기술이전부서를 먼저 설립한 대학이 획득한 특허의 중요성이 1987년까지 기술이전부서를 설립하지 않은 신규 참여 대학에 비해 향상되지 않았다. EXPENT87~89 계수는 〈표 7-5〉에서 음의 상관관계를 보이며 유의미하다. 〈표 7-6〉에서 EXPENT90~92 계수는 유의미하지 않다. 〈표 7-6〉에서 생물의학 분야에서 EXPENT87~89 계수는 유의미하지 않다. 〈표 7-7〉에서 비생물의학 분야에서 EXPENT87~89 계수는 음의 상관관계를 보이며 유의미하지만, EXPENT90~92 계수는 유의미하지 않은 것으로 나타난다.

실제로 바이-돌 법 제정 후 1987~1992년 기간에 기술이전부서를 일찍 설치한 것은 중요성이 높은 특허를 획득하는 것과 상관관계가 없다. 실제로 1980~1986년 기간에 기술이전부서를 설치한 것은 1987~1989년 기간에 획득한 특허의 중요성이 낮은 것과 관련이 있다. 비록 결정적이지는 않지만, 이러한 결과가 나온 것은 일부 대학들이 공식적인 기술이전부서를 설치한 초기에 특허와 기술이전 활동에 대한 지식과 숙련도가 낮은 인력을 배치했기 때문이며, 또한 경험이 부족한 행정관리자에게 단순히 기술이전 전문가의 직위를 부여한다고 해서 중요성이 높은 특허를 획득할 수 있는 것은 아니기 때문이다. 어떤 경우에 있어서 공식적인 기술이전부서가 설치된 것은 '특허 학습'의 원인이 아니라 결과이다.

비록 이러한 효과를 검정할 수는 없지만, 조직적 학습은 신규 참여 대학이 특허의 중요성을 향상시키는 데 기여했을 수도 있다. 조직은 다른 조직으로부터 직접적인 경험(예를 들면 컨설팅, 인력교류, 학술대회) 또는 간접적인 경험(예를 들면 다른 기관에 대한 조사, 동료들과의 비공식적인 논의)을 통해 학습할 수 있다. 이러한 두 가지 방식은 신규 참여 대학들이 특허·기술이전 활동을 학습할 수 있는 주요 수단이라고 할 수 있다. 예를 들어, 1969년 스탠퍼드대학교 기술이전부서 설립자인 닐스 라이머스는 1980년대에 수많은 신규 참여 대학과 경험 많은 대학의 자문을 맡아 스탠퍼드대학교에서 성공한 과정에 대한 정보를 다른 대학으로 확산시켰다.

대학들 사이의 인력 이동은 기관 사이의 지식 확산과 학습의 통로라고 할 수 있다. 1980년 말, 컬럼비아대학교는 오랜 기간 동안 특허관리에 전념해 온 아이오와 주립대학교Iowa State University의 기술이전부서의 소장을 채용했다. 1974년에 설립된 AUTM은 기술이전 전문가들이 참여하는 학술대회와 세미나 등을 통해 '우수 사례'에 대한 정보를 확산시켰다고 할 수 있다.

신규 참여 대학은 1980년대에 기술이전 전문가들이 활동하는 공동체 내에서 비공식적인 대화와 협력을 통해 기술이전 노하우를 학습했다. 1981년부터 1985년까지 특허 선별에 엄격하지 않았던 컬럼비아대학교는 특허관리 경험이 많은 기관의 특허정책을 근거로 상업화 가능성이 높은 기술이전 수요자에게만 기술을 이전했다. 컬럼비아대학교가 다른 대학기술이전부서의 소장들과의 비공식적인 토론을 통해 이러한 엄격한 선별 전략을 채택하게 되었다. 이와 유사한 비공식적인 정보교류와 협력으로 인해 1980년대와 1990년 초 신규 참여 대학이 획득한 특허는 '질적으로' 향상되었다.

미국 대학들은 특허·기술이전 활동에 참여하기 시작하던 초창기에 특허가 가능한 발명을 선별하고 나아가 특허·기술이전 활동을 전개할 때 다른 대학의 경험에서 교훈을 얻었다. 이러한 경향은 바이-돌 법 제정 이후에도 지속되는 것처럼 보인다. 펠드만M. I. Feldman에 따르면 1990년대에 접어들어 미국 대학들은 기술이전 전략의 하나로 기술을

필요로 하는 회사에 대한 투자지분을 이용하는 단계에 이르렀다.[2] 대학
들이 비공식적인 통로와 전문가 네트워크, 그리고 기타 협력을 통해 특
허를 학습하지 않았다면, 이러한 발전은 불가능했을 것이다.

3. 결론

1980년 전후 전체 미국 대학의 특허 활동에 대한 분석 결과는 6장에
서 보여준 캘리포니아 주립대학교, 스탠퍼드대학교 그리고 컬럼비아
대학교에 대한 분석 결과와 일치한다. 특히, 1980년 이전에 상당한 특
허 자산을 보유한 대학의 경우 1980년 이후 특허의 중요성과 보편성이
저하되지 않았다는 것을 발견했다. 그러나 특허 활동에 대한 경험이 거
의 없거나 미흡한 대학의 특허는 대학 이외의 특허와 비교하면 중요성
과 보편성이 낮았다. 또한 신규 참여 대학이 획득한 특허의 중요성이
향상된 정도를 판단하기 위해 바이-돌 법 제정 이후 신규 참여 대학과
경험 많은 대학이 보유한 특허의 성격 변화를 분석했다.

분석 결과 바이-돌 법 제정 이후 미국 대학의 내부적 '연구 문화'의
변화로 인해 그 후 14년 동안 특허의 중요성이 저하되기 시작했다는 주
장을 뒷받침할 만한 증거는 거의 없었다. 그러나 이러한 결과가 대학

---

2   M. I. Feldman, J. E. L. Feller, R. Burton, "Equity and the Technology Transfer Strategies fo
    American Research Universities", *Management Science* 48, 2002, pp.105~121.

연구 문화의 변화가 점진적으로 일어났을 가능성과 일부 대학 특허의 중요성이 궁극적으로 저하되었을 가능성을 배제하지 않는다.

우리의 분석 결과는 대학이 특허 활동을 실제로 학습할 수 있다는 점을 시사하고 있지만, 이러한 학습의 원천이 무엇인지는 명확하지 않다. 특허 활동의 축적된 경험, RC와의 역사적 관계, 그리고 공식적으로 설치된 기술이전부서에 전문가 배치 등은 모두 오랜 시간에 걸쳐 대학 특허의 중요성이 향상된 현상을 설명하지 못한다. 이러한 학습 원천에 대한 측정에는 한계가 있지만, 이러한 한계는 대학 특허의 중요성이 더욱더 분산적인 학습 과정에 의해 향상되었다는 것을 의미할 수도 있다.

부록
대학 특허화에서 '학습'에 대한 검정을 위해 사용된 계량경제학적 분석모형에 관한 설명

본 부록에서는 7장 본문 중 "1981~1992, 기관 경험, 학습 및 대학 특허 특성"에 약술된 계량경제학적 분석모형을 더 상세하게 설명한다. 본 분석에서의 종속변수는 해당 특허가 인용된 횟수이다. 이 '수량$_{count}$' 변수인 종속변수를 분석하기 위하여 음이항 회귀분석 방법을 이용한다. 기본 분석모형에서 음이항 인용 함수의 조건부평균은 다음과 같다:

$$E(Citations \mid App_t, UNIV, Class_c)$$
$$= \exp\{\textstyle\sum_t[\alpha_t App_t + \beta_t(App_t * UNIV)] + \sum_t \gamma_t\, Class_c\} \quad (1)$$

여기서 App_t는 출원년도가 t인 모든 특허에 대해 1의 값을 갖는 가변수이고, UNIV는 대학 특허에 대해서 1의 값을 갖는 가변수이며, $Class_c$는 특허분류가 c인 모든 특허에 대해 1의 값을 갖는 가변수이며, α_t와 β_t와 γ_t는 계수이다. 우리의 분석에서는 출원년도 가변수를 4개의 구간으로 통합하여 사용한다. 출원 연도구간 1981~1983년, 1984~1986년, 1987~1989년, 1990~1997년을 각각 t=8183, t=8486, t=8789, t=9092로 표기한다. 특허분류 가변수는 우리의 표본에서의 303개로 나뉜다.

T년도의 비학술적 대조 특허 표본에 대한 인용 횟수의 조건부 평균은 다음과 같다:

$$E(Citations \mid Control\ Sample) = E(Citations \mid App_T=1,\ UNIV=0,\ Class_c)$$
$$= \exp(\alpha_T + \textstyle\sum_c \gamma_c\ Class_c)\ (2)$$

유사하게도, T년도의 대학 특허에 대한 인용 횟수의 조건부 평균은 다음과 같다:

$$E(Citations \mid University\ Sample) = E(Citations \mid App_T=1,\ UNIV=1,\ Class_c)$$
$$= \exp(\alpha_T + \beta_T + \textstyle\sum_c \gamma_c\ Class_c)\ (3)$$

수식 (2)와 수식 (1)의 비율은 T년도 또는 $\exp(\beta_T)$에서 학술적 특허의 인용 횟수와 대조 특허의 인용 횟수간의 '비례적 차이'를 의미한다. $\beta_T=0$ 여부를 검정함으로써 T년도에 대학 특허와 대조군 특허의 인용 횟수에 대한 차이검정을 실시한다. 이러한 검정은 T년도에 출원한 학술적 특허가 당해연도에 출원된 비학술적 대조 특허 표본에 비해 통계적으로 유의미하게 더 많이 인용되었는지를 보여준다.

신규 참여 대학 특허의 중요성을 기존 대학에 등록된 특허와 비학술 대조특허와 비교하기 위하여, ENT라는 가변수를 삽입한다. ENT는 수식(1)의 진입 대학을 의미하며, 이에 대한 조건부 평균 함수는 다음과 같다:

$$E(Citations \mid App_t,\ UNIV,\ ENT,\ Class_c)$$
$$= \exp\{\textstyle\sum_t[\alpha_t App_t + \beta_t(App_t*UNIV) + \delta_t(App_t*ENT)] + \textstyle\sum_c \gamma_c\ Class_c\}\ (4)$$

여기서 ENT는 모든 진입대학에 대해 1의 값을, 기존대학과 대조군에 대해 0의 값을 갖는다. δ_t는 App_t*ENT의 계수이다. 수식 (5~7)은 T

출원연도에 진입, 기존, 대조 특허 표본에 대한 특허의 평균 인용 횟수를 각각 계산하는 식이다:

$$E(Citations \mid Entrant)$$
$$= E(Citations \mid App_T=1, UNIV=1, ENT=1, Class_C)$$
$$= \exp(\alpha_T+\beta_T+\delta_T+\textstyle\sum_C \gamma_C\, Class_C) \quad (5)$$

$$E(Citations \mid Incumbent)$$
$$= E(Citations \mid App_T=1, UNIV=1, ENT=0, Class_C)$$
$$= \exp(\alpha_T+\beta_T + \textstyle\sum_C \gamma_C\, Class_C) \quad (6)$$

$$E(Citations \mid Control\ Sample)$$
$$= E(Citations \mid App_T=1, UNIV=0, ENT=0, Class_C)$$
$$= \exp(\alpha_T+\textstyle\sum_C \gamma_C\, Class_C) \quad (7)$$

수식 (5)를 수식 (6)으로 나누면 T년도에 신규 참여 대학이 출원하여 등록한 특허의 인용 횟수와 경험 많은 대학이 출원하여 등록한 특허의 인용 횟수 간의 비율적 차이를 구할 수 있다. 유사하게도, 수식 (6)과 수식 (7)의 비율은 기존 대학과 대조군 특허의 인용 횟수의 비율적 차이이며($\exp(\beta_T)$), 수식 (5)와 수식 (7)의 비율은 신규 참여 대학과 대조군 특허의 인용 횟수의 비율적 차이이다($\exp(\beta_T+\delta_T)$). 첫 두 개의 차이($\exp(\delta_T)$와 $\exp(\beta_T)$)가 통계적으로 유의미한지 분석하기 위해서는 표준 Z-검정이 필요하다. $\beta_T+\delta_T=0$이라는 선형적 제약조건에서 왈드Wald 검정을 이용하여 진입 및 대조 표본 특허간의 인용 횟수 비율의 차이를 분석한다.

우리는 다양한 '학습 메커니즘'이 신규 참여 대학의 등록 특허의 특성에 영향을 미치는지를 평가하기 위하여 EXPENT라는 3개의 가변수를 설정한다. EXPENT 변수는 특허관리가 숙련된 신규 참여 대학이 다음 각각에 해당되는 경우 1의 값을 가진다: ① RC와 계약관계가 있을 경우, ② 1980~1986년간 누적된 특허관리 수준이 중간 이상인 경우, 그리고 ③ 1980~1986년 동안 공식적인 기술이진 업무에 적어도 0.5명 이상의 전일제 근무자가 배치되어 있는 경우이다. EXPENT와 ϕ_t 계수를 수식 (4)에 결합한 조건부평균 함수는 다음과 같다:

$$E(\textit{Citations} \mid App_t, UNIV, ENT, EXPENT, Class_C)$$
$$= \exp\{\textstyle\sum_t[\alpha_t App_t + \beta_t(App_t * UNIV) + \delta_t(App_t * ENT) + \phi_t(App_t * EXPENT)] + \textstyle\sum_c \gamma_c Class_C\} \quad (8)$$

그러므로 T년도에 경험이 있는 신규 참여 대학과 다른 대학이 출원한 특허의 인용 횟수의 비율적 차이는 $\exp(\phi_t)$이다.

제8장
대학기술이전 사례 연구

지금까지 논의된 대학기술이전의 상당 부분은 주로 공동연구 및 기술이전에 대한 다양한 정량적 지표들에 초점을 맞추었다. 그러나 이러한 사실만으로 대학과 기업 간에 진행된 기술이전의 특징들을 모두 보여주기에는 다소 부족하다. 5장을 비롯하여 다른 장에서도 언급했듯이 바이-돌 법의 입안자와 지지자들은 기술이전의 절차와 관련하여, 특히, 그 절차 속에서 특허 획득과 기술이전이 중요한 역할을 수행할 것이라는 확고한 믿음을 가지고 있었다. 이 장에서는 기술이전의 절차를 좀 더 자세히 설명하기 위해 컬럼비아대학교와 캘리포니아 주립대학교의 기술이전 사례를 살펴보고자 한다.

바이-돌 법을 지지하는 사람들은 특정 발명에 대한 재산권을 명확하게 규정하지 않으면 그 발명의 상업화를 저해한다고 주장한다. 그리고 최근의 몇몇 연구결과들은 이러한 주장을 뒷받침한다. 젠슨Jensen과 써스비Thursby가 미국 62개 주요 대학들의 기술이전 조직에 대해 조사한 바에 따르면, 대학 발명의 48%는 기술이전을 할 단계에서도 '아이디어의 착상proof of concept' 수준에 머무르는 것으로 나타났다.[1] 이러한 결과는 바이-돌 법의 지지자들이 대학 발명을 '배아 상태'라고 특징지은 것과도 일치한다. 대학의 발명은 아직 미숙한 단계로서, 상업적으로 발전하기 위해서는 더 많은 투자가 지속적으로 필요하다는 것이다. 젠슨과 써스비는 또한 그러한 초기 단계의 발명들을 상업화하는 과정에 연구자들이 개입하고 관여하는 것은 흔히 있는 일이라고 말한다.[2]

그들은 이러한 연구결과에 근거하여 다음과 같은 주장을 펼친다. 즉, 바이-돌 법은 어떠한 발명이 상업적으로 성공했을 때 개발 및 상업화 과정에 참여한 발명자에게 재정적으로 보상함으로써 발명자를 위한 인센티브를 마련했고, 따라서 대학과 기업 간의 기술이전을 촉진했다는 것이다.

그러나 이러한 결과가 바이-돌 법의 입안자 또는 지지자들의 견해와 일치한다고 하더라도, 바이-돌 법의 핵심 쟁점 — 특허와 전용실시는 기업이 대학 연구결과를 개발하고 상업화하도록 인센티브를 제공하는 데에 있어서 필수적인 것 — 에 대해서는 명확하게 설명하지 못한

---

1   R. Jenson and M. Thursby, "Proofs and Prototypes for Sale: The Licensing of University Inventions", *American Economic Review* 91, 2001, pp.240~258.

2   이는 1993년과 1997년 사이 대학의 발명을 이전받은 기업들에 관한 조사에 근거하고 있는 써스비 부부의 연구(2002)에서도 유사하게 나타난다.

다. 위의 연구결과는 발명자들이 상업화 과정에 관여하도록 하는 데에 있어서 특허에 기반을 둔 인센티브 제도가 얼마만큼의 영향을 미치는지 그 중요성에 대해 자세하게 설명하지 못할 뿐 아니라, 서로 다른 학문분야 간에 나타나는 기술이전의 차이점들도 설명하지 못한다.

이 장에서 제시될 사례 연구는 기술이전 절차에서 나타나는 현장 특유의, 그리고 발명 특유의 차이점들에 대해 밝히고, 이 과정에서 특허와 기술이전이 지니는 역할에 대해서도 밝히고자 한다. 이 5가지 사례들 간에는 특허와 기술이전이 지니는 중요성 측면에서, 대학이 수행하는 역할의 측면에서, 발명자 참여의 중요성 측면에서, 그리고 나아가 대학과 기업 간에 나타나는 지식 흐름의 특성 및 방향성의 측면에서 매우 커다란 차이가 존재한다.

이를테면, 녹내장 치료제인 잘라탄Xalatan을 상업화하고 개발하는 과정에서 컬럼비아대학교의 특허·기술이전 활동은 매우 중요한 역할을 했다. 그러나 이 장에서 소개될 컬럼비아대학교의 다른 두 발명 — 액셀의 공동형질전환Axel cotransformation 방법과 수용성 CD4 — 에서는 대학 특허나 기술이전이 그리 중요한 역할을 하지 못했다. 기업들은 비공식적이면서도 과학적·기술적인 모임을 통해 해당 발명에 대해 배웠고, 그 발명에 대한 명확하거나 배타적인 재산권 없이도 기꺼이 사업화에 투자하려고 했다.

이 외에 두 개의 또 다른 다른 발명들 — 질화 갈륨Gallium Nitride과 에임즈 II 검사Ames II Test — 은 연구자가 설립한 벤처기업start-up으로 이전되었다. 이는 다른 기업들이 이 발명을 이전받지 않기로 결정한 이후였다. 이 발명자(혹은 창업자)들은 자신들의 지식재산을 보호하는 것이 회사를 설립하는 데에는 중요했지만, 특허를 보호하는 것이 그들의 발명을 상업화하고 발전시키는 데에 반드시 필요한 것인지는 분명하지 않다고 이야기했다.

이전의 학자들은 신생기술을 개발하는 데에 있어서 그리고 암묵적 지식이나 중요한 노하우와 관련된 발명들을 개발하는 데에 있어서 발명자들의 협력이 중요하다는 사실을 언급해 왔다.[3] 그러나 이 장에서 살펴볼 다섯 가지 사례들은 기술사업화 과정에서 나타나는 대학 발명자의 역할에 관하여 이와는 매우 다른 사실들을 보여준다. 5가지 사례 중 3가지 사례의 경우, 발명자가 설립한 벤처기업이 기술사업화에서 핵심적인 역할을 수행했고, 발명자들은 불가피하게 그 과정에 매우 깊게 참여했다. 네 번째 사례에서는 기성 기업들이 대학기술을 발굴하는 데에 발명자들이 도움을 주었다. 그러나 다섯 번째 사례에서는 이와 대조적으로 기술을 이전받은 기업은 발명자로부터 아무런 도움도 필요로 하지 않았다.

이렇게 많지 않은 사례들에서도 이와 같은 차이들이 나타나는 것을 볼 때, 이는 곧 기술이전 절차나 그 본질에서 공식적인 지식재산권의 역할을 일반화하는 데에 주의를 기울일 필요가 있다는 사실을 강하게 시사한다. 이는 또한 기술관리 정책이나 대학의 관련 규정들이 유연성을 가져야 한다는 사실도 역설하고 있다. 예를 들어, 생물의학 분야에 막대한 영향을 미친 기술이나 정책들이 전자공학 분야에서는 그 영향력이 덜할 수도 있다.

---

3 Robert A. Lowe, "Entrepreneurship and Information Asymmetry: Theory and Evidence from the University of California", Unpublished Working Paper, Haas School of Business, University of California-Berkeley, 2002; S. Shane, "Selling University Technology", *Management Science* 48, 2002.

1. 연구방법

먼저 이 장에서 논의될 다섯 가지 기술이전 사례들은 컬럼비아대학교와 캘리포니아 주립대학교의 발명에 관한 것으로, 무작위로 선정된 것들은 아니라는 사실을 밝힌다. 오히려 사례를 선정할 때 각각의 연구 프로젝트에서 대학기술이전 절차의 다양한 측면들을 강조하는 데에 역점을 두었다.[4] 또한 이 다섯 가지 사례 연구는 해당 대학들의 특허 자산이나 '신고된 발명 자산'을 대표하는 사례라고 할 수는 없다. 게다가 이 발명들은 모두 특허화된 것들로 기성 기업과 벤처기업의 흥미를 끈 발명들이다. 즉, 이 사례들은 상대적으로 '중요한' 발명들, 특허화된 발명들, 그리고 두 대학에서 성공적이었던 기술이전의 노력들을 확대하여 보여주고 있다. 그럼에도 불구하고 우리는 대학기술이전 담당자 및 발명자들과 진행한 인터뷰와 더불어 앞서 진행한 특허 관련 연구를 통해 이 5가지 사례들이 대학 특허 및 기술이전 절차를 정확하게 보여준다고 판단하게 되었다.

먼저, 컬럼비아대학교의 3가지 사례는 기술이전 수익을 올리고 있는 발명을 창출한 광범위한 연구 프로젝트에서 선별했다. 그리고 이 세 가지 발명 중 2건은 바이-돌 법이 통과된 이후 미국 대학이 기술을 이전했던(비록 그 수가 매우 적었지만) 발명 중에서 가장 큰 기술이전 수익을 올

---

4   J. Colyvas, M. Crow, A Gelijns, R. Mazzoleni, R. R. Nelson, N. Rosenberg, and B. N. Sampat. "How Do University Inventions Get into practice?", *Management Science* 48, 2002; Robert A. Lowe, "The Role and Experience of Start-ups in Commercializing University Inventions: Start-up Licensees at the University of California", G. Libecap, ed. *Entrepreneurial Inputs and Outcomes*, Amsterdam: JAI Press, 2001.

린 것이다. 따라서 어떤 면에서 보면 컬럼비아대학교의 사례들은 특별히 성공적인 사례라는 점에서 다소 편향이 있을 수도 있다. 컬럼비아대학교의 다른 발명들은 모두 생물의학 분야의 발명이다. 생물의학 분야는 6장에서도 언급했다시피 컬럼비아대학교 기술이전 수입의 대부분을 차지하고 있다.

다음으로 캘리포니아 주립대학교의 두 가지 발명 사례는 연구자가 설립한 벤처기업으로 이전되었다는 사실에 초점을 두고 있다. 이를 위해 연구자가 설립한 벤처기업으로 이전된 발명들 중에서 세 가지 기준 — 기술 분야, 발명자가 속한 캠퍼스, 설립일자 — 에 따라 무작위로 두 건을 선정했다. 따라서 캘리포니아 주립대학교의 사례는 기술이전 절차에 발명자가 매우 깊게 관여하고 있다. 이 두 가지 사례의 관련 분야는 각각 생물의학과 전자공학이다.

5가지 사례에 관한 정보들은 해당 대학이 보유하고 있는 기록들 — 발명자와의 인터뷰, 기술이전 담당자와의 인터뷰, 그 외 기술이전 절차에 관여한 사람들과의 인터뷰, 그 외 2차 자료들 — 로부터 수집되었다. 각각의 사례 연구는 그 발명이 도출된 관련 연구의 역사와 함께 해당 기술의 간략한 소개로 시작된다. 다음으로는 특허로 출원될 당시 그 발명이 어떠한 발전 단계에 있었는지를 설명한다. 여기서는 연구자가 발명신고를 결정하는 데에 고려했던 요인들과 대학이 해당 발명을 특허화하고 이를 상업적으로 발전시키는 과정에서 고려했던 요인들에 관한 설명도 포함된다. 이어서 기술이전 절차에서 나타나는 발명자의 역할에 대해 논의하고, 마지막으로 관련 제품, 제품 판매, 대학으로 들어오는 로열티 등 현재 해당 기술의 현황에 대한 설명으로 마무리한다.

다섯 가지 사례 연구는 다음과 같다:

① 공동형질전환Cotransformation : 특정 유전자를 포유류 동물의 세포에 집어 넣어 발현시키는 기법(컬럼비아대학교)

② 질화 갈륨Gallium Nitride : 군사용 및 상업용으로 활용가능한 반도체(캘리포니아 주립대학교)

③ 잘라탄Xalatan : 녹내장 치료제(컬럼비아대학교)

④ 에임즈 II 검사Ames II test : 세균의 유전자변이 여부로 약품과 화장품의 잠재 발암성분을 검사하는 방법(캘리포니아 주립대학교)

⑤ 수용성 CD4 : AIDS 치료제를 위한 프로토타입(컬럼비아대학교)

2. 기술이전 사례

1) 공동형질전환Cotransformation 기술

공동형질전환 기술은 특정 유전자를 포유류 동물의 세포에 집어넣어 발현시키는 기술이다. 연구자들은 유전자 전달gene transfer을 통제하는 일련의 과정들을 규명하고 해당 유전자의 기능을 이해하기 위해 이 기술을 이용한다. 생명공학 기업들 역시 단백질에 기반을 둔 약물을 생산하기 위해 이 기술을 이용한다. 이 기술에 관한 컬럼비아대학교의 특허와 제품들은 의과대학의 리처드 액셀Richard Axel 교수[5]가 수행한 연구에 기반을 두고 있으며, 1983년 이래로 총 3억 7천만 달러 이상의 로열티 수입을 기록하며 지난 20년간 가장 높은 수익을 올리는 대학 발명들 중 하나로 꼽혔다. 공동형질전환 기술에 관한 특허들은 많은 기업으로 이전되었고, 그 결과 여러 가지 중요한 유전자 조작 의약품이 생산되었다.

(1) 연구의 역사

유전자 전달 기법에 관한 연구는 1940년대로 거슬러 올라간다. 그러나 이 분야는 1970년대 스탠퍼드대학교와 캘리포니아 주립대학교의 연구자들이 내 놓은 DNA 재조합 기술의 발전단계를 거치면서 일대 변혁을 겪는다. 연구자들은 이 기법을 통해 특정 유전자가 하나의 세포에서 다른 세포로 도입되는 과정을 처음으로 정확하게 조절할 수 있게 되었다. 뿐만 아니라 유전자 발현gene expression을 관찰하기 위해서 DNA를 조작할 수도 있게 되었다. 이 기술이 등장하기 이전에는 유전자 발현을 조절하는 일련의 기제들에 대해서 거의 알려진 바가 거의 없었다.

그러나 이러한 발전도 난관에 부딪히게 되었다. 이 방법에 의해 전달된 유전자를 가진 세포의 수가 상대적으로 매우 적어서 이를 통해 변형된 세포를 정확히 분간하기가 어려웠다. 이러한 문제를 해결하는 데에는 액셀과 그의 동료들의 기여가 컸다. 그들은 1977년부터 1979년까지 일련의 논문을 발표하여 유전자를 포유류 동물의 세포에 삽입하는 '공

---

5 리처드 액셀 교수는 냄새를 맡는 후각 수용체와 후각 기관에 대한 연구 공로로 프레드허친슨 암연구센터의 린다 벅(Linda B. Buck)과 공동으로 2004년도에 노벨의학상을 수상했다. 액셀과 벅은 후각을 담당하는 1,000여 개의 유전자를 공동으로 밝혀내 1991년 '셀(Cell)'을 통해 발표하는 등 일련의 공동 연구를 통해 후각의 메커니즘을 규명했다.

동형질전환 기법'을 설명했다.[6] 이는 연구자가 관심을 갖고 있는 특정 유전자에 표시를 하고 그 세포를 인식하고 분리할 수 있도록 하여 포유류 동물의 유전자 전달의 효율성을 증대시키는 기술이다. 액셀의 공동형질전환 기술은 유전자 전달 기술의 역사에서 매우 중요한 진보로 평가되고 있다.[7]

(2) 대학의 특허·기술이전 활동

유전자 전달에 관한 상당수의 연구들은 유전자 발현을 이해하기 위한 목적으로 시작되었으나, 과학적·기술적인 문제에 관심이 있던 사람들은 해당 기술이 단백질 대량 생산에도 활용될 수 있다는 사실을 깨닫고 상업적으로 응용될 수 있을 것이라고 생각했다. 공동형질전환 기술을 이용한 단백질 생산은 기존에 주로 사용되던 세균(원핵생물) 수준에서의 단백질 생산과는 전혀 다른 이점을 가지고 있었다.[8]

액셀은 공동형질전환 기술의 상업화 가능성에 대하여 컬럼비아 의과대 학장과 논의를 했고, 그는 액셀과 그의 연구팀이 해당 발명을 컬럼비아대학교 내의 법무부Office of General Counsel에 신고하도록 했다.[9] 그러자 컬럼비아대학교는 바이-돌 법이 통과되기 이전인 1980년 2월에 해당 발명에 대해 특허 출원을 냈다. 그리고 그 해 4월, 컬럼비아대학교

---

6   이 절차를 설명하고 있는 중요한 저서 : Wigler et al.(1977), Wigler et al.(1979)

7   J. Marx, "Gene Transfer Moves Ahead", *Science* 210, 1980.

8   J. Fox, "Columbia Awarded Biotechnology Patent", *Science* 221, 1983.

9   1980년대 초반에는 컬럼비아대학교에 기술이전 전담기구가 설치되지 않았기 때문에 법무부에서 대학으로 발명신고가 되어 특허가 가능한 모든 발명들을 관리하였다.

는 액셀의 연구를 지원하던 미 국립보건원NIH에 향후 도출될 모든 특허들을 대학이 소유할 수 있는 권리와 그에 대해 배타적으로 실시할 수 있는 권한을 요청했다. 국립보건원은 특허 소유에 대한 대학의 권리 요청은 받아들였으나 배타적 실시권에 관한 요청은 거부했다.

6장에서도 언급했듯이 컬럼비아대학교는 1981년에 과학기술개발부OTSD: Office of Science and Technology Development를 설치했고, 과학기술개발부는 액셀의 특허관리를 맡았다. 공동형질전환에 관한 5개의 특허 중 첫 번째 특허는 액셀의 논문이 발표된 이후인 1983년 등록되었다. 결국 컬럼비아대학교는 공동형질전환에 대한 기법과 특정 단백질의 생산, 그리고 특정 표식의 사용 등에 대한 권리를 모두 소유하게 되었다.

한편, 첫 번째 논문이 발표된 이후부터 액셀의 공동형질전환 기술을 사용해 오던 연구자 및 기업들은 컬럼비아대학교가 해당 특허를 소유하는 것을 별로 반기지 않았다.[10] 하버드대학교의 분자생물학자인 제임스 바르보사James Barbosa는 1983년 다음과 같이 말했다.

거의 모든 학계에서 1977년 이후로 이 기술을 사용해 오고 있다. (…중략…) 포유류 동물의 세포에 유전자를 전달하는 것은 이것이 거의 실험 재료로 활용되고 있기 때문에 상당히 유용한 기술이다. (…중략…) 그래서 이 기술을 특허화하는 것은 별로 옳지 않은 것 같다. 그리고 컬럼비아대학교가 그 기술을 사용하는 기업들을 과연 어떻게 규제할 수 있을지도 의문이다. 하나의 기업이 하나의 제품을 생산하는 방법은 자산가치를 가진 정보에 해당하기 때문이다.[11]

---

10 J. Fox(1933), 앞의 글.

11 James Barbosa, "Axel Patent Claims Mammalian Cell Transfer", *McGraw Hill's Biotechnology Newswatch 3*, 1985, p.5.

컬럼비아대학교는 일단 이미 관련 기술을 사용하고 있던 기업들이 기술이전 계약을 맺도록 했다. 컬럼비아대학교의 기술이전 담당자들은 액셀 기법의 잠재적 사용자를 파악하기 위해 해당 특허, 관련 제품, 그리고 기업 출판물 등을 조사했고, 이 기업들에게 본 기술을 사용할 때에는 컬럼비아대학교에게 기술료를 지불해야 한다는 사실을 공지했다. 1984년 과학기술개발부의 부소장은 생물공학 관련 잡지에서 "시중에 발행된 자료들과 우리가 자체적으로 확보한 자료들을 통해 우리는 그 기술이 여러 연구 실험실에서 사용되고 있다는 사실을 알았다. 상업적인 활동을 하고 있는 기업들은 기술이전 협약을 맺어야 하며 그렇지 않을 경우 우리의 특허를 침해하게 된다"라고 밝혔다. 그리고 "만일 필요하다면 컬럼비아대학교는 법적인 조치를 통해서라도 우리의 특허를 방어할 것이다"라고 덧붙였다.

컬럼비아대학교의 과학기술개발부는 1984년 초까지 최소 75개 이상의 기업들에게 경고 서한을 보내어 이러한 사실을 알렸다. 그러나 컬럼비아대학교의 이와 같은 강력 대응은 별로 큰 효과를 거두지 못했다. 모든 기업들을 대상으로 해당 기술을 사용하는지 안 하는지를 감시한다는 것 자체가 처음부터 무리였다. 길림비아대학교의 경고 서한에 응답한 기업은 그리 많지 않았다. 물론 액셀 기법을 사용하고 있지 않거나 컬럼비아대학교가 과연 장담한대로 할 수 있을 것인지에 대해 별로 신뢰하지 않았던 것이다. 결국 1984년 6월까지 10개의 기업만이 응답을 하여 컬럼비아대학교와 기술이전 계약을 맺기로 했다. 이 기업들 역시 컬럼비아대학교가 과연 그 특허에 대한 권리를 제대로 사용할 수 있을 것인지에 대해 확신이 없었으나, 컬럼비아대학교가 제시한 낮은 로열티 때문에 기술이전 계약을 맺기로 했다. 컬럼비아대학교의 기술이전 담당자들이 "기술의 활용을 적극적으로 장려하기 위해" 상대적으로 낮은 로열티를 책정해야 한다고 주장한 것이다.[12] 컬럼비아대학교는 그 이후로도 몇 차례 경고장을 더 보냈고, 그 결과 2000년 12월까지 34개의 기업들과 '액셀 공동형질전환 기술'에 대한 기술이전 계약을 맺었다.

(3) 상업화와 개발 단계

공동형질전환 기술은 배아 상태의 기술이었기 때문에 상업화가 가능한 정도의 양적·질적 수준을 갖는 단백질을 생산하기 위해서는 더 많은 연구와 실험이 필요했다. 이러한 개발 노력은 해당 발명이 통상실시 계약으로 기술이전된 이후에도 계속되었다. 기업들이 대학기술에 기초한 제품을 상업화하는 데에 있어서 전용실시는 큰 의미가 없었다. 그것은 공동형질전환 기법을 통해 생산된 약품들이 그것 자체로도 특허화될 수 있기 때문이었다.

이 기술의 개발에 관해 또 한 가지 흥미로운 사실은 기술이전을 받은 사람들과 발명자 사이에 상호작용이 전혀 없었다는 점이다. 기업들은 해당 기술을 발전시키기 위해 액셀이 논문을 통해 소개한 공동형질전환을 이해하고 탐구할 수 있을 만큼의 숙련되고 연구 경험이 풍부한 과학자들을 채용했다. 결과적으로 발명자는 자신의 노하우나 해당 기술에 관한

---

12 핵심 '연구 절차' 특허에 대한 컬럼비아대학교의 낮은 기술료 비율은 스탠퍼드대학교가 캘리포니아 주립대학교와 스탠퍼드대학교 연구자들이 개발한 코헨-보이어(Cohen-Boyer)의 특허를 기술이전했던 과정에서 스탠퍼드대학교가 따랐던 기술이전 정책과 유사하다 ("Columbia University rDNA Patent Licensing", Blue Sheet 27, 1984, pp.3~4).

특성 및 활용방안 등에 관한 정보를 전달하기 위해 기업들과 함께 작업할 필요가 없었다. 발명에 관한 기술적 세부사항들은 체계적으로 정리되어 있었고 액셀과 그의 동료들이 낸 논문들을 통해서도 이러한 세부사항들이 잘 설명되어 있었다. 기업의 '학습능력'[13] 또한 충분히 발전하여 기업 내 연구자들이 액셀이나 그의 동료들과 직접적으로 연관되지 않고도 공동형질전환 기술을 상업적으로 발전시킬 수 있었다.

공동형질전환 기술은 다양한 종류의 질병 치료제 개발에 사용되었고 그 중 일부는 크게 성공했다. 컬럼비아대학교는 1983년 이후로 공동형질전환 특허에 의해 총 3억 7천만 달러 이상(1996년 달러 기준)의 로열티 수익을 올렸고, 이 발명은 바이-돌 법 이후에 등장한 대학 발명들 중에서도 가장 높은 수익을 낸 발명 중 하나로 기록되었다.

(4) 요약

공동형질전환 특허의 기술이전 그리고 상업화 과정은 대학 발명을 상업화함에 있어서 특허와 전용 기술 실시 계약이 반드시 필요한 것은 아니라는 사실을 보여준다. 공동형질전환 기술의 사례를 보면, 기업들은 해당 발명에 대한 전용실시권이 없이도 자신들의 연구와 약물 개발을 진행하는 데에 해당 기술을 활용할 수 있는 능력과 인센티브를 가지고 있었다. 특허, 기술이전, 그리고 기술이전부서의 개입이 없었지만 기술이전이 발생한 것이다. 대학 특허가 막대한 수입을 가져다 준 것은

---

13   W. M. Cohen, and D. A. Levinthal, "Absorptive Capacity: A New perspective on Learning and Innovation", *Administrative Science Quarterly* 35, 1990.

사실이지만, 해당 특허의 획득 또는 그와 관련된 통상실시 조건의 기술 이전이 상업화를 촉진했다고 주장할 수 있는 근거는 어디에도 없다. 공동형질전환에 대한 컬럼비아대학교의 통상실시 기술이전 계약은 이 발명에 대한 상업적 발전을 가속화하는 데에 결정적 역할은 하지 못했다. 이는 공동형질전환 특허만큼이나 잘 알려져 있으며 많은 수입을 남긴 코헨-보이어Cohen-Boyer의 특허 — 이 특허는 캘리포니아 주립대학교와 스탠퍼드대학교가 공동으로 기술이전에 성공했다 — 와는 다른 경우였다. 대신 컬럼비아대학교는 해당 논문의 기술적 정보나 실험 자료를 통해 기술이전 계약 없이 상업적으로 활용된 발명에 대해 마치 세금을 부과하는 것처럼 이 기술이전 계약을 사용했다.[14] 마지막으로 공동형질전환 기술의 사례는 사용자들이 해당 발명을 개발시킬 만큼 충분한 '학습능력'을 가지고 있을 때에는 대학 발명자가 상업화 과정에 깊게 관여하는 것이 상대적으로 덜 중요하다는 사실을 보여준다.

2) 질화갈륨 기술

질화갈륨GaN은 와이드 밴드갭wide bandgap 반도체이다. 즉, 다양한 색의 빛을 방사할 수 있다. 기존의 발광 다이오드LED: light-emitting diodes 분야에서는 가능하지 않던 밝은 청색이나 녹색 같은 색깔도 질화갈륨 기술

---

14 스탠퍼드대학교 기술이전부서의 설립자이자 코헨-보이어의 특허 라이센스의 관리를 책임지고 있던 닐스 라이머스(Neil Reimers)는 다음과 같이 이야기하고 있다. "우리가 라이센스를 하든 안하든 DNA 재조합 기술의 상업화는 계속 진행되고 있었다. 이미 언급했듯이 통상실시 기술이전은 그야말로 세금의 문제라고 할 수 있다. 그러나 이를 '기술이전'으로 다루는 것은 항상 긍정적이다."(Reimers, 1998)

을 통해서는 가능하다.[15] 질화갈륨은 많은 기술적 매력과 더불어 상업화 가능성도 가지고 있어서 오랫동안 학계와 산업계 연구자들의 관심과 투자를 끌어왔다. 예를 들어, 질화갈륨은 비화갈륨GaAs이나 실리콘Si 같은 전통적인 LED 물질에서는 불가능한 강도의 빛을 방사할 수 있다. 뿐만 아니라 질화갈륨은 다른 LED 물질과 마찬가지로 에너지 효율성이 높다. 다시 말하자면, 전기를 빛으로 전환하는 과정에서 제품을 가열하기 위한 에너지의 손실이 적다는 말이다. 질화갈륨 반도체는 또한 휴대전화, 군사용 레이더, 그리고 위성통신 등에서 사용되던 기존의 전통적인 기술들과 비교해 볼 때 더욱 뛰어난 효율성을 갖추고 있으며, 전송력도 훨씬 강하다.

이러한 독특한 특성 때문에 미국 대기업은 1960년대 들어서 질화갈륨 관련 연구개발에 투자하기 시작했다. 질화갈륨 연구의 역사 속에는 대기업의 연구실, 작은 규모의 벤처기업, 그리고 대학들의 노력이 모두 담겨 있고, 이들 모두가 중요한 기술적 공헌을 했다. 특히 대학의 질화갈륨 연구는 주로 기업 연구자들이 이룬 주요 진보들을 따라갔다. 그리고 기술이전의 상당 부분은 대학에서 기업으로 진행되지 않고 기업에서 대학 쪽으로 진행되었다.

---

15 알루미늄과 인듐에 기반을 두고 있는 질화갈륨과 유사한 물질들은 서로 유사한 속성을 가지고 있다. 그리고 아래에서 논의된 연구결과와 마찬가지로 위에서 나열된 것과 같은 상당수의 응용에서 사용되고 있다. 우리가 질화갈륨에 초점을 두고 있다고 하더라도 이 분야에서의 연구는 그들의 족, 이름하여 Class III-IV를 포함하는 일련의 관련 반도체에 관한 연구를 포함한다.

(1) 연구의 역사

질화갈륨에 관한 연구는 1960년대 후반, 프린스턴대학교 RCA 연구
소의 저명한 연구자 쟈크 판코브Jacques Pankove의 실험실에서 시작되었
다. 그리고 1970년대 초반부터 IBM, 벨연구소Bell Labs, 그리고 마츠시타
Matshshita와 같은 주요 기업들도 질화갈륨의 발전 가능성을 깨닫고 질화
갈륨 및 관련 반도체에 관한 연구를 시작했다. 그 결과 1970년대 중반
까지 나온 관련 특허의 상당수는 이 기업들이 획득했다. 그러나 1980년
대 초반에 이르러 이들 기업의 연구 활동은 거의 포기 단계에 이르렀
다. 다른 여러 기술적인 문제들이 있었지만 그 중에서도 회로기판에 사
용될 수 있는 물질이 한계에 다다른 것이다.[16] 질화갈륨 기술을 개발시
켜 상업적으로 응용하기 위해서는, 회로기판에 사용될 새로운 물질 및
새로운 결정성장crystal-growing 방법에 관한 추가 연구가 필요했다. 이와
같은 기술적인 문제와 더불어 몇몇 기업의 주요 연구 실험실이 1980년
대 동안 줄어들면서, 질화갈륨이 속해있던 Class Ⅲ-Ⅴ 반도체 기술에
관한 기업들의 관심은 줄어들었다.

질화갈륨 프로젝트가 여기저기서 중단되는 동안에도 두 명의 일본인
연구자 — 마츠시타의 아카사키 이사무Isamu Akasaki, 니치아케미컬Nichia
Chemical의 나카무라 슈지Shuji Nakamura — 는 질화갈륨 연구를 계속했다.
이들은 질화갈륨 및 이와 관련된 연구를 통해 2002년 7월 한 달 동안 50개
가 넘는 미국 특허를 받았다. 아카사키는 마츠시타의 실험실에서 수년
간 질화갈륨에 관한 연구를 해 온 사람이었다. 아카사키는 한 학술대회

---

16   D. Kahaner, "Blue LEDs: Breakthroughs and Implications."(1995) 웹 문서 http://www.atipor.jp/
public/atpreports.95/atip95.59r.hm1l에서 확인할 수 있음.

에서 판코브를 만나 그의 실험실을 방문한 이후로 마츠시타의 실험실에서 질화갈륨에 관한 연구를 시작했다. 당시 아카사키는 마츠시타의 원천연구 실험실의 수석이자 반도체부서의 총괄 책임자였다. 그는 1981년 일본 나고야대학교Nagoya University의 교수로 이직을 한 이후에도 질화갈륨에 관한 연구를 계속했다. 한편 니치아케미컬에 근무 중이던 나카무라는 1980년대 중반에 질화갈륨 연구를 시작했다. 니치아케미컬은 음극선관CRTs: cathode-ray tubes과 형광조명에 사용되는 인광물질phosphor을 생산하는 일본의 중소기업이었다. 그가 질화갈륨 연구를 시작할 당시, 대규모 전자회사들과 몇몇 대학들에서는 셀렌화아연 반도체zinc selenide-based semi-conductor에 관한 연구가 진행되고 있었다. 그것은 청색 LED를 만드는 데에 가장 가능성이 높은 물질로 받아들여졌고 질화갈륨보다도 높은 인지도를 가지고 있었다.

셀렌화아연은 질화갈륨과 구조가 유사할 뿐 아니라 생산도 좀 더 용이하다. 그럼에도 불구하고 기업과 대학의 연구자들은 이 물질을 가지고 상업화가 가능한 LED를 만드는 데에 실패했다(1~2백 시간 이상은 지속되어야 상업화가 가능하다). 그 결과로 아카사키와 나카무라의 질화갈륨 연구가 주목을 끌게 되었고, 1990년 초반에 이르기까지 일부 기업과 대학들이 질화갈륨에 관심을 갖게 되었다. 그리고 1994년 나카무라는 그의 실험실에서 청색 LED에 기반한 질화갈륨 모던 프로토타입을 최초로 만들었다.[17]

---

17 청색 질화갈륨 LED는 이미 그전에 생산되었다 — 판코브 자신이 예전에 프로토타입을 개발했던 것이다. 그러나 나카무라의 프로토타입은 큰 상업적 가능성을 가지고 최초의 질화갈륨 LED로서 널리 신용을 얻었다.

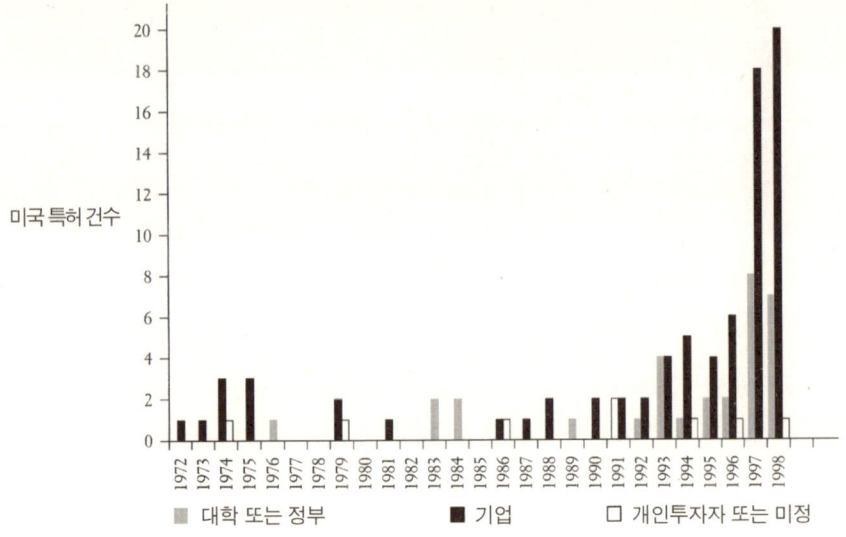

미국 특허 건수

■ 대학 또는 정부   ■ 기업   □ 개인투자자 또는 미정

〈그림 8-1〉은 1972년부터 1998년까지 도출된 질화갈륨 관련 특허에 관한 자료로서, 질화갈륨 기술의 발전에 있어서 이 기간 동안의 기업, 대학, 그리고 개인 투자자들의 상대적 중요성을 보여주고 있다. 여기서 가장 흥미로운 것은, 바로 이 기술이 발전하기 시작한 처음 10년 동안 대학 연구자들에 비해 기업 연구자들이 해당 기술의 특허권자로서 더욱 큰 역할을 수행했다는 사실이다. 1972년부터 1982년까지 등록된 14개의 질화갈륨 관련 특허 중 11개를 기업이 소유했고 2개는 개인 투자자가, 그리고 대학은 단 1개만을 소유했다.[18] 그러나 1980년대 후반과 1990년대에는 이러한 양상이 다소 바뀌었다; 1983년부터 1998년까지

---

18 여기서 '질화갈륨 관련 특허'는 1972년부터 1998년까지 등록된 미국 특허들 중에서 해당 특허의 주제나 초록에 대하여 '갈륨 질화물(gallium nitride)' 혹은 '질화갈륨(GaN)'으로 검색한 결과들이다.

등록된 105개의 질화갈륨 특허 중에서 대학이 소유한 특허는 29개에 이르렀다. 기업의 특허는 1983년부터 1998년까지 여전히 우세했으나, 대학이 보유한 질화갈륨 특허 역시 14%에서 근 두 배로 늘어 28%까지 증가했다. 이 기술의 발전 경과를 전체적으로 살펴볼 때, 질화갈륨 특허의 대부분을 기업이 차지하고 있다는 사실은 그리 놀랄만한 일이 아니다. 그러나 그 기술이 대학으로 확산되는 속도는 매우 놀랍다. 대학의 질화갈륨 특허는 초기에는 그리 우세하지 못해서 기업 특허의 뒤를 쫓아갔고 지식과 기술의 흐름은 기업 측에서 대학 측으로 진행되었다.

한편, 1983년부터 1994년까지 대학이 확보한 질화갈륨 특허들 중 3개를 제외하면 모두 나고야대학교에 있는 아카사키의 발명을 적용한 것이다.[19] 그리고 그 3개의 특허 중 2개는 1985년에 콜로라도대학교 University of Colorado의 교수직을 수락한 판코브의 발명에 의한 것이었다.[20] 즉, 1980년대에 아카사키와 판코브가 기업에서 대학으로 옮기면서 특허 가능한 질화갈륨 연구의 흐름 역시 기업에서 대학으로 더욱 활발하게 흐르게 된 것이다.[21]

1990년대 초반에 발생한 질화갈륨 특허 중 일부는 크리리서치 Cree Research가 양도받았다. 1987년 설립된 이 기업은 회로판과 전자제품에 사용되는 실리콘 탄화 물질에 관한 특허를 노스캐롤라이나 주립대학

---

19 1983년부터 84년까지 등록된 아카사키의 특허들을 대부분 마츠시타에서 작업한 그의 연구결과에 바탕을 두고 있다. 그 특허들은 아카사키가 대학으로 옮겨가던 기간과 같은 기간 동안 출원 신청되었다.

20 1984년부터 94년까지 등록된 그 밖의 대학 특허들은 하버드 대학으로 귀속되었다. 이 특허들은 III-V족 화합물에 대해서는 물론이고 질화갈륨에 사용이 가능한 박막공정에 대해서 다루고 있다.

21 2000년에 대학으로 투입된 산업적 지식의 흐름에 대한 또 다른 중요한 사례는 바로 나카무라가 캘리포니아 주립대학교 산타바브러로 옮겨갈 때였다.

교North Carolrina State University로부터 이전받은 바 있다. 크리리서치는 캘리포니아 주립대학교 산타바브러 캠퍼스University of California at Santa Barbara, 이하 산타바브러 캠퍼스에서 개발된 질화갈륨 특허를 활용하는 데에 중요한 역할을 했으며, 1990년대 동안 질화갈륨에 적용될 수 있는 프로세스를 만들고 결정성장을 향상시키기 위한 연구를 시작했다.

나카무라의 연구와 프로토타입은 산타바브러 캠퍼스의 스티븐 덴바스Steven DenBaars 교수와 유맥 미시라Umech Mishra 교수의 관심을 끌었다. 덴바스 교수와 미시라 교수는 다른 연구자들이 간과했던 레이저 및 마이크로파 트랜지스터에서 질화갈륨을 응용할 수 있는 기법을 연구하기 시작했다. 이 일에 대한 면담에서 미시라 교수는 다음과 같이 이야기했다.

> 아카사키와 나카무라는 좀 더 상업적인 부분에 집중했다. 그것은 바로 색깔 조명이었다. 그 당시 우리는 (무선기기에 사용될) 일종의 청색 방사체, 레이저, 그리고 마이크로파 트랜지스터를 생산하기로 결정했던 터였다. (…중략…) 처음 학술대회에 갔을 때 우리는 논문 발표의 기회도 없었고 그저 듣기만 했다. 그러나 다음 학술대회에서는 논문을 발표하는 중요한 위치를 차지하게 되었다.

90년대 중반 덴바스 교수와 미시라 교수는 새로운 질화갈륨 응용기술을 연구하는 과정에서 기업으로부터 재정적 지원을 받았다. 특히 산타바브러 캠퍼스에 대규모 연구시설을 가지고 있는 휴즈일렉트로닉스Hughes Electronics는 공과대학과 오랫동안 친분관계를 유지해 왔다. 휴즈일렉트로닉스가 여러 해 동안 공과대학에 기부금을 낼 정도로 관심을 가졌던 반면, 산타바브러 캠퍼스 교수들은 연구 성과의 기술이전에는 전혀 관심을 두지 않았다. 대신 산타바브러 캠퍼스 교수들의 연구 활동에 대한 접근권을 유지하고 유망한 대학원생들과 교류하는 데에 목적을 두었다.

덴바스 교수와 미시라 교수가 질화갈륨 연구를 위해 산타바브러 캠퍼스에 실험실을 세우기로 결정하자, 휴즈일렉트로닉스는 해당 연구에 따른 지식재산권의 처분에 관한 어떠한 공식적 협약도 없이 '종자자금'를 제공했다. 그 외에 NSF, 해군연구개발국Office of Naval Research, 이후 ONR, 일본의 LED 생산기업인 스탠리일렉트릭Stanley Electric도 추가 연구자금을 제공했다. 스탠리일렉트릭도 역시 산타바브러 캠퍼스 실험실의 발명에 대해 기술이전을 받지 않기로 했으나 결국에는 옵션 계약으로 기술이전을 받기로 했다.

(2) 대학 특허·기술이전 활동

산타바브러 캠퍼스의 연구시설은 매우 생산적인 것으로 알려져 있다. 덴바스 교수와 미시라 교수는 1995년부터 2001년까지 223편의 논문을 발표했고 질화갈륨 및 비화갈륨 연구에 바탕을 둔 21개의 발명 중 12개가 특허로 등록되었다. 당시 캘리포니아 주립대학교의 기술이전부서는 기술이전을 희망하는 기업이 특허소송비용을 부담하겠다는 의지를 보이거나, 매우 확실한 상업적 가능성이 없으면 거의 특허를 출원하지 않기 때문에, 이 12개의 등록특허는 곧 해당 기술에 대한 상업적 관심이 상당했음을 의미한다고 할 수 있다.

기업들은 덴바스 교수와 미시라 교수의 발명 중 몇 가지에 대해 특허

소송비용의 일부를 부담했다. 다른 기업들은(여기에는 1970년대 질화갈륨 연구에서 활동적이었던 기업들도 일부 포함된다) 캘리포니아 주립대학교와 '비밀유지계약'을 체결한 이후에 캘리포니아 주립대학교가 출원한 특허에 대해 기술적 평가를 수행할 수 있었다. 그러나 질화갈륨 연구에 대한 기업들의 관심은 높았지만, 이러한 관심이 기술이전 계약으로 이어지지는 않았다. 덴바스는 최근의 인터뷰에서 질화갈륨 특허 이전에 기업들의 관심이 부족한 것은 전자산업 분야의 오랜 연구개발 관행을 보여주는 것이라고 말했다. "우리는 처음에 대학에서 매우 공격적으로 특허를 출원했고, 대학은 해당 특허에 대해 기술 마케팅을 추진했다. 그러나 지난 경험들을 돌이켜보면 대기업들은 일반적으로 기술이전에는 관심이 없었다. 그들은 스스로 해당 기술을 개발하는 데 관심을 두었다."

사실 지멘스Siemens, 휴렛팩커드Hewlett-Packard, 마츠시타Matsushita, 도시바Toshiba, 루미엘이에스디LumiLESD 등과 같은 대기업들이 질화갈륨 응용기술을 개발하기 위해 2000년까지 상당한 연구개발을 추진해 왔음에도 불구하고, 덴바스 교수와 미시라 교수의 발명은 거의 기존의 기업들에게 이전되지 않았다. 23개의 기업들이 산타바브러 캠퍼스의 발명을 검토했지만, 2002년 3월 기준으로 크리리서치와 단 한 건의 기술이전 계약을 성사시켰을 뿐이다. 크리리서치도 덴바스 교수와 미시라 교수에 의해 설립된 벤처기업을 인수한 이후에야 기술이전 협상을 시작했다.

특허들에 대한 기술 마케팅이 어려웠던 원인은 해당 발명이 초기 단계에 있었기 때문이다. 덴바스 교수와 미시라 교수의 특허는 작은 규모의 프로토타입에만 적용 가능할 뿐이고, 양산에 활용할 생산 공정의

'확장성scalability'은 불확실한 상태였다. 이들은 경쟁우위를 선점하기 위한 핵심적 요소로서 공식적인 형태의 지식재산권이 아니라 그 기술에 대한 개인의 경험을 더 중요하게 생각했다. 이에 대해 덴바스 교수는 다음과 같이 설명한다.

> 특히 반도체 업종에서 (…중략…) 큰 기업들이 기술을 얻어내는 기본적인 방법은 노하우를 얻는 것이고, 노하우는 학생을 고용함으로써 얻을 수 있다. 이것을 통해 그 기술은 공공의 영역에 들어가는 것이다. 최소한 반도체 분야에서는 가장 중요한 것이 바로 노하우와 박사과정 동안에 쌓아둔 지식이다. 따라서 학생들이야말로 대학이 가지고 있는 가장 중요한 원천이라고 할 수 있다. 학생들은 특허보다 훨씬 더 가치가 있다.

덴바스 교수와 미시라 교수의 특허에 대한 기업들의 관심 부족은 반도체 물질 분야에서 산업 혁신과 관련이 있는 '지식 기반knowledge base'의 속성에서 비롯된다고 할 수 있다. 생물의학 분야의 많은 연구에서와는 달리, 질화갈륨 발명의 특허나 기술이전 계약서에 담겨 있는 체계적으로 정리된 기술 정보들은 핵심적 노하우나 해당 발명을 상업적으로 활용하는 데에 필요한 관련 정보들을 거의 제공해 주지 않는다. 또한 이러한 기술적 분야에서 활발하게 활동하고 있는 기업들 중 상당수는 관련 노하우나 정보를 많이 가지고 있다. 이들은 상업적 활용에 목표를 둔 연구개발에 대한 투자를 정당화하기 위해서 특정한 기술적 접근의 실현 가능성을 시연하는 것 외에는 더 이상의 정보를 필요로 하지 않는다. 앞의 2장에서 지적했듯이, 반도체 분야에서 개별 특허의 경제적 가치는 생물의학 분야와 비교해 볼 때 일반적으로 낮게 인식되고 있다. 따라서 기업들은 이 분야에서 기술적 진보를 추구하기 위해 대학 특허와 관련 있는 기술이전에 대한 필요를 더 적게 느낀다고 할 수 있다.

(3) 상업화와 개발 단계

대기업들이 기술이전에 별로 관심을 보이지 않는 어려운 상황에 직면하여, 덴바스 교수와 미시라 교수는 그들의 발명을 좀 더 발전시킬 수 있는 회사를 세우게 되었다. 덴바스 교수와 미시라 교수는 반도체회사의 간부였던 프레드 블럼Fred Blum과 함께 1977년도에 와이드갭테크놀로지스Widegap Technologies라는 벤처기업을 설립했고 대학원 학생들을 고용했다. 후에 이 회사의 이름은 니트리스Nitres로 바뀌었다. 대학과 초기 협상을 진행했지만, 이 벤처회사는 자신들의 연구에 기반을 두고 있으면서도 대학이 특허권을 소유하고 있는 질화갈륨 특허에 대해 옵션계약이나 기술이전 계약을 매듭짓지는 않았다.

니트리스는 초창기에 기존 기업들과 정부가 제공하는 재정적 지원에 의존했다. 니트리스는 SBIRSmall Business Innovation Research[22] 프로그램을 수행하면서 휴일렉트로닉스로부터 대응자금을 지원받았고, 미국 국립표준기술원NIST; National Institutes of Standards and Technology의 ATPAdvanced

---

22 역자주—SBIR(Small Business Innovation Research) 프로그램은 상업화 가능성이 있는 신기술을 보유한 중소기업들이 이러한 기술을 실제로 상업화할 수 있도록 연방정부의 외부 출연용 예산의 일정 부분을 할애하여 지원하는 제도이다. SBIR은 1982년에 제정되어 1992년 개정된 Small Business Innovation Development Act(1982, P.L.102~50와 1992, P.L.102~564)에 기반하고 있는데, 이 법의 제정취지는 기술혁신의 장려, 연방 연구개발 수요에 중소기업 활용, 기술혁신 활동에서 소외된 소수인종 참여 독려, 연방 연구개발 예산의 민간 상업기술개발 활용으로 요약된다.

Technology Program를 수행할 때에는 제너럴일렉트로닉스General Electronics 로부터 대응자금을 지원받았다. 니트리스는 또한 공군, 해군연구개발국, 국방고등연구국DARPA; Defense Advanced Research Projects Agency, 탄도 미사일 방어기구BMDO; Ballistic Missile Defense Organization, 그리고 육군 등과 같은 연방정부로부터 연구자금을 지원받았다.

니트리스의 질화갈륨 기술은 장래가 불확실한 배아 상태에 있었기 때문에 벤처캐피탈venture capital이나 주식시장으로부터 자금을 확보하는데 어려움이 많았다. 블럼은 다음과 같이 당시의 어려움을 토로했다.

처음부터 벤처캐피탈에 접촉해 볼 생각은 하지 않았다. 엔젤 펀드angel fund 를 제공받기는 했지만, 그것은 내가 로스앤젤레스 지역의 기업 간부들과 직업상 원만한 관계를 유지하고 있었기 때문에 가능한 일이었다. 우리는 벤처캐피탈의 돈을 원하지 않았다. 왜냐하면 그들은 프로토타입을 너무 빨리 요구하는데 우리의 기술은 아직 불확실한 상태였기 때문이었다. 만약 그들이 제품을 일찍 볼 수 없다면, 벤처캐피탈은 지나치게 염려하게 되고 나아가 부당한 압력을 가하려고 할 것이다.

이러한 상황에서 산타바브러 캠퍼스는 니트리스의 질화갈륨 연구를 위해 초기 몇 년 동안 대학의 '청정실' 공간을 빌려주었다. 덴바스 교수와 미시라 교수에 따르면, 기업의 재정적 곤란함이나 청정실을 짓거나 얻는 데 소요되는 엄청난 비용을 고려해 볼 때, 산타바브러 캠퍼스의 연구 공간이 없었다면 니트리스는 운영될 수 없었을 것이다.

2000년 3월 크리리서치는 니트리스를 인수했는데, 당시 니트리스는 자체 기술로 상업화 수준의 프로토타입을 개발하고 연방정부기구로부터 지원받았던 프로젝트들을 완료한 상태였다. 2002년 초기까지 크리리서치는 청색과 녹색 LED를 포함하여 몇 개의 질화갈륨 기반 제품으로서 군사용과 통신용 제품을 공개했다. 그러나 2002년 중반까지 캘리포니아 주립대학교 산타바브러 캠퍼스는 크리리서치로부터 질화갈륨 기술이전 계약에 따른 기술료를 받을 수 없었다.

(4) 요약

질화갈륨 연구 사례는, 액셀Axel의 공동형질전환 기술처럼 기술이전 과정에서 특허 자체는 상대적으로 덜 중요하게 작용하는 사례들 중 하나이다. 두 가지 모두 특허의 존재 여부가 기업이 기술을 개발하는 데에 큰 영향을 미치지 못했다. 그러나 질화갈륨 특허와는 대조적으로, 액셀의 특허는 컬럼비아대학교에 상당한 수익을 제공했다. 이 두 발명과 이에 대한 기술이전 과정에서 나타나는 차이점은 생물의학 분야와 전자공학 분야에서 나타나는 경제적 효용 및 법적 구속력의 차이점을 드러내 주고, 각각의 기술에 대해 기업이 요구하는 수준이 다르다는 사실을 보여준다. 액셀의 사례와 대조되는 또 하나의 중요한 사실은 그러한 기술이전 과정에서 발명자가 차지한 역할의 차이이다. 자신들의 특허에 기존 기업들이 별로 관심을 보이지 않자 발명자 교수들은 스스로 벤처기업을 설립했다. 결국 질화갈륨 사례는 대학에서 기업으로 지식과 '프로토타입'이 이전되는 일방적 흐름이 아니라, 대학과 기업 사이에 지식과 인력의 쌍방향 흐름이 중요하다는 것을 보여준다.

3) 잘라탄^{Xalatan}

잘라탄은 녹내장에 사용되는 치료제이다. 녹내장은 안구 속의 유압
이 증가하면서 시신경에 문제가 생기고 이로 인해 실명에까지 이르는
안구 질환이다. 잘라탄은 배액排液을 늘리기 위해 프로스타글란딘pros-
taglandin이라 불리는 화합물을 사용하는데, 이는 안구의 내압을 감소시
킨다. 잘라탄이 도입되기 전에는 주로 베타 차단제beta-blocker로 녹내장
을 치료했으나, 이는 심장병을 앓았던 환자들에게 종종 심각한 부작용
을 초래하곤 했다. 이에 비해 잘라탄은 부작용이 훨씬 적어 현재까지
녹내장 치료제 시장을 이끌고 있다.

잘라탄 기술이 기업으로 이전되고 상업화 단계를 거친 과정을 살펴보
면, 특허와 전용실시 기술이전이 성공적인 상업화에 필수적이라는 점에
서 바이-돌 법의 핵심 가정과 일맥상통하고 있다. 그러나 액셀의 공동형
질전환 기법과는 대조적으로(그리고 질화갈륨 사례에서와 유사하게), 잘라탄
의 발명자는 해당 발명을 개발하고 상업화하는 데에 깊게 관여했다.

(1) 연구의 역사

컬럼비아대학교 의과대학의 라셀로 비토Laszlo Bito는 1970년대 초반
국립보건원NIH의 국립안연구소National Eye Institute로부터 지원을 받아 눈
에 대한 프로스타글란딘의 효과를 연구하기 시작했다. 1970년대 후반
그는 고양이와 토끼를 대상으로 하여 소량의 프로스타글란딘이 안구
의 내압을 줄인다는 사실을 밝혔고,[23] 1981년에는 영장류를 대상으로

한 실험에서도 동일한 결과를 얻어냈다.[24]

(2) 대학 특허·기술이전 활동

원래 비토는 그의 연구결과를 발표할 계획만 가지고 있었고 이를 상
업화할 생각은 거의 하지 않았다. 그러나 1982년 차기 단계 연구계획서
를 제출하는 과정에서 컬럼비아대학교의 기술이전부서에 자신의 연구
결과를 먼저 제출해야 한다는 사실을 알게 되었고, 과학기술개발부
OSTD 담당자와의 논의를 통해 1977년과 1981년 발표된 연구에 기반을
둔 "고안압증ocular hypertension 및 녹내장 치료를 위한 아이코사노이드ei-
cosanoids의 사용과 그 파생기술"을 과학기술개발부에 신고했다. 컬럼비
아대학교는 1982년 해당 기술에 대해 특허 출원을 했고, 1986년에는 등
록특허를 취득했다. 컬럼비아대학교는 그 후에도 해당 기술에 대해 2
개의 다른 등록특허를 취득했다.

첫 번째 특허가 등록되기 전부터 컬럼비아대학교는 기술이전에 적
합한 기업을 찾기 시작했다. 그러나 비토와 컬럼비아대학교의 엄청난
기술 마케팅 노력에도 불구하고 이 기술을 이전받겠다는 기업은 없었
다. 아마도 프로스타글란딘이 눈에 해롭다는 의견이 기업 내 전문가들
사이에서 만연했기 때문이었을 것이다. 최근 인터뷰에서 비토는 당시

---

23 C. B. Camras, L. Z. Bito, and K. E. Eakins, "Reduction of Intraocular Pressure by prostaglandins Applied
Topically to the Eyes Of Conscious Rabbits", *Investigative Ophthalmology and Visual Science* 16, 1977.

24 C. B. Camras and L. Z. Bito, "Reduction of Intraocular Pressure in Normal and Glaucomatous
primate (Aotus Trivirgatus) Eyes by Topically Applied prostaglandin F2 Alpha", *Current Eye
Research* 1, 1981.

유망한 기업들이 프로스타글란딘을 사람의 눈에 사용하는 것에 대해 주저했다고 회상했다. 그들은 "당신 미쳤군. 사람 눈에 프로스타글란딘을 넣을 수는 없어"라고 주장했고 그들 중의 한 책임자는 터무니없다고 비토의 의견을 일축했다.[25] 그 기술이 인간에게 어떻게 작용하는지에 대한 추가적인 연구가 필요했으며, 비토의 연구 성과가 지닌 상업적인 잠재력을 알아보는 기업은 거의 없었다.

그러나 1983년 스웨덴 기업인 파마시아Pharmacia는 백내장 치료제를 개발했던 회사의 한 연구원의 권유에 따라 해당 기술에 대한 전용실시 기술이전 계약을 체결했다. 비토의 친구이자 제자로 프로스타글라틴 기술의 발명에 참여하기도 했던 칼 카므라스Carl Camras는 후에 "만일 비토의 친구였던 연구원이 파마시아를 설득하지 못했더라면, 파마시아는 이 기술을 이전받지 않았을 것이다"라고 회고했다.[26] 비토의 치료제가 가지고 있는 상업적인 잠재력이나 실현 가능성이 불확실한 상태였기 때문에 잘라탄을 상업화하는 과정에서 특허권에 대한 강력한 보호와 파마시아와의 전용실시 기술이전 계약은 매우 중요한 의미를 갖는다.

(3) 상업화와 개발 단계

비토는 잘라탄을 개발하고 상업화하는 데에 매우 중요한 역할을 했다. 그는 전 세계에서 녹내장 치료에 프로스타글란딘을 사용하는 거의

---

25 J. Gerth and S. Stolberg, "Drug Companies Profit from Research Funded by Taxpayers", *New York Times*, April 23, 2000.

26 "Columbia Innovation Enterprise: A Special Report", *Reporter* 7, 1996, p.1.

유일한 사람이었기 때문에, 파마시아가 그의 발명에 기초하여 약품을 개발하기 위해서는 발명자의 도움이 필요했다. 비토와 파마시아가 진행한 협력 연구의 일부는 스웨덴 웁살라Uppsala 시에 있는 기업 연구실에서 이뤄졌다. 여기서 연구원들은 녹내장 치료에 프로스타글란딘을 어떻게 적용할 것인지를 연구했다. 비토는 컬럼비아대학교와 파마시아 사이의 연구협정을 통해 컬럼비아대학교에서 그의 연구를 지속했다.

컬럼비아대학교와 파마시아의 연구원들은 1991년까지 프로스타글란딘을 사용한 녹내장 치료제에 관한 상업적 잠재력에 상당한 자신감을 갖게 되었고, 1994년에 이르기까지 파마시아는 임상실험 및 승인을 위해 미국 식약청U.S. Food and Drug Agency에 제품을 제출하는 것을 고려하기 시작했다. 그러나 1995년 파마시아와 미국의 대형 제약회사인 업존 Upjohn이 합병되면서 이 기술의 개발은 다소 지체되었다. 새로운 경영진은 이 프로젝트에 우선순위를 두지 않았다. 비토는 훗날 인터뷰를 통해 "좋은 팀을 만나서 제품을 만들기까지 큰 성과를 거두었는데, 새로운 사람들이 경영진으로 들어오면서 여기에 대한 관심이 확 줄어들어 정말 큰 스트레스가 되었다"라고 회상했다.[27]

이 즈음에 많은 다른 제약회사들이 프로스타글란딘에 기반을 둔 녹내장 치료제의 개발을 위해 파마시아로부터 재실시권sublicense을 얻는 데에 관심을 보이며 비토와 컬럼비아대학교에 접근해왔다. 업존과의 합병 이후로 녹내장 치료제 개발을 위한 노력이 다소 줄어들자, 비토는 컬럼비아대학교 기술이전부서에 파마시아의 재실시권 허가를 요구하라고 촉구했다. 컬럼비아대학교는 비토의 이러한 의사를 파마시아에게 전달

---

27 "Columbia Innovation Enterprise: A Special Report", *Reporter* 7, 1996, p.4.

하고 상업화를 위한 노력을 재개하도록 독려했다. 이렇게 해서 파마시아·업존은 잘라탄의 상업화를 위한 움직임을 재개했고, 해당 제품은 1996년에 미국 식약청의 승인을 얻었다. 시장에 출시된 이후로 잘라탄의 매출은 크게 성장했고, 회계연도 2001년에 이르기까지 매출액이 무려 7억 4천만 달러(1996년 달러 기준)를 넘으면서 잘라탄은 녹내장 치료제 중에서 세계 최다 판매를 기록했다. 2000년도에 컬럼비아대학교는 파마시아의 잘라탄 판매를 통해 기술료로 거의 2천만 달러의 수익을 올렸다.

(4) 요약

잘라탄의 경우는 특허가 기술이전과 상업화 과정에서 중요하게 작용했다는 점에서 액셀의 공동형질전환 기술이나 질화갈륨의 사례와는 다르다. 젠슨과 써스비가 지적했던 '프로토타입prototypes'과 유사하게, 잘라탄과 관련된 대학의 특허는 상품으로 개발되어 시장에 나오기까지 오랜 기간이 걸리고 많은 비용이 소요되었다.[28] 공동형질전환 특허와는 대조적으로 발명자의 노하우와 관여가 개발 과정에서는 필요한 것이었다. 그러나 잘라탄의 사례는 다음에 논의할 수용성 CD4 사례에서처럼 대학 특허에 대한 전용실시 기술이전 계약과 관련하여 시사점을 제공한다. 기업이 대학과 전용실시 기술이전 계약을 맺을 의향이 있다고 하더라도, 발명자가 발명의 개발 과정에 관여하도록 강제하는 '정한 기간 내에due diligence' 또는 '최선을 다한다best efforts' 등과 같은 문

---

[28] R. Jensen and M. Thursby, "Proofs and Prototypes for Sale: The Licensing of University Inventions", *American Economic Review* 91, 2001.

구를 포함하고 있다고 하더라도, 대학 발명자는 말할 것도 없이 어떤 발명자도 기술 사용자들이 비용이 많이 드는 기술개발을 적기에 감수할 것이라고 보장하기는 어려울 것이다.

4) 에임즈 II 검사The Ames II Test

에임즈 II 검사는 기존 에임즈 검사Ames Test에 기반을 두고 있는 분석기법으로 캘리포니아 주립대학교 버클리 캠퍼스의 브루스 에임즈Bruce Ames에 의해 1960년대 후반부터 1970년대 초반 사이에 개발되었다. 초기 에임즈 검사는 특정 물질 내에 돌연변이를 일으키는 물질(세포 내에 돌연변이를 유발할 가능성)이 들어 있는지를 테스트하기 위해 사용되던 박테리아 기반의 분석기법이었다. 돌연변이를 유발하는 속성은 해당 테스트 물질이 발암 가능성이 있는지 없는지를 가늠하기 위한 간단한 지표로 작용했고, 최초 에임즈 검사는 약품, 화장품, 그리고 음식에 이르기까지 다양한 분야에서 제품의 안전성을 알아보기 위해 사용되었다. 에임즈 II 검사는 최초 에임즈 검사가 개발되고 20년이 지나서 에임즈의 연구실에서 연구를 하던 폴린 지Pauline Gee와 도로시 마론Dorothy Maron이 진행했던 연구결과에 바탕을 두고 있다.

에임즈 II 검사의 상업화 과정은 흥미롭게도 초기 에임즈 검사의 상업화 과정과는 대조를 보인다. 에임즈 검사는 바이-돌 법 제정 이전에 개발되어서 특허화되지는 못하고 학술지에만 발표되었다. 따라서 에임즈 검사는 기술이전 계약 없이 회사나 연구소에서 실행할 수 있었다. 그러나 에임즈 II 검사는 학술지에 발표되었을 뿐만 아니라 초기 에임즈 검사와는 달리 2개의 특허를 얻었고 실시자에게는 기술이전 계약을 요구했다. 에임즈 II 검사의 바탕이 되었던 연구 성과는 첫 번째 특허가 출원된 1993년 10월 이후 1년이 지난 1994년 *Proceedings of the National Academy*에 발표되었고,[29] 이는 또한 캘리포니아 주립대학교에 의해 두 번째 특허가 출원되기 3년 전이었다. 초기 에임즈 검사 때와는 달리, 에임즈 II 검사에서 발명자의 관여가 해당 발명을 상품으로 개발하는 데에 중요한 역할을 했기 때문에, 에임즈 검사와 에임즈 II 검사의 상업화 과정은 큰 차이를 보인다. 에임즈 II 검사의 발명자 중 한 사람은 실제로 해당 발명을 상품화하려는 벤처기업의 설립에 참여했고, 이 기술을 사용하기 원했던 또 다른 기업에게는 조언자로서 도움을 주며 적극적인 역할을 수행했다.

(1) 연구의 역사

1975년 에임즈가 초기 에임즈 검사를 공식적으로 발표한 후 학계와 산업계는 이 발명의 중요성을 금세 알게 되었다. 이 발명은 특허화되지 않은 상태였지만 캘리포니아 주립대학교의 살모넬라균 인공돌연변이 검사자원 센터E. Salmonella Mutagenicity Test Resource Center는 운영 실비를 받고 이 기법을 사용할 수 있도록 해주었다.[30] 이 센터의 웹사이트에 따르

---

29 P. Gee, D. M. Maron, and B. N. Ames, "Detection and Classification of Mutagens: A Set of Base-Specific Salmonella Tester Strains", *Proceedings of the National Academy of Sciences* 91, 1994.

30 에임즈 검사 분석기법 유통에 관한 권한은 2002년 에임즈 II 검사를 상업화하여 설립된 지노메트릭스(Xenometrix)로 넘어갔다. 지노메트릭스는 학계와 산업계 연구실에서 널리 사용되었던 물질이전 계약(Materials Transfer Agreements)과 여러 가지 측면에서 유사한 당초의 에임즈 검사 유통 정책을 준수했다.

제8장_ 대학기술이전 사례 연구   271

면, 3,000개 이상의 기업·대학 연구실이 에임즈 검사를 사용했고, 많은 기업 및 연구소들이 이 기법에 기초하여 자체 균주를 만들었다.[31] 에임즈 검사의 표준 기법은 다양한 검사 대상 물질, 가령 약품, 화장품, 음식 등을 살모넬라 티피뮤리움Salmonella typhimurium 계열의 세균에 노출시킨다. 이 세균은 성장에 필요한 아미노산인 히스티딘을 생산하지 못하도록 조작된 돌연변이 세균이다. 검사 대상 물질과 섞이고 나면 이 세균들 중의 일부는 인공돌연변이를 거치지 않았던 것처럼, 또는 '자연상태wild type'의 세균처럼 성장할 것이다. 다시 돌연변이를 일으킨 것이다. 즉 돌연변이를 일으킨 세균만이 히스티딘을 생산하여 성장하기 때문에, 검사 대상 물질 속에 있는 이 세균의 성장 빈도는 해당 물질의 돌연변이 가능성에 대한 개략적인 지표를 제공한다. 만약 검사 대상 물질과 이 세균 간의 상호작용이 상당한 수준의 돌연연이와 성장을 일으킨다면 그 물질은 매우 강한 돌연변이 가능성을 가지고 있는 것이고, 따라서 소비자에게 해로울 수 있는 것이다.

초기 에임즈 검사는 검사 대상 물질의 돌연변이 가능성에 대해서는 설명하지 못했다. 그러나 1980년대 후반 동안 지와 마론은 에임즈 검사를 좀 더 발전시켜서 특정한 돌연변이를 생산하도록 유전학적으로 개조된 세균을 활용하는 작업에 착수했다. 이로써 검사용 세균 속에 있는 유전자 중 어느 유전자가 새로운 물질에 노출된 이후에 영향을 받는지를 결정할 수 있게 되었고, 1992년 돌연변이 가능성에 대해 추가적인 정보를 제공하는 에임즈 II 검사가 개발되었다.

---

31   인터넷 웹 문서 http://ist-socrates.berkeley.edu/mutagen/salmut_facil_core.html에서 확인 가능함.

(2) 대학 특허 · 기술이전 활동

1993년 지와 마론은 캘리포니아 주립대학교의 정책에 따라 그들의
발명, 즉 유전적으로 조작된 세균과 해당 세균의 생산 기법을 캘리포니
아 주립대학교 기술이전부서에 신고했다. 에임즈 II 검사는 초기 에임
즈 검사를 상당부분 수용한 것이기 때문에, 많은 기업들이 해당 발명을
이전받는 데에 관심을 보일 것으로 예상되었다. 그러나 놀랍게도, 어떠
한 기업들도 에임즈 II 검사의 후속 연구와 상업화를 위한 기술이전에
관심을 보이지 않았다. 한 생명공학 관련 회사가 관심을 보이긴 했으나
공식적 계약 체결을 요청하지는 않았다.

지는 에임즈 II 검사 발명 당시에는 개발하거나 상업화하려는 의도
가 없었다고 한다. 그러나 지와 마론이 대학에 발명을 신고한 후 얼마
지나지 않아 하버드 대학의 교수인 스펜서 파Spenser Farr가 이 발명을 상
업화할 것을 제안해 왔다. 파는 일찍이 에임즈 연구실에서 박사 후 연
구원으로 참여한 바가 있었다. 파는 두 개의 벤처캐피탈로부터 자금 지
원을 받아 자신이 개발한 유전자 프로파일링 분석기법gene profiling assay
을 상업화하기 위한 벤처기업을 설립했고, 에임즈 II 검사가 대체품으
로서 상당한 상업적 가능성을 가지고 있다는 것을 깨달았다.[32] 1993년
파는 지에게 자신이 갓 세운 벤처기업인 지노메트릭스Xenometrix에 합류
하도록 제안했고, 지는 이 제안에 따라 대학에서 기업으로 자리를 옮겼
다. 지노메트릭스는 그녀의 발명과 관련된 특허 2건을 캘리포니아 주
립대학교로부터 기술이전 받았다.

---

[32] 유전자 프로파일링(Gene profiling)은 타 유기체 혹은 화학품, 기타 환경적 변화에 노출된
유전자의 활동에 관한 정보를 수집하는 절차이다.

(3) 상업화와 개발 단계

지에 따르면, 지노메트릭스는 에임즈 II 검사의 실시권을 확보함으로써 기업의 자금력을 높일 수 있었다. 그러나 해당 발명을 상업화하는 데에는 발명가의 지식과 경험이 필요했다.

에임즈 II 검사 물질을 복제하면서 지노메트릭스의 유럽지역 유통을 담당한 현지 법인인 지노메트릭스 독일 법인의 활동에서 지의 지식과 경험이 갖는 중요성이 두드러지게 나타난다. 지노메트릭스 독일 법인은 1990년대 중반까지 그 세균의 안정적인 보급 문제로 고민하던 중에 지노메트릭스에게 그 세균을 배양하는 기술에 대한 교육을 맡아달라고 요청했다. 지노메트릭스 독일 법인의 연구원들은 지노메트릭스의 미국 본사에서 일주일을 보내며 그 세균을 배양하는데 필요한 기술과 장비 사용법 등을 집중적으로 훈련받았다. 그러나 거의 1년 간 노력을 기울였지만 연구원들은 고객들에게 판매할 수 있을 정도의 검사 세균을 만들어낼 수 없었다. 이 문제를 해결하기 위해 지는 지노메트릭스 독일 법인의 유럽 현지 실험실에서 며칠을 보내며 거의 2년 분량의 세균을 생산했다.

2001년 초까지 에임즈 II 검사는 상업적으로는 큰 성공을 거두지 못했다. 지노메트릭스는 계속해서 개발에 심혈을 기울였으나, 파는 또 다른 기업인 패이스원Phase One를 운영하기 위해 지노메트릭스를 떠나게 되었다. 2001년 초에 이르러 디스커버리파트너스Discovery partners International는 파의 프로파일링 분석기법과 에임즈 II 검사의 생산을 확대하기 위해 지노메트릭스를 인수했다. 캘리포니아 주립대학교는 기술료의 상당 부분(거의 50,000 달러)을 지노메트릭스의 운영에 필요한 현금를 위해 지급 유예

했음에도 불구하고, 에임즈II 검사에 대한 기술료로 약130,000달러의 수익을 올렸다.

(4) 요약

에임즈II 검사의 상업화 과정을 질화갈륨과 잘라탄의 사례와 비교해 보면, 몇 가지 재미있는 유사점과 차이점을 발견할 수 있다. 우선 질화갈륨 및 잘라탄의 경우와 마찬가지로, 발명자가 상업과 과정에 관여하는 것이 중요하게 작용했으며, 발명의 상업화에 있어서 암묵적인 노하우가 갖는 중요성을 보여준다. 기술이전 과정에 발명자의 참여가 없었다면 에임즈II 검사를 상업화하기가 어려웠을 것이다. 한편 질화갈륨 사례와는 반대로 이번 사례에서는 잘라탄의 경우와 마찬가지로 특허권 보호와 전용실시 기술이전 계약이 중요한 것으로 나타났다. 실제로 에임즈II 검사 특허에 대한 기술이전이 지노메트릭스의 재정 능력을 증대시킨 것은 확실하다.

5) 수용성 CD4

수용성 CD4는 AIDS의 치료를 위한 프로토타입으로 바이러스의 침투 및 감염을 억제한다. CD4는 HIV(AIDS를 유발하는 바이러스)에 대한 수용체이기 때문에, 합성된 수용성 CD4는 HIV가 건강한 세포 내에 침입하기 이전에 그것을 '닦아낼' 수 있다. 수용성 CD4에 대한 아이디어는

1980년대 중반 대학과 기업의 실험실에서 시작되었다. 이 기간은 미국에서 AIDS가 급증하던 시기로, 이에 대한 치료제가 강하게 요구되었다. 수용성 CD4는 상당한 상업적 잠재력을 지니고 있는 제품으로 널리 인식되었다. 보스턴글로브Boston Globe는 수용성 CD4를 "지금까지의 유일한 AIDS 치료제였던 AZT 이후로 가장 새로운 — 여전히 예비시험단계였음에도 불구하고 — AIDS 치료제"라고 평가했다.[33] 또한 AIDS 분야의 전문가 앤써니 포치Anthony Fauci 역시 미국 국립보건원 회의에서 "우리 모두는 수용성 CD4에 상당한 관심을 가지고 있다. 이것은 실험실 수준에서 매우 효과적으로 작용할 뿐 아니라, 매우 훌륭한 과학적인 기반을 가지고 있는 것으로 보인다"고 말하기도 했다.[34] 그러나 아이러니하게도 이러한 뜨거운 관심에도 불구하고, 수용성 CD4는 2001년 현재까지도 상업적으로 활용되지 않고 있다.

(1) 연구의 역사

수용성 CD4에 기반한 치료제 생산에 관한 기술은 1980년대 중반 컬럼비아대학교에 있는 액셀 교수의 실험실에서 개발되었다. 액셀은 이미 앞에서 논의했던 공동형질전환 기법을 개발한 사람으로서, 상업화에 어두운 사람은 아니었다. 1985년 미국, 영국, 프랑스의 과학자들은 HIV 바이러스에 대한 세포 수용체가 CD4 분자였다는 사실에 대한 증

33 J. Foreman, "Scientists Race to Create AIDS Virus 'Decoy': Crucial Issues Remain but Interest Is Intense in Using Fake Receptors", *Boston Globe*, January 11, 1988, p.41.

34 D. Perlman, "Biotech 'Decoy' May Fool AIDS Virus", *San Francisco Chronicle*, December 18, 1987, p.A1.

거를 제공했고, 1985년 액셀의 컬럼비아대학교 연구실에서는 CD4 수용체를 만드는 유전자를 최초로 복제했다. 액셀은 몇 명의 대학원생들과 함께 HIV 바이러스를 CD4 수용체가 삽입된 세포에 접착시켜야만 이것을 '뽑아낼' 수 있다는 사실을 보였다.

이러한 실험 결과는 1985년 발표되었고, 액셀과 그의 대학원생이었던 폴 마돈Paul Maddon은 유전적으로 가공된 CD4의 수용성 형태가 갖는 치료법상의 혜택에 대해 깊이 생각하게 되었다. 그러나 그들의 발견이 과학자들과 제약회사들 사이에서 뜨거운 관심을 모았음에도 불구하고, CD4에 기반을 둔 AIDS 치료제의 실현 가능성에 대해 여전히 몇 가지 불확실성이 남아있었다. 첫째, 전반적인 인간 면역 시스템에 대한 수용성 CD4의 효과는 알려진 바가 없었다. 두 번째로 인간의 신체가 자기면역 반응을 일으키는 CD4 유도체에 대해 항체를 만들어낼 가능성이 있는지도 염려되었다. 세 번째로 일부 과학자들은 HIV가 CD4 수용체가 부족한 뇌세포나 골수 속에 있는 미성숙한 혈구를 감염시킬 수도 있기 때문에 이에 대해 회의적이었다. 1980년대 중반까지 수용성 CD4 치료제는 인간은 물론이고 동물들에게도 테스트되지 않았고, 이 아이디어는 중요한 발견에만 그칠 뿐 상업적인 가능성은 거의 없었다.

(2) 대학 특허·기술이전 활동

1986년 3월, 엑셀 교수와 마돈은 CD4 연구에 대한 그들의 발명 두 가지를 컬럼비아대학교 과학기술개발부OSTD에 제출했다. 첫 번째 발명은 CD4를 인코딩하는 유전자를 분리시키는 방법에 대한 것이었고, 두 번째는 수용성 CD4 생산법에 관해 다룬 것이었다. 컬럼비아대학교는 그 해 8월 해당 발명에 대해 특허를 신청하여 1992년 특허를 획득했다. 과학기술개발부는 1987년 CD4의 기술이전 가능성에 대해 논의하기 시작했고 적어도 6개의 기업이 CD4 기술의 이전에 관심을 보였다.

수용성 CD4에 대한 컬럼비아대학교의 기술이전 전략이 진화하는 과정을 살펴보면, 초기 단계의 발명에 대한 전용실시 기술이전 계약의 비용과 이익을 알 수 있다. 이 기술에 기초한 치료제를 개발하기 위해서는 상당한 추가 연구가 필요했고, 따라서 이를 이전받으려는 기업은 이 기술과 관련된 재정 수입이나 상업적 가능성에 대해 상당한 수준의 위험과 불확실성에 직면하게 됐다. CD4에 기초한 치료제를 시장에 내놓기 위해 필요한 상당한 추가 투자와 더불어 위험성은 전용실시 기술이전 계약이 필요하다는 것을 의미했다. 그러나 과학기술개발부도 마찬가지로 이러한 상황에 대해, 특히 전용실시 기술이전 계약인 경우에는 대상 기업의 상업적 성공에 대한 불확실성에 직면하게 된다. 이에 따라 과학기술개발부는 CD4 관련 제품의 개발을 추진하는 복수의 기업들에게 기술을 이전하기를 원했다.

컬럼비아대학교는 원래 세 개의 기업들에게 공동-전용실시권coexclu-sive을 주기로 계획했다. 바이오젠Biogen, 진앤텍Genentech, 스미스클라인 비캄SmithKline Beecham은 CD4 수용체 복제에 성공하자 바로 수용성 CD4에 관한 연구를 진행했다(액셀은 이 분야에서 스미스클라인비캄의 작업에 참여한 바 있다). 그러나 이 기업들과의 최종 협약이 완료되기 전에 액셀의 제자인 마돈이 수용성 CD4 기반 치료제를 개발하기 위해 프로제닉스Pro-genics Pharmaceuticals를 설립하고 컬럼비아대학교에게 공동-전용실시권을 달라고 요청했다. 컬럼비아대학교는 다른 세 개의 기업이 계약내용을 수정해 줄 것이라고 판단하여 1989년 프로제닉스를 기술 실시 대상 기업에 추가했다.

(3) 상업화와 개발 단계

액셀과 그의 동료들의 CD4 수용체를 복제했다고 밝힌 논문이 출판된 1985년 이후 그리고 컬럼비아대학교의 라이센싱 협약이 완료되기 이전까지 수많은 기업들이 수용성 CD4에 기반한 HIV 치료제 연구를 시작했다. 1987년 12월 진엔텍 소속의 연구원들은 사이언스(Science)에 CD4의 긍정적인 효과에 대해 발표했고, 바이오젠, 스미스클라인비캄, 다나파르버연구소Dana Farber Institute, 베젤 면역학연구소Basel Institute of Immunology의 연구원들도 그 바로 다음 달 네이쳐(Nature)에 수용성 CD4에 관한 저마다의 연구결과를 발표했다. 당시 신문기사들은 다음과 같이 언급하고 있다: "이렇게 새로운 분야에 5개의 주요 논문들이 거의 동시에 등장한 것은 AIDS 연구에 대한 치열한 경쟁과 더불어 AIDS 치료제가 지닌 막대한 상업적 가능성을 동시에 보여준다." 1988년 여름까지 다른 몇몇 기업들, 즉 벡톤-디키슨Becton-Dickinson, 진랩스Genelabs, 오소파마슈티컬스Ortho pharmaceuticals의 연구원들도 수용성 CD4에 기초한 치료제에 관한 논문을 발표했다.[35] 그리고 1988년 9월에는 7명의 미 국립보건원NIH 연구

---

[35] 오소파마슈티컬스의 과학자들이 논문을 발표한 뒤, 월스트리트 저널은 "CD4를 개발하기 위한 경쟁이 이미 가득 차 있는 분야에 여섯 개의 과학 그룹이 또 뛰어들었다"라고 보도했다(Chase, 1988). 질화갈륨 연구에서와 마찬가지로, 이 분야에 기업 연구자들이 수많은 논문을 발표했다는 사실은 기업 연구에서 대학 연구로의 지식 흐름이 갖는 중요성을 나타낸다.

자들은 네이쳐(*Nature*)를 통해 CD4와 결합하면 HIV와 완전히 결합하여 그것을 파괴하는 물질을 개발했다고 보고했다; 그리고 다음 해에는 이 기술에 대해 업존에 전용실시 기술이전 계약을 체결하기로 했다고 발표했다.[36]

컬럼비아대학교의 기술이전 계약이 발효된 첫 해인 1989년까지 수용성 CD4를 개발하기 위한 경쟁이 진행되었고 수많은 대학과 기업의 연구실들이 여기에 동참했다. 이렇게 많은 기업들이 CD4 연구에 참여했다는 것은 다음과 같은 사실을 보여 준다: 컬럼비아대학교 특허의 범위가 좁아서 특허를 침해하지 않을 것이라 확신했거나, 아니면 특허를 침해한다고 해도 CD4 활용에 따른 상업적 이익이 상당하기 때문에 소송을 당하더라도 컬럼비아대학교와의 협상을 통해 상호 조율이 가능하고 이익이 될 만한 해법을 강구할 수 있을 것이라 믿었을 것이다.[37]

기술 실시권을 확보하지 않은 기업들의 이와 같은 개발 활동은 액셀의 특허에 대한 기술이전이 치료제 개발에 필수적인 것은 아니라는 사실을 입증한다. 기술 실시권이 없는 기업들은 CD4에 관한 연구에 참여하고 있었다. 이 연구들은 겉으로 보기에 임상실험용 제품에 관한 특허 등 연구개발에서 도출된 결과물을 사용할 수 있는 다른 방안을 가지고 있었다. 수용성 CD4 개발 경쟁에서 오직 두 개의 기업, 즉 스미스클라

---

36 "Licensing plan For AIDS Drug Draws Fire", *Seattle Times*, October 25, 1988.

37 미국 국립보건원(NIH)로부터 CD4 치료제(CD4-pE) 기술을 이전받은 업존(Upjohn)의 사례를 언급하면서 Antiviral Agents Bulletin은 다음과 같이 보도했다 "컬럼비아대학교가 CD4 유전자 모두에 대한 권리와 유효한 부분에 대한 특허권을 가지고 있음에도 불구하고, 업존이 이 기술을 이전받았다는 사실은 흥미롭다. CD4 치료제가 임상과 상업화 영역에서 충분한 잠재력이 있었더라면 컬럼비아대학교는 이에 대해 소송을 제기할 수도 있고, 아니면 업존도 라이센스를 받도록 권유할 수도 있다("CD4-pE40 Exotoxin Conjugate in Trials; Other CD4 Conjugates in Development", 1992, p.69).

인비캄과 프로제닉스만이 자신들의 연구를 진행하면서 대학 발명자들과의 공동 연구에 적극적으로 협력했다는 사실 역시 주목할 만하다. 이 경우 공동형질전환 사례에서와 같이 대학 발명자는 해당 발명을 개발하는 데에 필요한 암묵적 지식에 대해 독점권을 가지고 있지 않았으며, 이러한 암묵적 지식은 기술 실시권이 없는 기업이나 다른 연구기관에서 발표한 수많은 논문들에 의해 더욱 보완되었다.

그러나 수용성 CD4를 둘러싼 뜨거운 관심은 컬럼비아대학교가 기술이전 계약을 완료한 다음 해인 1990년 이후로 서서히 수그러들었다. 바이오젠과 진앤텍의 수용성 CD4 기반 제품들은 임상 1 단계 실험에서 거의 효능을 보여주지 못했고, 높은 개발 비용과 제조비용으로 인해 이 두 기업은 물론 스미스클라인비캄도 CD4 연구에 대한 규모를 줄이게 되었다. 1995년 이들 기업의 기술이전 계약은 종료되었고, 컬럼비아대학교의 창업기업인 프로제닉스만이 수용성 CD4 기반 치료제의 개발에 노력을 계속했다.

바이오젠과 스미스클라인비캄, 그리고 진앤텍은 상업화 경쟁에서 빠져나오기 전에 수용성 CD4에 대해 상당히 많은 투자를 했었고, 이들 중 두 개 기업은 이미 임상실험까지 착수한 상황이었다. 그러나 결국 이 공동-전용실시 기술이전 계약 하에서 어떠한 제품도 개발되지 못했다. 1995년 당시 수용성 CD4 기반 치료제의 선구자로 인식되던 프로제닉스는 해당 기술에 기반한 치료법에 대한 임상실험계획을 발표했다.[38] 1996년 프로제닉스는 기술이전 계약을 위해 컬럼비아대학교와

---

38 1995년 한 기사는 다음과 같이 보도했다: "훨씬 더 큰 다른 기업들이 CD4 기반 치료법의 개발에 주력했음에도 불구하고, 어떤 기업도 이 분야에서 활발한 개발 노력을 하고 있지 않다. 어쨌든 그렇게 적은 기업들이 CD4 기반 치료법의 개발에 노력하고 있다는 사실은

재협상을 진행했고, 수용성 CD4 기반 제품 개발에 대한 전용실시권을 획득했다. 1996년 프로제닉스는 AIDS 바이러스에 대한 또 다른 수용체인 CC-CKR-5의 존재에 대해 발표했다. 이는 HIV를 세포와 결합하기 위해 CD4가 필요하기는 하지만 CD4로는 충분하지 않았다는 사실을 의미한다. 현재 프로제닉스는 수용성 CD4 및 CC-CKR-5 수용체에 바탕을 둔 몇 개의 약품 후보를 두고 임상실험을 진행하고 있다.

한편 CD4 기술이 발표되자 다른 대체 접근법인 항바이러스 치료법 antiretroviral theraphy이 HIV에 감염된 사람에 대한 치료제로 널리 받아들여지기도 했다. 하지만, 프로제닉스의 약품, 더 일반적으로는 '진입 억제제'에 대한 관심은 여전히 높다.[39] 1999년 12월 현재 CD4 기반의 치료제가 아직 상업화되지 않았기 때문에 컬럼비아대학교는 액셀과 마돈의 특허로부터 1만 달러 미만의 경상 기술료를 벌어들였다.[40]

(4) 요약

CD4의 개발 절차에 관한 역사는 배아 상태의 발명의 경우, 비록 그것이 훌륭한 상업적 잠재력을 가지고 있더라도, 그것을 연구실에서 시

놀라운 일이다."("progenics Developing CD4-IgG2 for HIV-Infection", 1995, p.166)

39 대학과 기업 커뮤니티 내에서 CD4 기반 치료제에 관한 관심은 여전히 높다. 왜냐하면 안티레트로바이러스 약품은 많은 환자들이 견뎌낼 수 없는 부작용을 가지고 있기 때문이다. 또한 점차 많은 HIV 환자들이 그 약품에 내성을 가지고 있었다.

40 기술을 이전받은 기업들 중에서 두 개 기업은 수용성 CD4 조제약품을 매출액 기반의 기술료 계약을 통해 다른 연구자들에게 팔았다. 이러한 매출액 기반의 기술료 외에도, 컬럼비아대학교는 선불이나 분납으로, 그리고 이 기술이전에 대한 소송 환수금으로 최소 2백만 달러의 수익을 올렸다.

장으로까지 이끌어내는 과정에 상업적·기술적으로 불확실성을 가지고 있다는 사실을 보여준다. 이번 사례는 또한 신기술의 경우에도 그것의 수익 가능성이 충분히 높거나 산업 부문의 혁신을 통해 특허화될 수 있다면 전용실시 기술이전 계약이 반드시 필요한 것은 아니라는 사실도 보여준다. 게다가 이 사례는 혁신적 연구의 경우 전용실시 기술이전 계약과 관련된 위험성에 대해서도 부각시켜 준다. 왜냐하면 기술이전 전문가들도 어떤 기업(드물지만 복수의 기업들이 기술이전 계약을 체결하는 데에 관심을 갖기도 한다)이 그 발명을 시장까지 성공적으로 가져갈 수 있을지 판단하기가 쉽지 않기 때문이다. 결론적으로 이번 사례는 (공동형질 전환 사례와 마찬가지로) 기업이 해당 기술과 연관된 학문·기술 공동체와 강한 연계를 가지고 있었기 때문에 상업화 과정에서 발명가의 참여는 그다지 결정적으로 작용하지 않았다.

3. 결론

5장에서는 바이-돌 법의 근간을 이루는 핵심 전제가 대학 발명의 상업화 및 개발을 활성화하기 위해서 특허·기술이전 활동이 필요하다는 믿음이었음을 지적했다. 바이-돌 법이 대학들에게 교수 발명에 대한 특허·기술이전 정책을 따르도록 강요한 적이 없음에도 불구하고, 대학 행정당국과 기술이전 담당자들은 기술이전 절차가 상이한 기술 또는 기업에 있어서 본질적으로 유사하다고 가정하곤 한다. 그러나 지금까지 소수의 사례만을 검토했음에도 불구하고, 각기 매우 상이하게 나타난다. 기업으로 하여금 대학 발명을 개발하고 상업화하도록 하는 데에 있어서 지식재산권의 역할이 갖는 중요성, 기술이전 계약을 체결한 이후 발명자가 맡은 역할의 정도, 그리고 상이한 기술 분야에서 대학과 기업이 맺는 관계 등 여러 가지 측면에서 매우 다양한 모습을 보이고 있다.

특허와 전용실시 기술이전 계약은 위 5가지 사례 중 잘라탄의 경우에서만 중요하게 작용했고, 최소한 두 개의 사례(공동형질전환과 질화갈륨)에서는 대학 발명에 대한 특허가 없어도 개발·상업화가 원활히 진행되었다. 위 사례들에서 기술의 개발과 상업화를 위한 다른 수단, 즉 전문화된 지식이나 산업 부문의 혁신에 있어 특허의 전망 등은 기업으로 하여금 개발과 상업화에 투자하도록 유도하기에 충분했다. 수용성 CD4의 사례는 기술을 이전받은 기업의 사업화 역량이나 해당 발명에 대한 사업화 전망이 매우 불확실한 경우, 대학의 기술이전 담당자들이 직면하는 어려움을 보여준다.[41]

개발과 상업화 과정에서 발명자의 역할이나 참여도 각각의 사례마다 매우 다르게 나타났다. 적어도 두 개의 사례(수용성 CD4와 공동형질전환 기술)에서는 복수의 기술이전을 받은 기업들은 발명자와 거의 상호작용이 없었다. 왜냐하면 기업들은 이미 해당 발명 분야에서 충분한 경험과 내부 전문가를 가지고 있었거나 그러한 경험을 가진 외부 과학자들과 강한 유대관계를 갖고 있었기 때문이다. 이 같은 사례들만 보면 대학과 기업 사이에 존재하는 지식이나 노하우의 간극은 상대적으로 적

---

41 기술이전 전문가들과의 면담 결과, 기술이전을 위해 복수의 '후보 기업'을 선택할 수 있다는 대학은 소수에 불과한 것으로 나타났다.

었다. 이것은 해당 기업들이 내부적 기술 역량 강화 또는 외부 기술 모니터링에 그 이전부터 투자해왔음을 의미한다.[42] 그러나 질화갈륨과 에임즈 II 검사의 경우에는 발명자들은 해당 기술이 벤처기업에 의해 상업화되고 개발될 수 있도록 핵심적인 역할을 수행하기도 했다.

기업과 대학 연구자들 간에 이뤄진 지식 환류의 특징도 사례별로 모두 다르게 나타난다. 바이-돌 법은 암시적으로 혁신에 대한 '선형 모델 linear model'에 기반을 두고 있다. 이 모델에서는 대학들이 활용(또는 응용)에는 별로 관심을 갖지 않은 상태에서 기초연구를 수행하고, 민간 기업들이 응용연구나 상업화에 투자를 한다. 이러한 관점에서는 특허가 기술 상업화 과정에서 대학 발명자와 기업을 연결하는 데에 필수적인 요소이다. 그러나 우리가 2장에서도 지적했듯이, 이러한 선형 모델은 바이-돌 법 제정 전후 여러 기술 분야에서 나타났던 대학과 기업 간의 상호작용을 명쾌하게 설명해 주지는 못한다. 이 장에서 논의되었던 대부분의 사례에서 볼 때 (논문발표를 포함하여) 연구 활동의 특성상 대학과 기업 공동체 사이에는 중첩되는 부분이 상당히 있다. 생명공학 분야에 대해 주커L. Zucker 등이 지적한 것처럼, 대학으로부터 기업으로의 기술이전은 공동 연구나 인력 이동 등 다양한 경로를 통해 추진되어 왔다. 세나가 질화갈륨과 CD4의 사례에서는 대학 연구자들이 스스로 기업을 설립하기도 했다. 대학 연구자들이 그들의 연구 성과를 숨기기 위해 발명신고나 출판 등을 유보했다는 증거도 거의 없다. 이들 발명은 모두 논문으로 발표되었고, 대부분의 발명은 특허로 출원하기 전에 출판되었다.

---

42 앞에서 언급된 바와 같이 AIDS 연구 분야에서 기업 연구자들로부터 유입된 상당히 많은 학문적 논문들은, 가용성 CD4 발명의 상업적 개발에 전념했던 기업들의 이와 같은 속성을 뒷받침해 준다.

2장에서는 대학 연구자들이 산업 혁신에 끼친 영향의 측면과 이러한 영향이 작용하는 경로 등에 있어서 나타난 많은 차이점들을 강조했다. 또한 지식 이전의 수단으로서 특허가 갖는 중요성의 측면에서 기업들 사이에 중요한 차이점이 존재했다. 나아가 지식이나 기술의 교류 통로로서 특허·기술이전 활동의 중요성의 측면에서도 기업들 사이에서 중요한 차이가 있었다. 그러나 이 사례 연구를 통해 벤처기업이 재정적 지원을 받을 때 특허가 중요한 역할을 했음을 알 수 있었다. 과거의 연구들처럼 여기서 수행된 사례 연구들에서 도출된 증거들은 대학의 특허·기술이전 활동이 전기공학 분야에 비해 생물의학 분야에 있어서 더욱 중요했음을 보여준다. 그러나 이 사례들은 또한 생물의학 기술 분야 내에서도 기술이전 절차에 있어서는 상당한 차이점들이 존재한다는 것을 보여준다.

발명자들, 기업들, 그리고 기술 분야들 사이에서 나타나는 이러한 차이점들은 대학이 유연한 특허·기술이전 정책을 통해 어느 정도 조정이 가능하다. 대학기술이전부서는 기술이전을 활성화하기 위해 필요한 최소한의 표준계약서, 즉 비밀유지 협약, 옵션 계약, 기술이전 계약, 물질이전 계약, 그리고 주식 계약 등을 포함하는 다양한 표준계약서를 보유하고 있다. 대학들이 이러한 표준계약서를 신중하게 선택·활용하는 한, 그리고 기술료 수입을 최대화하기보다는 해당 기술의 활용과 상업화를 활성화한다는 목표를 고수한다면, 특허·기술이전 활동은 기술이전에 대한 대학의 사명을 더욱 확대시킬 수 있을 것이다. 물론 기술이전 외에 대학이 갖는 중요한 사명들을 유지하는 것은 재차 강조할 필요가 없을 것이다.

제9장
결론

　지금까지 우리는 미국의 경제적 성장 및 혁신 과정에 나타난 대학의 역할과 바이-돌 법에 대하여 논의했다. 이번 장에서는 이 논의들을 요약하고, 대학의 특허와 기술이전을 담당하고 있는 정책입안자들과 대학 경영자들을 위해 몇 가지 시사점을 남기고자 한다. 사실 미국 대학의 경제적 역할이라든가 90년대의 경제발전 기여 등에 관한 논의들은 대부분 바이-돌 법의 역할을 과장하고 있다. 미국의 대학들이 20세기 동안 산업 혁신을 위한 핵심적 요소를 제공하고, 지식의 중요한 원천이 되어 온 것은 사실이다. 그러나 이러한 경제적 공헌의 많은 부분은 특허나 기술이전이 아닌 다른 방법들에 의한 것이었다.

미국 연구대학의 경제적 역할을 평가하기 위해서는 대학 연구가 산업 혁신에 영향을 미칠 수 있는 수많은 다양한 경로들을 인식하고 있어야 한다(역으로, 대학이 산업 혁신으로부터 영향을 받기도 한다). 그러나 오늘날 미국 외의 많은 국가들이 대학 시스템을 바꾸어나가는 과정을 보면 이와 같은 인식들이 결여되어 있다. 경제적 성장 및 혁신에 기여하는 대학 시스템을 갖추기 위해서 대부분의 국가가 바이-돌 법을 모방하기 위해 노력하고 있다. 미국의 정책입안자들과 대학 경영진은 모두 대학과 기업의 상호 관계와 기술이전에 대한 특성을 명심해야 한다. 이와 동시에, 정책 및 운영을 결정하는 과정은 대학 연구와 산업 혁신 사이에 존재하는 좀 더 신중하고 현실적인 관점에 근거하고 있어야 한다. 특히 대학의 경영자들은 1930년대와 1940년대에 등장했던 정치적인 위험들, 즉 특허와 기술이전을 통해 수익을 거두는 대학들의 등장으로 초래된 정치적 위험들에 주목해야 한다.

1. 산업 기술 변화와 대학

미국에서 대학 연구와 산업 혁신과의 관계는 매우 밀접하며 오랜 역사를 통해 발전해왔다. 기업의 조직적인 연구개발과 연구대학의 적극적인 연구 활동은 19세기 후반에 등장하여 서로 영향을 주고받으며 복잡한 관계를 발전시켜왔다. 우리는 2장에서 미국의 고등교육이 갖는 특이한 기반 구조 — 재정적 자율성, 지역으로부터의 공적 자금 지원, 연방정부의 연구지원, 그리고 커다란 규모 등이 혼재된 구조 — 가 대학의 교수진과 경영진으로 하여금 연구의 방향을 지역경제와 사회적 혜택에 맞추도록 강력한 동기를 제공했다고 지적한 바 있다. 19세기 후반과 20세기에 이뤄진 미국 대학 연구의 상당 부분은 기초적인 학문적 원리에만 관심을 갖기보다는 오히려 농업, 공중보건, 산업 등의 문제를 이해하고 해결하는 데에 초점을 두고 있다.

1940년대로 접어들면서 대학 연구에 대한 연방정부의 지원이 급증하게 되었다. 그 결과 많은 대학의 연구와 지역 산업과의 연계는 약화되었다. 동시에 2차 세계대전 이후 연방정부의 연구개발자금 지원은 2가지 명확한 사명, 즉, 국가 안보와 공중 보건을 위한 연방 기구에 집중되었다. 결과적으로, 2차 세계대전 후 수행된 대학의 많은 연구들은 '파스퇴르의 쿼드런트' — 기초적인 이해를 추구함과 동시에 특별한 문제 또는 임무들에 대한 해결방안을 강구하는 것을 조합하는 — 에 초점을 맞추게 되었다.

미국의 대학은 지난 세기 동안 산업 혁신에 상당히 중요한 공헌을 해왔다. 그 중에서도 특히 중요한 것은 진일보한 연구와 교육을 제공한 것이었다. 교육과 연구가 밀접한 관계를 맺으면서 이와 같은 지식의 상당수가 산업 및 다른 경제적 영역으로 확산될 수 있는 강력하고 효과적인 경로(특히 숙련된 학생)가 만들어졌다. 이와 동시에 발전하는 과학적 연구 아젠다와 산업적·농업적 문제들과의 밀접한 관계를 유지해 주었다. 뿐만 아니라 공학과 의학 분야의 많은 연구대학들은 그들의 연구에 대한 사용자와 산업계, 의학계, 농업계 등에 있는 졸업생들과 친밀한 관계를 지속해 왔다.

중요한 산업적 응용과 관련된 과학적인 문제들의 해결을 위한 대학과 기업 사이의 협력으로 인해 많은 미국 대학들은 20세기에 교수의 발명을 특허화했다. 1950년까지 공식적인 특허정책을 수립한 대학이 늘었음에도 불구하고, 이러한 정책들 중 많은 부분은 (특히 의약학 분야에서) 발명의 특허화를 금지했고(3장 참고), 대학의 특허 획득은 비교적 낮은 수준에 머물렀다. 게다가, 미국의 많은 대학들은 그들 스스로 특허나 기술이전을 관리하지 않았다. 4장에서는 이와 관련하여 캘리포니아 주립대학교의 코트렐 교수가 설립한 RC의 역할에 대해 논의한 바 있다. 코트렐은 자신의 특허에서 발생한 기술이전 수입이 연구를 지원하는 데에 사용되길 원했다. RC는 1935년부터 80년까지 대학의 특허와 기술이전 활동에 대한 관리를 주요 수입원으로 삼았다. 그러나 특허와 기술이전이 관리되기 시작한 처음 10년 동안에도, 생물의학 기술은 RC와 여타 기술이전 전문기관들(WARF 등) 사이의 수입 불균형의 원인이 되었다.

1970년대는 1980년대와 유사하게 미국 대학의 특허·기술이전 활동의 성장에 있어 분수령이라고 할 수 있다. 많은 대학들이 특허, 특히 생물의학 분야의 특허를 발전시켰고, RC를 대신하여 특허·기술이전 활동을 스스로 추진하여 상당한 성과를 거두었다. 연방정부의 연구개발 지원기관들과 대학들 사이의 특허 협약 역시 1970년대의 대학 특허가 성장하는 데 크게 공헌했다. 특히, 사립대학들은 이 기간 동안 특허·기술이전 활동을 빠르게 확대하기 시작했다.

1970년대 후반 경제 성장에 관심이 집중되고 발명에 대한 특허·기술이전 활동에 대한 대학들의 관심이 증가하면서 1980년의 바이-돌 법이 제정되었다. 이 기간 동안 연방정부는 정부 지원을 통해 도출된 특허권의 활용 정책을 단순화하고 합리화하기 위해 노력했고, 이와 같은 노력

역시 바이-돌 법의 제정에 영향을 미쳤다. 5장에서도 언급했듯이 바이-돌 법이 과거의 법률이나 규제가 금지하던 것을 합법화하지는 않았다. 그러나 대학들은 바이-돌 법으로 인해 민간 기술이전 전문 회사와 협상할 필요가 없어졌고, 개별적인 사안에 따라 특허권을 요구할 필요도 없어졌다. 뿐만 아니라 과거 연방정부의 특허정책이 가지고 있던 불확실성도 줄어들었다. 바이-돌 법이 제정되기 전부터 특허·기술이전 활동에 대한 대학의 관심은 증가되고 있었기 때문에, 바이-돌 법의 가장 핵심적인 역할은 특허 활동과 (전용실시 계약을 포함한) 기술이전 활동을 대학과 공공 연구기관의 정당한 활동으로 승인한 것이라고 할 수 있다.

바이-돌 법은 1980년 이후 대학 특허를 성장시킨 공로를 인정받고 있다. 그러나 이미 검토한 바와 같이 미국 대학의 '특허 지향성patent propensity' — 대학 연구개발 지출 자금 대비 특허 건수 — 은 이미 1945년부터 꾸준히 성장해 왔다. 또한 1970년대부터 1980년대까지 대학 특허가 성장한 것은 바이-돌 법 이외에 다른 변화들로부터도 영향을 받았다. 여기에는 기초과학의 발전, 특히 분자생물학의 발전도 포함된다. 1970년대부터 1980년대까지 발전을 거듭한 생물의학 연구는 1960년대 이후로 연방정부의 자금 지원의 혜택으로 다져진 대학 연구개발의 기반의 발전을 이끌었다. 또한 대학 특허가 증가한 것은 특허 대상의 범위를 확대한 법원과 특허청이 내린 결정들의 영향 때문이기도 하다. 그러나 1980년 이후 대학 특허가 증가한 것은 미국의 전반적인 특허정책의 발전 때문이라는 점을 간과할 수 없다.

바이-돌 법은 스탠퍼드대학교나 캘리포니아 주립대학교와 같이 오랫동안 특허·기술이전 활동을 추진해 왔던 대학들에 어떤 극적인 영향을 미치지는 않았다. 실제로 1980년대와 1990년대에 이 대학들의 기술이전 수입의 대부분을 차지했던 생물의학 분야의 특허 활동과 기술이전 활동은 바이-돌 법이 제정되기 전부터 성장하기 시작했다. 1980년대 이전에는 특허와 기술이전 분야에서 경험이 거의 없었던 (그리고 1975년까지는 의학교수들의 발명 특허를 금지했던) 컬럼비아대학교 역시 바이-돌 법이 시행되기 전에 대형 특허를 취득했다. 그럼에도 불구하고, 바이-돌 법은 스탠퍼드대학교나 컬럼비아대학교의 특허를 증가시켰을 뿐 아니라 (비록 이들 특허 중 상당수가 산업적 가치나 기술이전 로열티가 그리 크지는 않았지만), 이전까지 특허·기술이전 활동에 그다지 적극적이지 않던 대학들을 이끌었다. 초창기에 경험이 부족한 많은 대학들은 상대적으로 낮은 가치의 특허들을 취득하기도 했다. 그러나 시간이 흐르면서 대학들은 '특허를 얻는 법'을 배우게 되었고, 더욱 큰 기술적 중요성을 (그리고 잠재적으로는 경제적 중요성도) 지니는 특허를 획득하게 되었다.

1980년 전후 미국 대학의 특허·기술이전 활동에 대한 분석에 따르면, 이러한 활동이 상대적으로 좁은 범위의 연구 분야, 특히 생물의학 분야에 집중되어 나타났다는 사실이 두드러진다. 앞에서 논의한 바와 같이 생물의학 분야는 여타 공학 및 과학연구 분야와 비교할 때, 특허와 기술이전이 훨씬 큰 경제적 가치를 지니고 있다. 특히, 1970년대 그리고 그 이후로 생물의학 분야의 혁신을 이끌었던 분자생물학의 발전은 과학적인 발견이 제약분야나 그 밖의 다른 산업 분야에 중요하게 응용될 수 있도록 유도했으며, 다른 연구와의 차별성을 부각시켰다. 이와 같이 특허와 기술이전이 상대적으로 좁은 분야의 연구에 집중되었다는 사실은 바이-돌 법이 미국 대학들의 전반적 연구 문화에 스며들면서 영향을 미쳤다고 평가할 수 없음을 의미한다. 오히려 이러한 영향은 대부분의 대학에서 일부 연구 분야 혹은 일부 학과에만 집중되어 나타났다. 학문분야 간에 나타나는 이러한 차이는 생물의학 분야에 적합했던 특허와 기술이전 정책이 자칫 산학협력의 발목을 잡을 수도 있다는 우려를 내포하고 있다. 여기에 대한 자세한 논의는 아래에서 진행할 것이다.

1980년 이후로 특허·기술이전 활동에 대한 경험이 부족한 대학의 진입과 학습 행태는 미국 대학들이 전개해 온 오랜 기간의 특허·기술이전 활동의 역사 속에서 특별히 흥미로운 측면이 있으며, 이는 지식재산 시장의 작동에 대한 전망과 '지식기반 경제'를 전공하는 연구자들이 관심을 가질만한 연구 주제이다. 특허·기술이전 활동을 새로 시작한 대학들은 각양각색의 경험으로 인해 지식재산 시장을 관리하기 위한 능력을 계발해야하는 곤란을 겪었다. 대학기술이전 전문가들은 기술 분야에 대한 깊은 이해와 더불어 동시에 상업적 응용에 대한 전문성을 갖춰야 한다. 게다가, 이러한 기술이전 전문가들은 교수들과 긴밀한 관계를 유지·형성해야 하고(종종 대학교수는 자신의 능력과 자신이 발명한 것에 대한 가치를 과장해서 평가하곤 한다), 전문 기술 분야에서 더욱 노련한 기업의 연구원들과 복잡한 계약 내용에 대해서도 협상할 줄 알아야 한다. 한 마디로, 기술이전 전문가들은 대학 행정조직이 갖추지 못하고 있던 전문 능력을 발휘해야 했다. 또한, 많은 대학들은 바이-돌 법 제정 이후로 성공적인 기술이전부서를 설치하는 데 어려움을 겪었다.

바이-돌 법과 1970년부터 2000년까지 두드러졌던 대학 특허의 성장은 5장에서 제시한 바와 같이 대학 연구 활동이 1990년대 미국의 '새로운 경제'에 기여할 수 있도록 영향을 미쳤을까? 1980년대와 1990년대 사이에 경제적 성장과 산업 혁신에 대한 미국 대학들의 공헌은 확실히 중요하다. 그러나 이러한 공헌이 1930년대나 1950년대에 산업 발전에 대한 대학의 공헌보다 더 중요하다는 증거는 찾을 수 없다. 뿐만 아니라 바이-돌 법이 실제로 이러한 공헌을 증가시켰다거나 바이-돌 법이 없었더라면 이와 같은 산업 발전이 불가능했을 것이라는 증거도 없다. 바이-돌 법 제정 전후 산업 혁신에 대한 대학의 공헌 그리고 대학과 기업 사이의 교류 통로의 본질은 매우 복잡하며, 특허와 기술이전보다 많은 것을 포함하고 있다. 그러나 경제와 산업 혁신에 대학이 공헌할 수 있었던 요인은 여러 가지 측면에서 다른 나라들과는 대조적인 미국의 고등교육 체제의 구조에 근거를 두고 있다. 미국 대학들은 연구와 교육으로부터 혜택을 얻는 외부 집단들과 긴밀하게 연결되어 있었다. 미국 대학들은 농업, 의약, 산업 등 지역 공동체에 이익이 되는 영역에서 새로운 영역과 과학기술을 확장하는 데에 재빨랐다. 몇몇의 경우 대학 특허는 기술이전을 촉진하기도 했다. 그러나 많은 경우 기술이전은 대학이 소유한 지식재산권에 의존하지 않는다.

2. 대학 특허 · 기술이전 활동의 혜택과 위험

미국을 비롯한 다른 나라에서 많은 정책 입안자들과 대학 경영자들은 바이-돌 법이 미국 대학이 경제적으로 공헌하는 데에 필수불가결한 역할을 해 왔다고 널리 믿고 있는데, 이 믿음에 대한 증거는 거의 없다. 첫째, 미국 대학의 특허 · 기술이전 활동의 성장에 대한 데이터는 특허 · 기술이전 활동이 대학기술의 이전에 필수적이라고 결론내릴

만한 근거를 제공하지 않는다. 대학 특허 활동은 이전에 이미 다른 통로를 통해 이전한 기술 또는 발명도 포함하고 있기 때문이다. 둘째, 산학협력의 유형이 다양해지고 대학 특허·기술이전 활동이 증가된 것은 바이-돌 법의 시행보다 앞서는 현상이다. 셋째, 우리가 5장에서 논의한 바와 같이, 바이-돌 법 제정 이전에 대학기술의 산업화 비율이 낮았다는 증거가 빈약하다.

바이-돌 법에 대한 종합적인 평가, 혹은 좀 더 일반적으로, 대학 특허·기술이전 활동 증가의 혜택을 판단하기 위해서는 특허·기술이전 활동이 대학의 연구 활동, 대학 연구 성과물에 대한 기업의 접근, 그리고 대학과 기업 간 기술과 지식의 교류 통로에 어떤 영향을 미쳤는지 따져 보아야 한다. 우리는 1980년대 이래로 미국 대학들이 수행해 온 특허·기술이전 활동의 확대는 대학 연구자들의 관심이 기초연구에서 좀 더 응용연구로 변화하고 특허·기술이전 활동에 적합한 단기 연구에 치중하는 경향을 만들어냈다는 사실에 대한 증거를 거의 발견하지 못했다. 게다가 이미 언급했듯이, 상대적으로 좁은 범위의 학문 연구에 특허가 집중되어 있다는 사실은 이와 같은 대학 연구자들의 연구 경향의 변화 자체도 일부 분야에 집중되었다는 것을 의미한다. 20세기를 통틀어서 많은 미국 대학들과 대학 연구자들의 연구 경향이 비교적 실용주의 노선을 따랐다는 점을 명심하는 것도 중요하다. 게다가, 1980년 전후의 미국 대학 특허의 특성들에 대해 우리가 확보한 증거들은 바이-돌 법 이후 미국 대학의 연구 경향의 변화를 보여 주지 않았다.

어느 누구도 대학 연구의 기술적 산출물에 대한 특허화가 미국 경제의 혁신에 해로운 결과를 야기했다고 단정적으로 주장할 수 없다. 특허는 주어진 발명의 세부 내용에 대한 공개와 출판을 포함하고 있으며,

어떤 경우에는 해당 발명의 세부 내용에 대한 기술적 보고서와 같은 정도로 자세한 내용을 보여 주기도 한다.

미국 대학의 특허 증가가 미치는 효과는 크게 두 가지로 나눌 수 있다. 먼저 1970년 이후 기존에는 '과학'으로 간주했던 산출물을 포괄하기 위해 특허 영역을 과학연구 과정의 중요한 산출물인 아이디어, 물질 materials, 기법으로 확장했다. 특허 영역의 확장에 바이-돌 법이 미친 영향은 단지 부분적일 뿐이다. 특허 영역이 확장된 것은 지식재산권에 대한 전반적인 정책의 변화 때문이다. 둘째, 미국 대학의 특허 증가는 대학들이 채택한 특허와 기술이전에 대한 정책에 영향을 끼쳤다. 대학의 정책은 공적인 재원에 의해 자금 지원을 받은 중요한 과학적·기술적 발전들에 대한 활용과 확산에 영향을 끼칠 수 있다. 그리고 대학의 정책은 1930년대와 1940년대에 대학 경영자들 사이의 쟁점이었던, 대학이 감당해야 할 심각한 정치적 위험을 초래할 수 있다. 이 위험들에 대해서는 좀 더 자세한 논의가 필요하다.

1) 과학연구의 장애물로서의 특허

우리는 앞에서 대학 특허의 상당수가 '파스퇴르의 쿼드런트'에서 도출된다는 사실을 지적했다. 이 개념에 따르면 관련 분야에 대한 이해를 증대시키고 향후 연구에 대한 방향을 제시하는 연구와 미래의 실제적 응용을 지향하는 연구를 구분하는 것이 어렵다. 물론, 이러한 연구결과들을 잠재적인 특허로 만들어주는 것은 바로 잠재적 응용이다. 그럼에도 불구하고, 미국의 특허청과 법정은 응용이 매우 불확실하고 먼 미래

에나 가능한, 그리고 가까운 시기의 주요 용도는 향후 연구에 투입요소가 되는 연구결과들에 종종 특허를 내줬다. 이런 일이 발생하면 이후의 과학연구에 미치는 영향은 매우 심각하고 또한 부정적일 수도 있다.

기술 발명에 대한 소유권을 확실히 정하는 것과는 달리, 특허화 과정을 통해 과거에는 과학적 공공재산scientific commons의 일부였던 지적 투입요소를 사유화하는 것은 연구의 진보를 지연시킬 수도 있다. 대학 특허의 증가 역시 교수진이나 대학들로 하여금 출판을 미루거나, 연구결과 공유를 금지하거나, 그들의 연구결과에 대하여 컨퍼런스 발표나 비공식적인 의사소통 등을 통해 공유하는 것을 제한시킬 수도 있다. 1993년 블루멘썰과 그의 동료들이 2,000명이 넘는 생물의학 교수들을 상대로 수행한 조사에 따르면, 응답자의 20%가 최소 6개월 이상 연구결과물의 출판을 미룬 것으로 나타났다.[1] 이 교수들 중 절반 가까이가 이러한 발견들에 대한 특허가능성을 보호하기 위해 해당 결과물에 대한 발표를 미뤘다고 응답했다. 또한 이 조사에서 응답자의 9%가 자신의 연구결과에 대한 다른 과학자들의 요청을 거부했다고 응답했다. 동일 연구팀이 2000년에 수행한 추후 조사에서는 유전학 분야에 종사하고 있는 응답자의 73%가 자료나 정보에 접근하는 데에 따르는 어려움으로 인해 유전학 분야의 발전이 늦춰졌다고 지적했다.

대학 특허와 기술이전이 갖는 또 다른 잠재적 영향력 — 과학연구의 투입 요소에 대한 연구자들의 이용권 제한 강화 — 을 우려하는 목소리도 점점 커지고 있다.[2] 만일 과학연구가 다른 사람들이 소유하고 있는

1 D. Blumenthal, S. Epstein, and J. Maxwell, "Commercializing University Research: Lessons from the History of the Wisconsin Alumni Research Foundation", *New England Journal of Medicine* 314, 1986.

2 E. G. Campbell, B. R. Clarridge, M. Gokhale, L. Birenbaum, S. Hilgartner, N. A. Holtzman, and

특허 기술에 대한 이용권에 크게 의존하고 있다면, 특정한 제품과 연구 결과에 대한 잠재적인 요구가 많은 분야라면, 이러한 특허권을 이용하는 비용으로 인해 해당 연구는 지연될 수도 있다. 비용의 증가를 보여주는 지표 중 하나는 대학과 기업이 연구 물질research materials을 공유하기 위해 공식적인 기술이전 계약과 물질이전 계약을 체결하는 추세가 강해지고 있다는 것이다.

위와 같은 경우 연구결과는 실제적 문제를 해결하는 것 뿐 아니라 미래 연구에 중요한 투입 요소가 된다. 따라서 해당 분야의 지식을 발전시키고자 하는 모든 사람들이 연구결과를 사용할 수 있다면 연구개발에 따르는 경제적 혜택은 훨씬 더 커질 것이다. 과연 연구결과의 자유로운 확산이 연구자들로 하여금 그들의 발견의 활용을 통제하거나 이익을 얻을 수 있는 능력을 제한하고 나아가 연구를 수행하고자 하는 추동력을 잃게 하는 결과를 초래할까? 우리는 그렇게 생각하지 않는다. 왜냐하면 공공자금 지원을 받은 대부분의 학술연구에 대한 보상은 누구보다도 먼저 발명하여 발표했다는 만족감에 기반을 두고 있기 때문이다.

대학 특허가 증가함에 따라 커질 수도 있는 과학연구의 장애 요인을 감소시킨 것은 바이-돌 법이 아니라 미국 특허 체제의 몇 가지 변화였다. 첫째, 미국 특허청은 자연적 현상을 광범위하게 포괄하는 발견에 대한 특허는 좀처럼 인정하지 않았다. 예를 들어, 신청자로 하여금 특허의 주제 또는 특허 자체가 '사람에 의해 발명되었다는' 증거를 제출할 것을 요구했다. 이와 같은 구별은 일반적인 수준에서 설명하기도 어렵고, 다양한 사안들에 일률적으로 적용하는 것은 훨씬 어렵지만, 우리

D. Blumenthal, "Data Withholding in Academic Genetics: Evidence from a National Survey", *Journal of the American Medical Association* 287, 2002.

는 이처럼 특허에 관한 더욱 강력한 정책이 '과학적 공유권'의 축소를 줄일 수 있을 것이라고 믿는다.

둘째, 미국 특허청이 '실용성' 또는 '유용성'의 의미를 더욱 엄격하게 해석한다면 과학연구결과의 특허를 제한할 수 있다. 이것은 무언가 명백히 유용한 것을 달성하는 데에 문제적 연구결과가 활용될 수 있음을 주장하는 특허 출원에 있어 특히 중요하다. 여기서 우리가 고려해야 할 문제점은 이렇게 특허를 얻은 '발명'이 미래 연구를 위한 투입요소로서 유용할 뿐만 아니라 누구든지 사용할 수 있는 공공재산이 된다면 그 유용성이 높을 가능성이 있는 독창적인 지식 또는 기술을 대표하게 된다는 것이다. 미국 특허청이 특허에 대해 좀 더 엄격하게 해석한다면 특허의 진보성에 대해서는 현재 활용되고 있는 것보다 더 실용적 해결법을 지향할 수 있도록 조금 더 설득력 있는 증명을 요구하게 될 것이다.

셋째, 특허 출원인은 실제로 성취한 결과보다 훨씬 넓은 청구항claim을 작성한다. 특허권자가 실제로 수행된 것보다 넓은 범위의 가능한 대체 기술들을 통제하기를 원하는 것은 명백하다. 그러나 사회적 차원에서 보면 확장된 청구항이 미래 기술혁신의 장에 어떤 장애물이 되지 않도록 하는 것이 사회 전체에 이로울 수 있다.

기업과 대학의 연구자들이 적극적으로 특허화를 추구할수록, 또한, 연구결과에 대한 특허·기술이전 활동을 지원하는 대학들의 노력이 커질수록, 과학연구를 위한 지식재산권의 지평은 더욱 복잡해진다. 대학 연구자들이 기초연구 과정에서 특허를 알면서 또는 모르면서 침해할 위험은 사라질 수 없다는 것은 분명하다. 역사적으로 대학 연구자들은 '연구 목적의 사용에 대한 예외research exemption'에 의해 침해소송이나 피해로부터 보호되어 왔다. 특허화된 발명을 순수한 연구 목적으로 사용하거나 향상시키는 일은 특허 위반이 아니라는 법원의 판결은 오랫동안 유지되어 왔다. 대학 연구자들과 경영자들은 법적 침해소송으로 대학 연구자들을 위협하는 특허권자들에 반대하여 연구 목적의 사용에 대한 예외라는 원칙을 고수해 왔다. 또한 미국의 산업도 역사적으로 대학의 연구자들에게 많은 영역에서 연구 목적의 사용에 대한 예외를 사실상 인정해 왔다.

연구 목적의 사용에 대한 예외 원칙이 법으로 구체화되지는 않았기 때문에 미국의 많은 대학 연구가 토대적인 이해를 증진시키기 위한 목적뿐만 아니라 실용적 목적에 초점을 두었다는 사실은 이 원칙을 복잡하게 만들었다. 더구나 과거에 공유재산으로 간주되던 연구결과에 대해서 최근에 대학들이 이를 특허화하고 기술이전 계약 체결을 추구함에 따라 상황이 변했다. 기업 임원들은 갈수록 연구 목적의 사용에 대한 예외를 꺼린다. 연구 물질이나 연구 도구research tool와 같은 분야에서 현재 대학과 기업의 연구자들은 서로 협력할 뿐만 아니라 그 이상으로 서로 경쟁하고 있으며, 기업의 연구자들은 종종 특허화된 대학 연구결과를 사용하기 위해 기술 실시권 계약을 요구받고 있다. 이와 같은 대학의 요구에 직면하여 기업의 연구관리자들은 대학에 비슷한 요구를 해야 하는 처지에 놓였다. 따라서 연구 목적의 사용에 대한 예외라는 원칙을 가로막는 장애물은 어떤 면에서는 대학이 연구협력자의 위치에서 상업적 경쟁자로서 변화했기 때문에 발생한 것이다. 대학의 역할에 대한 기업의 인식 변화는 본질적으로 연구결과에 대한 대학의 특허 활동보다는 대학이 보유한 특허 자산에 대한 기술이전 계약의 요구 그리고 특허권 침해소송에 대한 기업의 거부감으로 나타난다.

연구 목적 사용에 대한 예외라는 원칙은 미국 연방 순회 항소법원the

Court of Appeals for the Federal Circuit이 '존 머데이 대 듀크대학교 사건John Madey v. Duke University'에 대해 판결한 사례를 통해 다시 한 번 흔들렸다. 법원은 학문적 예외의 존재 또는 유효성에 대해 본질적으로 거부했다. 또한 이 결정은 대학의 특허·기술이전 활동이 증가함에 따라 연방 법관들의 대학 연구의 개념에 대한 인식이 변했다는 것을 보여준다. 듀크대학교의 정책에 반대하는 연구자가 제기한 침해소송에 대해 법원은 기초연구와 응용연구가 대학의 '중심 업무'의 일부라고 판시했다. 법원은 대학이 재정적으로 혜택을 얻고 그들의 연구결과로부터 혜택을 받기 때문에 특허권자가 특허화된 물질을 연구에 이용하려는 대학에게 기술실시권을 체결하라고 요구하는 것은 법적으로 타당하다고 판시했다.

머데이 대 듀크대학교 사건에 대한 판결은 특허가 빠른 속도로 성장하고 있으며 연구에 활용되는 사례가 갈수록 늘고 있는 분야에서 학술연구의 진보에 잠재적으로 방해가 될 수도 있었다.[3] 만일 이 결정이 연방 대법원에 의해 뒤바뀌지 않았다면, 원심을 파기하기 위한 법률제정이 필요했을 수도 있다. 그러나 2003년 중반의 상황은 원심파기도 법률제정도 불가능해 보였다. 만일 연방의회가 대학을 공적·사적으로 자금 지원을 받은 연구로부터 이익을 얻는 존재로 간주했다면, 연구 목적 사용에 대한 예외를 법적으로 인정할 가능성은 거의 희박했을 것이다. 드레퓌스R. Dreyfuss는 특허화된 연구 물질을 활용하여 도출된 연구결과

---

3 J. P. Walsh, A. Arora, and W. M. Chohen, "Research Tool Patenting and Licensing and Biomedical Innovation", W. M. Chohen and S. Merrill eds., The Patent System in the Knowledge-Based Economy, Washington, D.C.: National Academy Press, 2003. 학술연구자와 연구관리자가 사실상 연구 목적 사용에 대한 예외에 의존하고 있다는 것은 연구 물질, 연구 도구, 과학연구 과정의 유사한 투입 요소 등과 관련된 특허권 문제에 대한 중요한 '해결법'이었다. 머데이 대 듀크대학교 사건에 대한 판결이 뒤집히지 않았더라면, 대학에서 수행되는 생물의학 연구는 급속도로 냉각되었을 것이다.

에 대해서는 특허화하지 않겠다고 동의하는 대학 연구자들에게만 연구 목적 사용에 대한 예외를 적용하자고 제안했다. 그러나 드레퓌스의 제안은 많은 대학들이 학술연구의 결과에 대한 특허·기술이전 정책을 수정하라고 요구하는 것이었다.

　연구 도구를 특허화하는 과정에서 발생하는 잠재적 문제를 해결하기 위한 방안으로 라이A. T. Rai와 아이젠버그R. S. Eisenburg는 연방정부의 지원기관들이 중요한 과학적 발견의 특허화 또는 한정적인 기술이전을 제한할 수 있는 결정권과 능력을 강화할 수 있도록 바이-돌 법을 수정해야 한다고 제안했다. NIH는 주요 인간 유전자DNA의 성분에 대한 특허화를 제한하도록 권고해 왔다. 그리고 NIH는 영장류 배아 줄기세포에 대한 한정적인 기술이전 계약을 제한해 왔다. 연구지원기관들이 기업과 대학의 우수한 연구자들이 참여하는 위원회의 의견을 청취하여 바이-돌 법의 수정안에 대해 심도 깊게 논의하는 것은 임시 절차의 법률적 기반을 강화하고, 책임성과 예측가능성을 높일 수 있다. 그러나 이러한 제안은 대학기술이전 정책에 상당한 변화를 요구할 것이다. 많은 대학들은 기술이전 분야에서 그들의 자유를 제한하고자 하는 연방 연구지원기관들에게 더 많은 권한을 부여하는 것에 대해서는 반대할 것이다.

　기술이전 정책에 대한 논의에서 언급했던 것처럼 미국 대학들이 공공재원을 통해 많은 지원을 받는 공공 연구기관으로서 연구결과가 최대한 널리 사용될 수 있도록 촉진할 책임이 있다는 사실을 스스로 깨닫지 않는다면 훨씬 더 커다란 정치적 또는 법적인 반대에 직면하게 될 것이다. '연구의 자유research freedom'라는 문제는 대학의 정치적 입장 그리고 기술이전 정책과 서로 긴밀히 연결되어 있기 때문에 이와 같이 복잡한 문제를 풀 수 있는 실행 가능한 해법이 필요하다.

2) 대학의 기술이전 정책

교육과 연구를 결합하고자 하는 고등교육의 통합성을 지킴과 동시에 1949년 이후 공공자금으로 대학 연구 활동을 지원해 온 정책에 대한 정치적 지원을 유지하면서 특허·기술이전 활동을 관리하는 책임의 상당 부분은 대학에게 달려있다. 대학 경영자들이 기술이전은 교육과 연구라는 핵심 사명의 구성 요소이며 보완적인 역할을 한다는 것을 인식해야 한다. 이러한 인식이 수사에만 그치지 않고 대학의 주요 정책이 이러한 인식과 제대로 일치해야 한다. 특허·기술이전 활동에 대한 더욱 정교하고 세련된 접근법은 미국 연구대학 전반의 제도적·정치적 능력을 강화할 뿐만 아니라 개별 기관에게도 혜택을 가져다줄 것이다.

특허와 기술이전에 대한 기관 차원의 정책을 개발하기 위해 첫 번째로 중요한 단계는 정책이 갖는 다양한 목적들 사이에 존재하는 상충관계들을 인식하는 것이다. 대학 경영자들과 기술이전 전문가들이 자주 강조하는 기술이전의 목표는 다음과 같다. ① 기술이전 수입료, ② 기업으로부터의 연구지원의 지속 또는 확대, ③ 지역경제발전, ④ 교수진 유지, ⑤ 기술 상업화. 앞에서 기술이전 수입을 극대화하기 위한 기술이전 정책에 대해 논의했는데, 이런 정책은 연구자금을 지원하고 기술을 이전받은 기업과 서로 진심어린 관계를 유지하는 데 위험을 초래할 수도 있다. 마찬가지로 교수진을 계속 유지하기 위한 기술이전 정책에는 발명자에게 더 많은 보상금을 지급하거나 대학교수진의 기술에 기반한 새로운 벤처기업을 지원하는 정책이 포함된다. 지역경제의 발전이라는 목적은 또한 기술이전 수입을 둘러싼 잠재적인 이해상충 가능성을 높인다.

대학 기술이전 정책의 다양한 목표들은 미사여구로 치장될 수도 있다. 그러나 이러한 목표들 사이에 존재하는 복잡한 상충관계들에 대한 대학의 조정능력은 대체로 부족한 형편이다. 76개 주요 기술이전부서에 대한 최근의 설문 조사에 따르면, 대부분의 기술이전부서는 자신의 성공을 측정하는 가장 중요한 기준으로 기술이전 수입을 꼽았다. 기술이전 수입은 기술이전 정책의 정당한(유일한 것이어서는 안 되지만) 목표이지만, 대학 대부분의 기술이전 수익성이 낮다는 사실은 다른 목표들을 희생하면서 기술이전 수입만을 배타적으로 강조하는 것은 바람직하지 않다는 것을 시사한다.

기술이전과 특허관리를 위한 두 번째 중요한 전제는 교수진과 학생의 이동, 대학과 기업의 공동연구, 연구결과물의 발표, 대학 연구자들과의 회합, 교수 컨설팅 등과 같은 다양한 통로를 통해 대학의 연구가 산업적 응용으로 연결되고 있다는 사실을(이 책에 제시된 사례 연구에서는 산업적 연구도 학문적 응용으로 연결된다) 인식하는 것이다. 이러한 통로들은 모두 중요하고 대개 상호 보완적인 관계를 형성한다. 특허화와 기술이전만이 유일하게 중요하고 효과적인 통로라는 편협한 인식은 현실적이지도 않으며, 지식이전과 교류를 위한 더욱 중요한 통로를 제약하는 결과를 낳을 수도 있다.

2장과 8장에서 논의했던 바와 같이 지식이전과 교류를 위한 특허·기술이전 계약의 중요성은 학문분야 또는 연구 영역에 따라 상당한 차이가 존재한다. 특허권 보호는 생물의학 연구 분야에서는 매우 강하고 경제적으로도 중요하다. 그리고 기술이전 수입은 생물의학 발명이 주도하고 있다. 그러나 전자공학과 같은 분야에서는 상품화된 장비는 많게는 수백 건의 요소 기술의 특허와 연결될 수도 있으며, 특허의 평균적 가치는 대체로 훨씬 저렴하다. 이러한 분야에서 특허를 통한 기술이전은 그렇게 중요하지도 않고, 기술의 가치도 낮으며, 기업은 핵심 특허권을 얻는다는 기대감 없이 대학 연구자와 협력한다. 이런 분야에서 대학이 지식재산권을 포괄하는 광범위한 기술이전 계약을 주장한다면, 이러한 주장은 연구협력을 위한 윤활제가 아니라 마찰의 원천이 될 것이다. 대학 연구관리자는 생물의학 연구에서만 통용되는 정책을 모방할 것이 아니라 다양한 분야들 사이에 엄존하는 차이점들을 조정할 수 있도록 지식재산 정책을 정비해야 한다. 요약컨대, 편협하게 기술이전 수입에만 초점을 두는 것보다 특허·기술이전 정책을 통해 더욱 광범위하고 유연한 목표를 추구하는 것이 필요하다.

특허화된 대학 발명에 대한 전용실시권exclusive license이 상업적 개발에 필수적이지 않은 분야에서는 전용실시 계약이 발명과 연관되는 사회적 혜택을 감소시킬 수 있다. 특히, 복합적이고 경쟁적인 개발 노력들이 사회적으로 더 바람직한 상황에서는 한정적인 기술이전이 향후의 실험 또는 개발의 다양성을 지나치게 제한할 수도 있다. 현재까지 도출된 증거로는 확정적인 결론을 내리거나 연관된 사회적 비용이 어느 정도인지를 예단하기에는 불충분하다(기술이전 사례나 비용은 기술적 분야에 따라 다양하고, 시간의 흐름에 따라 변하기도 한다). 전용실시권이 없다면 어떤 일이 발생했을까라는 정반대의 질문도 가능하기 때문에 그 비용을 체계적으로 측정하는 것은 어렵다.

그럼에도 불구하고, 미국 대학 내에서 수행되는 연구의 상당 부분이 공적 자금에 의해 지원받고 있다는 사실뿐만 아니라 미국을 비롯한 그 밖의 국가들에서도 대학과 대학 연구자들이 중요한 공적인 사명을 떠맡고 있다는 사실은 대학의 기술이전 정책이 학술연구의 특허화된 결과의 확산에 더욱 호의적이어야 한다는 것을 보여준다. 우리는 미국의 대학이 공적 자금 지원을 받은 연구의 성과물을, 가능한 한 모든 경우에, 누구나 사용할 수 있도록 통상실시권non-exclusive license을 주는 방식의 기술이전 계약을 추구해야 한다는 의견을 제시하고자 한다. 다시 말하면 대학은 연구 성과물의 폭넓은 확산을 추구해야 한다. 전용실시는 해당 기술이 독점적인 계약 없이는 상업화될 수 없다는 사실이 명백한 경우에 한해서 허용되어야 한다. 통상실시 계약이 반드시 대학의 재정수입의 희생으로 귀결되는 것은 아니다. 우리가 살펴본 것처럼 1980년대에서 1990년대에 이르기까지 대학들의 기술이전 수입료의 가장 중요한 원천은 여러 기업들에게 통상실시권을 주는 기술이전 계약에 기반을 두고 있다.

궁극적으로, 미국 대학이 다른 국가의 대학 못지않게 사회의 광범위한 관심사항을 위해 봉사하는 대학으로 인식되는 한, 미국 대학은 막대한 공적 자금 지원과 명성을 받을 권리가 있는 기관으로서 특혜를 받는 위상을 유지할 것이다. 특허 이전을 통한 수입에 전념하는 것은 고결한 지위와 항상 어울리는 것은 아니다. 실제로 이것은 미국의 많은 대학들이 오랜 역사 동안 특허·기술이전 활동을 꺼려했던 이유 중의 하나이다. 그리고 대학은 기술이전 수입을 위해 노력한다고 해서 그들의 핵심 사명이 위험에 처하는 것도 아니라는 사실을 명심해야 한다. 미국의 많은 대학들이 역동적이고 훌륭하게 성장하는 데에 공헌한 대학들 사이의 경쟁은 교육과 연구라는 핵심 사명을 침해하면서까지 수입 극대화라는 전략에 초점을 맞추는 '바닥으로의 질주'로 치달아서는 안 된다.

바이-돌 법을 면밀히 살펴본 결과 우리는 공공 정책 입안자들뿐만 아니라 대학의 역할과 책임을 강조하게 되었다. 미국 대학이 지난 세기 동안의 뛰어난 업적들을 새로운 시대에서도 유지하기를 희망한다면 상당한 책임성과 정치적 민감성을 갖추고 지식재산을 관리해야 한다.

미국 대학기술이전, 바이-돌 법, 그리고 대학의 사명에 대한 소고

지식사회가 고도화되어 갈수록 창의적인 지식과 혁신적인 기술의 중요성이 높아지고 있으며, 이에 따라 최고의 지식 기관이라고 할 수 있는 대학의 적극적인 역할을 요구하는 목소리가 높아지고 있다. 미국 연방정부가 기초연구개발 예산의 절반 이상을 대학에 투자하고 있다는 사실은 미국 대학들이 미국의 과학기술 경쟁력 나아가 국가 경쟁력의 원천으로서의 역할을 수행하고 있음을 짐작케 한다. 뿐만 아니라 유전자 공동형질전환cotransformation 기술, 녹내장 치료제인 잘라탄Xalatan 등이 대학에서 개발된 기술에 기반을 두고 상업화되었으며, 구글Google과 같은 첨단기술에 기반한 세계적 기업이 대학의 특허와 기술에 기반하여 창업에 성공한 기업이었다는 사실은 미국 대학들이 혁신적인 특허와 기술의 공급자로서 기업과 경제의 발전에 얼마나 기여하고 있는지를 상징적으로 보여준다.

미국 대학기술이전협회Association of University Technology Managers의 조사보고서에 의하면, 2009년도 한 해 동안 미국 대학들의 기술이전 활동에

의해 658개의 신상품이 생산되었고, 596개의 벤처기업이 신설되었다고
한다.[1] 미국 대학들은 긴밀한 산학협력의 전통을 발전시켜 왔다. 또한
연구개발 성과로 도출된 특허와 기술을 활발한 기술이전 활동을 통해
신제품 생산에도 기여해 왔다. 나아가 미국 대학들은 모험심과 사업가
정신을 발휘하여 벤처기업 창업에도 앞장서고 있어 다른 국가의 대학
들의 부러움을 사고 있다. 이러한 미국 대학의 탁월한 성과는 우리나라
를 비롯하여 세계 여러 나라 정부의 과학기술정책에 큰 영향을 미치고
있는 현실이다. 그렇다면 미국 대학들이 이렇게 산학협력과 기술이전
활동에 적극적으로 참여하게 된 요인과 원동력은 무엇일까?

특허와 혁신이론 전문가인 버클리대학교University of California at Berkeley
마우어리David Mowery 교수 등이 공동으로 저술한 이 책은 미국 대학발전
과정에 대한 역사적인 고찰을 통해 미국 대학들이 산학협력과 기술이전
활동에 적극적으로 참여해 온 공리주의적 전통을 부각시켰다. 특히, 바
이-돌 법Bayh-Dole Act 제정 이전과 이후의 미국 대학 특허·기술이전 활
동에 대한 정성적·정량적 연구방법을 통해 연구개발로 확보한 지식과
기술을 실제 산업에 적용하고 이를 통해 수익을 창출하는 데 크게 기여
했음을 상세히 보여주었다. 또한, 저자들은 미국 대학들이 특허·기술
이전 활동 외에 다양한 교류와 협력을 통해 연구와 산업 혁신 사이의 선
순환 구조의 형성에 기여해 왔음을 역설했다. 우리는 이 저서를 통해 19
세기 후반 이후로 미국 대학들이 지역사회 공동체와 밀접한 관계를 맺고
서 공동체의 복리를 위한 실용적인 지식과 과학기술을 추구해왔으며,
이를 통해 산업체와의 다양한 협력관계와 적극적인 기술이전의 전통과

---

1 Association of University Technology Managers, *AUTM US Licensing Activity Survey: FY2009*,
   Deerfield: AUTM, 2010.

대학의 공리주의적 전통을 확립했음을 확인할 수 있었다.

현대 미국 대학의 발전에 영향을 끼친 여러 요인들 중에서 1980년에 제정된 미국의 바이-돌 법만큼 찬사와 비난을 동시에 받고 있는 쟁점도 드물 것이다. 바이-돌 법은 대학, 중소기업, 그리고 비영리 연구기관이 연방정부의 연구개발자금의 지원을 받아 수행한 연구에 의해 도출된 특허 등의 지식재산을 직접 소유할 수 있도록 허락하는 것을 주요 골자로 하고 있으며, 1970년대 말부터 고조된 미국의 국제적 경쟁력에 대한 국가적 관심 속에서 민주당과 공화당의 초당적 지지에 의해 제정되었다. 바이-돌 법의 제정을 통해 대학의 특허와 기술이 연방정부로 귀속되지 않고, 대학 스스로의 노력에 의해 민간 기업에게 이전될 수 있는 길이 열린 것이다.

이후 많은 대학들은 대학 내에 기술이전부서를 설치하고 특허·기술이전 활동에 적극적으로 참여하게 되었다. 2002년 12월 호 이코노미스트(*The Economist*)는 사설을 통해 바이-돌 법을 '혁신의 황금거위Innovation's Golden Goose'로 칭송하며 대학의 특허·기술이전 활동이 미국 경제발전에 크게 기여하고 있음을 강조했다. 한편, 바이-돌 법에 대한 비판자들은 대학의 특허·기술이전 활동이 대학기술의 산업계 이전을 촉진하는 데에 있어 반드시 필요하다는 확고한 증거가 없다고 주장했다. 또한 과학계의 어떤 비판자들은 대학의 특허·기술이전 활동이 연구 문화의 비밀주의를 증대시키고 연구 주제를 토대 연구에서 응용연구로 변하게 하고 있다고 비난하기도 했다. 2010년 1월 카우프만 재단Kauffman Foundation의 부이사장인 로버트 리탄Robert E. Litan과 리사 밋첼Lesa Mitchell은 하버드 비즈니스 리뷰(*Harvard Business Review*)에 기고한 논문을 통해 바이-돌 법에 의해 조성된 현재 미국의 대학기술이전 시스템이 대학에서 개발된 발명과 혁신적인 기술을 상업화하는 데에 걸림돌이 되고 있다고 지적하기도 했다.[2]

바이-돌 법 제정 30주년이 지났으니, 대학기술이전 활동을 둘러싼 여러 중요한 쟁점들 즉, 바이-돌 법의 진정한 입법취지, 미국 대학과 산업계 사이의 긴밀한 협력관계, 대학기술이전부서의 역할, 지식사회에서 대학의 사명 등에 대해 차분히 성찰하기에 적합한 시기이다. 먼저 바이-돌 법을 직접 발의했던 전임 상원의원 버치 바이Birch Bayh는 이 법의 진정한 목적은 대학에서 도출된 특허와 기술을 적용한 "새로운 제품을 생산해 시장에 내놓음으로써 (···중략···) 생활 수준을 향상시키고 나아가 경제발전을 통해 대중이 혜택을 받을 수 있도록" 하는 것이라는 점을 분명히 했다.[3]

또한, 바이는 바이-돌 법이 대학과 발명자가 돈을 벌게 하려고 제정된 법이라는 편견을 비판했다. 대학은 성공적인 상업화를 통해 벌어들인 기술료를 연구와 발명자에 대한 보상 등에 재투자할 수 있지만, 이것은 바이-돌 법의 핵심적인 목표가 아니라는 것이다. 바이는 바이-돌 법이 납세자, 연방정부, 연구대학, 학과, 발명자, 그리고 민간 영역 개발자 등 복잡한 이해관계 사이에서 최적의 의견일치를 통해 제정되었다는 점을 환기시켰다. 바이-돌 법에 의해 확립된 미국의 대학기술이전 체제는 이 법이 제정되기 전에는 민간 영역에서 활용되지 못한 채 대학 내에서 사장되고 말던 유망한 대학기술의 이전을 촉진시키는 역할을 다하고 있다. 그리고 대학은 이를 통해 창의적인 지식과 혁신적인 기술의 발전기로서 미국 경제 성장에 기여해왔다.

---

2 Teresa M. Amabile, Robert E. Litan, Lesa Mitchell, et all, "Breaktrhough Idea of 2010", *Harvard Business Review* 88, Issue 1/2, 2010.

3 Birch Bayh, Joseph P. Allen, and Howard W. Bremer, "Universities, Inventors, and the Bayh-Dole Act", *Life Sciences Law and Industry Report* 3. no.24, December 2009.

자율적인 특허·기술이전 활동을 통한 대학의 상업화 활동이 궁극적으로 공공의 이익에 부합할 것이라는 바이-돌 법의 입법 취지 속에는 '코페르니쿠스적인 전환'이 자리하고 있다. 연방정부의 연구개발자금을 받아 수행된 연구를 통해 도출된 특허의 소유권을 정부가 소유하던 과거의 제도가 우수한 특허의 상업화를 저해하는 요인이라는 판단에 기초하여 정부가 아니라 대학이 특허를 소유하고 자율적으로 상업화하도록 허락한 것이다. 또한, 바이-돌 법은 대학 이익을 위한 결정이 아니라 미국 경제에 새로운 활력소를 제공하기 위한 입법이었다. 바이-돌 법은 대학이 특허·기술이전 활동에 적극적으로 참여하게 되면 우수한 특허가 민간 기업으로 이전되어 신제품 생산과 생산 공정 혁신에 기여하고, 나아가 미국 국가 경제 활성화에 기여할 수 있다는 폭넓은 믿음과 기대에 바탕을 두고 있다고 할 수 있다.

우리가 이번에 번역하여 내놓는 단행본은 바이-돌 법 제정의 역사적 맥락과 바이-돌 법이 대학의 특허·기술이전 활동에 미친 영향에 대한 정량적인 자료 분석 결과를 제공함으로써 바이-돌 법에 대한 체계적인 이해를 도모하고 있다. 저자들의 주장과 그 시사점을 정리하면 다음과 같다.

첫째, 바이-돌 법이 제정되기 훨씬 전부터 미국 대학과 기업 사이에는 다양한 경로를 통한 긴밀한 산학협력의 전통이 유지되어 왔다. 1862년에 제정된 모릴 법Morrill Act은 미국 대학들이 민주주의와 시민에 대한 봉사를 위한 교육과 연구를 추구하는 공리주의적 전통을 확립하는 데 기여했으며, 이후로도 미국 대학들은 지속적으로 지역 공동체의 활동과 산업 활동에 적극적으로 참여하면서 미국인들의 폭넓은 지지를 획득했다. 미국 대학과 기업 사이의 긴밀한 산학협력의 전통은 대학의 사명과 사회적 역할에 대한 진지한 논의가 필요하다는 시사점을 제공하고 있으며, 이 문제에 대해서는 역자 후기의 마지막 부분에서 더욱 자세히 논의하는 것이 좋을 듯하다.

둘째, 미국 대학이 수행하는 연구개발 결과의 상업화를 위한 노력은 민간회사인 RCResearch Corporation에 의해 촉발되었으나 시간이 지남에 따라 대학들은 자체적인 특허·기술이전 역량을 강화하기 위해 노력했다. RC는 특허·기술이전 활동을 위한 자문, 특별 프로그램 등을 운영함으로써 대학의 특허·기술이전 역량을 강화하는 데 크게 공헌했다. 대학의 특허·기술이전 활동이 외부의 회사에 의존하다가 내부 역량 강화의 경로를 걷고 있다는 사실은 국내 대학(정부 출연 연구소 포함)의 특허정책에 시사하는 바가 크다.

우리나라 정부가 바이-돌 법의 입법취지를 수용하여 대학이 특허권을 소유할 수 있도록 허용하는 것을 골자로 하는 「기술의 이전 및 사업화 촉진에 관한 법률」을 제정한 것이 2000년의 일이고, 「산업교육 진흥 및 산학협력 촉진에 관한 법률」에 의거하여 대학들이 산학협력단을 설치하고 본격적인 특허·기술이전 활동을 시작한 것이 2003년의 일이니 대학의 본격적인 특허·기술이전 활동은 이제 10년 남짓한 매우 짧은 역사를 갖고 있다고 할 수 있다. 특허·기술이전 활동의 역사가 짧은 우리나라 대학으로서는 단시간 내에 강력한 특허·기술이전 역량을 갖추는 것이 어려운 실정이다. 또한, 우리나라 대부분의 대학은 과학기술의 다양한 연구 분야를 망라하여 여러 학과를 보유하고 있기 때문에 대학마다 연구 분야별 특허·기술이전 전문가를 모두 확보하는 것도 사실상 불가능하다.

다행히 정부의 보조금 지원사업을 통해 KAIST, 포항공대, 한양대, 연세대, 고려대, 서울대 등과 같은 대학들은 여러 명의 특허·기술이전 전문가를 채용하여 적극적인 특허·기술이전 활동을 전개하고 있으며 좋은 성과를 거두고 있다.[4] 반면, 정부 보조금의 혜택을 받지 못하는 대학들은 아직까지 외부 민간회사 또는 교수의 개인적인 역량에 의존하고 있는 형편이다. 대학 특허·기술이전 활동의 활성화를 바라는 대학의 경영진 그리고 정부 관계자들은 자체적인 특허·기술이전 역량을 강화하기 위해 노력해 온 미국 대학의 역사에서 교훈을 얻어야 할 것이다.

셋째, 바이-돌 법의 제정은 미국 대학들의 활발한 특허·기술이전 활동에 영향을 미친 여러 요인들 중에 하나라는 점이다. 바이-돌 법의 제정은 대학 특허·기술이전 활동의 원인이라기보다는 오히려 결과에 가깝다는 사실을 간과해서는 안 된다. 이러한 주장은 바이-돌 법 제정의 의의를 폄하하는 것이 아니라 대학의 자율적인 의지 그리고 대학 특허·기술이전 활동 관계자들의 인식의 변화를 촉구하는 의미를 지니고 있다. 바이-돌 법이 제정되기 전에 이미 샌프란시스코 만 남쪽에는 실리콘밸리Silicon Valley가 조성되어 있었고 대학의 혁신적인 기술에 기반을 둔 도전적인 벤처기업들이 상당히 많았다는 점을 상기할 필요가 있다. 법 제정, 관련 성책 시행 등과 같은 정부의 역할은 복잡하게 얽힌 사회문제, 특히 대학기술의 상업화라는 전문적인 영역을 활성화시키기 위한 최소한의 제도일 뿐이며, 실제 대학 특허·기술이전 활동 속에서 직면하는 다양한 문제의 해결과 그 성공의 열쇠는 관련자들의 지혜와 노력에 있다는 점을 강조하고 싶다. 바이-돌 법의 의의와 내용에

---

4   국내 대학기술이전부서의 현황, 기술이전 실적 그리고 대학기술이전부서를 지원하는 정부의 보조금 사업에 대한 자세한 자료는 한국연구재단이 2006년부터 매년 발행하고 있는 『대학산학협력백서』를 참고하라.

대한 차분하고 진지한 성찰이 필요한 이유이다.

넷째, 바이-돌 법의 제정은 특허 활동이 활발했던 대학들에 비해 특허 활동의 경험이 부족한 중소 대학에 미친 영향이 훨씬 크다는 저자들의 주장은 국내 대학들의 자체적인 특허·기술이전 정책뿐만 아니라 정부 차원의 특허·기술이전 정책에도 시사하는 바가 크다고 할 수 있다. 그동안 개발도상국으로서의 여러 가지 한계를 극복하기 위해 우리나라 정부는 대체로 탁월한 성과를 목표로 선택과 집중을 강조하는 정책 기조를 유지해 왔다는 것은 주지의 사실이다.

우리는 저자들이 제시한 대학 특허·기술이전 활동과 기술이전부서의 발전에 있어 '조직적 학습'의 중요성에 대한 관심을 환기하고자 한다. 바이-돌 법이 제정된 후 대학 특허의 부가가치를 높이기 위한 대학의 조직적 활동이 활발해짐에 따라 '경험 많은 대학'과 '신규 참여 대학' 사이에 교류와 협력이 활발해졌고, 이를 통해 미국 대학 전반의 특허·기술이전 역량이 향상되었다. 특히, 스탠퍼드대학교 기술이전부서의 설립자인 닐스 라이머스Niels Reimers는 경험이 부족한 대학을 대상으로 특허·기술이전 활동에 대한 정보와 조언을 제공함으로써 대학 특허·기술이전 활동의 확산에 기여했다. 또한, 대학의 연구개발을 통해 도출되는 특허의 잠재적 가치는 해당 대학의 규모 또는 명성보다는 대학 발명자와 기업 관계자 사이의 협력 그리고 대학기술이전부서의 창의적이고 적극적인 노력에 달려있다.[5] 따라서, 대학 특허·기술이전

---

5 Richard Jensen and Marie Thursby, "Proofs and Prototypes for Sale: The Licensing of University Inventions", *The American Economic Review* 91, no.1, March 2001. 저자들은 미국의 주요 62개 대학의 기술이전 계약에 대한 통계 분석을 근거로 기업으로 이전된 기술들이 '배아 상태'라는 특징을 가지고 있었기 때문에 발명자와 기업 관계자 사이의 협력을 이끌어내기 위한 기술이전 계약이 없다면 상업화되지 못한 채 대학 내에서 사장되고 말았을 것이라고 주장했다.

활동에 대한 정부 차원의 지원은 현재의 역량이 우수한 대학들에만 국한되는 것보다는 미래의 발전 가능성을 지닌 대학들까지 포괄하여 저변을 확대하는 것이 더욱 효과적일 수 있다는 점을 제안하고자 한다.

다섯째, 대학의 연구결과로 도출된 창의적인 지식과 혁신적인 기술이 산업계로 이전되는 경로는 특허·기술이전에 국한되는 것이 아니라 대학과 산업계 사이의 다양한 교류활동, 즉, 출판, 학술대회, 인력 이동, 공동 연구 등과 같은 다양한 경로가 존재한다. 때로는 특허·기술이전 활동이 없어도 대학기술의 상업화에 성공할 수 있다는 점을 명확히 인식해야 한다. 특히, 저자들이 사례 연구로 제시하고 있는 유전자 공동형질전환, 질화 갈륨Gallium Nitride, 잘라탄, 에임즈 II 검사AIMES II Test 등과 같은 대학기술이전의 주요 성공사례들은 특허의 취득 여부보다는 산업계의 관심과 투자를 이끌어내기 위한 대학 연구자와 기술이전 부서 담당 직원의 역할이 중요하다는 점을 웅변하고 있다.

여섯째, 대학기술의 기술이전 실시 계약 형태와 관련하여 저자들은 전용exclusive 실시 계약보다 통상non-exclusive 실시 계약이 더 많은 수익을 내고 있다는 점을 강조하고 있다. 대학기술이 본격적인 상품화 과정에 진입하기 이전의 단계, 즉, '배아 상태'라는 특성을 지니고 있기 때문에 이를 응용하는 기업에 따라 다양한 영역의 제품으로 개발될 가능성이 높기 때문이다. 전용실시 계약은 해당 기업의 독점적인 기술 사용권을 보장하기 때문에 기업들이 선호하는 계약의 형태이지만, 미국 대학의 기술이전 성과가 보여주는 정량적인 자료는 오히려 여러 기업들이 동시에 사용할 수 있는 통상실시 계약의 성과가 높다는 점을 보여주고 있다. 실제 국내 대학기술이전 활동에서 기술이전 실시 계약 형태에 대한 논란이 많은 상황이기에 미국 대학의 기술이전 성과에 대한 정량적인 자료만으로 전용실시 계약에 비해 통상실시 계약이 더욱 타당하다고 주장할 의사는 없다. 기술이전 실시 계약은 당사자들의 이해관계만을 고려한 완전한 자율 계약이 가장 바람직하다. 다만, 우리는 통상실시 계약과 전용실시 계약의 장단점을 충분히 고려한 후 서로에게 가장 유리한 합일점을 찾을 수 있어야 한다는 점을 강조하고 싶다. 대학이 개발한 특허와 기술은 대학 내에 머무르는 것이 아니라 기업을 통해 상업화되었을 때에만 그 진정한 의의를 달성할 수 있다는 사실을 환기한다면 대학기술의 사회적 활용을 위한 대학과 기업의 상생의 노력이 필요하다.

　지금까지 미국 대학의 특허·기술이전 활동에 대한 저자들의 주장과 그 시사점을 살펴본 후 우리는 더욱 근본적인 문제에 직면하게 되었음을 느낀다. 미국 대학들이 연구개발 그리고 특허·기술이전 분야에서 보여주고 있는 눈부신 활약상 그리고 이를 추격하기 위해 우리나라의 정부와 대학들이 벌이는 각고의 노력을 살펴보면 볼수록 대학의 존재와 사명에 대한 우리의 궁금증은 증폭된다. 흔히 '진리의 상아탑'으로 일컬어지는 대학은 어떤 과정을 통해 명백한 상업화 활동에 적극적으로 참여하게 되었을까? 대학은 어디에서 와서 어디로 가는가? 경쟁력만이 살 길이라고 강조하는 현대 사회에서 대학의 궁극적인 사명은 무엇인가? 그리고, 대학의 기술이전부서는 특허·기술이전 활동에 대한 논란을 어떻게 극복하고 기술이전에 성공할 수 있을까? 질문 하나하나가 모두 크고 심각해서 그 모든 내용을 역자 후기에 담는 것은 불가능할 것이다. '압축성장'으로 대표되는 우리나라 사회의 발전과정에서 여러 가지 영역이 간과되고 있다는 것은 주지의 사실이지만, 그 중에서도 대학의 존재와 사명만큼 전문적인 관심이 부족한 영역도 드문 상황이기에 더욱 그러하다.

대학을 뜻하는 영어 'university'의 어원은 회사 또는 법인corporation의 의미를 갖는 라틴어 '*universitas*'로, 이는 교수들이 결성한 길드를 의미했다. 학문을 교육하기 위한 교수들의 길드 형태의 대학은 볼로냐Bologna에서는 1160년경부터, 빠리Paris에서는 1170년경부터 등장했다.[6] 볼로냐 대학은 경전과 시민법, 빠리 대학은 신학에 대한 우수한 교육으로 유명해서 유럽 전역에서 학생들이 찾아왔다. 특히, 빠리 대학은 교황과 왕의 지원으로 교수들이 대학에 대한 운영권을 갖는 독립적이고 자율적인 법인의 지위를 획득했고, 교회학교와는 구별되는 고등교육을 추구하는 학문의 전당이라는 위상을 확립했다.[7]

교수들이 스스로 운영의 주체가 되는 법인의 지위를 확립한 빠리 대학의 특징은 옥스퍼스대학교, 케임브리지대학교 등과 같은 북유럽 대학의 모델이 되었다. 주지하듯이, 케임브리지대학교를 모델로 삼은 하버드대학교는 청교도적 신앙에 기초하여 성직자와 공동체 지도자를 양성하는 것을 목적으로 매서추세츠 식민지 의회 입법에 의거하여 1636년에 설립되었으며, 1650년에 영국 국왕으로부터 특허장을 받음으로써 독립적이고 자율적인 법인의 지위를 획득했다.[8] 하지만, 당시 특허장을 받은 법인을 현재의 사기업과 동일시하는 것은 시대착오적인 생각이다. 당시의 법인은 멀리는 로마법에 기원을 두고 있었으며,

---

6　Stephen H. Spurr, *Academic Degree Structure: Innovative Approach*, New York: McGraw-Hill, 1970, pp. 9~11.

7　Edwin D. Duryea, *The Academic Corporation: A History of College and University of Governing Boards*, New York: Falmer Press, 2000. 특히 2장 Medieval Origin.

8　설립 당시 하버드대학교는 'New College' 또는 'the college at Newtowne'으로 불리었으며, 1639년 3월에 이르러 매서추세츠 의회는 대학을 위해 자신의 장서와 유산의 절반을 기증하고 사망한 성직자 존 하버드(John Harvard)를 기리기 위해 대학의 명칭을 Harvard College로 결정했다.

공익과 사익의 조화를 추구하는 것을 전제로 국가로부터 특허장을 받은 것이기 때문에 오히려 공공기관으로 이해하는 것이 합당하다. 하버드대학교가 법인의 지위를 갖추었지만 19세기 중반까지 매서추세츠주 정부로부터 직접적인 지원과 통제를 받은 것은 바로 법인의 이중적인 특징에 기인한다. 이후 설립된 미국의 대학들도 대부분 법인의 지위를 갖추었지만, 그 지배구조에서는 사적 지배와 공공의 지배가 혼재된 특징을 보이며 공공의 이익을 추구하는 전통을 따르고 있다는 점은 대학 법인의 공공성을 보여준다.

대학의 교육내용은 국가나 대학에 따라 차이가 있었고 사회의 변화 발전에 따라 발전을 거듭했지만, 전통적으로 대학이 추구하는 교육의 궁극적인 목표 속에는 모든 진리는 신을 영화롭게 하는 것이고 이러한 지식을 증진하는 것은 종교적 의무라는 믿음이 내재해 있었다. 미국의 대학은 진리를 아는 것이 신을 아는 것이라는 믿음에 기초하여 성직자 후보생들과 중산층 이상을 대상으로 경전, 고전문학 그리고 수학 등 기초과학에 대한 교육을 중심으로 하는 교양교육liberal education의 전통을 확립했다.[9] 또한, 대학이 교양교육을 통해 덕성을 갖추고 지력을 수련한 인재를 양성한다면 이들이 사회를 올바른 방향으로 이끌 것이라는 믿음은 대학에 대한 사회의 폭넓은 지원, 특히 지역 공동체와 대학 사

---

[9] Julie A. Reuben, *The Making of the Modern University: Intellectual Transformation and the Marginalization of Morality*, Chicago: The University of Chicago Press, 1996; 교양교육의 기원과 그 내용의 수립 과정에 대한 관해서는 Charles Wegener, *Liberal Education and the Modern University*, Chicago: The University of Chicago Press, 1978와 Bruce A. Kimball, *Orators and Philosophers: A History of the Idea of Liberal Education*, New York: Teachers College, Columbia University, 1986을 참고하라. 특히, 브루스 킴볼은 교양교육의 수립 과정과 주요 내용에 대한 역사적 탐구를 통해 고대 그리스 이후로 지속되어 온 연설가의 전통과 철학자의 전통 사이의 대립을 환기시켰으며, 고전에 대한 학습, 품성 수련과 봉사 정신 함양을 통한 시민 양성, 진리에 대한 비판적 탐구 정신의 조화와 균형을 강조했다.

이의 강한 협력관계의 기반이 되었다.

현대적 의미의 '연구대학research university'은 프러시아의 교육장관이 었던 빌헬름 훔볼트Wilhelm von Humboldt의 주도 아래 1810년에 설립된 Friedrich Wilhelm University(현재의 베를린대학교)를 기원으로 한다. 훔볼 트는 '연구와 교육의 일치', '교육과 학습의 자유'라는 새로운 대학의 이념을 내세워 '교육-연구 실험실'과 '교육-연구 세미나'라는 두 가지 제도를 확립했다. 연구를 통한 새로운 지식을 창조하는 지식기관을 추 구하는 독일 대학들의 혁신은 유럽의 대학들로 전파되었다.

유럽 대학들의 선진적 연구 활동에 자극을 받은 미국의 대학개혁가 들은 하버드대학교의 찰스 엘리엇Charles W. Eliot 총장을 필두로 하여 19 세기 중반부터 연구대학의 이념에 기초한 '연구대학 운동university move- ment'을 추진했다. 공리주의적인 지식을 위한 선진적인 교육과 연구의 체계를 갖춘 MIT(1862), 코넬대학교(1865), 캘리포니아 주립대학교(1868), 존스홉킨스대학교(1876), 시카고대학교(1890), 스탠퍼드대학교(1891) 등 과 같은 연구대학들이 차례로 설립되었고, 하버드, 예일, 프린스턴, 컬 럼비아 등과 같은 명문 컬리지college들도 점차 연구대학의 면모를 갖추 게 되었다.

19세기 후반부터 본격적으로 발전하기 시작한 미국의 연구대학은 연구의 이상과 대학의 공리주의적 사명에 대한 사회적 관심을 불러일 으켰으며, 대학의 새로운 모델에 대한 논의는 현재까지도 계속되고 있 다. 그 중 1963년에 클라크 커Clark Kerr가 제시한 '다양성의 대학multiversity' 모델은 현대 미국 대학의 특징을 가장 뚜렷이 보여 준다.[10] 캘리포니아

---

10 Clark Kerr, *The Uses of the University*, Cambridge, MA: Harvard University Press, 2001. 1963년에 초 판이 발간된 후로 계속 개정증보판이 출간되었으며, 2001년에는 제5판이 출간되었다.

주립대학교의 총장을 역임한 커에 따르면, 현대의 대학은 하나의 사상 또는 하나의 사명을 추구하는 것이 아니라 다양한 가치를 추구한다.

대학이 하나의 사상을 추구해야 한다는 사상은 존 뉴먼John Henry Cardinal Newman이 제시한 것으로, 진리의 통일성에 기반을 두고 교양교육에 집중하는 고전적인 대학의 전통을 확립하는데 기여했다.[11] 한편, 19세기 후반에 접어들어 산업과 과학이 발달하고 대학에 대한 사회의 요구가 커짐에 따라 에이브러햄 플렉스너Abraham Flexner를 필두로 한 공리주의 개혁가들은 전문지식, 문제의 해결, 실제적인 적용을 강조했다.[12] 나아가 커는 현대 미국의 대학이 뉴먼과 플렉스너의 대학 모델에 뿌리를 두면서도 사회의 변화에 적극적으로 대응하면서 발달해왔음을 강조했다. 커에 따르면, 뉴먼의 대학은 가까운 동료들이 모여 있는 '촌락vil-lage', 플렉스너의 대학은 단일한 산업을 중심으로 여러 학문분과와 학부, 대학원, 전문직 대학professional schools이 공존하는 '읍town'이라고 할 수 있다. 또한, 현대 미국의 연구대학은 다양한 산업이 공존하며 확대되어 가는, 지성인들의 '도시city'라고 할 수 있다. 단일한 사상 또는 사명으로는 도시가 안고 있는 크고 복잡한 문제들을 해결할 수 없기 때문에 도시가 대학에게 요구하는 다양한 사명을 완수하는 새로운 대학 모델을 확립해야 한다는 것이다.

하지만 커가 제시한 다양성의 대학 모델은 이상향이라기보다는 대학을 둘러싼 다양한 세력의 영향에서 자유롭지 못한 약점을 지니고 있다. 특히, 커가 지적한 것처럼, 대학이 자금과 명성을 추구하는 과정에

---

11   John Henry Newman, *The Idea of University*, London: Longman, Green & Co.,1902.

12   Abraham Flexner, *Universities: American, English, and German*, New York: Oxford University Press, 1930.

서 탁월성과 자율성을 잃게 되는 '파우스트의 거래Faustian bargains'에 빠지지 않는 신중한 태도가 필요하다.

20세기 후반에 접어들어 대학의 새로운 모델로 부상한 것은 바로 실용적인 연구개발, 다양한 산학협력 체제, 그리고 적극적인 특허 · 기술이전 활동을 특징으로 하는 '기업가적 대학Entrepreneurial University' 모델이다.[13] 기업가적 대학 모델은 대학 내 · 외부의 환경 변화가 연구, 강의, 서비스에 영향을 미치는 점에 주목하고, 대학과 산업 사이에 형성된 다양한 연계 메커니즘, 즉 조인트벤처, 창업보육센터, 우수연구센터, 산학협동연구센터, 기술이전부서 등의 발달을 강조한다. 기업가적 대학의 모델은 학문의 상아탑에 안주하는 것이 아니라 새로운 지식의 생산 그리고 기술혁신의 새로운 원천으로서의 연구대학 그리고 기업과의 협력을 통해 적극적으로 상업화를 추구하는 현대 미국 대학의 모습을 잘 보여주고 있다.

기업가적 대학의 모델은 헨리 에츠코위츠Henry Etzkowitz와 로에 레이데스도르프Loet Leydesdorff가 제시하는 대학-산업-정부의 연계 체제라는 '삼중나선Triple Helix' 혁신이론과 접목되면서 혁신 체제의 발전에 대한 논의의 중심을 차지하고 있다.[14] 이들은 학계, 산업계, 정부 사이에 지식의 흐름을 중심으로 상호 협력관계가 넓어지고 있다는 점에 주목하고, 유전자 정보를 담고 있는 DNA가 이중나선 구조를 지니고 있음에 착안하여 혁신적인 지식과 기술의 창출, 확산, 활용을 위해서는 학계-

---

[13] Raynold W. Smilor, Glenn B. Dietrich, and David V. Gibson, "The Entrepreneurial University: The Role of Higher Education in the United States in Technology Commercialization and Economic Development", *International Social Science Journal* 45. Issue 1, February 1993.

[14] Henry Etzkowitz and Loet Leydesdorff, *University and the Global Knowledge Economy: Triple Helix of University-Industry-Government Relations*, London: Pinter, 1997.

산업계-정부 사이에 유기적인 삼중나선 구조의 형성이 필요하다고 주장한다. 삼중나선 혁신이론은 학계, 산업계, 정부 사이에 인력, 정보, 성과 등과 같은 자원이 끊임없이 순환하면서 역동적인 변화를 일으키며, 이를 통해 기술혁신 및 상품화 과정이 이루어진다는 점을 강조한다.

그러나, 대학의 사명에 대한 올바른 이해를 위해서는 대학이 사회경제발전에 적극적으로 참여함과 동시에 수익을 추구하면서 학문과 공공선public good을 추구하는 대학 본연의 목적이 훼손되고 있다는 비판의 목소리에 귀 기울일 필요가 있다. 1971년부터 20년 이상 하버드대학교 총장을 역임했던 데릭 복Derek Bok 교수는 수익을 얻을 수 있는 새로운 기회가 많아진다는 것이 대학이 공공의 수요에 관심을 갖도록 하는 긍정적인 효과가 있다는 점은 인정하면서도 상업적으로 편향된 활동들이 학문의 가치를 훼손하고 대학의 활동들이 고유한 학문적 가치가 아니라 돈에 의해서 평가되는 우를 저지를 수 있다고 경고했다.[15]

나아가 마사 누스바움Martha C. Nussbaum과 같은 인문주의 학자는 미국의 연구대학들이 다른 나라의 대학들에 비해 훨씬 강한 교양교육의 전통을 유지하고 있다는 점은 다행이지만, 미국뿐만 아니라 전세계적으로 성장지상주의 담론이 대학 교육의 내용과 방향을 지배함에 따라 민주주의 사회를 발전시키는 원동력인 인간애와 시민정신을 고취시키는 교육이 약화되고 있음을 비판했다.[16] 누스바움은 대학이 양성해야 하는 인간상으로 권위에 구속되지 않는 비판적 사고, 인종, 종교, 성의 차

---

15 Derek Bok, *Universities in the Market place: The Commercialization of Higher Education*, Princeton: Princeton University Press, 2003, pp.15~17.

16 Martha C. Nussbaum, *Not for Profit: Why Democracy Needs the Humanity*, Princeton: Princeton University, 2010, pp.25~26.

이를 지닌 타인을 동일한 권리를 지닌 인간으로 존중하는 능력, 타인의 삶을 배려하고 동감하는 능력, 인간사에 영향을 미치는 복잡한 문제를 상상할 수 있는 능력, 식견과 현실감각으로 정치인들을 비판적으로 판단할 수 있는 능력, 세계시민으로서의 열린 사고 등을 갖춘 시민의 상을 제시하고 교양교육에 대한 관심과 노력을 촉구했다.

기업가적 대학의 모델이 자칫 빠질 수도 있는 상업주의의 폐단과 더불어 경제발전과 사회참여를 도외시하는 전통적인 상아탑 모델의 한계를 모두 극복할 수 있는 모델로는 '참여형 대학Engaged University'을 꼽을 수 있다.[17] 버몬트대학교University of Vermont의 총장을 역임하고 미국 국립과학재단National Science Foundation의 교육·인적자원국Directorate for Education and Human Resources의 국장으로 근무하기도 했던 주디스 라멀레이Judith Ramaley가 제안한 참여형 대학 모델은 대학의 적극적인 사회적인 역할을 강조한다. 참여형 대학 모델은 연구대학의 사명인 교육, 연구, 사회봉사에 대한 통합적인 이해에 기반을 두고 학생들을 훌륭한 시민으로 육성하는 것, 강한 업무 능력과 직업 목표를 향상시키는 것, 사회적 요구에 필요한 지식을 창출할 수 있는 기반을 조성하는 것, 그리고 지역경제와 공동체의 발전에 기여하는 것을 강조한다. 이 모델은 대학이 상업적 이익에 경도되는 것을 경계하면서도, 최대 다수의 최대 행복, 즉 공공선을 추구하기 위해 사회문제에 적극적으로 참여해 온 미국대학의 공리주의적 전통의 맥을 잇고 있다.

미국의 연구대학들은 교육, 연구, 사회봉사라는 대학의 공리주의적

---

17 Judith A. Ramaley, "Scholarship for the Public Good: Living in Pasteur's Quadrant", Adrianna J. Kezar, Tony C. Chambers, and John C. Burkardt, ed., *Higher Education for the Public Good: Emerging Voices from a National Movement*, San Francisco: Jossey-Bass, 2005, pp.166~181.

사명을 완수하기 위한 노력을 통해 세계 최고의 연구력을 갖추는데 성공했다. 지식기반 사회의 발전이 창의적인 지식, 특히 과학기반의 첨단기술의 발전에 의존하게 되고 '개방형 혁신open innovation' 체제가 대두됨에 따라 대학의 4번째 사명, 즉 기술이전을 통한 경제적 기여라는 사명에 대한 논의가 활발해지고 있으며, 대학기술이전을 활성화하기 위한 다양한 분야의 연구가 늘어나고 있다.[18] 미국 대학에서 기술이전은 단순히 특허의 상업화만을 의미하는 것이 아니라 교육, 연구, 사회봉사라는 대학 사명의 복합체로 인식되고 있으며, 대학의 발전전략에서도 필수불가결한 요소로 자리 잡고 있을 만큼 중요한 주제로 발전하고 있다.

특히, 대학이 공공선을 추구하는 공리주의적 전통이 미국 대학기술이전부서의 사명에 아로새겨져 있다는 점은 우리의 눈길을 사로잡는다.[19] 특허·기술이전 활동에 적극적으로 나서고 있는 대표적인 대학인 미국 컬럼비아대학교와 코넬대학교의 기술이전부서가 추구하는 사명은 다음과 같다.

컬럼비아대학교 기술이전부서Columbia Technology Ventures는 대학 연구자

---

18 Rober L. Geiger and Creso M. Sa, *Tapping the Riches of Science: Universities and the Promise of Economic Growth*, Cambridge, M.A.: Harvard University Press, 2010. 특히, 4장 Patent and Licensing University Technology.

19 미국 대학기술이전협회 2009년도 기술이전 성과 조사에 자료를 제출한 165개 대학 중에서 154개 대학은 웹사이트를 통해 기술이전부서의 사명을 명확하게 천명하고 있다. 기술이전부서의 역할과 사명은 대학별로 매우 다양하게 정의되어 있으며, 특허·기술이전 활동에 국한되지 않고 연구에 대한 지원, 기업과의 협력, 경제발전에 대한 기여, 기업가 정신의 고양, 공공선 증진 등 대학과 사회를 위한 적극적인 활동을 강조하고 있다. 미국 대학기술이전부서가 추구하는 핵심 사명과 구체적 내용에 대해서는 Seok-Ho Kim and Alan S. Paau, "Bridging the Gap For Public Good: A Study on the Mission Statements of U.S. University Technology Transfer Programs", *LES Nouvelles* vol.46, no.3, 2011.9를 참고하라.

와 기업 공동체 사이의 가교로서 봉사한다. 우리의 핵심 사명은 첫째, 지역, 국가, 세계적 기반에서 사회의 이익이 될 수 있도록 학문적인 연구를 실용적으로 전환하는 것, 둘째, 기업과의 협력관계를 발전시키고 수익을 창출하여 컬럼비아대학교의 교육과 연구를 지원하는 것, 셋째, 기업가 정신, 지식재산, 기술 상업화를 위해 컬럼비아대학교 공동체를 지원하는 것이다.

코넬대학교 기술이전부서Cornell Center for Technology Enterprise and Commercialization 는 코넬대학교가 추구하는 토지공여대학의 사명을 지원하며, 우리의 핵심 사명은 첫째, 코넬대학교의 연구자와 기업 사이의 호혜적인 협력관계를 증진시키는 것, 둘째, 공공선을 목표로 코넬대학교 기술을 제품으로 발전시키기 위해 기업과 협력하는 것, 셋째, 지역경제발전에 기여하는 것을 목표로 코넬대학교 기술에 바탕한 새로운 기업의 설립을 지원하고 코넬대학교의 혁신을 강화하는 것이다.

미국 대학기술이전부서가 천명하고 있는 사명과 그 활동 속에는 미국 대학들이 추구해온 공리주의적 전통이 확고하게 자리하고 있는 반면, 우리나라 대학기술이전부서의 경우는 부서의 사명을 공개적으로 천명하고 있는 경우도 드물 뿐만 아니라 공공선을 목표로 하는 경우는 더욱 드물다. 대학에 투자되고 있는 정부 연구개발 예산의 규모에 비해 신제품 생산으로 이어지는 우수 기술은 상대적으로 약소한 것이 현실이다. 또한, 기초연구력의 주요 지표로 활용되고 있는 SCIScience Citation Index 등재 학술지에 게재되는 논문의 수는 세계 12위에 이를 정도로 발전했으나, 국가 경쟁력과 직결되는 지식과 기술을 선점하기 위한 국제적 경쟁이 심화되는 상황에서 우리가 창출한 지식을 특허로 보호하지 않으면 다른 나라가 먼저 그 지식을 특허로 무장한 후 우리나라의 산업에 치명적인 타격을 줄 수도 있는 위태로운 형국이다. 실제로 우리나라는 기술무역수지 부문에서 2009년도에만 3조 원 이상의 적자를 기록하고 있기 때문에 우수 기술의 특허화 그리고 기술이전을 통해 기술 강국의 대업을 완수해야 하는 대학기술이전부서의 책임은 무겁기만 하다.

이를 위해서는 대학의 상업화에 대한 우려와 비판을 극복하고 대학기술이전의 가치에 대한 국민적 공감대를 형성하는 것이 선행되어야 할 것이다. 대학기술이전부서가 스스로의 사명을 정립하는 것은 기술이전이라는 대장정을 떠나기에 앞서 목표를 정확히 가다듬는 것이며 기술 상업화 과정에서 겪게 되는 여러 가지 난관을 극복할 수 있는 용기를 아로새기는 작업이 될 것이다. 대학의 사명 그리고 기술이전부서의 사명에 대한 진지한 성찰과 산학협력의 미래를 위한 창의적인 활동의 모색을 기대해 본다.

한국학술진흥재단(현 한국연구재단)에서 근무하면서 동료들과 함께 산학협력에 대한 학습을 진행하다가 접하게 된 이 책 속에 담긴 저자들의 통찰력과 미국 대학의 독특한 공리주의적 전통에 매료되었다. 이를 여러 사람들과 공유했으면 좋겠다는 소박한 마음으로 시작한 번역작업이라 막상 번역본을 출간하려고 하니 조심스러운 마음이 앞선다. 미국 대학의 역사에 대한 지식은 물론이거니와 계량경제학, 과학기술 그리고 특허에 대한 전문지식이 일천한 상태에서 여러 전문용어에 대한 적합한 번역어를 찾는 것은 매우 어려운 일이었다. 또한, 번역체의 어색한 문장을 자연스러운 문장으로 고치기 위해 수정을 거듭하면서 가난한 지식이 부끄러워 포기하려고도 했다.

그럼에도 불구하고 산학협력과 기술이전의 문제에 대해 역사학과 경제학의 관점을 결합시켜 미국 대학의 공리주의적 전통을 부각시키고, 나아가 산학협력의 좌표와 대학의 사명에 대한 근본적인 문제를 제기한 이 책을 번역하는 것이 대학 발전을 위한 담론을 형성하는 계기가 될 수 있다는 생각에 여러 가지로 부족하지만 출간하기로 결심했다. 전문용어에 대한 번역어와 더불어 산학협력의 좌표, 기술이전의 방법, 기술이전부서의 사명, 대학의 사명 등과 같이 중차대한 쟁점에 대한 독자들의 비판과 교정을 통해 대학의 발전 그리고 산학협력의 진보를 위한 진지한 논의가 발전하기를 기대한다. 끝으로 오랜 기간 동안 믿고 기다려 준 소명출판의 박성모 사장님과 여러 가지로 미숙했던 번역본의 출판을 위해 수고를 아끼지 않은 관계자들에게 깊은 감사를 드린다.

참고문헌

Agrawal, A., and R. Henderson., "putting patents in Context: Exploring Knowledge Transfer from MIT", *Management Science* 48, 2002.

American Association for the Advancement of Science (AAAS)., *The Protection by Patents of Scientific Discoveries: Report of the Committee on Patents, Copyrights, and Trademarks.* New York: Science Press, 1934.

Apple, R. D., "Patenting University Research", *Isis* 80, 1989.

_____, *Vitamania: Vitamins in American Culture.* New Brunswick, N.J.: Rutgers University Press, 1996.

Arrow, K., "Economic Welfare and the Allocation of Resources for Invention", In R. R. Nelson, ed., *The Rate and Direction of Inventive Activity.* Princeton, N.J.: Princeton University Press, 1962.

Association of University Technology Managers (AUTM), *The AUTM Licensing Survey: Executive Summary and Selected Data, Fiscal Years 1993, 1992, and 1991.* Norwalk, Conn.: AUTM, 1994.

_____, AUTM *Licensing Survey* 1996. *Survey Summary.* Norwalk, Conn.: AUTM, 1996.

_____, *AUTM Licensing Survey* 1998, *Survey Summary.* Norwalk, Conn.: AUTM, 1998.

_____, *The AUTM Licensing Survey: FY* 1999. Norwalk, Conn.: AUTM, 2000.

"Axel Patent Claims Mammalian Cell Transfer", *McGraw Hill's Biotechnology Newswatch* 3, 1983.

Barrett, P., "Harvard Fears Congress May Not Pass Patent Bill", *Harvard Crimson,* October 7, 1980.

Ben-David, J., *Fundamental Research and the Universities.* Paris: OECD, 1968.

Blum, F., Telephone interview, 2000.

Blumenthal, D., E. Campbell, M. Anderson, N. Causino, and K. Louis., "Withholding Research Results in Academic Life Science: Evidence from a National Survey of Faculty", *Journal of the American Medical Association* 277, 1997.

Blumenthal, D., S. Epstein, and J. Maxwell. "Commercializing University Research: Lessons from the History of the Wisconsin Alumni Research Foundation", *New England Journal of Medicine* 314, 1986.

Bok, D. *Beyond the Ivory Tower.*, Cambridge: Harvard University Press, 1982.

Bremer, H., "The First Two Decades of the Bayh-Dole Act as Public Policy", presentation to the National Association of State Universities and Land Grant Colleges, 2001. Available from World Wide Web: http://www.nasulgc.org/COTT/Bayh-Dohl/Bremer_speech.htm.

Broad, W., "Patent Bill Returns Bright Idea to Inventor", *Science* 205, 1979a.

_____, "Whistle Blower Reinstated at HEW", *Science* 205, 1979b.

Bryson, E., "Frederick E. Terman: Educator and Mentor", *IEEE Spectrum* (March), 1984.

Burn, B. B., p G. Altbach, C. Kerr, and J. A. Perkins., *Higher Education in Nine Countries.* New York: McGraw-Hill, 1971.

Bush, V., "The Kilgore Bill", *Science* 98, 1943.

_____, *Science: The Endless Frontier.* Washington, D.C.: U.S. Government printing Office, 1945.

Cameron, F., *Cottrell: Samaritan of Science.* Tucson, Az.: Research Corporation, 1993.

Campbell, E. G., B. R. Clarridge, M. Gokhale, L. Birenbaum, S. Hilgartner, N. A. Holtzman, and D. Blumenthal., "Data Withholding in Academic Genetics: Evidence from a National Survey", *Journal of the American Medical Association* 287, 2002.

Camras, C. B., and L. Z. Bito., "Reduction of Intraocular pressure in Normal and Glaucomatous primate (Aotus Trivirgatus) Eyes by Topically Applied prostaglandin F2 Alpha", *Current Eye Research* 1, 1981.

Camras, C. B., L. Z. Bito, and K. E. Eakins., "Reduction of Intraocular Pressure by Prostaglandins Applied Topically to the Eyes Of Conscious Rabbits", *Investigative Ophthalmology and Visual Science* 16, 1977.

Carnegie Commission on Higher Education., A *Classification of Institutions of Higher Education: A Technical Report.* Berkeley, Calif.: Carnegie Commission on Higher Education, 1973.

_____, A *Classification of Institutions of Higher Education; A Technical Report.* Berkeley, Calif.: Carnegie Commission on Higher Education, 1993.

Caves, R., H. Crookell, and p Killing., "The Imperfect Market for Technology Licenses", *Oxford Bulletin of Economics and Statistics* 45, 1983.

"CD4-pE40 Exotoxin Conjugate in Trials; Other CD4 Conjugates in Development", *Antiviral Agents Bulletin*, March 1992.

Chase, M., "Group Enters Field Studying CD4 for AIDS", *Wall Street Journal,* June 3, 1988.

Chiang, H., "Court Reinstates Royalty Award to UC Professors", *San Francisco Chronicle,* December 2, 1997.

Cohen, W. M., R. Florida, and R. Goe., "University-Industry Research Centers in the United States",

Pittsburgh: Center for Economic Development, Carnegie-Mellon University, 1994.

Cohen, W. M., R. Florida, L. Randazzese, and J. Walsh., "Industry and the Academy: Uneasy Partners in the Cause of Technological Advance", In R. Noll, ed., *Challenges to the Research University*. Washington, D.C.: Brookings Institution, 1998.

Cohen, W. M., and D. A. Levinthal., "Absorptive Capacity: A New perspective on Learning and Innovation", *Administrative Science Quarterly* 35, 1990.

Cohen, W. M., R. R. Nelson, and J. p Walsh., "Links and Impacts: The Influence of Public Research on Industrial R&D", *Management Science* 48, 2002.

_____, "Columbia Innovation Enterprise: A Special Report", *Reporter* 7, 1996.

_____, "Columbia University rDNA patent Licensing", *Blue Sheet* 27, 1984.

Colyvas, J., M. Crow, A Gelijns, R. Mazzoleni, R. R. Nelson, N. Rosenberg, and B. N. Sampat., "How Do University Inventions Get into Practice?", *Management Science* 48, 2002.

Committee on Uniform patent policies in Land Grant and Engineering Experiment Stations., "Report of the Committee on Uniform patent policies", *Proceedings of the Association of Land Grant Colleges and Universities*, 1922.

Cottrell, F., "The Electrical precipitation of Suspended Particles", *Journal of Industrial and Engineering Chemistry* 3, 1911.

_____, "The Research Corporation, an Experiment in the Public Administration of Patent Rights", *Journal of Industrial and Engineering Chemistry* 4, 1912.

_____, "patent Experience of the Research Corporation", *Transactions of the American Institute of Chemical Engineers* 26, 1932.

_____, "The Social Responsibility of the Engineer", *Journal of the Western Society of Engineers* 42, 1937.

Council on Government Relations., *The Bayh-Dole Act: A Guide to the Law and Implementing Regulations*, 1999. Available from World Wide Web: http://www.cogr.edu/bayh-dole.htm.

Crow, M. M., A. C. Gelijns, R. R. Nelson, H. J. Raider, and B. N. Sampat., "Recent Changes in University-Industry Research Interactions: A Preliminary Analysis of Causes and Effects", Unpublished Working Paper, School of International and Public Affairs, Columbia University, New York, 1998.

Dasgupta, P., and P. David., "Towards a New Economics of Science", *Research Policy* 23, 1994.

David, P. A., and D. Foray., "Accessing and Expanding the Science and Technolgy Knowledge Base", *STI Review* 16, 1995.

David, P. A., D. C. Mowery, and W. E. Steinmueller., "Analyzing the Economic payoffs from Basic Research", *Economics of Innovation and New Technology* 2, 1992.

Davis, E. W., *pioneering with Taconite*. St. paul: Minnesota Historical Society. DenBaars, S.2000. personal interview, 1964.

Department of Health and Human Services., *NIH Response to the Conference Report Request for a plan to Ensure Taxpayers' Interests Are protected*. Bethesda, Md.: National Institutes of Health, 2001. Available from World Wide Web: http://www.nih.gov/news/070101 wyden.htm.

Dickinson, Q. Todd., "Reconciling Research and the Patent System", Issues *in Science and Technology* 16, 2000.

_____, "Dr. Cottrell and the Research Corporation", *Scientific Monthly* 22, 1926.

Dreyfuss, R., "Varying the Course in patenting Genetic Material: A Counter proposal to Richard Epstein's *Steady Course*", New York University School of Law, public Law and Legal Theory Research paper Series, Research paper No.59, 2003.

Eisenberg, R. S., "public Research and private Development: patents and Technology Transfer in Government-Sponsored Research", *Virginia Law Review* 82, 1996.

_____, "Bargaining over the Transfer of proprietary Research Tools: Is This Market Emerging or Failing?", In D. L. Zimmerman, R. C. Dreyfuss, and H. First, eds., *Expanding the Bounds of Intellectual property: innovation policy for the Knowledge Society*. New York: Oxford University Press, 2001.

Eskridge, N., "Dole Blasts HEW for 'Stonewalling' patent Applications", Bioscience 28, 1978.

Etzkowitz, H., "Knowledge as Property: The Massachusetts Institute of Technology and the Debate of Academic Patent Policy", *Minerva* 32, 1994.

Evenson, R. E., "Agriculture", In R. R. Nelson, ed., *Government and Technical progress: A Cross-Industry Analysis*. New York: Pergamon, 1982.

Executive Office of the President., "Memorandum to the Heads of Executive Department and Agencies: Government Patent policy, February 18, 1983", 1983.

Federal Council on Science and Technology(FCST)., *Report on Government patent policy*, 1973~1976.

Washington, D.C.: U.S. Government Printing Office, 1978.

Feldman, M., I. Feller, J. E. L. Bercovitz, and R. Burton., "Equity and the Technology Transfer Strategies of American Research Universities", *Management Science* 48, 2002.

Fishman, E. A., "MIT patent policy 1932~1946: Historical precedents in University-Industry Technology Transfer", Ph.D. diss., University of Pennsylvania, 1996.

Flexner, A., Universities: American, *English, German.* London: Oxford University Press, 1968(1930).

Foray, D., and A. Kazancigil., "Science, Economics and Democracy", Management of Social Transformation(MOST) Discussion Paper 42. Prepared for UNESCO World Conference on Science 1999, 1999.

Foreman, J., "Scientists Race to Create AIDS Virus 'Decoy': Crucial Issues Remain but Interest Is Intense in Using Fake Receptors", Boston *Globe,* January 11, 1988.

Fox, J., "Columbia Awarded Biotechnology patent", *Science* 221, 1983.

Furter, W. F., ed. *History of Chemical Engineering.* Washington, D.C.: American Chemical Society, 1980.

Gee, P., Personal interview, 2001.

Gee, P., D. M. Maron, and B. N. Ames., "Detection and Classification of Mutagens: A Set of Base-Specific Salmonella Tester Strains", *proceedings of the National Academy of Sciences* 91, 1994.

Geiger, R., *To Advance Knowledge: The Growth of American Research Universities,* 1900~1940. New York: Oxford University Press, 1986.

_____, Research *and Relevant Knowledge: American Research Universities Since World War* II. New York: Oxford University Press, 1993.

Geiger, R., and I. Feller., "The Dispersion of Academic Research in the 1980s", *Journal of Higher Education* 65, 1995.

Gelijns, A., and N. Rosenberg., "Diagnostic Devices: An Analysis of Comparative Advantages", In D. C. Mowery and R. R. Nelson, eds., *Sources of Industrial Leadership* New York: Cambridge University Press, 1999.

Gerth, J., and S. Stolberg., "Drug Companies profit from Research Funded by Taxpayers", *New York Times,* April 23, 2000.

Gilles, J., "Research Corporation Technologies Offers Universities 'Critical Mass' of Diverse Expertise", *Technology Access Report,* August: 1+, 1991.

"Glennan Asks Review of NASA Patent Policy", *Aviation Week,* March 30, 33, 1959.

Government University Industry Research Roundtable(GUIRR)., *Industrial perspectives on Innovation and Interactions with Universities.* Washington, D.C.: National Academy Press, 1991.

Graham, H. D., and N. Diamond., *The Rise of American Research Universities.* Baltimore: Johns Hopkins University Press, 1997.

Gray, G., "Science and Profits", *Harpers* 172, 1936.

Grayson, L., "A Brief History of Engineering Education in the United States", *Engineering Education* (December), 1977.

Gregg, A., "University Patents", *Science* 77, 1933.

Hall, B. H., "A Note on the Bias in the Herfindahl Based on Count Data", In A. B. Jaffe and M. Trajtenberg, eds., *Patents, Citations, and Innovations: A Window on the Knowledge Economy.* Cambridge: MIT Press, 2000.

Hall, B. H., A. B. Jaffe, and M. Tratienberg., "The NBER patent Citation Data File: Lessons, Insights and Methodological Tools", National Bureau of Economic Research Working Paper 8498, 2001.

Harbridge House Inc., "Effects of patent policy on Government R&D programs", *Government patent policy Study, Final Report.* Vol.2. Washington, D.C.: Federal Council for Science and Technology, 1968a.

_____, "Effects of Government policy on Commercial Utilization and Business Competition", *Government Patent Policy Study, Final Report.* Vol.4. Washington, D.C.: Federal Council for Science and Technology, 1968b.

Hasselmo, N., *Priorities for Federal Innovation Reform.* Washington, D.C.: Associaton of American Universities, 1999.

Heaton, George R., Jr., Christopher T. Hill, and Patrick Windham., "Policy Invoation: The Initiation and Formation of New Science and Technology Policy in the U.S. During the 1980s", A Report to Japan External Trade Organization New York office and Japan New Energy and Industrial Technology Development Organization, Washington, D.C, 2000.

Heilbron, J., and R. Seidel., *Lawrence and His Laboratory: A History of the Lawrence Berkeley Laboratory.* Berkeley: University of California Press, 1989.

Heller, M. A., and R. S. Eisenberg., "Can Patents Deter Innovation? The Anti-commons in Biomedical Research", *Science* 280, 1998.

Henderson, R., A. B. Jaffe, and M. Trajtenberg., "Numbers Up, Quality Down? Trends in University

Patenting, 1965~1992", Presented at the CEPR Conference on University Goals, Institutional Mechanisms, and the "Industrial Transferability", of Research, Stanford University, Stanford, California, 1994.

_____, "Universities as a Source of Commercial Technology: A Detailed Analysis of University patenting, 1965~1988", National Bureau of Economic Research Working Paper 5068, 1995.

_____, "Universities as a Source of Commercial Technology: A Detailed Analysis of University patenting, 1965~88", *Review of Economics and Statistics* 80, 1998a.

_____, "University patenting Amid Changing Incentives for Commercialization", In G. Barba Navaretti, p Dasgupta, K. G. Mäler, and D. Siniscalco, eds., *Creation and Transfer of Knowledge.* New York: Springer, 1998b.

Henderson, R., L. Orsenigo, and G. Pisano., "The Pharmaceutical Industry and the Revolution in Molecular Biology: Interactions Among Scientific, Institutional and Organizational Change", In D. C. Mowery and R. R. Nelson, eds., *Sources of Industrial Leadership* New York: Cambridge University Press, 1999.

Henderson, Y., "Patents Are Ethical", *Science* 77, 1933.

Henig, R., "New Patent Policy Bill Gathers Congressional Support", Bioscience 29, 1979.

Hoskins, W., and R. Wiles., "Promotion of Scientific Research", *Chemical and Metallurgical Engineering* 24, 1921.

Hounshell, D. A., and J. K. Smith., Science *and Corporate Strategy.* New York: Cambridge University Press, 1988.

"Innovation's Golden Goose", *The Economist* 365, 2002.

Jaffe, A. B., M. S. Fogarty, and B. A. Banks., "Evidence from Patents and Patent Citations on the Impact of NASA and Other Federal Labs on Commercial Innovation", *Journal of Industrial Economics* 46, 1998.

Jensen, R., and M. Thursby., "proofs and prototypes for Sale: The Licensing of University Inventions", *American Economic Review* 91, 2001.

Kahaner, D., "Blue LEDs: Breakthroughs and Implications", 1995. Available from World Wide Web: http://www.atipor.jp/public/atpreports.95/atip95.59r.hmll.

Katz, M. L., and J. A, Ordover., "R&D Competition and Cooperation", *Brookings Papers on Economic Activity: Microeconomics*, 1990.

Kevles, D. J., "The National Science Foundation and the Debate over postwar Research policy, 1942~45", *Isis* 68, 1977.

_____, *The physicists*. New York: Norton, 1978.

_____, *Principles and Politics in Federal R&D Policy, 1945~1990: An App.reciation of the Bush Report*. Washington, D.C.: National Science Foundation, 1990.

Kitch, E. W., "The Nature and Function of the patent System", *Journal of Law and Economics* 20, 1977.

Kortum, S., and J. Lerner., "What Is Behind the Recent Surge in patenting?", *Research Policy* 28, 1999.

Lamoreaux, N., and K. Sokoloff., "Intermediaries in the Market for Technology in the United States, 1870~1920", National Bureau of Economic Research Working Paper 9017, 2002.

Lanjouw, J. O., and M. Schankerman., "The Quality of Ideas: Measuring Innovation with Multiple Indicators", National Bureau of Economic Research Working Paper 7375, 1998.

Levin, R. C., A Klevorick, R. R. Nelson, and S. Winter., "Appropriating the Returns from Industrial Research and Development", *Brookings papers on Economic Activity* 3, 1987.

Levine, D. O., *The American College and the Culture of Aspiration, 1915~1940*. Ithaca, N.Y.: Cornell University Press, 1986.

"Licensing plan For AIDS Drug Draws Fire", *Seattle Times,* October 25, 1988.

Liebeskind, J., "Risky Business: Universities and Intellectual Property", *Academe* 87, 2001. Available from World Wide Web: http://www.aauporg/publications/Academe/01SO/so01lie.htm.

Little, A. D., *Twenty-five Years of Chemical Engineering Progress*. New York: Van Nostrand, 1933.

Louis, K., L. Jones, M. Anderson, D. Blumenthal, and E. Campbell., "Entrepreneurship, Secrecy, and Productivity: A Comparison of Clinical and Non-Clinical Life Sciences Faculty", *Journal of Technology Transfer* 26, 2001.

Lowe, Robert A., "The Role and Experience of Start-ups in Commercializing University Inventions: Start-up Licensees at the University of California", In G. Libecap, ed., *Entrepreneurial Inputs and Outcomes*. Amsterdam: JAI Press, 2001.

_____, "Entrepreneurship and Information Asymmetry: Theory and Evidence from the University of California", Unpublished Working Paper, Haas School of Business, University of California-Berkeley, 2002.

Maddison, A., "Growth and Slowdown in Advanced Capitalist Economies: Techniques of Quantitative Assessment", *Journal of Economic Literature* 25, 1987.

Maddon, p J., D. R. Littman, M. Godfrey, D. E. Maddon, L. Chess, and R. Axel., "The Isolation and Nucleotide Sequence of a cDNA Encoding the T Cell Surface Protein T4: A New Member of the Immunoglobulin Gene Family", *Cell* 42, 1985.

Mansfield, E., "Academic Research and Industrial Innovations", *Research Policy* 20, 1991.

Marcy, W., "Patent Policy at Educational and Nonprofit Scientific Institutions", In W. Marcy, ed., *Patent Policy: Government, Academic, and Industry Concepts*. Washington, D.C.: American Chemical Society, 1978.

Marx, J., "Gene Transfer Moves Ahead", *Science* 210, 1980.

Mazzoleni, R., and R. Nelson., "The Benefits and Costs of Strong patent protection: A Contribution to the Current Debate", *Research Policy* 27, 1998.

McKusick, V., "A Study of Patent Policies in Educational Institutions, Giving Specific Attention to the Massachusetts Institute of Technology", *Journal of the Franklin Institute* 245, 1948.

Merges, R., and R. Nelson., "On Limiting or Encouraging Rivalry in Technical Progress: The Effect of Patent Scope Decisions", *Journal of Economic Behavior and Organization* 25, 1994.

Merton, R. K. *The Sociology of Science : Theoretical and Empirical Investigations*. Chicago: University of Chicago Press, 1973.

Mishra, U., Personal Interview, 2001.

Mowery, D. C., "The Emergence and Growth of Industrial Research in American Manufacturing, 1899~1945", ph.D. diss., Stanford University, 1981.

_____, "The Relationship Between Intrafirm and Contractual Forms of Industrial Research in American Manufacturing, 1900~1940", *Explorations in Economic History* 20, 1983.

_____, *The Evolving Structure of University-Industry Collaboration in the United States: Three Cases, in Research Teams and partnerships: Trends in the Chemical Sciences*. Washington, D.C.: National Academy Press, 1999.

_____, "The Changing Role of Universities in the 21st Century U.S. R&D System", In A. H. Teich, S. D. Nelson, S. J. Lita, eds., *AAAS Science and Technology Policy Handbook*. Washington, D.C.: American Association for the Advancement of Science, 2002.

Mowery, D. C, R. R. Nelson, B. N. Sampat, and A. A. Ziedonis., "The Effects of the Bayh-Dole Act on U.S. University Research and Technology Transfer: An Analysis of Data from Columbia University, the University of California, and Stanford University", In L. Branscomb and R. Florida, eds., *Industrializing Knowledge*. Cambridge: MIT Press, 1999.

_____, "The Growth of patenting and Licensing by U.S. Universities: An Assessment of the Effects of the Bayh-Dole Act of 1980", *Research policy* 30, 2001.

Mowery, D. C, and N. Rosenberg., "The U.S. National Innovation System", In R. R. Nelson, ed., *National Innovation Systems: A Comparative Analysis*. New York: Oxford University Press, 1993.

_____, *Paths of Innovation: Technological Change in 20th-century America*. New York: Cambridge University Press, 1998. .

Mowery, D. C, and B. N. Sampat., "patenting and Licensing University Inventions: Lessons from the History of the Research Corporation", *Industrial and Corporate Change* 10, 2001a. .

_____, "University patents, patent policies, and patent policy Debates, 1925~1980", *Industrial and Corporate Change* 10, 2001b.

Mowery, D. C, B. N. Sampat, and A. A. Ziedonis., "Learning to Patent: Institutional Experience and the Quality of University patents", *Management Science* 48, 2002.

Mowery, D. C, and T. Simcoe., "The Origins and Evolution of the Internet", In D. Victor, B. Steil, and R. R. Nelson, eds., *Technological Innovation and National Economic Performance*. princeton, N.J.: Princeton University Press, 2002.

Mowery, D. C, and A. A. Ziedonis., "Market Failure or Market Magic? Structural Change in the U.S. National Innovation System", *STI Review* 22, 1998.

_____, "The Geographic Reach of Market and Nonmarket Channels of Technology Transfer: Comparing Citations and Licenses of University patents", National Bureau of Economic Research Working Paper 8568, 2001.

Mowery, D. C, and R. R. Nelson, eds., *Sources Of Industrial Leadership: Studies of Seven Industries*. New York: Cambridge University Press, 1999.

National Research Council., "Research in Europe and the United States", In *Outlook for Science and Technology: The Next Five Years*. San Francisco: W. H. Freeman, 1982.

_____, *Intellectual Property Rights and Research Tools in Molecular Biology*. Washington, D.C.: National Academy Press, 1997.

National Resources Committee., *Research-A National Resource.* Vol. 1. Washington, D.C.: U.S. Government Printing Office, 1938.

National Science Board., *Science and Engineering Indicators:* 1996. Washington, D.C.: U.S. Government Printing Office, 1996.

_____, *Science and Engineering Indicators:* 2000. Washington, D.C.: U.S. Govent Printing Office, 2000.

_____, *Science and Engineering Indicators:* 2002. Washington, D.C.: U.S. Government Printing Office, 2002.

National Science Foundation., *Funds for Scientific Activities in the Federal Government: Fiscal Years* 1953 *and* 1954. Washington, D.C.: U.S. Government Printing Office, 1958.

_____, *National patterns of Science and Technology Resources:* 1980. Washington, D.C.: U.S. Government Printing Office, 1980.

_____, *National patterns of R&D Resources:* 1994. Washington, D.C.: U.S. Government printing Office, 1994.

_____, *National patterns of R&D Resources:* 1996. Washington, D.C.: U.S. Government printing Office, 1996.

_____, *National patterns of R&D Resources:* 1998. Washington, D.C.: U.S. Government printing Office, 1998.

_____, *National patterns of R&D Resources* 2000. Washington, D.C.: U.S. Government printing Office, 2000.

_____, *National patterns of R&D Resources* 2001. Washington, D.C.: U.S. Government printing Office, 2001.

Nelson, R. R., "The Simple Economics of Basic Scientific Research", *Journal of Political Economy* 67, 1959.

_____, *High-Technology Policies: A Five-Nation Comparison.* Washington, D.C.: American Enterprise Institute, 1984.

_____, "What Is 'Commercial' and What Is 'Public' About Technology, and What Should Be?", In N. Rosenberg, R. Landau, and D. C. Mowery, eds., *Technology and the Wealth of Nations.* Stanford, Calif.: Stanford University Press, 1992.

_____, ed. *Government and Technical progress: A Cross-Industry Analysis.* New York: Pergamon, 1982.

_____, *National Innovation Systems: A Comparative Analysis.* New York: Oxford University Press, 1993.

Nelson, R. R., and P. Romer., "Science, Economic Growth, and Public Policy", In B. L. R. Smith and C. Barfieid, eds., *Technology, R&D, and the Economy*. Washington, D.C.: Brookings Institution, 1997.

Noble, D. F., *American by Design*. New York: Knopf, 1977.

Office of Technology Transfer., *Annual Report: University of California Technology Transfer program*. Oakland: University of California Office of the President, 1997.

Okimoto, D., and G. Saxonhouse., "Technology and the Future of the Economy", In K. Yamamura and Y. Yasuba, eds., *The Political Economy of Japan*. Vol. 1, *The Domestic Transformation*. Stanford, Calif.: Stanford University Press, 1987.

Organization for Economic Cooperation and Development(OECD)., *A New Economy?* Paris: OECD, 2000.

_____, *Benchmarking Science-Industry Relationships*. Paris: OECD, 2002.

Palmer, A. M., "University Patent Policies and Procedures", *Journal of the Patent Office Society* 16, 1934.

_____, "Patents and University Research", *Law and Contemporary Problems* 15, 1947.

_____, Survey *of University Patent Policies*. Washington, D.C.: National Research Council, 1948.

_____, *University Research and Patent Problems*. Washington, D.C.: National Research Council, 1949.

_____, *University Patent Policies and Practices*. Washington, D.C.: National Academy of Sciences-National Research Council, 1952.

_____, *Nonprofit Research and Patent Management Organization*. Washington, D.C.: National Academy of Sciences-National Research Council, 1955.

_____, *Patents and Nonprofit Research: A Study prepared for the Subcommittee on Patents, Trademarks, and Copyrights of the U.S. Senate Committee on the Judiciary*. Washington D.C.: U.S. Government Printing Office, 1957.

_____, *University Research and Patent Policies, Practices, and Procedures*. Vol. 1. Washington, D.C.: National Academy of Sciences-National Research Council, 1962.

Perlman, D., "Biotech 'Decoy' May Fool AIDS Virus", *San Francisco Chronicle*, December 18, 1987.

Potter, A., "Research and Invention in Engineering Colleges", *Science* 91, 1940.

"Progenics Developing CD4-IgG2 for HIV-In feetion", *Antiviral Agents Bulletin*, june, 1995. .

Pugh, E. W., *Memories That Shaped an industry: Decisions Leading to IBM System / 360*. Cambridge: MIT Press, 1984.

Pursell, C., "Science Agencies in World War II: The OSRD and Its Challengers", In N. Reingold, ed.,

The Sciences in the American Context: New Perspectives. Washington, D.C.: Smithsonian Institution Press, 1979.

Rai, A. T., and R. S. Eisenberg., "The Public and Private in Biopharmaceutical Research", presented at the Conference on the public Domain, Duke University, 2001.

_____, "Bayh-Dole Reform and the Progress of Biomedicine", *American Scientist* 91, 2003.

Reich, L. S., *The Making of American Industrial Research.* New York: Cambridge University Press, 1985.

Reimers, Niels., "Stanford's Office of Technology Licensing and the Cohen / Boyer Cloning patents", An oral history conducted in 1997 by Sally Smith Hughes, Regional Oral History Office, The Bancroft Library, University of California, Berkeley, 1998. Available from the Online Archive of California, http://ark.cdlib.org/ark:/i303o/kt4b69n6sc.

Research Corporation., 1947~1987. *Annual Report.* New York and Tucson, Az.: Research Corporation.

_____, *Science, Invention, and Society: The Story of a Unique American Institution.* New York: Research Corporation, 1972.

_____, "Report of the Committee on Goals and Objectives", Unpublished MS, Research Corporation Archives, Tucson, Az, 1979.

Research Corporation Technologies., *Annual Report.* Tucson, Az: Research Corporation Technologies, 1996.

Rosenberg, N., "Scientific Instrumentation and University Research", *Research Policy* 21, 1992.

_____, "Technological Change in Chemicals: The Role of University-Industry Relations", In A. Arora, R. Landau and N. Rosenberg, eds., *Chemicals and Long-Term Economic Growth.* New York: John Wiley, 1998.

Rosenberg, N., and R. R. Nelson., "American Universities and Technical Advance in Industry", *Research Policy* 23, 1994.

Roumel, T., "Development of a policy to Ensure the Sharing of Unique Biomedical Research Resources in the Biomedical Community", In OECD, *Turning Science Into Business: Patenting and Licensing by Public Research Organizations.* Paris: OECD, 2003.

Roush, W., E. Marshall, and G. Vogel., "Publishing Sensitive Data: Who's Calling the Shots?", *Science* 276, 1997.

Sampat, B., D. C. Mowery, and A. Ziedonis., "Changes in University Patent Quality After the Bayh-Dole Act: A Re-Examination", *International Journal of Industrial Organization* 21, 2003.

Sampat, B. N., and R. R. Nelson., "The Emergence and Standardization of University Technology Transfer Offices: A Case Study of Institutional Change", *Advance in Strategic Management* 19, 2002.

Sampat, B. N., and A. A. Ziedonis., "Cite-Seeing: Patent Citations and Economic Value", Presented at the Conference on Empirical Economics of Innovation and Patenting, Centre for European Economic Research, Mannheim Germany, March, 2003.

Servos, J. W., "The Industrial Relations of Science: Chemical Engineering at MIT, 1900~1939", *Isis* 71, 1980.

Sevringhaus, E. L., "Should Scientific Discoveries Be Patented?", *Science* 75, 1932.

Shane. S., "Selling University Technology", *Management Science* 48, 2002.

Sharp, M., "European Countries in Science-Based Competition: The Case of Biotech-nology", Designated Research Center Discussion paper 72, Science policy Research Unit, University of Sussex, Brighton, U.K, 1989.

Simon, H. A., *The Sciences of the Artificial.* Cambridge: MIT Press, 1969.

Smith, B. L. R., and J. J. Karlesky., *The State of Academic Science: The Universities in the Nation's Research Effort.* New York: Change Magazine Press, 1977.

Spencer, R., *University Patent Policies.* Chicago: Northwestern University Law School, 1939.

Stanford University Office of Technology Licensing., *Annual Report.* Stanford, Calif.: Stanford University, 1983.

_____, *Annual Report.* Stanford, Calif.: Stanford University, 1990.

_____, *1991~92 Annual Report: Office of Technology Licensing.* Stanford, Calif.: Stanford University, 1992.

_____, *Copyrightable Works and Licensing at Stanford.* Stanford, Calif.: Stanford University, 1994a.

_____, *Office of Technology Licensing Guidelines for Software Distribution.* Stanford, Calif.: Stanford University, 1994b.

Stata Corporation., *Stata Statistical Software: Release* 6.0. College Station, Tex.: Stata Corporation, 1999.

Stephan, p E., S. Gurmu, A. J. Sumell, and G. Black., "Patenting and Publishing Substitutes or Complements for University Faculty?", Unpublished working paper, Georgia State University, Atlanta, 2002.

Stern, N., *From ENIAC to Univac*. Bedford, Mass.: Digital Press, 1981.

Stokes, D. E., *Pasteur's Quadrant: Basic Science and Technological Innovation*. Washington, D.C.: Brookings Institution, 1997.

Swann, J., *Academic Scientists and the Pharmaceutical Industry: Cooperative Research in Twentieth-Century America*. Baltimore: Johns Hopkins University Press, 1988.

Thursby, J., R. Jensen, and M. Thursby., "Objectives, Characteristics and Out of University Licensing: A Survey of Major U.S. Universities", *Journal of Technology Transfer* 26, 2001.

Thursby, J., and M. Thursby., "Who Is Selling the Ivory Tower? Sources of Growth in University Licensing", *Management Science* 48, 2002.

Tocqueville, A., de. *Democracy in America,* trans, by p Bradley. New York: Vintage, 1990.

Trajtenberg, M., R. Henderson, and A. B. Jaffe., "University Versus Corporate Patents: A Window on the Basicness of Inventions", *Economics of Innovation and New Technology* 5, 1997.

Trow, M., "Aspects of Diversity in American Higher Education", In H. Gans, ed., *On the Making of Americans*. Philadelphia: University of Pennsylvania Press, 1979.

_____, "American Higher Education: 'Exceptional' or Just Different", In B. E. Shafer, ed., *Is America Different? A New Look at American Exceptionalism*. New York: Oxford University Press, 1991.

Trune, D., and L. Goslin., "University Technology Transfer programs: A Profit / Loss Analysis", *Technological Forecasting and Social Change* 57, 1998.

Trustees of Columbia University in the City of New York., "Statement of Research Policy and Patent Procedures", Columbiana Library, "Patents" folder, Columbia University, New York, 1944.

U.S. Congress Joint Economic Committee., *Entrepreneurial Dynamism and the Success of U.S. High-Tech: joint Economic Committee Staff Report*. Washington, D.C.: U.S. Government Printing Office, 1999.

U.S. Department of Health Education and Welfare., *DHEW Obligations to Institution of Higher Education and Selected Nonprofit Organizations, FY 1965~1972*. Washington, D.C.: U.S. Department of Health, Education, and Welfare, 1974.

U.S. Department of Justice., *Investigation of Government Patent Practices and Policies: Report and Recommendations of the Attorney General to the president*. Washington, D.C.: U.S. Government Printing Office, 1947.

U.S. General Accounting Office(GAO)., *Problem Areas Affecting Usefulness of Results of Government-Sponsored Research in Medicinal Chemistry: A Report to the Congress*. Washington, D.C.: U.S. Government

Printing Office, 1968.

_____, *University Research: Effects of Indirect Cost Revisions and Options for Future Changes*. Washington, D.C.: U.S. Government Printing Office, 1995.

U.S. House of Representatives., Floor Debate on H.R.6933. *Congressional Record,* 96th Congress, Second Session, November 21, 1980.

U.S. Office of Management and Budget., "Memorandum and Statement of Government patent poilcy", *Federal Register* 28, 1963.

_____, "Memorandum and Statement of Government patent policy", *Federal Register* 36, 1971.

_____, *The Budget of the United States Government for Fiscal 1996*. Washington, D.C.: U.S. Government Printing Office, 1995.

U.S. Patent and Trademark Office., *U.S. Colleges and Universities —Utility Patent Grants, 1969~1998*. Washington, D.C.: U.S. *Government Printing Office*, 1998.

U.S. Senate Committee on the Judiciary., *1979a. S. Rpt.96~480 Accompanying S.414, the University and Small Business Patent Procedures Act*. Washington, D.C.: U.S. Government Printing Office.

_____, *The University and Small Business Patent Procedures Act: Hearings on S.414, May 16 and June 6*. Washington, D.C.: U.S. Government Printing Office, 1979b.

U.S. Senate Subcommittee of the Senate Select Committee on Small Business., *Economic Aspects of Government Patent Policies*. Washington, D.C.: U.S. Government Printing Office, 1963.

Veblen, T., *The Higher Learning in America: A Memorandum on the Conduct of Universities by Business Men*. New York: W. B. Huesch, 1918.

Vincenti, W., *What Engineers Know and How They Know It*. Baltimore: John Hopkins University Press, 1990.

Walsh, J. p, A. Arora, and W. M. Cohen., "Research Tool patenting and Licensing and Biomedical Innovation", In W. M. Cohen and S. Merrill, eds., *The Patent System in the Knowledge-Based Economy*. Washington, D.C.: National Academies Press, 2003.

Weiner, C., "Universities, Professors, and Patents: A Continuing Controversy", *Technology Review* 83, 1986.

Weissman, R., "Public Finance, private Gain: The Emerging University-Business-Government Alliance and the New U.S. Technological Order", Undergraduate thesis, Harvard University, 1989.

White, H., *Industrial Electrostatic Precipitation*. Reading, Mass.: Addison-Wesley, 1963.

Wigler, M., S. Silverstein, L. S. Lee, A. Pellicer, Y. Cheng, and R. Axel., "Transfer of Purified Herpes

Virus Thymidine Kinase Gene to Cultured Mouse Cells", *Cell* 11, 1977.

Wigler, M., R. Sweet, G. K. Sim, B. Wold, A. Pellicer, E. Lacy, T. Maniatis, S. Silverstein, and R. Axel., "Transformation of Mammalian Cells with Genes from Procaryotes and Eucaryotes", *Cell* 16, 1979.

Wildes, K. L., and N. A. Lindgren., *A Century of Electrical Engineering and Computer Science at MIT*, 1882~1982. Cambridge: MIT Press, 1985.

Williamson, O. E., "Transaction Cost Economics: The Governance of Contractual Relation", *Journal of Law and Economics* 22, 1979.

Zacks, R., "The TR University Research Scorecard 2000", *Technology Review*(July / August): Available from World Wide Web: http://www.technologyreview.com/articles/scorecard0700.asp, 2000.

Ziedonis, A. A., "The Commercialization of University Research: Implications for Firm Strategy and Public Policy", ph.D. diss., Haas School of Business, University of California-Berkeley, 2001.

Zinsser, A., "problems of the Bacteriologist in His Relation to Medicine and the Public Health", *Journal of Bacteriology* 13, 1927.

Zucker, L., M. Darby, and J. Armstrong., "Inter-Institutional Spillover Effects in the Commercialization of Bioscience", *ISSR Working Papers in Social Science* 6.3, 1994.

찾아보기

* 각주에 있는 용어는 면수(n)으로 표기